문학교육론

문학교육론

-제도화와 탈제도화-

김창원 지음

한국문화사

문학교육론
- 제도화와 탈제도화 -

초판1쇄 2011년 3월 5일
초판2쇄 2012년 8월 31일

지 은 이 김 창 원
꾸 민 이 이 지 은
펴 낸 이 김 진 수
펴 낸 곳 **한국문화사**
등　　록 1991년 11월 9일 제2-1276호
주　　소 서울특별시 성동구 성수1가2동 656-1683 두앤캔B/D 502호
전　　화 (02)464-7708 / 3409-4488
전　　송 (02)499-0846
이 메 일 hkm7708@hanmail.net
홈페이지 www.hankookmunhwasa.co.kr

책값은 뒤표지에 있습니다.

ISBN 978-89-5726-859-9 93800

이 도서의 국립중앙도서관 출판시도서목록(CIP)은 e-CIP 홈페이지(http://www.nl.go.kr/cip.php)에서 이용하실 수 있습니다. (CIP제어번호: CIP2011000957)

■ 머리말

석사 논문을 현대시로 쓴 뒤 박사 과정에 들어가면서 문학교육을 공부하기 시작했으니, 이 공부를 한 지도 20년이 넘는 셈이다. 20년 동안 한 게 겨우 이건가 하는 자괴감이 들 만도 하지만, 그렇다고 해서 그동안 게으름을 피웠다고 말하기도 어렵다. 이쪽 공부라는 게 워낙 앉아서 연구만 하게 놔두지 않는데다, 국어과교육과 문학교육 양쪽을 왔다 갔다 해야 하는 상황이었기 때문이다. 어쨌든 그동안 썼던 글 중에서 하나의 체계로 묶을 수 있는 것들을 뽑아 다듬어서 출간하기로 하였다.

책을 내기 위해 글을 고르다 보니 몇 가지 경향성이 드러났다. 이것들은 나의 장점이자 단점이고, 나 개인의 특질이자 동시대 문학교육학 연구자들의 공통 특질이며, 초기 문학교육학이 처했던 상황의 방증이기도 하다.

그 첫째는 연구 범위가 거시 교육학에 집중돼 있다는 점이다. 나의 글들은 문학교육의 이론과 제도를 살펴보면서 대체로 국가 수준에서 멈춘 경우가 많다. 교실 수업이나 학생 반응과 같은 미시적・실제적 연구가 별로 없다는 뜻이다. 그런 연구를 뒷받침할 만한 자료를 찾거나 구성하지 못했기 때문인데, 최근 들어 몇몇 연구자들이 수업 비평이나 질적 연구 등의 미시교육학에 눈을 돌리면서 이런 문제를 극복하고 있다.

둘째는 중・고등학교 대상의 논의가 대부분이라는 점이다. 몸은 교육대학에 몸담고 있으면서도 초등교육과 관련된 논문은 거의 쓰지 않았다.

이는 문학교육학에 대한 요구가 중등교육에 집중돼 왔고, 창출한 이론 또한 중등교육에 더 적합했기 때문이다. 그런 점에서 유아문학교육, 초등문학교육, 대학문학교육, 평생문학교육에 대한 관심이 점증하는 현상은 문학교육의 총체상을 위하여 바람직한 일이다.

셋째는 연구의 주제나 방향이 국어교육학과 비슷하다는 점이다. 심한 경우 국어교육학의 '국어'와 문학교육학의 '문학'을 서로 바꾸어 써도 될 정도로 두 영역 사이의 이론 상동성이 높았다. 이는 제도적으로 문학교육학자를 국어교육학과에서 기른다든지, 국어/국어교육 현상과 문학/문학교육 현상이 언어문화라는 관점에서 통합된다거나 하는 본질적인 이유와 연관될 것이다. 나로서는 학문적 성장 과정에서 국어교육과 문학교육 양자를 모두 공부했다거나 고등학교 교사와 교육개발원 연구원을 거쳤다는 개인적 이력이 작용한 결과일 수도 있다. 이 현상의 장단점에 대해서는 조금 더 생각해 봐야 할 듯하다.

넷째는 외국 이론서를 많이 참조하지 않았다는 점이다. 내가 워낙 외국어에 약하기도 하거니와, 여기저기 찾아봐도 내 공부에 관해 크게 시사를 받을 만한 책이 많지 않았다. 교육 이론이나 문학 이론은 외국 이론을 참조할 만한 것이 많았고, 언어교육 분야에도 좋은 원서들이 있다. 또 유아·초등 문학교육이나 교실 수업의 실제와 관련해서도 참고할 성과들이 있었다. 하지만 '한국·중등·거시 문학교육'에 관하여 직접 도움을 받을 만한 자료는 많이 찾지 못하여, 자연스레 국내의 성과들을 기반으로 연구를 진행하게 되었다. 문학교육학과 관련하여 국제적인 교류(수입과 수출 모두)가 더 활발해지기를 기대한다.

그 밖에도 여러 가지 경향을 이야기할 수 있겠으나, 그것들을 한데 몰아서 평가하면 결국 지금까지는 문학교육학이 학문으로서의 정교화 정도가 낮고 연구자 집단도 적어서 '무딘 칼'이라도 쓸모가 있었기 때문이라고 할 수 있다. 그렇다면 앞으로의 방향도 자연스럽게 정해질 터, 연구 이론과 인력이 풍부해지면서 학문의 깊이와 넓이가 모두 확충되리라는 것이 나의 기대이고, 또 지금 목도하는 현실이다.

문학교육학이 어느 정도 자리 잡으면서 이제 콘텐츠에 대한 고민이 시작되고 있다. 문학교육이라는 플랫폼에 얹을 콘텐츠는 전통적인 문학 외에도 구비 전승, 생활 서사, 영상 예술, 디지털·통신 예술, 대중 예술 등 여러 원천에서 올 것이다. '콘텐츠의 방법론적 전화(轉化)'가 당분간 내가 하고 싶은 일이다. 또한 김대행, 우한용, 박인기 선생님 같은 분들의 자세와 성과를 후배들에게 제대로 전하는 것도 나의 희망이다. 더불어, 가급적 오랫동안 나도 그들 틈에 끼이고 싶다.

이 책은 몇 년 전에 나온 『국어교육론 - 관점과 체제』와 짝을 이룬다. 부제를 '제도화와 탈제도화'라고 붙인 이유는 문학교육 자체가 그러한 양가성 위에 존재하기 때문이다. 제도 차원에서 '문학'과 '교육'을 엮을 때부터 그런 양가성은 피할 수 없는 숙명처럼 작용하며, 그래서 더 재미있는 일이기도 하다. 가까운 시일 내에 『시교육론』도 쓰고 싶은데, 그때는 '선집'이 아니라 '전작'이 될 수 있을지. 사랑하는 가족과 문학교육 판의 선배·동학들에게 고맙다는 인사를 드린다.

2010년 12월

■ 차례

I

문학 교과의 본질

Ⅰ. 문학 교과의 성격과 위상
Ⅱ. 문학교육과 문학 능력
Ⅲ. 문학교육과 문학 문화
Ⅳ. 국가 교육으로서의 문학교육

Ⅰ. 문학 교과의 성격과 위상

- 문학과 독서에 관한 질문 -

1. 국어과 교육과정의 체제와 문학교육

문학교육 논의를 시작하면서, 우선 국어교육의 핵심 영역으로서 서로 이웃해 있다고 생각되는 읽기・독서교육과 문학교육의 관계를 살펴보고, 그를 통하여 국어 교과의 본질과 구조를 재점검하고자 한다. 이때 '읽기・독서교육'이라고 번거롭게 표현한 이유는 좁은 의미의 읽기교육과 일반적인 용례로서의 독서교육이 서로 다르기 때문이다. 논자에 따라 양자를 엄밀하게 구별하기도 하고 읽기에 독서를 포함하거나 독서에 읽기를 포함하기도 하는데,[1] 여기서는 넓은 의미의 읽기교육이 좁은 의미의 읽기교육과 독서교육으로 이루어진다는 관점을 취하기로 한다. 이때 전자는 '읽기에 관한 지식과 기술을 갖추도록 하기 위한 비교적 단기간의 명시적인 교수 활동'으로, 후자는 '읽기 경험을 통하여 인성을 기르고 삶의 질을 높이도록 하기 위한 비교적 장기간의 교수 및 안내 활동'으로 정의할 수

---

[1] 김동환(2009)은 꼼꼼한 읽기가 문학 비평의 바탕이 됨을 논증하여, 양자의 관계를 더 넓게 볼 수 있는 바탕을 마련하였다.

있다. 읽기 · 독서교육은 이들 양자를 포괄하는, 넓은 의미의 읽기교육과 동치가 된다.

학교 교육과정에서는 공통교육과정까지는 '읽기'라는 용어를, 선택교육과정에서는 '독서'라는 용어를 사용한다. 하지만 양자를 뚜렷하게 구별하지는 않고, 맥락에 따라 '읽기'를 좁은 의미로도 넓은 의미로도 사용하고 있다. 대체로 '읽기'를 단독으로 쓸 때에는 넓은 의미로, '독서'와 함께 사용할 때에는 좁은 의미로 사용하는 경향이 있다.

읽기 · 독서교육과 문학교육의 관련에 관한 논란은 교육과정의 영역을 구분할 때 가장 치열하게 벌어진다. 3차 교육과정까지 적용한 4영역론과 4차 이후 적용해 온 6영역론의 대립이 전형적인 사례로서,[2] 2007년 교육과정 개정 작업에서도 이 문제로 논란이 일어난 바 있다. 논란의 핵심은 "문학 영역을 별도로 설정해야 하는가, 읽기를 비롯한 다른 영역에 분산 배치해야 하는가?" 하는 물음인데, 영역 전공자들의 서로 다른 관점들이 충돌하면서 현상 유지로 봉합된 것이 2007/2009년 교육과정이다.[3] 이와 연계된 문제는 고등학교 선택 과목 설계에서도 나타나고(<문학> 과목이 이미 있는데 <독서> 과목에서 문학을 또 다루는 것과 같은), 초 · 중학교의 교과서 체제 설계에서도 일어난다(초등학교에서 『듣기 · 말하기』 · 『읽기』 · 『쓰기』의 3책에 문학을 분산 배치하거나 중학교 교과서를 『국어』 · 『생

---

[2] 4영역론은 국어 교과의 영역을 '듣기 · 말하기 · 읽기 · 쓰기'로 단순화할 것을 주장하고, 6영역론은 그로부터 '문법'과 '문학'을 분리할 것을 주장하였다. 4영역론에서 '듣기'와 '말하기'를 하나로 묶거나 매체 영역을 추가하면 5영역론이 된다.

[3] 단순화해서 말하면, 문학 전공자들은 "교육과정에서 문학 영역을 없애면 문학교육이 위축될 것이다."라고 걱정하고, 독서교육 전공자들은 "읽기와 문학을 구분하지 않으면 읽기 교육이 문학 위주로 편향될 것이다."라고 우려했다. 완전히 다른 관점에 선 두 집단의 주장이 묘하게 '읽기에서 문학을 독립시킨다.'는 데서 일치점을 찾은 것이다. 2007년 교육과정의 초안은 4영역이었지만, 이런 주장에 대해 교육과정 개발자와 문학교육 전공자들이 설득력 있는 논리를 제시하지 못함으로써 6영역이 계속 이어지게 되었다.

활 국어』로 분책할 때 문학을 어떻게 처리하느냐 하는 문제).

이들 사이의 관련에 관한 문제가 교육과정・교과서와 같은 거시 차원에서만 일어나는 것은 아니다. 많은 국어 교사들이 "읽기교육 자료로서의 문학과 문학교육 자료로서의 문학을 어떻게 구별하여 가르치는가?" 하는 질문을 던지는데, 이것도 읽기・독서교육과 문학교육의 관계가 모호해서 생기는 현상이다. 4차 교육과정처럼 문종을 기준으로 교과서 단원을 편성할 때에는 이런 의문이 생기지 않았으나, 5차 이후 목표 중심 교재를 표방하여 문학 제재와 비문학 제재를 한 단원에 묶는 경우가 많아지면서 이런 질문이 자주 나오게 되었다. 이에 대해 "단원 목표에 충실하여, 목표를 벗어나는 내용을 다루지 말라.(곧, 문학 텍스트일지라도 넓은 의미의 읽기 자료로만 다루라.)"는 원칙과 "제재의 가치를 구현하려면 문학 텍스트는 최대한 문학답게 읽어야 한다."는 또 다른 원칙 사이에서 교사와 학생은 혼란을 겪게 된다.

여기서 질문을 해 보자. 문학 능력에서 읽기 능력은 어떤 역할을 하고 어느 정도의 비중을 차지할까? 반대로, 읽기 능력을 기르는 데 문학 텍스트가 어느 정도나 기여할까? '읽기는 잘하는데 문학은 잘하지 못하'거나, '읽기 능력은 떨어지는데 문학 능력은 뛰어난' 경우가 있을까? 더 나아가, 내용이나 텍스트의 미적 가치를 고려하지 않는 읽기교육이 가능할까? 읽기・독서교육과 문학교육을 잘 받았다는 것을 무엇으로 알 수 있나? – 이러한 질문들은 자연스럽게 읽기・독서교육 및 문학교육의 본질과 국어 교과 내에서 그것들이 차지하는 역할에 대한 질문으로 이어진다.

2. 언어교육과 문학교육의 존재상

1) 교육과정 점검

가. 공통교육과정 : '읽기' 영역과 '문학' 영역

7차 교육과정이 학년별 내용을 '본질 - 원리 - 태도'로 범주화하고 그중 원리 항목을 읽기 능력의 하위 요소에 따라 나열한 데 비해, 2007년 교육과정은 학년별로 '글의 수준과 범위'를 정하고 각각의 텍스트 특성에 따라 성취 기준을 제시하였다. 그 결과 7차 교육과정은 각 내용 항목과 관련하여 어떤 텍스트를 선정해야 하는지를 교과서 개발자가 결정해야 했던 반면, 2007년 교육과정은 성취 기준에 따른 텍스트 선정까지를 교육과정이 강제하게 되었다. 이때 학년별 글의 수준과 범위는 '정보 전달 - 설득 - 사회적 상호 작용 - 정서 표현'의 틀을 따르는바, 그중 정서 표현의 글이 문학과 느슨하게 겹친다.

2007년 교육과정에서 학년별로 정서 표현과 관련된 텍스트 유형을 뽑아 보면 다음과 같다.[4]

읽기 영역 '글의 수준과 범위' 중 정서 표현 관련 내용

학년	내용
1학년	- 일상생활 경험을 담은 일기나 동화
2학년	- 재미있는 이야기나 생활문, 웃음을 유발하는 이야기 - 즐거움, 기쁨, 슬픔, 분노 등의 감정을 표현한 글
3학년	- 글쓴이의 생각과 느낌이 분명하게 드러나는 독서 감상문 - 인물의 성격이 잘 표현된 만화나 애니메이션

[4] 여기에 제시된 텍스트 유형 중 다수는 애초에 '매체' 영역을 상정하고 설정한 것이었다. 하지만 교육과정 심의 과정에서 매체 영역이 삭제되었으므로, 여기서는 '매체 읽기'를 넓은 의미의 읽기 범주에 포함시키고, 그중 영화나 만화, 애니메이션 등은 문학 텍스트의 확장이라고 보는 관점을 취한다.

4학년	- 여정과 감상이 잘 나타난 기행문
5학년	- 가치관, 신념, 삶의 모습이 잘 드러난 전기문
6학년	- 웃음을 유발하는 글
7학년	- 인물의 가치관이나 사고 방식이 잘 드러난 영화
8학년	- 삶의 자세와 인생에 대한 성찰을 서술한 자서전 - 대상의 본질을 우회적으로 표현한 풍자물
9학년	- 다양한 함축적 표현을 활용한 만화
10학년	- 대중적인 인기를 끌고 있는 도서

이 목록에서 일정한 계열성을 찾기는 어렵다. 대체로 초등학교에서 재미와 경험을 강조했다면 중학교에서 매체를 강조하고, 고등학교에서 독서로 범위를 확대하는 정도의 경향성만 볼 수 있을 뿐이다. 다만, '문학' 영역의 '작품의 수준과 범위'를 의식하여 문학 텍스트를 명기하는 일은 피했음을 알 수 있다. 그렇다 하더라도 동화・만화・애니메이션・영화 등은 문학의 주요 연구 대상들이고, 일기・재미있는 이야기・웃음을 유발하는 글・기행문・전기문・자서전・풍자물 등은 문학과 그 특성을 공유하는 글들이며, 독서 감상문・인기 도서는 문학으로부터 출발하는 경우가 많다는 점에서 문학과의 연계를 부정하기 힘들다.

이번에는 10학년의 읽기와 문학 영역 교육과정의 내용을 자세하게 비교해 보자.

10학년 읽기, 문학 영역의 교육과정 내용

읽기		문학	
글의 수준과 범위	성취 기준	성취 기준	작품의 수준과 범위
- 사회적 규약을 담은 글	(1) 사회적 규약을 담은 글의 특성	(1) 문학이 인간의 삶에 미치	- 다양한 해석의 가능성이 열려

- 법률적 쟁점, 갈등 상황에서의 분쟁 등을 다룬 판결문이나 기사문 - 동일 사안에 대해 서로 다른 결론을 이끌어 내고 있는 논설문이나 평론 - 사회적으로 관심의 대상이 되는 인물에 대한 심층적인 정보를 전하는 면담 기사 - 대중적인 인기를 끌고 있는 도서	을 알고 공정성과 합리성을 평가한다. (2) 법률적 쟁점을 다룬 글을 읽고 사건의 개요와 판단의 취지를 파악한다. (3) 여러 글을 읽고 전제나 가정을 비교 분석하고 평가한다. (4) 면담 기사를 읽고 질문자의 질문 의도, 질문 전략, 질문 태도 등을 평가한다. (5) 인기 도서를 읽고 책의 가치와 인기를 얻게 된 원인을 비판적으로 평가한다.	는 긍정적인 의미와 효과를 발견한다. (2) 문학 작품에 드러난 작가의 개성을 이해한다. (3) 인간의 보편적인 삶의 조건에 비추어 문학 작품을 이해한다. (4) 문학 작품에 대한 비평적 안목을 갖춘다. (5) 수용과 전승 과정에 유의하여 한국 문학의 전통을 이해한다.	있는 작품 - 인물의 내면 세계나 내적 갈등이 드러나는 작품 - 작가의 개성이 잘 드러나는 작품 - 비평적 안목이 뛰어나거나 문학사적 가치가 높은 비평문

여기서 읽기 영역의 경우 '글의 범위와 수준'과 '성취 기준'의 항목들이 일 대 일로 대응하는 데 비해, 문학 영역은 그렇지 않음을 알 수 있다. 그 이유는 읽기 텍스트가 규약문, 판결문, 기사문, 논설문 등으로 다양하게 유형화되는 데 비해 문학 텍스트는 그런 식으로 명쾌하게 유형화하기 어렵기 때문이다.(시/소설/극의 구분은 너무 크다.) 또한 성취 기준의 기술 방식도 읽기 영역은 '~을 읽고 ~을 ~한다.'로 정형화하여 자료와 내용 요소, 활동 요소를 분명히 제시한 데 비해 문학 영역은 그렇지 못하다. 이 역시 문학교육의 목적과 텍스트 특성상 그러한 논리화가 어렵기 때문이다. 읽기 영역만 보면, (1)~(4)는 여러 유형의 텍스트들을 비판적으로 읽는

능력을 기르는 데 초점이 있고 (5)는 '인기 도서'를 비판적으로 읽는 데 초점이 있음을 알 수 있다. 앞에서의 구분에 따르면 (1)~(4)는 좁은 의미의 읽기교육을, (5)는 독서교육을 지향한다.

거칠게 살펴보았지만, 교육과정상 읽기・독서교육과 문학교육의 성격은 서로 느슨하게 겹치면서 경향성 혹은 지향성 정도로 구별됨을 알 수 있다. 또한 읽기 영역 안에서 좁은 의미의 읽기와 독서가 뒤섞여 있음도 알 수 있다. 이러한 현상은 사실 1차 교육과정기부터 이어져 온 것으로, 읽기・독서교육과 문학교육의 통합론과 분리론 양측에서 모두 근거로 활용할 수 있는 현상이다.

나. 선택교육과정 : 2009년 <독서> 과목[5]과 <문학> 과목

공통교육과정 <국어> 과목의 교육과정은 6개 하위 영역을 일관된 틀에 따라 개발했기 때문에 상호 배치되거나 중첩되는 부분이 비교적 적다. 그러나 선택교육과정의 6개 과목은 각기 다른 논리에 따라 서로 다른 개발자가 개발하면서 많은 부분이 중첩되는 모습을 보인다. 대표적인 예가 <독서>와 <문학> 과목이다. 다음 표를 보자.

[5] 2007년 교육과정에서 고등학교 선택 과목을 '화법・독서・작문・문법・문학・매체언어'의 6과목으로 설정했던 것을 2009년에 개정하면서 '화법과 작문 Ⅰ・Ⅱ, 독서와 문법 Ⅰ・Ⅱ, 문학 Ⅰ・Ⅱ'의 6과목으로 재편성했다. 그러나 이는 총론 차원에서 과목 이수 체제를 바꾼 것일 뿐 교육과정 내용상으로는 큰 변화가 없기 때문에 그중 독서와 관련된 부분만 <독서>라고 부르기로 한다.

독서 과목 내용 체계

<table>
<tr><td>지식
◦ 독서의 특성
◦ 글의 특성
◦ 독서의 과정과 방법
◦ 독서의 맥락
◦ 독서의 역사와 가치
◦ 독서와 매체 언어</td><td rowspan="2">글의 유형
◦ 목적에 따른 글 읽기
◦ 제재에 따른 글 읽기
◦ 시대에 따른 글 읽기
◦ 지역에 따른 글 읽기</td></tr>
<tr><td>기능
◦ 독서의 준비
◦ 독서의 수행
- 사실적 독해 - 추론적 독해
- 비판적 독해 - 감상적 독해
- 창조적 독해
◦ 독서의 성찰과 조절
◦ 독서의 활용
◦ 매체 자료의 비판적 수용</td></tr>
</table>

여기서 '감상적 독해'를 중심으로 독서교육의 일부는 그대로 문학교육으로 연결되는데, 그렇다고 해서 <문학> 과목이 별도로 있으니 이 부분을 빼자고 하기도 어렵다. 결국 <독서> 과목은 일정 부분 문학 텍스트 읽기, 혹은 문학적 읽기를 다루게 된다. 과목 간에 이런 식으로 내용이 겹치는 현상은 매우 드문 예로서, 극단적으로는 과목 설정이 잘못 됐다고까지 말할 수 있는 부분이다.

'감상적 독해'의 세부 내용을 살펴보자.

독서 과목 세부 내용 중 '감상적 독해'

㉮ 인물이나 사건에서 공감하거나 동일시되는 부분을 찾는다.
㉯ 글에서 감동적인 부분을 찾아 그 내용을 내면화한다.
㉰ 필자의 개인적 배경, 시대적 배경, 집필 상황 등과 관련지어 글을 감상한다.
㉱ 독서를 통해 일어나는 독자 자신의 정서적 변화를 인식하며 글을 감상한다.

'감상적 독해'라는 용어에서 짐작할 수 있듯이, 이 영역은 문학 텍스트를 비중 있게 고려한다. 실제 내용 항목들도 그런 식으로 채워져서, 인물・사건・감동・내면화・배경・정서・감상 등이 주요 키워드로 제시된다. 물론 비문학 텍스트로도 이런 내용들을 다룰 수 있지만, 그런 경우라도 텍스트와 활동이 모두 문학적 속성을 짙게 지니고 있을 것이다.

여기서 독서 교육과정과 문학 교육과정을 겹치지 않게 설계할 수 있는지 질문해 보자. 그러려면 독서 교육과정에서 정서 표현적인 텍스트 중 상당 부분과 비판적・감상적・창조적 독해의 상당 부분을 삭제해야 할 것이다. 그렇게 하면 읽기・독서의 총체성이 훼손되는 감은 있지만, <독서> 과목 자체가 해체된다고 말하기도 어렵다. 문제는 모든 학교가 <독서>와 <문학>을 동시에 선택하지 않는다는 점이다. 2009년 교육과정에서 선택교육과정의 운영이 자율화되면 두 과목의 독자성은 더 커질 것이다.

결론적으로, 교육과정에서 읽기・독서교육과 문학교육은 일부를 공유하는 인접 관계를 맺고 있다. 그 공유 부분의 비율을 어느 정도로 잡느냐에 따라 읽기・독서와 문학을 통합할 수도 있고 분리할 수도 있으나, 두 영역을 완전히 중첩시키거나 완전히 단절할 수 없다는 데서 교육과정 개발자들의 어려움이 생겨난다. 그 어려움은 국어 교과의 본질론에까지 영향을 끼친다.

2) 교과서 점검

가. 공통교육과정 : 읽기 단원과 문학 단원

국어 교재사를 살펴보면 4차 교육과정까지는 주제 중심, 문종 중심으로 단원을 편성했으나, 5차 교육과정 이후 목표 중심으로 단원을 편성하는 경향이 정착되었다. 이에 따라 여러 유형의 텍스트를 한 단원으로 묶는 사례가 많아졌는데, 그때 이 목표 저 목표와 무리 없이 잘 연결되는 것이 문학 텍스트다. 극단적으로는 '아무 데나 갖다 놔도 되는' 텍스트가 문학이라고까지 말할 수 있다.

초등학교의 경우 5차 교육과정부터 교과서를 『말하기 · 듣기/듣기 · 말하기』, 『읽기』, 『쓰기』의 3책으로 나누었는데, 여기서 『읽기』 책은 교육과정의 읽기와 문학 영역을 주로 다룬다. 물론 『말하기 · 듣기/듣기 · 말하기』와 『쓰기』 책에서도 문학을 다루지만, 문학교육의 중심은 아무래도 『읽기』에 있다. 문제는 소단원 체제였던 5차 · 6차와 달리 7차와 2007년 교육과정에서 대단원 체제를 도입하면서 읽기 단원과 문학 단원이 별도로 설정되었다는 점이다. 읽기 단원에 문학 작품이 제재로 활용되는 점도 문제가 된다.

중학교의 경우에도 7차 교육과정에서 『생활 국어』 책이 생기면서 『국어』는 대체로 읽기와 문학, 『생활 국어』는 말하기 · 듣기 · 쓰기와 문법을 주로 다루게 되었다. 2007년 교육과정에서는 검정제가 도입되면서 출판사마다 다른 방식을 취하고 있지만, 문학을 『국어』와 『생활 국어』에 균등하게 배분하는 것보다 7차 국정 교과서처럼 『국어』 쪽에 몰아 두는 경향이 우세하다. 어느 경우든 초등학교와 마찬가지로 읽기 단원에 문학 텍스트를 수록하는 사례가 자주 나타나고, 여기서 교사들의 의문이 생겨난다. "읽기 단원에 있는 문학 작품과 문학 단원에 있는 문학 작품을 가르치는 방법이 다른가?"

이와 관련하여 7차 국민공통기본교육과정의 마지막 교과서인 고등학교 『국어 (하)』를 살펴보자.

고등학교 『국어(하)』 차례

<table>
<tr>
<td>
1. 국어가 걸어온 길
(1) 고대 국어
(2) 중세 국어
(3) 근대 국어
2. 정보의 조직과 활용
(1) 다매체 시대의 언어 활동
<u>(2) 허생전(박지원)</u>
3. 함께 하는 언어생활
(1) 역사 앞에서(김성칠)
<u>(2) 어느 날 심장이 말했다 (진수완)</u>
</td>
<td>
4. 효과적인 표현
(1) 민족 문화의 전통과 계승 (이기백)
<u>(2) 눈길(이청준)</u>
5. 감동을 주는 언어
<u>(1) 관동별곡(정철)</u>
(2) 간디의 물레(김종철)
6. 표현과 비평
<u>(1) 산정무한(정비석)</u>
(2) 외국인의 눈에 비친 19세기 말의 한국(이사벨라 버드 비숍)
7. 전통과 창조
<u>(1) 춘향전</u>
(2) 건축과 동양 정신(김수근)
</td>
</tr>
</table>

차례에서 알 수 있듯이 국어사를 다룬 1단원을 제외하면 모든 단원이 문학 텍스트와 비문학 텍스트를 동등하게 싣고 있다. 이는 읽기와 문학을 구별하지 않고 목표 중심으로 통합하겠다는 뜻으로, 여기서 문학과 비문학의 차이는 '영역'이 아니라 '경향성' 정도로 취급된다. 과거의 교과서가 문학 단원과 비문학 단원을 적절히 교차 편집한 것과는 확연히 다른 양상이다. 그렇다면 읽기・독서교육과 문학교육 사이의 중첩 부분은 생각보다 넓은 셈이다. 과연 그런가.

이를 알아보기 위해 마지막 단원인 '7. 전통과 창조'의 내용을 자세히 살펴보자.

고등학교 『국어 (하)』 '7. 전통과 창조'의 단원 목표

- 우리 문화의 전통을 창조적으로 계승, 발전시키는 능력과 태도를 기른다.
- 전통의 창조적 계승을 위해 창의적으로 표현하는 태도를 기른다.
- 전통을 창조적으로 계승함으로써 국어를 발전시키려는 태도를 기른다.

단원 목표 어디에도 문학과 직접 연관되는 내용은 없다. 전통의 계승과 발전, 그와 관련된 창의적 표현 및 국어 발전이 이 단원의 핵심 목표이다. 그를 위해 <춘향전>이라는 문학 작품과 <건축과 동양 정신>이라는 설명문을 실었다. 당연히 주요 학습 요소에도 문학임을 직접 드러내는 내용들은 없으며, '인간다움 추구의 전통', '전통의 창조적 계승을 위한 방법', '전통의 창조적 계승을 위한 변형', '인간애의 전통'에 관한 내용을 '알아 두기'로 정리하여 제시하였다.

그렇다면 학습 활동도 그럴까. 두 제재의 '학습 활동'을 간단하게 정리해 보자.

고등학교 『국어 (하)』 '7. 전통과 창조'의 학습 활동

<춘향전> 학습 활동	<건축과 동양 정신> 학습 활동
1. '등 밀쳐 내니 어찌 아니 명관인가.'라는 구절을 중심으로 다음 활동을 해 보자. 2. 이몽룡이 지었다는 시를 중심으로 다음 활동을 해 보자. 3. 지금까지 읽은 내용 중 마음에 드는 표현을 골라 그 표현법을 모방하여 현재 자신이 처한 상황에 맞게 표현해 보자.	1. 이 글이 제안하고 있는 공간 개념을 중심으로 다음 활동을 해 보자. 2. 이 글에서 전통을 바라보는 방식을 중심으로 다음 활동을 해 보자.
1. 다음 표현 중 하나를 모방하여 주변의 상황이나 행위를 표현해 보자. 2. <춘향전>을 변형하여 만든 작품들에는 어떤 것이 있는지 조사하여 서로 비교해 보자.	1. 이 글의 내용을 중심으로 다음 활동을 해 보자. 2. 우리의 문화는 인간애라는 소중한 전통을 지니고 있다. 이를 중심으로 다음 활동을 해 보자.

'학습 활동'은 '알아 두기'와 달리 두 소단원 사이에 차이가 있다. <춘향전>이 표현의 특징과 의미, 작품 속 시 작품의 해석, 효과적인 묘사, 작품의 상호 텍스트성 등에 초점을 두어 학습 활동을 하도록 한 데 비해,

<건축과 동양 정신>은 핵심 개념의 이해와 적용, 필자의 관점 이해, 텍스트 내용의 해석과 평가 등에 초점을 두었다. 당연한 것이, 한쪽은 소설이고 한쪽은 설명문이기 때문이다. 곧, 읽기・독서교육과 문학교육은 교재에서 대단원 차원에서는 병렬되더라도 각 제재 차원에서는 텍스트의 특성에 맞추어 분기된다.

나. 선택교육과정 : 『독서』 교과서와 『문학』 교과서

읽기・독서교육과 문학교육의 관계는 고등학교 선택교육과정에서 조금 복잡하게 얽힌다. 선택교육과정의 <독서>와 <문학> 모두를 선택하는 경우와 둘 중 하나만(대체로 <문학>) 선택하는 경우의 접근 방법이 달라지기 때문이다.

아주 구체적인 질문을 던져 보자. <독서> 과목 교육과정에 문학과 관련되는 내용이 있으니 당연히 『독서』 교과서에도 문학 단원이 있다. 만일 어느 학교에서 <독서>와 <문학>을 모두 선택했다면, 『독서』 교과서의 문학 단원은 어떻게 해야 할까? 같은 문학이라도 <독서> 과목과 <문학> 과목은 접근 방법이 다르니 그대로 수업을 해야 할까? 아니면, 그 부분은 <문학>과 겹치니까 <문학>에 맡기고 안 해도 될까? <독서>만 선택한 학교와 <문학>만 선택한 학교, 그리고 <독서>와 <문학>을 모두 선택한 학교의 읽기・독서교육과 문학교육 방법은 같을까 다를까?

이 문제를 살펴보기 위해 같은 작품을 『독서』와 『문학』 교과서에서 각각 어떻게 다루었는지 살펴보자. 저자/출판사와 작품은 전적으로 우연에 따라 선택되었다.

『독서』와 『문학』의 교과서 구성 비교

오세영 외, 『독서』(대한교과서), pp.207-219.	강황구 외, 『문학』(상문연구사), pp.236-245.
단원 위치 : Ⅲ. 갈래별 글 읽기 - 3. 정서 표현의 글 읽기 **(5)** 논 이야기**(**채만식**)** 수록 부분 : 결말부('전략된 내용' 제시) <읽기 방법> 1. 인물의 성격과 갈등을 파악한다. 2. 작품의 시대적 가치와 의의를 판단하며 읽는다. <읽기 전에> 1. 제목이나 소제목은 주제나 소재, 글의 주요 내용과 밀접한 관련이 있다. 제목을 보고 이 소설의 내용을 예측해 보자. 2. 다음 시대상에 대해 아는 대로 말해 보고, 부족한 부분은 조사해 보자. 3. 채만식의 창작 경향과 세계관에 대해 미리 알아보자. <날개 : 낱말 뜻풀이는 생략> ◦ 채만식(1902~1950) : 일본 와세다 대학 영문과 중퇴. 저서로 『채만식 단편집』, <탁류>, <천하태평춘>, 『집(단편집)』 등이 있다. ◦ 한덕문의 "일인들이 다 쫓겨 가면 그 논 도루 내 것 되지 갈 데 있나." 라는 말은 어떤 의미를 내포하고 있는가? ◦ 이 작품의 시대적 배경을 알 수 있는 부분을 찾아보자.	단원 위치 : (하) - Ⅴ. 문학과 삶 - 2. 역사 속의 삶과 문학 - (3) 역사의 현장 논 이야기**(**채만식**)** 수록 부분 : 도입부('뒷부분 줄거리' 제시) <생각하며 읽기> ◦ 비판의 대상이 무엇인지 생각하며 읽는다. ◦ 한 생원의 심리 변화를 파악하며 읽는다. <날개> ◦ 한 생원이 기뻐하는 까닭은? ◦ 이러한 한 생원의 행위에서 알 수 있는 그의 가치관은? ◦ 한 생원이 이렇게 생각한 까닭은? (… 생략 …) <처마 : 낱말 뜻풀이는 생략> ◦ 논 이야기 : 『해방문학선집』(1946)에 수록된 작품. → 보충 · 심화 자료 376쪽 ◦ 채만식(1901~1950) : 전북 옥구 출생. 주요 작품으로 <레디메이드 인생>, <탁류> 등이 있다. <학습 활동> [확인 활동] 1. 다음 물음에 답해 보자. (1) 갈등의 주체는 누구이며, 갈등의 원인은 무엇인지 말해 보자.

(…생략…)

<학습 활동>

1. 다음 말들을 통해서 한 생원의 성격을 유추해 보자. (작품 중 한 생원의 대화 네 군데 인용)
2. 다음 사항을 중심으로 내용을 정리해 보자.

(1) 상황에 따라 한 생원의 태도가 어떻게 변화하는지 표 형식에 맞게 정리해 보자.(사건 전개에 따라 한 생원의 심리와 태도를 정리하는 표 제시)

(…생략…)

3. 다음 제시된 작품을 읽고, 작품에 드러난 작가 의식에 대해 알아보자. (염상섭, <두 파산> 일부 제시)

(…생략…)

(2) 한 생원이 국가 권력을 불신하게 된 내력이 드러난 부분을 찾아 보자.

[개별 활동]

2. 해방 이후 한 생원의 심리 변화를 셋으로 나누어 만화로 그려 보자.

[모둠 활동]

3. 다음에 제시하는 바에 따라 한 생원에게 보내는 충고의 편지를 써 보자.

◦ 이 작품을 통해 드러난 당시의 현실에 대한 작가의 비판이 명확히 드러나도록 한다.

◦ 그 비판에 대한 대안으로서, 해방 당시의 바람직한 사회상을 제시한다.

『독서』 교과서의 집필자가 문학 전공자라는 점을 감안하더라도, 『문학』 교과서에 비해 『독서』 교과서가 훨씬 더 '문학적으로' 짜여 있음을 알 수 있다. 심지어 『독서』 교과서에는 심화 학습용으로 <두 파산>의 일부를 제시한 뒤, "<두 파산>의 전편을 찾아 읽고~"라는 활동까지 제시하였다. 이는 『문학』 교과서가 '한 생원'의 심리에 초점을 맞추어 단선적인 읽기를 하도록 한 것과 대비된다. 이런 상태라면 『독서』 교과서에서 문학 텍스트의 비중을 높이면서 읽기·독서교육과 문학교육을 함께 담당하도록 해도 아무 문제가 없을 수준이다.

여기서 눈을 돌려서, 『독서』 교과서가 진짜 독서교육을 담당하고 있는지도 살펴보자. 또 다른 『독서』 교과서 두 권의 '차례'이다.

『독서』 교과서의 차례 비교

심재기 외, 『독서』 (중앙교육진흥연구소)	이삼형 외, 『독서』 (한국교육미디어)
Ⅰ. 독서의 본질 1. 독서의 기능과 특성 2. 독서의 과정 3. 독서의 방법 4. 독서의 가치 Ⅱ. 독서의 원리와 실제 1. 독서의 준비 2. 단어, 문장, 문단의 독해 3. 글 전체의 독해 4. 독해 과정의 인식 5. 비판적 독해 6. 감상적 독해 7. 독서와 학습 방법 Ⅲ. 독서의 태도 1. 독서의 동기 및 태도 2. 독서의 습관	제1부 독서의 이론과 적용 Ⅰ. 독서의 본질 Ⅱ. 독해의 원리와 방법 Ⅲ. 독해의 과정과 전략 제2부 독서의 다양한 세계 Ⅰ. 정보를 전달하는 글 읽기 Ⅱ. 설득하는 글 읽기 Ⅲ. 친교 및 정서 표현의 글 읽기 Ⅳ. 매체 읽기 제3부 독서의 생활화 Ⅰ. 독서와 삶 Ⅱ. 독서 문화의 발전을 위하여

두 권 모두, 읽기와 비교되는 독서교육은 셋째 대단원에서 비로소 다루고 있다. 첫째 · 둘째 대단원은 '독서'라는 용어를 '읽기'로 바꾸는 것이 더 바람직한데, 이러한 점을 필자들도 인식했던 듯 필요에 따라 '독해'라는 용어를 쓰고 있다. 그리고 이들 대단원에서 다루는 내용들은 사실상 공통교육과정에서 이미 다룬 내용들이다. 말하자면, 선택교육과정의 교과서들은 읽기 · 독서교육과 문학교육의 관계뿐 아니라 좁은 의미의 읽기교육과 독서교육의 관계도 모호하게 다루고 있다. 물론 그 원인은 교육과정이 제공했을 터이다.

3) 국가 수준 평가 점검

가. 학생용: 수학능력시험

주지하다시피 수학능력시험은 듣기 · 쓰기 · 읽기 영역으로 구성되고, 읽기 영역은 다시 문학 읽기 4세트와 비문학 읽기 6세트로 나뉜다.[6] 그리고 읽기 영역의 평가 내용은 사실적 사고, 추리 · 상상적 사고, 비판적 사고, 창의적 사고로 세부 영역을 나눈다. 이때 사실적 사고와 관련해서는 문학과 비문학 공히 텍스트에 명시된 정보 확인에 초점을 두고, 추리 · 상상적 사고의 경우 문학 지문은 연상과 상상에, 비문학 지문은 추론과 적용에 초점을 두어 평가한다. 비판적 사고도 문학 지문은 감상에, 비문학 지문은 평가에 초점을 두며, 창의적 사고는 대체로 문학 영역에서 다룬다.

수능시험은 처음 개발할 때부터 문학과 비문학 지문을 철저하게 안배하여 실시되었다. 또한 15년 넘게 문제가 정교화되면서 문학 문항과 비문학 문항이 어느 정도의 전형을 갖추게 되었다. 한 해를 골라 두 영역의 발문을 비교해 보자.(어휘 문항은 제외하였다.)

2009학년도 수능시험 읽기 영역의 발문

	문학 영역	비문학 영역
사실적 사고	37. 위 글로 미루어 알 수 있는 것은?	13. 위 글의 중심 내용은? 16. 위 글을 통해 알 수 없는 것은? 24. (가)~(마)의 중심 화제로 적절하지 않은 것은? 26. 위 글을 통해 알 수 있는 것은? 34. 위 글의 표제와 부제로 가장 적절한 것은?

[6] 수학능력시험 초기에는 문학과 비문학의 비중이 5 : 5였으나 7차 교육과정이 적용되기 시작한 2005학년도부터 4 : 6으로 조정되었다. 그 이유는 대학수학능력과 문학 텍스트 읽기의 상관성에 대한 문제 제기 때문으로, 특히 자연계와 예 · 체능계 학생들의 요구를 고려한 것이다. 이 조정 과정에서도 읽기 · 독서교육과 문학교육의 관계가 문제가 되었다.

		41. 위 글을 통해 알 수 있는 것은? 43. 위 글을 읽은 학생들의 반응으로 가장 적절한 것은?
추리·상상적 사고	22. ⓐ~ⓔ 중 문맥상 함축하는 의미가 다른 하나는? 47. 위 글로 미루어 알 수 있는 것은?	14. ㉠을 사용한 이유로 가장 적절한 것은? 15. <보기>는 현대 어휘 용례 사전의 일부이다. 위 글을 읽고 옛 문헌에 사용된 부호를 적용해 본 활동으로 적절하지 않은 것은? 17. ㉠의 방법에 따라 <보기>를 사용하여 3성부의 악곡을 만들 때, 도입부의 짜임새로 가장 적절한 것은? 35. 위 글을 읽고 <보기>로부터 추론한 내용으로 적절하지 않은 것은? 36. '상대적 보폭 거리'를 이용하여 A와 D로부터 공룡의 보행 상태를 바르게 추정한 것은? 44. ㉠에 대응하는 것을 [A]의 동영상 압축 과정에서 찾을 때, 가장 적절한 것은? 45. 위 글을 바탕으로 <보기>의 (가)와 (나)를 비교한 것으로 적절한 것은?
비판적 사고	20. 위 글의 서술상의 특징으로 가장 적절한 것은? 21. ㉠~㉤에 대한 이해로 적절하지 않은 것은? 23. <보기>를 바탕으로 [A], [B]를 감상한 내용으로 가장 적절한 것은? 28. (가)~(다)의 공통점으로 가장 적절한 것은? 29. ㉠과 ㉡에 대한 설명으로 가장 적절한 것은?	18. 위 글과 <보기>를 관련지어 이해한 내용으로 적절하지 않은 것은? 25. 위 글을 바탕으로 <보기>의 'A시'와 'B시'에 대해 평가한 내용으로 적절하지 않은 것은? 40. 위 글의 서술 방식으로 가장 적절한 것은?

	30. (가)와 (다)를 대응시켜 감상한 내용으로 적절하지 않은 것은? 31. <보기>를 바탕으로 ⓐ를 이해한 내용으로 가장 적절한 것은? 32. (나)에 대한 설명으로 적절하지 않은 것은? 33. <보기>를 참고하여 [A]를 감상한 내용으로 적절하지 않은 것은? 39. <보기>를 바탕으로 위 글을 감상한 내용으로 적절하지 않은 것은? 48. ㉠~㉤에 대한 이해로 적절하지 않은 것은? 49. <보기>를 바탕으로 위 글을 감상한 내용으로 적절하지 않은 것은?	
창의적 사고	38. 학생들이 모둠 활동을 통해 '#95'를 지문 내용에 충실하게 촬영하려고 한다. ㉠~㉤에 대한 의견으로 적절하지 않은 것은?	42. ㉠의 입장에서 <보기>의 (가)로부터 (나)를 이끌어내려 할 때, ⓐ의 내용으로 가장 적절한 것은?

여기서 대체로 문학 지문은 비판적 사고(감상) 쪽에, 비문학 지문은 사실적 사고와 추리·상상적 사고(추론과 적용) 쪽에 비중이 있음을 알 수 있다. 또한 비중이 높은 쪽의 발문이 그렇지 않은 쪽의 발문들을 포함하고 있음도 알 수 있다. 곧, 추리·상상적 사고에서는 비문학 지문의 발문이 문학 지문의 발문을 포함하고, 비판적 사고에서는 비문학 지문의 발문이 문학 지문의 발문을 포함한다. 말하자면 두 영역의 발문들은 각각 서로를 일부씩 포함하면서 어느 정도 역할 분담을 하고 있는 것이다. 이는 교육과정과 교과서에서 읽기·독서교육과 문학교육의 구분이 모호했던

점과 대비된다.

교육과정과 교과서에서 모호했던 관계가 왜 평가에서는 분명하게 역할을 나누게 되었을까? 그 이유는 텍스트의 특성이 평가 문항을 강하게 구속하기 때문이다. 수능시험의 비문학 지문은 대부분 설명문이고 논설문이 일부를 차지하는데, 이들 지문으로 비판적 사고나 창의적 사고를 평가하는 데에는 한계가 있다. 글 구조가 정밀하게 짜여 있고 내용이 분명하기 때문이다. 비판적 사고를 평가하기 위해 수능시험에서 일부러 허술한 글을 다룰 수는 없는 만큼, 수능시험의 비문학 지문은 필연적으로 사실적 사고와 추리・상상적 사고에 초점을 맞출 수밖에 없다. 문학 지문은 그에 비해 여러 사고 영역을 골고루 다룰 수 있으나, 시험의 효율성을 위해 비문학 지문에서 충분히 다룰 수 있는 영역은 그쪽에 할애한 것이다.

나. 교사용 : 교사임용시험

교육과학기술부와 각 시・도 교육청은 2009학년도부터 교사임용시험을 1차 선택형, 2차 논술형, 3차 면접 및 수업 실연으로 개편하여 시행하고 있다. 초등 1차 시험의 경우 총 50문항 중 6문항을 국어과에 배정한바, 거기에 읽기와 문학 영역이 각 1문항씩 포함된다. 중등 1차 시험은 40문항을 표현・이해 (말하기/듣기・쓰기・읽기), 국어학 (어문규범・국어문법・국어사), 문학 (현대시・현대산문・고전시가・고전산문)의 10개 영역으로 나누어 각각 4문항 내외를 출제한다. 여기서 읽기 4문항과 문학 16문항 사이에는 국어학과 문학 사이의 거리 못지않은 거리가 존재한다. 2009학년도의 문제를 보자.

2009학년도 중등임용시험 읽기 영역과 문학 영역의 발문

<읽기 영역>

9. 2명의 피험자에게 글을 읽게 한 뒤 3일 후 읽은 내용을 회상하여 적게 하는 실험을 실시했다. 이 실험의 '갑'이나 '을'의 회상자로부터 도출할 수 있는 스키마의 특성과 거리가 먼 것은?
10. <자료 1>은 독서에서 어려움을 겪는 한 학생의 특성을 분석한 결과이다. <자료 2>에 드러난 이론을 바탕으로 개선 방법을 찾을 때 가장 적절한 것은?
11. 위 글을 읽고 글의 목적을 파악하는 수업을 위해 교사는 학생의 사고를 촉진하기 위한 질문을 준비하였다. 다음 중 '질문'과 그 질문이 의도하는 '전략'이 적절하게 연결되지 않은 것은?
12. 위 글을 읽고 다음과 같은 '읽기 후 활동'을 계획했다. 이 활동 계획에 적용된 독서 원리로 가장 적절한 것은?

<문학 영역>

25. "「가시리」의 심미적 예술성과 문화 전승적 가치를 이해한다."라는 학습 목표로 교수-학습 계획을 세웠다. (가)~(마) 중 교수-학습 내용에 따른 활동과 보충 자료가 모두 적절한 것을 고른 것은?
26. "「계녀가」에 나타난 표현 특성을 이해하여 글쓰기에 활용할 수 있다." 라는 학습 목표에 부합하는 글쓰기 계획을 <보기>에서 모두 고른 것은?
27. 고전시가의 역사적 전개 과정을 고려할 때, (가)~(라)에 대한 서술로 적절한 것은?
28. (라)를 제재로 다음과 같이 수업을 진행하려고 한다. 교수-학습 요소에 따른 지도 내용으로 적절하지 않은 것은?
29. <자료>에서 다루고 있는 시기의 문학적 경향에 대한 서술로 타당한 것은?
30. 작품 전체를 고려할 때 (가), (나)에 대한 설명으로 적절한 것은?
31. <자료>의 밑줄 친 부분과 관련 있는 판소리의 특성을 <보기>에서 고른 것은?
32. 봉산탈춤을 수업한 뒤, 학생들이 '두발 단속의 부당성'을 주제로 탈춤 공연을 계획하도록 하였다. 학생들이 작성한 공연 계획 중 봉산탈춤의 특성을 잘못 반영한 것은?
33. '공감하며 읽기'를 목표로 하여 구상한 위 시의 교수-학습 내용으로 적절하지 않은 것은?

34. (가), (나)는 위 시와 관련된 비평 자료이다. 이들 자료에 나타난 시를 바라보는 관점을 바르게 파악한 것은?
35. 시의 심상을 중심으로 하여 (가)와 (나)를 감상하고자 한다. 시 전체의 의미 맥락에서 '눈'의 의미를 비교 · 해석한 것으로 가장 적절한 것은?
36. 다음 시를 이해하기 위해 활동 중심 수업을 구성하였다. 각 활동의 취지를 잘못 설명한 것은?
37. 다음 교수-학습 설계 중 학생들에게 제시할 질문으로 가장 적절한 것은?
38. (가)와 (나)를 통하여 현대소설의 장르적 특성을 설명한 것으로 적절하지 않은 것은?
39. <자료>를 참고하여 (가), (나)를 이해한 것으로 적절하지 않은 것은?
40. 다음 글에서 제시하고 있는 문학적 입장에 대한 설명으로 적절한 것은?

여기서 보듯이 읽기 영역과 문학 영역의 문항들은 분명하게 차이가 난다. 읽기 영역이 읽기 이론을 바탕으로 하여 교수-학습 계획을 세우는 데 초점을 두었다면, 문학 영역은 정밀한 작품 해석 및 문학사적 지식을 바탕으로 하여 작품 및 활동의 교육적 의의를 구현하는 데 초점을 두었다. 또한 읽기 영역의 문제들이 대체로 주어진 자료를 활용하여 풀 수 있는 데 비해, 문학 영역은 외부 지식을 끌어들어야 하는 경우가 많다. 임용시험이 읽기 교사와 문학 교사에게 확연하게 다른 지식, 능력 및 교수법을 요구한다는 사실을 보여준다. 그 능력은 대체로 읽기 영역에서는 교수법 쪽에, 문학 영역에서는 문학 이론과 문학사 쪽에 기울어 있다.

여기에서도 읽기 · 독서교육과 문학교육의 관계 외에 좁은 의미의 읽기 교육과 독서교육의 관계가 드러난다. 곧, 읽기 영역의 문항들을 보면 내용 스키마, 독서 장애, 글의 목적 파악을 위한 질문 만들기, 읽기 후 활동의 원리 등이 키워드가 된다. 있다. 이는 "독서를 함으로써 다양한 분야의 지식을 축적하고, 세계에 대한 인식의 폭을 넓히며, 인간의 삶과 문화의 다양성을 깊이 있게 이해(2009년 교육과정 <독서와 문법> 과목의 '1. 성격')"하는 것보다는 "독서 목적이나 글의 특성에 따라 적절한 배경 지식을 활성화하여 글의 정보를 탐색·선택·조직함으로써 의미를 구성(2009년 교육과정 <독서와 문법> 과목의 '1. 성격')"하는 데 더 가까운 내용들이다. 말하자면 임용시험의 읽기 영역은 좁은 의미의 읽기교육에 그치고, 독서까지는 다루지 못하고 있다.

3. 문학교육의 교과론적 검토

지금까지 살펴본 바에 따르면 읽기·독서교육과 문학교육은 교육과정·교과서·평가의 전 영역에 걸쳐 일부 내용이 중첩되면서 느슨하게 연결되어 있다. 하지만 세부적으로 보면 각기 그 양상이 달라서, 교육과정이 영역 구분을 통해 개념적으로 그들을 구별하면서 '정서 표현의 글 읽기' 혹은 '감상적 독해'라는 통로를 남겨 두었다면, 교과서는 단원 편성에서는 양자를 통합하고자 하면서 활동 구성에서는 서로 분리되는 양상을 보인다. 그에 비해 평가에서는 문학과 비문학 지문(혹은 영역)이 서로 역할을 나누어 각기 다른 능력을 측정하고자 하는 경향을 보인다. 말하자면 원론적인 인접 관계 위에 교육과정과 평가라는 교육의 지향성 측면에서는 그 둘을 분리하고자 하는 경향이, 교과서와 실제 교수-학습에서는 어떻게든 그들을 통합하려고 하는 경향이 착종하는 것이다. 이러한 착종은 왜 일어나며 국어 교과론은 그러한 착종을 어떻게 해소할 수 있는가.

1) 개념과 관계의 문제

국어과의 성격에 대해서는 도구·형식 교과로 보는 관점과 주지·내용 교과로 보는 관점이 늘 뒤섞여 왔다. 이는 국어과가 그 두 성격을 모두 지닌다는 사실을 의미하는데, 이러한 사정은 읽기·독서교육에서도 똑

같이 나타난다. 이와 관련하여 'learn to read'와 'read to learn'의 오래된 구분을 돌아보자. 좁은 의미의 읽기교육이 'learn to read'인 점은 분명한 것 같다. 그에 비해 독서교육은 'read to learn'의 성격이 강하다. 그렇다면 문학교육은 어떠한가?

문학이 본질적으로 교육적 성격을 지닌다는 점과[7] 문학교육이 학생들의 문학 능력을 기르고자 한다는 점을 모두 고려하면, 문학교육은 'learn to read literature'와 'read to learn literature' 양자의 성격을 다 가진다고 볼 수 있다. 곧, 좁은 의미의 읽기교육이 읽기 방법을 익히는 데 초점을 두고 독서교육이 읽기를 바탕으로 한 전인교육에 초점을 둔다면, 문학교육은 한편으로 문학 읽기의 방법을 익히고 다른 한편으로 문학 읽기를 바탕으로 한 전인교육에 초점을 두는 것이다. 이들의 성격은 다음과 같이 병렬된다.

읽기 · 문학 · 독서 교육의 성격

<table>
<tr><th colspan="3">learn to read (방법 습득)</th><th colspan="3">read to learn (전인교육의 기초)</th></tr>
<tr><td colspan="2">읽기교육</td><td colspan="2">문학교육</td><td colspan="2">독서교육</td></tr>
</table>

그러나 이들의 관계를 이렇게 단선적으로 규정하는 데에는 많은 문제가 남는다. 관습적으로 읽기교육과 독서교육을 인접 영역으로 취급해 왔는데 이 도식에서는 그들 사이에 문학교육이 끼어든 것도 그렇고, '문학을 활용한 읽기교육'이나 '독서를 통한 읽기교육'이라는 개념을 상정하면 더욱 그러하다. 단순 병렬로는 이들의 관계를 설명할 수 없다.

문제의 핵은, '도대체 읽기란 무엇인가' 하는 점이다. 이로부터 읽기 · 독서교육과 문학교육의 경계 및 그들의 상호 관계는 어떠한지, 읽기에

[7] '쾌락설'에 대비되는 '교훈설'에 이러한 관점이 집약되어 있다. 학교 교육과 관련해서는 박인기 외(2005)가 이 문제를 종합적으로 검토하였다.

'매체 읽기'나 '그림 읽기' 등을 포함하며 그 개념을 무한정 확장할 수 있는지, 만일 그렇다면 읽기교육도 그런 식으로 재정의하여야 하는지 등의 질문이 연달아 도출된다. 학교 교육에서 읽기의 개념을 좁은 의미로 한정하는 것도 이러한 질문을 모두 감당하기가 어렵기 때문이다.

읽기의 개념을 좁은 의미로 국한하면 읽기교육 - 독서교육 - 문학교육의 경계와 관계 획정은 비교적 쉬워진다. 읽기교육은 도구 교과로 규정하고, 독서교육은 읽기를 바탕으로 한 지식 및 인성, 경험의 교육으로, 문학교육은 읽기를 바탕으로 한 문학 텍스트 생산과 수용으로 비교적 명료하게 규정할 수 있다. 이들의 관계는 다음과 같이 도시하면 적절할 것이다.(여기서 독서교육 영역을 특별하게 표시한 이유는 교육의 실제에서는 그것이 읽기교육과 문학교육 영역을 포괄하기 때문이다.)

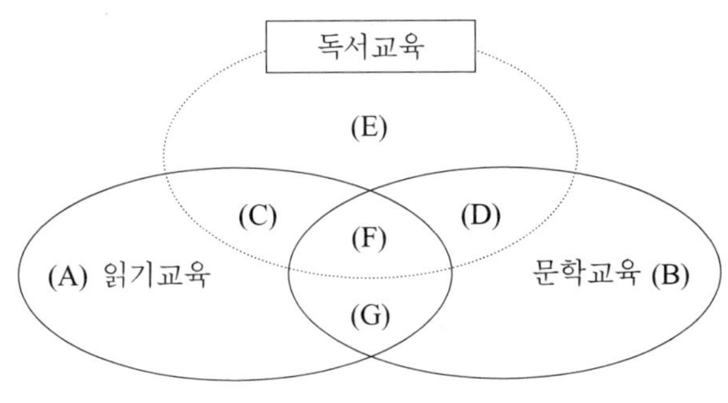

읽기-독서-문학 교육의 관계상

(A): 좁은 의미의 읽기교육. 기초 · 기본 문식성 교육에 초점이 있다.
(B): 좁은 의미의 문학교육. 문학 이론 · 문학사 · 문학 비평 등, 전문적인 문학교육에 초점이 있다.
(C): 읽기교육의 확장. 여러 유형의 읽기 자료를 통해 형식 · 내용 스키마를 함양하는 데 초점이 있다.
(D): 문학교육의 확장. 여러 제재 · 주제를 다룬 문학 작품을 통해 자아와 세계에 대한 이해를 넓히는 데 초점이 있다.

(E) : 비문학 제재 중심의 독서교육. 인문 · 사회 · 과학 · 기술 · 예술 등에 관한 자료를 읽음으로써 관련 지식을 얻고 자아와 세계에 대한 이해를 넓히고자 한다.

(F) : 읽기 - 독서 - 문학 교육의 교차점. 문학 텍스트를 활용하여 읽기 능력을 기르는 동시에 자아와 세계에 대한 이해를 넓히고자 한다.

(G) : 읽기교육과 문학교육의 교차점. 읽기교육의 관점에서는 특수한, 또는 고급의 읽기교육 자료로서 문학 텍스트를 활용하는 것이고, 문학교육의 관점에서는 작품 수용의 전제로서 읽기 활동을 하는 것이다.

여기서 (A)는 초급 단계의 읽기교육에 해당하며, 학생들이 기초 · 기본 문식성을 어느 정도 갖추면 읽기교육은 곧바로 (C)까지 영역을 넓히게 된다. 지금까지 이 글에서 언급한 '좁은 의미의 읽기교육'은 사실 (A)와 (C)를 한데 아우르는 개념이고, 학교 교육과정에서 '독서'와 대비하여 '읽기'라고 할 때에도 이들 영역을 묶어서 지칭하는 것이다.

(A)가 읽기교육의 기초 영역인 데 비해 (D)는 문학교육의 심화 영역에 해당한다. 읽기 능력이나 전인교육과 관계없이, 오로지 학문과 예술로서의 문학 그 자체에 몰두하는 교육이기 때문이다. 선택교육과정의 <문학> 과목은 (B)와 (D)를 포괄한다고 할 수 있다.

(G)는 읽기교육의 총체성 측면에서 강조하는 영역이지만, 문학교육 쪽에서는 중요하게 다루지 않는 듯하다. 문학 작품을 수용하려면 기본적인 독해는 당연히 전제된다고 보는 것이다. 오히려 문학교육에서 볼 때 (G)는 초급 단계에 속한다. 그 결과 (G)는 읽기교육이 맡게 되는데, 이것이 공통교육과정의 읽기 영역과 선택교육과정의 <독서> 과목에서 문학을 다루는 이유가 된다.

(E)는 좁은 의미의 국어과의 범위를 넘어서는, 도서관교육의 영역이라 할 수 있다. 도서관교육과 가장 가까운 교과는 국어과이겠지만,[8] 도서관교육을 담당하는 전문가(= 도서관학 또는 문헌정보학 전공 교수와 사서교사)

들은 도서관교육이 국어교육과 다르다는 점을 분명히 한다.[9] 도서관교육은 범교과적이며, 교과 이전의 기초 교육이자 교과교육의 발전 영역이라는 것이다. 물론 읽기와 문학을 배제한 독서교육은 현실적으로 찾아보기 어렵기 때문에, (E)는 언제나 (C), (F), (D)와 분리되지 않고 이루어진다.

(F)는 읽기 - 독서 - 문학 교육이 만나는 지점이다. 하지만 그러한 통합은 이론적 지향점일 뿐, 실제로 '읽기교육이자 문학교육이면서 동시에

---

8 이경화(2005)는 이와 관련하여 '도서관 활용 독서교육'의 개념을 제시하였다. 그에 따르면 도서관 활용 독서교육은 '교과 연계 독서 지도', '교과 독서 방법 지도', '독서 프로그램 활용'으로 나눌 수 있는데, 교과 독서 방법 지도가 읽기교육과 직접 연계될 것이다. 그러나 교과 독서 방법 역시 국어과에 한정되는 것은 아니다.

9 앞에서 본 고등학교 <독서> 과목의 내용 체계와 도서관학회에서 제시한 다음 내용 체계(변우열 외, 2006:8)를 비교하면 그 차이를 확연히 알 수 있다. 읽기교육과 구별되는 독서교육이라면, 당연히 이러한 내용을 포함해야 한다.

학교 도서관 기준의 독서교육 내용 체계

영역	주제	내용
독서의 기초	1. 독서는 왜 필요한가?	정보 생활과 독서/ 시청과 독서의 차이/ 독서의 효과
	2. 건강한 독서 생활을 위하여	독서 위생의 필요성/ 독서 위생의 내용
	3. 독서 능력 개발	독서 능력의 발달 과정/ 독서 능력 계발하기
	4. 독서 계획 세우기	독서 수준 측정하기/ 필독 도서 목록 활용하기/ 연간 독서 계획 세우기
독서의 실제	1. 도서관 활용하기	도서관의 역할/ 도서관 이용법/ 도서관 자료 찾기
	2. 학습 독서	여러 가지 독서법/ 학습을 위한 독서/ 인용의 방법
	3. 독서 기록과 독후 처리	독후 감상의 중요성/ 독후 감상의 방법/ 여러 가지 독후 감상 표현법
독서의 평가	1. 문제 해결과 정리하기	학습 과제 해결 방법/ 보고서 작성 요령
	2. 독서 상담	독서 상담의 필요성/ 독서 상담의 방법
	3. 지적 재산의 보호와 정보 윤리	지적 재산의 중요성/ 지적 재산의 보호 방법/ 독서 윤리와 비판 요령
	4. 독서 생활 평가하기	독서 생활의 반성/ 미래를 설계하는 독서 생활

독서교육인' 활동을 구안하기란 매우 어렵다. 읽기 - 독서 - 문학 교육은 동시에 이루어지기보다 순차적으로 이루어지고, 교실 수업 차원이 아니라 평생교육의 차원에서 통합되는 듯하다.

이러한 관계를 바탕으로 좁은 의미의 읽기교육과 독서교육, 문학교육의 특성을 비교하면 다음과 같다.

읽기 · 독서 · 문학 교육의 특성

		읽기교육	독서교육	문학교육
목표		읽기 기능과 전략 습득	지식과 간접 경험 확충	작품의 향유와 내면화
활용 텍스트		모범적인 실제문	내용상 중요한 텍스트	문학사 · 미학적으로 대표적인 작품
텍스트에 대한 접근 방법		분석적 · 분절적	문제 해결적	총체적
학습 활동 구성		읽기 과정 중심	텍스트의 내용 구조 중심	작품의 미적 구조 중심
학습 단계별 활동	사전 활동	관련 기능과 전략 환기+스키마 활성화	관련 지식 및 경험 인출	심리 · 장면과 관련된 연상
	중간 활동	목표 기능과 전략 연습+내용 이해 및 기억	내용 이해 및 기억	상상과 반응
	사후 활동	유사 텍스트에의 적용	인접 텍스트로의 확장	유사 텍스트에의 적용+인접 텍스트로의 확장
평가 자료		비슷한 유형의 다른 텍스트	해당 텍스트	해당 텍스트+비슷한 성격의 다른 텍스트

여기서 보듯이 읽기교육이 텍스트보다 기능과 전략에 초점을 두는 데 비해, 독서교육은 텍스트 자체의 내용적 가치를 중시한다. 그에 비해 문학교육은 텍스트를 매개로 한 문학적 소통을 강조하여, 이들 영역들 사이에 기능적인 차별점이 존재한다.

이 관계는 교육의 위계화에도 그대로 적용된다. 곧, 기초 교육으로서 읽기교육이 있고, 'learn to read'와 'read to learn'의 성격을 모두 가지는 문학교육이 있으며, 내용 교과의 성격이 강한 독서교육이 있다. 학년이 올라갈수록 좁은 의미의 읽기교육은 비중이 줄고 범교과적인 독서의 비중이 높아지므로, 대략 다음과 같은 구도를 취하게 될 것이다.[10]

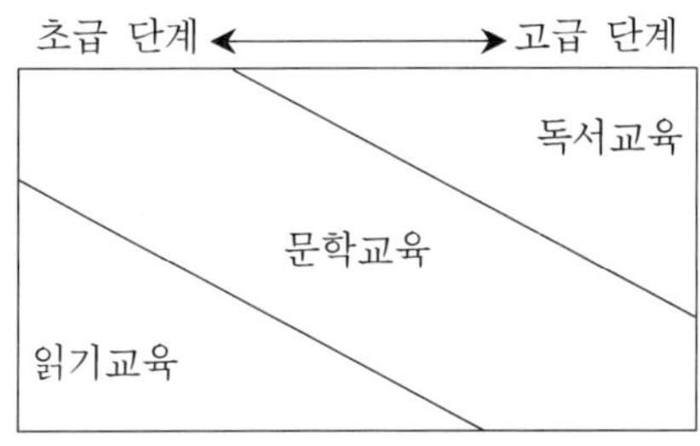

읽기 · 독서 · 문학 교재의 위계

이 구도는 읽기 · 독서교육과 문학교육의 관계를 원론적으로 규명하기보다는 기능적으로 역할을 분할한 데 그친 감이 있다. 그러나 매우 중요한 함의를 하나 가지고 있는데, 고급 단계에서는 좁은 의미의 읽기교육의 비중이 매우 낮거나 거의 없다는 점이다. 이를 학교 교육에 적용하면, <독서> 과목이 현재와 같이 읽기교육과 독서교육 사이에서 어중간하게 자리잡아서는 안 된다는 결론으로 귀착된다. 읽기교육이 초등학교(아무리 늦춰

---

10 문학사를 보든 개인의 생애사를 보든 문학의 뿌리가 구술문학에 있다는 점을 고려하면, 문학교육은 읽기교육 이전에 이미 시작된다고 볼 수 있다. 곧, 읽기교육을 거쳐서 문학교육으로 나아가는 것이 아니라, 읽기교육과 무관하게 문학교육이 이루어지고 어느 순간 그들이 교류하는 것이다.

잡아도 중학교) 수준에서 마무리된다면(물론, 개인 차원에서 읽기를 더 배울 필요가 없다는 뜻은 아니다. 교육 시스템의 차원에서 읽기교육이 그 다음 단계로 넘어가야 한다는 뜻이다.), 고등학교(이르면 중학교) 수준의 독서교육은 그것과 분명히 다른 성격을 띠어야 한다. 예를 들어 읽기의 개념, 읽기의 세부 기능과 전략, 읽기 과정, 텍스트 유형에 따른 읽기 특성 등을 다루기보다, 여러 내용 영역에 걸쳐 중요한 텍스트를 읽고 그로부터 자아와 세계에 대한 이해를 심화하는 쪽으로 초점화하는 것이다. 그러려면 길어야 10쪽이 안 되는 텍스트들을 모아 놓고 그것을 꼼꼼하게 읽는 방식으로는 안 된다. 학생들은 초등학교 단계부터 이미 책 단위의 독서를 시작하므로, 고급 단계의 독서교육은 그 이상의 수준에서 이루어져야 하는 것이다. 독서 교과서는 텍스트 유형별 짧은 글 모음이나 읽기 활동 안내서가 아니라, 독서 활동의 안내 및 독서물 해제 · 평설의 성격을 띠는 것이 바람직하다.

2) 교육 목적의 문제

읽기 · 독서교육과 문학교육에 대해 이야기할 때, 아주 중요한 쟁점을 잊는 경향이 있다. '왜 읽기 · 독서 또는 문학을 가르치나?'라는, 교육의 목적에 관한 문제가 그것이다. 물론 모든 교육이 어떤 목적과 목표 아래 이루어지지만, 교육 내용의 체계와 방법적 효율성을 추구하는 과정에서 원래의 목적 · 목표가 숨어 버리는 현상을 자주 보게 된다.

읽기 · 독서교육을 먼저 살펴보자. 기본 질문은 이것이다 – '읽기 · 독서교육이 잘 이루어진 뒤에는 어떻게 되는가?' 읽기 · 독서교육의 방향은 그 결과의 활용에 대한 인식이 있어야 정할 수 있다. 읽기교육을 예로 들면, 읽기교육이 잘 이루어졌다면 그 학생은 고급의 읽기 능력을 지니게 될 것이다. 그래서 어떻다는 말인가? 고급의 읽기 능력을 갖추면 충분한가?

읽기 능력에 태도 요소를 포함하느냐의 문제와는 별도로, 고급 읽기 능력을 갖추었다면 그것을 활용해서 다양한 텍스트를 깊이 있게 읽고, 그로부터 얻은 지식이나 기술, 간접체험 등을 통해 자아가 성장하며, 그를 바탕으로 하여 사회적 소통을 하고 공동체 문화를 발전시키는 데까지 나아가야 할 것이다. 이것이 안 된다면 읽기교육이 완성되었다고 하기 어렵다. 여기서 읽기교육은 자연스럽게 독서교육으로 이어진다.

문학교육 역시 마찬가지 논리를 적용할 수 있다. 예를 들어 아동 문학은 교육적 도구성과 교양적 속성이 혼재한다. 그러나 중학교 이후로 가면 문학 치료, 읽기 부진아 지도 등 특수 영역을 제외하면 도구성은 약화되고 거의 교양교육으로 초점화된다. 이 단계에 이르러서도 읽기교육과 문학교육을 분리하지 않는다면, 읽기교육은 문학의 인력에 이끌려(혹은 밀려나) 그 본질을 구현하기가 어려워질 것이다. 발달 과정상 중학교(고학년) 이후로 가면 좁은 의미의 읽기교육과 문학은 분리돼야 한다는 뜻이다. 그런데 한편으로, 도구교육이 초・중급 수준에서 마무리된다면 고급의 읽기교육은 결국 범교과적 읽기 및 교양독서로 가야 한다는 결론이 나온다. 그러려면 읽기교육에서 떨어져 나갔던 문학교육이 다시 돌아와야 한다! 이런 순환적 고리를 이해하지 못하면 읽기・독서 교육과 문학교육의 착종을 해결하기는 어려운데, 그 출발점은 읽기와 독서를 구분하는 데서 찾아야 한다. 곧, 읽기 - 독서 - 문학의 공간적 위계와 그들의 시간적 계열을 명확히 할 때 읽기・독서교육과 문학교육의 관련상을 명료하게 정리할 수 있는 것이다.

이러한 문제는 앞의 표에서 본 읽기・독서・문학 교육의 특성을 바탕으로 각 교육 영역에 필요한 텍스트를 기능적으로 분류함으로써 해소할 수 있다. 예를 들어 텍스트의 가치를 다음과 같이 나누고 이것들을 읽기・독서・문학과 대조한다면, 읽기・독서교육과 문학교육의 착종을 잠정적으로 해소할 수 있게 된다.

읽기 · 독서 · 문학 교육 텍스트의 차별화

	지향 가치	주요 선별 기준
읽기 교육	언어적 가치	텍스트의 형식과 표현 면에서의 전형성, 언어 · 사고 발달상의 적절성, 가독성 등
독서 교육	문화적 가치+내용 가치	텍스트 내용의 중요성, 사고 · 경험 발달상의 적절성, 정신사적 정전성 등
문학 교육	심미적 가치+문화적 가치	텍스트 구조와 주제의 심미성, 사고 · 정서 발달상의 적절성, 문학사적 정전성 등

이 틀은 너무 단순해서 어쩌면 아무 힘을 발휘하지 못할 것 같기도 하다. 그러나 읽기 · 독서교육의 초급 단계에서는 텍스트의 언어적 가치와 문화적 가치에 중점을 두다가 고급 단계로 가면서 문화적 가치와 내용 가치로 무게 중심을 옮겨야 한다는 논리를 정교화한다면 이로부터 읽기 · 독서 및 문학 교육의 교과론적 체계화를 추진할 수 있다. 심미적 가치는 초 · 중 · 고급 단계에서 두루 지향해야 할 요소다.

4. 문학 교과의 지정학

읽기 · 독서의 이론은 개념적으로는 설명 가능해도 실제 상황으로 가면 구현이 어려운 경우가 많다. 수능시험에서 인문 · 사회 · 과학 · 기술 · 예술 · 언어의 여섯 지문 읽기가 개념적으로는 특성이 달라도 실제 문제로 차별화하기 어려운 것이나, '읽기 이론을 다룬다.'는 임용시험의 문제와 '이론은 다루지 않는다.'고 하는 수능시험의 문제를 차별화하기 어려운 것이 그 사례가 된다.

이는 읽기 · 독서교육이 결국 텍스트와 경험 기반으로 흘러갈 수밖에 없다는 점을 시사한다. 목표로 하는 행동 요소는 변하지 않은 채 계속해서 텍스트를 바꾸어 가며 비슷한 활동을 하도록 하는 것이다. 그런데 텍스트 사이에서 볼 수 있는 형식, 표현 등의 차이는 비슷한 유형 학습이 몇 차례 반복되면 그 교육적 의의가 줄어드는 데 비해, 다루는 내용이 달라지면 학생들은 계속해서 새로운 학습을 이어 갈 수 있다. 교재를 '같은 유형 - 다른 내용'의 텍스트들로 채우는 경우와 '같은 내용 - 다른 유형'의 텍스트들로 채우는 경우를 비교하면 읽기교육의 실체가 어떠해야 하는지를 금방 알 수 있다. 전자는 비록 교수-학습의 양상이 비슷하더라도 텍스트의 내용이 다르기 때문에 내용 학습으로서 의의를 부여할 수 있는 반면, 후자는 텍스트 유형이 달라지더라도 결국 다루는 내용이 같기 때문에 교육적 의의를 부여하기 어렵다.

이러한 관점은 읽기·독서교육과 문학교육의 비교에서도 이끌어낼 수 있다. 문학교육을 통해 읽기 능력을 신장할 수 있다면, 이때의 문학교육은 '문학을 통한 읽기교육'이라 할 수 있다. 거꾸로 읽기교육을 통해 문학 능력을 신장할 수 있다면, 이때의 읽기교육을 '읽기를 통한 문학교육'이라고 할 수 있을까? 결국 읽기 능력이 문학교육의 기반이 되는 부분도 제한적이라는 뜻이다. 초급 문학교육에서는 읽기와 문학의 연관을 이야기할 수 있지만, 문학교육이 어느 수준을 넘어서면 읽기 이론으로 설명할 수 없는 부분이 나온다. 결국 읽기·독서와 문학의 상호성은 발달 단계에 따라 달리 설명해야 한다.

이런 상황에서 좁은 의미의 읽기교육과 문학교육에 대해 꼭 통합적으로 접근해야 하는지 질문할 수 있다. 필자의 논지에 따르면 그 대답은 '그렇지 않다'이다. 교육의 거시 구조 안에서, 초급 단계에서는 두 영역을 통합적으로 다루다가 어느 시점에서 분리하는 것이 바람직하다. 그때가 언제인지에 관해서는 따로 연구가 있어야 하겠으나, 경험적으로는 읽기의 초점이 기능·전략에서 내용·텍스트성으로 전환될 때, 구체적으로는 중학교 중학년 정도가 아닌가 한다. 이때는 인지 발달상 이른바 형식적 조작기로 나아가는 시기이고, 정서·사회성 발달상 자아 중심기를 벗어나는 시기이며, 일반적으로 말하는 사춘기이다.

독서로 눈을 돌려 보자. 읽기에 관해 지식이나 기능 면에서 새로 배우는 내용 없이 단지 읽기 경험을 확충하고 세계 지식을 쌓는 데 목표가 있다면, 고등학교 <독서> 과목이 과연 필요한지 질문할 수 있다. 교과와 관련되는 글들은 각 교과에서 읽도록 하면 될 터이고, 세계 지식은 『독서』라는 교과서가 아니라 서점과 도서관에서 찾아야 한다. 『독서』 교과서에 어떤 독서물, 예컨대 「역사란 무엇인가」나 「과학 혁명의 구조」 같은 글을 전부 실을 수도 없고, 설령 싣는다 하더라도 교수-학습의 실제성이 없으며, 그렇다고 하여 일부만 발췌하여 싣는 것은 진정한 독서가 아니기 때문이다. 결국 <독서> 과목이 의도하는 것은 이런 저런 유형의 글을 읽는 경험을 쌓는다는 것인데, 아무리 양보해도 그것은 <독서>라는 이름을 붙이기가 어렵다.[11]

국어 교과 내에서 문학의 위치를 점검해야 하는 이유는 몇 가지이다. 첫째, 읽기·독서 교육과 문학교육의 정위를 위하여 – 교육과정과 교과서, 국가 수준 평가에서 양자의 영역을 분명히 정해 줘야 교육의 초점이 뚜렷해진다. 이때 발달성에 대한 고려가 중요한 변수가 될 것이다. 이 글에서는 읽기교육을 초·중학교 수준에서 마무리하고, 중·고등학교 수준에서는 문학과 독서로 무게 중심을 옮기되, 독서교육과정과 교과서를 읽기교육과 구별하여 대폭 개선해야 한다는 입장을 취하였다.

---

[11] 독서와 작문을 비교해 보면, 작문의 경우에는 여러 텍스트 유형을 써 보는 경험이 필요하지만 독서는 작문처럼 그것들을 세분해서 접근하기 어렵다. 예를 들어 작문에서는 자기소개서 쓰기, 관찰기록문 쓰기, 연설문 쓰기, 프레젠테이션 자료 만들기 등을 별도의 단원으로 설정할 수 있어도, 독서에서는 그런 텍스트 읽기를 별도 단원으로 설정하기 힘들다.

둘째, 국어 교과의 거시 설계와 관련하여 – 발달성을 고려하여 읽기와 문학의 영역별 비중을 설정한다면, 지금까지처럼 1~10학년 국어과의 내용 영역을 단일한 틀로 제시하는 방법을 재고할 수 있다. 초급 · 중급 · 고급의 내용 체계가 달라질 수 있는 것이다. 그를 통하여 읽기 영역과 문학 영역의 관계를 둘러싼 논란도 해소할 수 있다.[12]

셋째, 교사 · 전문가 양성 프로그램의 정교화를 위하여 – 읽기 · 독서 전문 교사와 문학 교사를 체계적으로 양성할 필요가 있다.(여기서 사서교사에 관한 문제도 짚어 볼 수 있다. 국어과에서 왜 도서관교육과 사서교사의 전문성에 대하여 연구하지 않는가?) 초 · 중학교는 몰라도 고등학교에서는 읽기 · 독서와 문학 교사를 구분하는 세부 과목 표시가 필요할지 모른다.

넷째, 연구 및 실천의 초점을 분명히 하기 위하여 – 읽기 · 독서의 연구와 읽기 · 독서 교육의 연구가 내용과 방법론상 많이 겹치는 상황에서, 학문적 체계를 더 정교화할 필요가 있다. 그러면 당장 임용시험과 수능시험이 별 차이가 없다거나 임용시험을 위해 특별한 공부를 안 해도 된다는 불만을 해소할 수 있을 것이다. 초등교사와 중등교사의 전문성도 차별화할 수 있다.

다섯째, 국어 교과의 정체성을 확립하고 교과의 정당성에 대한 회의에 대응하기 위하여 – 학년이 올라갈수록 특히 읽기교육에 대한 회의가 깊어진다. 2007년 교육과정에서 검인정제를 도입함에 따라 중학교 교과서가 23종이나 되는데, 이런 상황에서 '교과서마다 실린 글이 모두 다른데, 그것을 반드시 읽어야 하는가?'라는 질문에 설득력 있게 대답하지 못하면 교과서에 기반을 둔 교과 자체의 정당성도 의심받을 수 있다.(고등학교는

12 예를 들어 초급(K~2학년), 중급(3~6학년), 고급(7~9)학년으로 학년 단위를 나누어 각기 다른 내용 체계를 만든다면, '문학' 영역은 고급 단계에서 비로소 등장할 것이다.

이미 수능시험에서 교과서 수록 제재를 다루지 않기 때문에 교과서 텍스트의 교육적 가치를 인정하지 않는 분위기이다.)

여섯째, 국어 교재론의 정교화를 위하여 – 하나의 교과서 안에 읽기 자료와 문학 작품을 어떻게 배치하고 어떻게 연관 지을 것인지, 단원 편성에서 이들을 어떻게 변별하고 통합할 것인지, 외견상 비슷해 보이는 문학 읽기와 비문학 읽기 활동에 대한 메타적 관점을 어떻게 형성해 줄 것인지 등에 관한 질문을 해결하여야 한다. 그것이 읽기・독서교육도 살고 문학교육도 사는 길이다. 독서교육 목록에 문학 텍스트를 선별해 넣는 원리 개발도 마찬가지로 중요하다.

Ⅱ. 문학교육과 문학 능력

- 발달론적 접근 -

1. 문학교육 주체로서의 학습자

1) 교육 주체로서의 학습자, 그 발달적 통합성

학습자는 교육의 처음이자 끝이다. 교사가 없는 교육이나 교재가 없는 교육은 가능해도[13] 학습자가 없는 교육이란 상상할 수 없다. 학습자가 요구하는 것, 또는 교육 공동체가 학습자에게 기대하는 것을 제공하는 일이 교육의 역할이다.

문학교육도 사정은 마찬가지다. 문학교육의 구조 변인을 실체 · 과정 · 배경으로 나누어 세밀하게 분석할 때에도(김창원/문학과문학교육연구소, 1996:163), 그 중심에는 학습자가 있다. 그때의 학습자는 교육의 객체이기 이전에 하나의 전인적인 주체이다. 문학교육 과정(過程)으로서의 제반 활동은 그 주체 안에서 통합적으로 이루어진다.

---

[13] 이때의 '교사'와 '교재'는 협의의 개념으로 썼다. 광의로 보면 명시적이든 잠재적이든 교사 · 교재가 없이 교육이 이루어지지는 않는다. 하지만 '학습자'는 광의 · 협의에 관계없이 교육의 필수 구성 요소다.

한편, 모든 교육은 본질상 시간의 흐름에 따른 인간 발달을 문제 삼는다. 그리고 학습 주체로서의 학습자는 탄생에서 죽음에 이르는 일련의 과정 중 어느 시점에 속해 있다. 구체적으로 학교 교육을 염두에 둔다면, 그/그녀는 만 6세에서 17세에 이르는 성장 과정의 어느 시점에 속해 있다. 교육은 그 시점에 그/그녀가 개인적·사회적인 관점에서 보다 바람직한 방향으로 변화하기를 기대한다.

시간의 흐름을 인위적으로 나눌 수는 없지만, 인간은 삶의 편의를 위해 그 중간 중간에 매듭을 지어 놓는다. 초등교육과 중등교육의 분리도 같은 맥락에서 이해할 수 있다. 12년에 걸치는 발달 범위가 너무 넓기 때문에 몇 단계로 나누어 접근하는 것이다. 인간의 발달 속도가 일정하지 않아서 어느 시기는 급격하고 어느 시기는 완만하며, 어느 단계와 어느 단계는 현격히 다른 특성을 보인다는 점이 이러한 구분을 가능하게 한다.

하지만 그러한 구분은 언제나 '전인적이고 유일한 주체로서의 학습자' 개념을 바탕으로 이루어져야 한다. 한 단계의 학습자와 그 다음 단계의 학습자는 서로 다른 주체가 아니다. 그동안 그만큼 발달했을 뿐이다. '중학생 김○○'는 3년 전의 '초등학생 김○○'가 자란 주체다. 교육은 '바로 그 학습자'를 계속해서 문제 삼는다. 만일 초등교육과 중등교육이 서로 유리된 채 유기적으로 연결되지 못한다면 그 피해는 고스란히 학습자가 받게 된다.

초·중등 문학교육의 단절은 문학교육 자체의 손실일 뿐 아니라 학습자 개인과 교육 공동체 전체의 손실이기도 하다. 과거와 달리 거의 모든 학습자가 중·고등학교에 진학하는 시점에서, 초·중·고 전체를 거시적으로 조망하여 문학교육 체계를 새로이 설계할 필요가 절실해졌다. 최소한 학교 교육 12년 동안은 비약이나 누락, 불필요한 반복 없이 체계적으로 문학교육을 받을 수 있도록 교육과정과 교재를 정비해야 한다.

2) 초등 문학교육과 중등 문학교육의 괴리

문학교육은 하나의 통합된 목표 지향적 활동이다. 그 최종 단계에는 '이상적인 문학 주체'[14]가 있다. 문학교육은 미숙한 주체가 능숙한 주체를 거쳐 이상적 주체로 발달하도록 자극하고 안내하며, 발달을 위한 수단을 제공해야 한다. 그 과정에서 초등 문학교육과 중등 문학교육으로 단계를 나누는 것은 목표 달성을 위한 편의적인 방법일 뿐이다.[15]

그러나 현실은 그렇지가 못하다. 초등 문학교육과 중등 문학교육 사이에는 이념, 목표, 내용(김상욱/우한용 외, 1997:69) 면에서 건너기 어려운 간극이 있는 듯하다. 학습자는 초등학교를 마치고 중학교에 진학하면서 갑자기 달라진 문학교육에 속수무책으로 노출되고 만다.

그 원인은 다음과 같은 몇 가지에서 찾을 수 있다.

첫째, 교육 제도의 불합리성. 현재의 6-3-3-4 학제는 학습자의 인지·정의·사회성 및 언어·심미·문화적 발달과 맞지 않는다. 교사들은 - 학생마다 개인차는 있지만 - 초등학교 3학년과 4학년 사이, 중학교 1학년과 2학년 사이에 큰 비약이 있다고 말한다. 그에 비해 초등학교 6학년과 중학교 1학년 사이에는 학교 급만 달라졌을 뿐 큰 차이가 없다고 한다. 그런데도 제도에 얽매여서 학습자의 발달 상황을 외면하고 초등 문학교육과 중등 문학교육에 다르게 접근하는 것이 문제다.

---

14 이때의 '이상적'이란 말은 '우리가 상정할 수 있는 최고 수준의'가 아니라 '12년 교육을 받은 상태에서 정상 수준의'라는 뜻이다.

15 김이상(1994:80)의 다음 지적을 참고할 수 있다.
"흔히 국어교육의 현장에서는 초등 국어교육과 중등 국어교육을 현저하게 다른 영역으로 인식하고, 서로의 영역에 관해서는 언급을 피하는 현상이 두드러져 있다. 그러나 엄밀하게 생각한다면, 초등학교 6학년과 중학교 1학년의 관계는 초등학교 5학년, 6학년의 관계와 크게 다를 것이 없다. 단지 상급 학교라는 새로운 인식과 교과 담임의 수업을 받는다는 환경적 요인이 다소 정신적 긴장감을 가져올 수는 있지만, 그런 요인이 시를 지도하는 데 뚜렷한 선을 긋게 할 수는 없다."

둘째, 초·중등 교육의 발달적 계열성에 대한 인식 부족. 초등 문학교육은 초등 문학교육대로, 중등 문학교육은 중등 문학교육대로 자체의 논리를 추구하다 보니 자칫하면 학습 주체가 같다는 사실을 잊게 된다. 단순한 학교 급의 차이를 문학교육 본질의 차이로 오해하는 것이다. 하지만 학교 급별 전문성 추구가 문학교육의 총체성이라는 본질에 앞설 수는 없다.

셋째, 문학교육은 논리적으로 계열화할 수 없다는 일반적 견해. 문학 교과는 다른 교과에 비해 선행 학습과 후행 학습의 관계가 모호하고 문학 능력도 객관적으로 측정하기 어렵다. 그러다 보니 목표와 내용의 체계화가 어렵고 '초등→중등'의 단계적 발달을 명시적으로 다루기도 어렵다. 어떤 경우에는 같은 작품이 초등학교와 중학교, 심지어 고등학교 교과서에 동시에 실리기도 한다. 그러다 보니 교육과정이나 교과서로 인위적으로 학교 급을 구분하는 무리수가 생기게 된다.

넷째, 문학교육 연구 방법론으로서의 종적 연구 부재. 지금까지의 문학교육 연구는 대부분 이상적인[16] 독자를 대상으로 그/그녀의 문학 행위를 문제 삼았다. 특정 학령의 학습자를 염두에 둘 경우에도 해당 학령의 문학 행위에만 관심을 기울였을 뿐, 그 전 학령이나 그 후 학령의 문학 행위와의 관련까지 다루지는 못하였다. 자연히 문학 능력의 발달에 관한 이론적 기초가 허약하여 발달적 관점에서 문학교육에 접근하기가 어렵게 되었다.[17]

다섯째, 연구 집단의 분리. 현재 우리나라는 사범대학에서 중등 교사 양성을, 교육대학에서 초등 교사 양성을 담당하고 있다. 그러면서 은연중에 '사범대학 = 중등 문학교육 연구', '교육대학 = 초등 문학교육 연구'라는 등식이 통용되고 있다. 나아가 초등 문학교육의 독자성을 강조하는

---

[16] 이때는 앞에서와 달리 '우리가 상정할 수 있는 최고 수준의'를 의미한다.

[17] 신헌재(1989)에서 교육과정 내용을 하나의 체계로 이해하려는 시도가 있었으나 이론이나 방향성 없이 단순 사실 기술에 그친 감이 있다.

목소리도 자주 듣게 된다.[18] 하지만 초등 문학교육과 중등 문학교육이 그 실천 면에서 차이가 난다고 해서 연구 집단도 그렇게 구분해야 하는지에 대해서는 의문이 든다. 전인적인 학습 주체의 문학 행위 국면은 결국 같을 것이기 때문이다. 연구의 전문성을 고려한다 하더라도 현재의 문학교육 연구 수준이 그 정도로 세분화 될 정도는 아니라고 본다.

초등 문학교육과 중등 문학교육은 경향성 면에서 분명히 차이가 난다. 그러나 아동 문학과 청소년 문학, 성인 문학의 경계가 매우 애매한 것처럼 초등 문학교육과 중등 문학교육의 경계도 확연하게 나누기는 어렵다. 학습자를 중심에 둔다면, 이들은 부드럽게 이어지면서 자연스러운 발달 양상을 보일 것이다. 그러한 변화의 흐름 위에서 문학교육도 자연스럽게 변환되어야 한다.

2. 문학 능력의 본질과 발달성

1) 문학교육 내용으로서의 문학 능력

교육은 '인간의 인간화'를 추구한다.(김중신/우한용 외, 1997:162) 이때 전자의 '인간'이 생물학적 인간이라면 후자의 '인간'은 철학적이자 윤리적이고 역사적인 동시에 사회적인 인간이 된다. 곧 교육은 지구 생태계의 일원으로서 한 인간이 세계와 조화를 이루어 가며 살아갈 수 있는 지식과 기술을 갖추도록 하는 일이다. 이러한 관점에 서면 문학교육 역시 그 최종 도달점은 '바람직한 문학 주체'를 형성하는 일이 된다. 문학교육은 문학 텍스트를 다루는 데 머무는 것이 아니라, 문학 텍스트와 관련하여

[18] 이는 교육대학에서 교과교육 전공자의 목소리가 높아지면서 초등 교과교육학의 독자성을 강조하는 경향과 흐름을 같이한다.

이루어지는 학습자의 행위 일체를 다룬다.

여기서 '바람직한 문학 주체'의 모습을 한 마디로 그려내기란 쉬운 일이 아니다. 그는 아마도 문학에 대해 긍정적인 가치관을 지니고 적극적으로 반응하며, 풍부한 문학 지식과 경험을 지니고 있고, 문학의 텍스트 및 소통 특성과 한국 문학의 관례에 정통한 주체일 것이다. 그는 또 문학적 상상력이 뛰어나고 문학적 언어를 유창하게 사용할 것이다. 이러한 문학에 관한 태도 · 지식 · 경험 · 사고력 · 소통 능력 등이 포괄적으로 작용하여 바람직한 문학 주체를 형성하게 된다. 인간 행동의 여러 측면에 관련되는 이러한 특성들을 '문학 능력'이라고 부른다면, 문학교육은 결국 '학습자의 문학 능력을 신장시키기 위한 일련의 계획과 실천'으로 규정할 수 있다.[19]

문학 능력의 개념을 명확하게 규정하기란 매우 어렵다. 2009년 개정 교육과정 고등학교 <문학> 과목을 보면 문학에 대한 체계적인 지식과 수용 · 생산 능력을 바탕으로 하여 인간과 세계를 총체적으로 이해하고 문학의 가치와 아름다움을 향유하며 공동체의 문화 발전에 적극적으로 참여하는 능력을 과목의 목표로 설정하였는데, 이는 '지식 · 수행 능력 · 가치관 · 문화'의 네 방향에서 문학 능력을 범주화한 것이다. 그러나 이는 범주화의 기준이 지나치게 포괄적이고 문학 활동의 인지적 영역에 치우치는 한계를 지닌다.

여기서는 문학 능력을 인간의 행동 특성과 관련하여 문학 소통 능력(문학 생산과 수용), 문학적 사고력(상상력을 포함하여), 문학 지식(개념적 ·

---

19 문학 능력의 문제는 컬러나 리파테르와 같은 구조주의 시학자들이 주로 다루었다. 김상욱(우한용 외, 1997)은 문학 능력을 언어 능력과 의사소통 능력을 포괄하면서 문학 텍스트를 적합하게 해석하는 능력으로 보고, 김창원(1995)은 독자의 관점에서 문학 능력과 텍스트 해석 능력을 동치로 놓은 뒤 세계 지식을 바탕으로 한 언어-기호 능력과 문화-기호 능력, 그리고 기호-소통 능력을 그 하위 범주로 설정하고 있다. 어떤 식이든 문학 행위에서 문학 능력의 기능을 전제하고, 문학 능력의 발달성을 용인한다는 점은 공통적이다.

방법적 · 맥락적인), 사전 문학 경험, 문학에 대한 가치관과 태도로 범주화하여 접근하고자 한다. 이는 문학 능력이 인간의 사고에 관한 능력이자 인간과 인간 간의 소통에 관한 능력으로서, 문학적 관례와 밀접하게 연관된다는 점에 지지를 받는다. 이 범주들은 문학 행위의 직접성과 관련하여 일정한 계층 구조를 이루는데, 그중 가장 표층에 나타나는 것은 문학 소통 능력이고, 문학 경험과 문학 지식이 기본 층위가 되며, 문학적 사고력과 문학에 대한 가치관과 태도가 그들을 연계하고 활성화한다.(김창원/우한용 외, 1997:110 수정)[20]

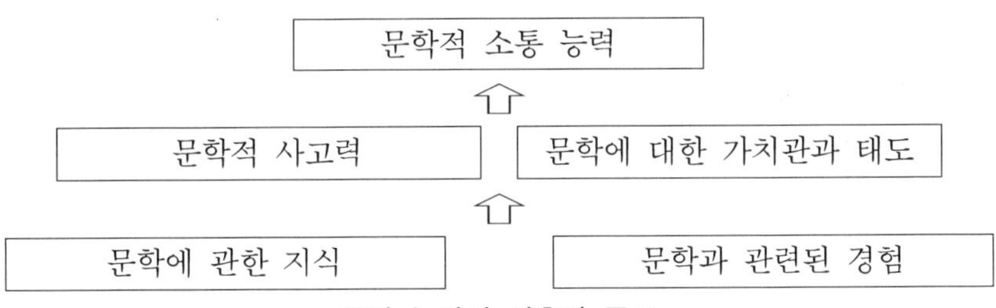

문학 능력의 계층적 구조

2) 문학 능력의 발달성과 발달 단계

교육은 인간 행동의 바람직한 방향으로의 변화를 추구한다. 문학교육도 마찬가지인데, 여기에서 '변화'란 시간의 흐름을 전제로 하는 말이다. 시간의 흐름에 따른 문학 능력의 변화 가능성을 받아들이지 않으면 문학교육 자체가 존립 근거를 잃게 된다. 그것을 문학 능력의 발달적 특성이라 부를 수 있다.

지금까지의 문학교육 연구는 대부분 발달성을 고려하지 않은 채 횡적

[20] 여기서 교사가 '직접' 학생들에게 가르칠 수 있는 부분은 문학 지식과 문학 경험의 층위이다. 잘 계획되고 조직된 문학 경험을 제공하고 그에 필요한 지식을 공급함으로써 문학적 사고력을 기르고 가치관과 태도를 함양하는 것이다.

연구에 치중해 왔다. 학습자의 문학 능력은 어떤 단계로 발달하는지, '능숙한' 주체와 '미숙한' 주체는 문학 행위에서 어떤 차이를 보이는지, 학습자의 어떤 사고 및 행동 특성을 자극함으로써 문학 능력을 신장할 수 있는지, 문학 능력의 발달이 학습자의 자아 실현 및 문학 문화의 고양에 어떻게 기여하는지 등에 대한 고려가 부족했던 것이다. 따라서 문학 능력의 발달과 관련된 종적 연구의 필요성이 절실하게 제기된다.

'발달'이란 체계적인 과정을 따라 이루어지는 일련의 변화를 의미한다. 발달은 연령 증가와 함께 나타나는 신체적 변화일 수도 있고 심리적 변화일 수도 있으며, 상승적 변화를 의미하기도 하고 감퇴적 변화를 의미하기도 한다. 또한 그것은 양적 변화일 수도 있고 질적 변화일 수도 있다.(김태련 · 장휘숙, 1987:5)[21] 아동기를 벗어나는 과정으로부터 성인이 되기까지의 발달성은 학교 문학 교육과정의 전개축이 된다.(박인기/우한용 외, 1997:302)

여기서 문제는 문학 능력의 발달 속도가 일정한가 아니면 학령에 따라 달라지는가 하는 점이다. 만일 발달 속도가 다음 쪽의 왼쪽 그림처럼 일정하다면 학교 급에 따른 문학교육의 차별성은 줄어들게 된다. 하지만 오른쪽 그림처럼 일정하지 않다면 제1 안정기(그림의 B 단계)와 발전기(C 단계), 제2 안정기(D 단계)… 하는 식으로 문학교육의 실천 구조가 달라야 한다. 단계화가 필요한 것이다. 학교 급의 구분이 발달 단계 구분과 일치할 때 문학교육이 원활하게 이루어질 수 있음은 물론이다.

---

[21] 임규혁 · 이차숙(1989:15-22)은 발달의 특성을 다음과 같이 정리한다. 이러한 발달 특성이 문학 능력의 발달에도 적용되는가 하는 점은 더 연구해야 할 과제이다. 특히 ①과 ② 항목에 관한 연구가 필요하다.
① 발달에는 일정한 순서가 있다.
② 발달에는 결정적 시기가 있다.
③ 발달의 각 측면은 상호 관련적이다.
④ 발달에는 개인차가 있다.
⑤ 발달은 분화와 통합의 과정이다.
⑥ 발달은 성숙과 학습의 산물이다.

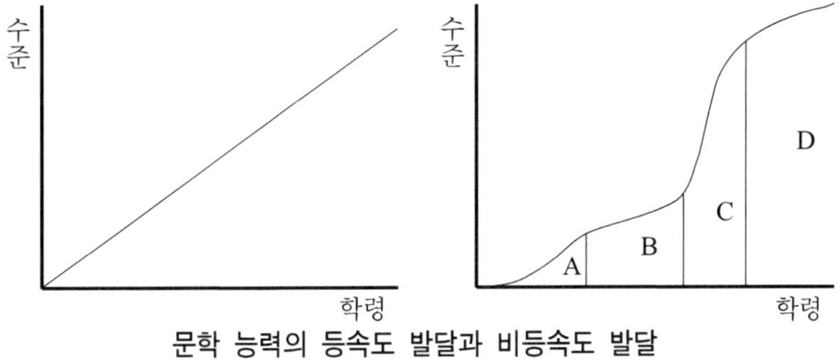

문학 능력의 등속도 발달과 비등속도 발달

문학 능력의 발달 구조가 어떠한가에 대해서는 별로 알려진 바가 없다. 현재로서는 발달 심리학의 일반 견해를 원용할 수밖에 없다. 널리 알려진 피아제의 인지 발달 이론을 보자.(김태런 · 장휘숙, 1987:16-18)

- 감각운동기(0 ~ 18월) : 환경에 대한 적응을 모두 감각 운동에 의존하는 시기. 표상 기능 이전.
- 전조작기(18월 ~ 5세) : 감각 운동적 활동으로부터 내적 · 표상적 조작으로 이행하는 시기.
- 구체적 조작기(6 · 7 ~ 11 · 12세) : 행동이 내면화되고 그것이 상호 밀접하게 관계하여 안정된 통합적인 전체 구조를 형성하는 시기.
- 형식적 조작기(12세 이후) : 조작의 여러 구조가 구체적 사물이나 사상으로부터 분리되어 사고 활동 자체에 의존하게 되고, 또 서로 협응된 하나의 전체적 체계가 되는 시기.

여기서 대체로 초등학교 단계는 구체적 조작기, 중학교 단계는 형식적 조작기에 해당함을 알 수 있다. 이는 중학교 단계의 언어 및 인지 능력이 초등학교 단계의 그것과 다름을 의미한다. 형식적 조작이 가능하다는 것은 상징 표상으로서 언어와 대상의 관계를 인식하고, 허구와 실재를 분리하여 대응하며, 기호 체계로서의 문학 텍스트를 능숙하게 다룰 수 있다는 것을 뜻한다.

한편, 셀만은 역할 수행 특성에 따라 발달 단계를 다음과 같이 구분했다.(김재은, 1990:86-87)

① 자기 중심적 역할 수행(4~6세)
② 사회적 지식 역할 수행(6~8세)
③ 자기 성찰적 역할 수행(8~10세)
④ 상호적 역할 수행(10~12세)
⑤ 사회적·인습적 체계 역할 수행(12세 이상)

여기서 초등학교 고학년은 상호적 역할 수행 단계, 중학교는 사회적·인습적 체계 역할 수행 단계임을 알 수 있다. 사회적·인습적 역할 수행이란 사회의 구성원으로서 그 집단이 공유하는 사회적 체계를 받아들이고 능동적으로 조절하는 것을 뜻한다. 의사소통에서도 단순히 개인 대 개인의 의사소통이 아니라(=상호적 역할 수행) 집단, 문화의 관점에서 의사소통에 접근하기 시작한다. 문학의 관점에서는 문학을 하나의 제도, 또는 문화 양식으로 바라볼 수 있다는 뜻이다.

에릭슨 또한 사회심리적 관점에서 발달 단계를 분석하면서 6~11세를 학동기(學童期), 12~18세를 사춘기와 청년기로 구분하는데, 학동기는 근면성과 열등감의 길항을 기반으로 능력에 대한 관심이 심화되고 사춘기·청년기는 자아 정체감과 역할 상실의 길항을 기반으로 충성과 복종의 경향이 나타난다고 하였다.(김태련·장휘숙, 1987:33 ; 임규혁·이차숙, 1989:76-80) 이는 학동기의 도덕적·교훈적 주제가 사춘기·청년기에는 더 이상 통하지 않음을 의미한다. 대신 집단과 개인의 갈등, 민족의식 같은 주제가 매력적으로 느껴진다.[22]

---

22 정서 발달은 인지나 사회성 발달 등에 비해 상세화하기가 어렵다. 개인적인 특성이 강하고 확실한 선후 관계를 찾기가 어렵기 때문이다. 하지만 정서적 특성도

발달 심리학의 이러한 이론은 모두 초등학교 저학년과 고학년, 그리고 중학교 단계에서의 발달 특성이 다르다는 점을 보여준다. 그 경계를 엄밀하게 구분하기는 어렵지만, 대체로 8세와 11 ~ 12세 정도에 발전기가 자리 잡는다는 것을 알게 된다.[23]

발달 단계에 따른 문학교육 접근 방법의 차이도 이미 지적된 바 있다. 김중신(우한용 외, 1997:189-190)은 발달 단계의 초기에는 문학 텍스트의 구성적 자질, 중기에는 심미적 효과를 얻게 하는 형상적 자질, 그리고 후기에는 비평적 자질을 교육 내용으로 체계화할 것을 제안하면서, 초기는 초등학교 저학년, 중기는 초등학교 고학년 ~ 중학교 저학년, 후기는 중학교 고학년 ~ 고등학교 고학년으로 구분하였다.[24] 또한 블룸의 정의적 행동 특성 발달 단계를 바탕으로 인지 능력과 상상력, 경험의 문제를 포괄하여 '발견적 경험 → 교섭적 경험', '정보적 능력 → 해석적 능력 → 비평적 능력', '인식적 상상력 → 조응적 상상력 → 초월적 상상력'으로 단계화한 견해도 있다.(박인기, 1996:132) 하지만 이들 견해는 시간성의 문제보다는 반응의 질과 깊이에 주안점을 두는 한계를 지닌다. 따라서 이상적인 문학 주체의 모습을 상정하고 거기에 접근해 가는 과정을 단계화하는

다른 모든 행동 특성과 마찬가지로 성숙 · 학습에 의하여 발달한다는 점은 두루 받아들여지고 있다.(정양은, 1976:202)

23 이는 초등학교 3학년과 초등학교 6학년 ~ 중학교 1학년으로, 초등학교 고학년과 중학교 저학년이 발달 단계상 큰 차이가 없다는 현장 교사들의 의견과 일치한다.

24 물론 이들 자질들이 계기적으로 이어지는 것은 아니다. 단계에 따라 비중이 달라질 뿐이다. 그 발달 모형은 아래와 같다.

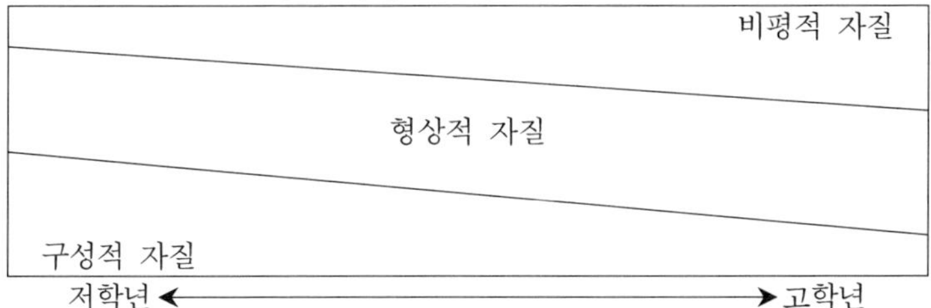

작업이 필요하다. 김상욱(우한용 외, 1997:83)이 제시한 학교 급별 역할 모델의 차별화와 같은 방안이 그것이다.[25]

문학 능력의 발달에 관한 정동화(정동화 외, 1991:270)의 논의는 특히 시간성을 구체적으로 고려했다는 점에서 보다 시사적이다. 그는 Hildreth, 阪本一郎, 그리고 자신의 연구 결과를 아래와 같이 제시한다.

문학 능력 발달 단계에 관한 제설

<table>
<tr><th>학교</th><th colspan="6">초등학교</th><th colspan="3">중학교</th><th colspan="3">고등학교</th></tr>
<tr><td>학년</td><td>1</td><td>2</td><td>3</td><td>4</td><td>5</td><td>6</td><td>1</td><td>2</td><td>3</td><td>1</td><td>2</td><td>3</td></tr>
<tr><td>연령</td><td>6</td><td>7</td><td>8</td><td>9</td><td>10</td><td>11</td><td>12</td><td>13</td><td>14</td><td>15</td><td>16</td><td>17</td></tr>
<tr><td>Hildreth</td><td></td><td colspan="2">Primary Grade</td><td colspan="3">Intermediate Grade</td><td colspan="3">Higher Grade</td><td colspan="3">Upper Grade</td></tr>
<tr><td>阪本一郎</td><td colspan="2">우화기</td><td colspan="2">동화기</td><td colspan="2">이야기기</td><td colspan="2">전기기</td><td colspan="2">문학기</td><td colspan="2">사색기</td></tr>
<tr><td>정동화</td><td colspan="4">동화기</td><td colspan="3">소년소녀 소설기</td><td colspan="3">문학기</td><td colspan="2">사색기</td></tr>
</table>

여기서 보듯이 세 사람의 단계 구분 시점이 모두 제각각이다. 이는 나라마다 문학 장르의 구분 방법이 다르고(예를 들어 '우화'와 '동화'를 별도로 취급할 것인가 등) 조사 시점이나 방법이 다른 데에 그 이유가 있다. 하지만 보다 근본적인 이유는 문학 능력의 발달이 칼로 두부 자르듯이 딱 부러지게 단계화되지 않는다는 데 있다. 여기에 개인차까지 고려하면 어려움은 더욱 커진다. 다음 그림에서 보듯이 초등학교 고학년이면서

[25] 그는 스피로의 학습자 역할 모델을 바탕으로 문학 학습자의 역할을 작가, 능력 있는 언어 사용자, 문학 연구자, 감식력 있는 독자, 문학 비평가로 구분하고, 학교 급에 따라 그 역할 비중이 아래와 같이 달라진다고 하였다.

초등	작가	언어 사용자	연구자	독자	비평가
중등	작가	언어 사용자	연구자	독자	비평가
고등	작가	언어 사용자	연구자	독자	비평가

중학교 수준의 문학 능력을 지닌 학습자도 있고 그 반대의 경우도 있기 때문이다. 따라서 문학 능력의 발달을 고려하여 단계화하더라도 단계 간에 전이기를 둘 필요가 있다.

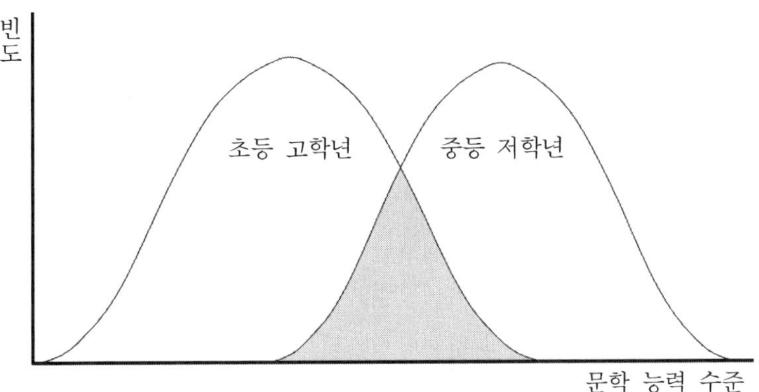

개인차에 따른 학년과 문학 능력의 역전 현상

이상의 논의에서 다음과 같은 몇 가지 제안점을 이끌어낼 수 있다. 문학 교육과정의 설계에서 이러한 점을 고려하여 전체 틀을 재편하거나, 적어도 교재 구성과 실제 수업에서 발달성의 차이를 고려하여 통합하도록 하는 노력이 필요하다.

첫째, 문학 능력은 인지・정의・사회성 및 언어・심미・문화적 발달과 상호 교섭하며 발달하는바, 학교 교육에서는 (Ⅰ) 1학년(6세)~3학년(8세), (Ⅱ) 4학년(9세)~6학년(11세), (Ⅲ) 7학년(12세)~10학년(15세), (Ⅳ) 11학년(16세)~12학년(17세)으로 단계화하는 것이 바람직하다.[26]

둘째, Ⅱ단계와 Ⅲ단계는 다른 방식으로 문학교육에 접근하는 것이 좋다. Ⅱ단계는 아동 문학의 관점에서,[27] Ⅲ단계는 청소년 문학의 관점에서

---

[26] 이를 각각 Ⅰ단계(아동 문학 전기), Ⅱ단계(아동 문학 후기), Ⅲ단계(청소년 문학 전기), Ⅳ단계(청소년 문학 후기)로 부를 수 있다. 이 단계 구분은 개인차를 고려하지 않았으며, 단계와 단계가 엄밀하게 구분되는 것도 아니다.

특성을 살려 접근하여야 한다.

셋째, 초·중등 문학교육의 계열성 확보를 위해서는 Ⅱ단계와 Ⅲ단계의 학습자 특성을 명료화해야 한다. 이 때 학교 급을 고려하면 7학년(중학교 1학년)과 10학년(고등학교 1학년)은 이전까지의 학습 결과를 정리하고 다음 단계로 도약하기 위한 전이기의 역할을 하여야 한다.

넷째, 문학교육의 설계에서는 초·중등 문학교육의 통합성, 초등 문학교육과 중등 문학교육의 발달적 독자성, 그리고 두 단계를 이어 주는 전이기의 특성을 모두 고려하여야 한다.

3. 문학교육의 발달적 통합

학교 교육은 문학교육 실천의 중핵이다. 초등학교에서 중·고등학교에 걸쳐 제공되는 문학 경험은 한 개인의 문학에 대한 취향을 결정할 뿐 아니라, 문학 공동체의 역량을 결정하는 가장 중요한 요인이 된다. 이 때 문학 교육과정과 교재가 계열성·위계성·통합성 등의 측면에서 얼마나 체계적으로 조직되는가의 문제는 문학교육의 성취도를 좌우하는 기본 변인이다. 따라서 문학 교육과정과 교재는 발달 단계에 따라 일관된 체계를 갖추어야 한다.

제1차 교육과정 제정 이후 6-3-3-4의 학제가 정착되면서 초·중·고의 문학 교육과정도 순환적 발달의 원리에 따라 목표와 내용이 정비되었다. 그러나 학교 급별 고유성이 강조된 나머지 전인적인 관점에서 문학 능력의 발달 문제는 소홀히 다루어 온 감이 있다. 그 결과 전체 문학교육의

[27] 박인기(최현섭 외, 1996:385-389)는 아동의 문학 수용 특성으로 ① 감정 이입의 단순성 ② 플롯 개념의 미분화 ③ 배경의 비상세화 ④ 인물 중심의 기억망 ⑤ 동원 스키마의 제한 ⑥ 새로운 감수성에 의한 수용 경향을 들고 있다.

관점에서 보면 비약이나 불필요한 반복, 누락, 역전 등의 현상이 나타나게 되고, 총체적인 문학 능력의 신장이라는 문학교육 목표 달성에 어려움을 겪게 되었다. 특히 초등학교 문학교육과 고등학교 문학교육 사이에서 중학교 문학교육의 위치가 모호할 뿐 아니라, 초등 문학교육의 경우에도 저학년은 유아 문학과 변별되지 못하고 고등학교 문학교육은 성인 문학과 거의 구분이 되지 않는 결과를 낳았다.

이와 관련하여 7차 교육과정 이후 강조해 온 '학습자 중심 교육과정'은 문학교육의 체계화에도 긍정적인 기여를 할 것으로 기대된다.[28] 특히 7차 교육과정에서는 1학년~10학년을 국민공통기본교육과정으로 정함으로써 초등 문학교육과 중등 문학교육의 연계성을 확보할 수 있는 근거를 마련하였다. 이는 학습자 개인에게는 개별화된 교육을 제공한다는 의의를 지니고, 문학이라는 교과로서는 10년간의 교육 프로그램을 체계화한다는 의의를 지닌다. 문학 능력을 그렇게 1년 단위로 세분할 수 있는 것인가 하는 의문이 들지 않는 것은 아니지만, 그러한 발달성을 고려하지 않으면 교육 자체가 혼란에 빠지는 것도 사실이다. 따라서 문학 능력의 발달에 관한 개념적 단계화와 실제 운용에서의 융통성이 조화를 이루어야 할 것이다.[29] 또한 문학교육의 실천에서 수준을 세분하는 데 초점을 둘 것이 아니라 세분화된 수준이 학습자 안에서 유기적으로 통합되도록 하는 데 초점을 두어야 한다.

---

28 학습자 중심의 교육과정이란 학습자의 인지적, 정의적 발달과 그에 따른 성취도의 차이를 고려한 개별화된 교육과정을 뜻한다. 이는 학습자의 성장 단계에 따라 교육 내용을 체계화하는 '종적인 체계화'와 학습자의 개인별 수준 차에 따라 교육 내용을 체계화하는 '횡적인 체계화'를 요구한다.(김중신/우한용 외, 1997:165)

29 이를 '경험적 단계화'라 부를 수 있다. 이와 관련하여 이인제(1997:135-136)는 학습자의 학습 능력과 성취 수준을 정할 수 있는 객관적 자료가 충분치 못한 상황에서 현재 각급 학교에서 사용하는 교과서를 정치하게 분석한 자료와 전문가의 전문적 식견과 건전한 상식으로 접근하는 것을 하나의 대안으로 제시한다.

Ⅲ. 문학교육과 문학 문화

1. 문학 문화론의 필요성

공식 교육과정에 '문학 문화'라는 용어가 등장한 것은 1997년 고시된 제7차 고등학교 <문학> 과목에서의 일이다. 물론 그 이전에도 문학을 문화의 한 범주로 인식하여 폭넓게 바라보는 관점이 없는 것은 아니었지만, 대체로 '언어 문화'나 '민족 문화'에 대한 추상적인 언급에 그쳤을 뿐이다.[30] 그에 비해 7차 <문학> 과목 교육과정은 '문학과 문화' 영역을 명시하고, 문학교육의 목적을 "개인의 차원에서는 문학 능력 신장, 공동체의 차원에서는 문학 문화 발전"으로 규정하여 문학 문화의 개념을 전면에 내세웠다. 그에 따라 교과서와 수업에서 문화 요소의 비중이 높아지고, 평가에도 문화 요소가 반영되었다.[31]

7차 교육과정에서 문화 요소가 강조된 것은 인문학 담론의 흐름, 교육 이론의 변화, 문학교육의 내적 요구 등 여러 요소가 복합적으로 작용한

---

30 제6차 교육과정의 경우 고등학교 <문학> 과목에서 "고등학교 문학 과목은 (…) 올바른 민족 문화 창조에 기여할 수 있는 능력과 자질을 키우는 데 그 교육적 의의가 있다."고 기술한 정도다.

31 교육과정 개편과 함께 치러진 1997학년도 수능시험에서 대뜸 다음과 같은 문제가 출제되었는데, 이때의 평가 목표는 문학 작품에 반영된 문화 요소의 이해에 있다. 정답은 물론 ③이다.

결과다. 특히 90년대 들어 이데올로기 중심의 거대 담론이 해체되고 대중문화와 미디어 문화, 21세기를 맞은 새로운 세대의 문화에 대한 관심이 높아지면서 문학교육도 자연스럽게 문화적 관점을 취하게 되었다. 비슷한 시기에 (좁은 의미의)국어교육과 (외국어로서의)한국어교육에서 문화요소를 강조하기 시작한 것도 문학교육의 문화론에 힘을 실어 주었다.

이러한 경향은 2007/2009년 교육과정에도 비슷하게 나타나, 문화론이 문학교육 안에서 일정한 지분을 확보했음을 분명히 보여준다. 하지만 구체적인 국면으로 들어가면 그 실체에 대해 많은 부분이 합의가 안 되거나, 같은 현상에 대해 서로 다른 의도와 맥락에서 해석하는 것이 현실이다. 7차 교육과정 해설에서 문학 문화의 개념에 대한 설명이 빠진 사례는 문학 문화에 대하여 선언적으로라도 언급하는 것이 얼마나 불안한 일인지를 암시한다.[32] 사실 7차 교육과정은 문학교육의 방법론에 대한 충분한 고려를 생략한 채 결과 예상적인 진술로 내적 논리를 대신하는 모습을 보여주는데(박윤우, 2002:36), 이러한 문제는 2007/2009년 교육과정에서도 명쾌하게 해결되었다고 보기 어렵다.

그동안 문학교육 담론에 '문학 문화', '문학적 문화', '문화로서의 문학'

---

55. <보기>는 (가) 시를 해석하는 여러 방법 가운데 하나이다. (나)와 (다)의 시어 중, 이와 유사한 해석 방법을 적용하기에 가장 적절한 것은?
* (가) : <제망매가(월명)>, (나) : <이별가(박목월)>, (다) : <즐거운 편지(황동규)>

> 문학적 상징에는 인류 문화에 보편적으로 적용되는 상징과 특수한 문화권에만 적용되는 상징이 있다. 이 시에 나타난 '길'이나 '가을' 같은 것은 동서양에서 모두 자주 다루어지는 문학 소재이지만, '미타찰(彌陀刹)'은 불교의 전통과 관련하여 동양권에서 독특한 의미를 지니는 시어이다. 이를 달리 말하면 우리 시를 잘 이해하려면 먼저 우리 문화에 대한 이해가 있어야 한다는 뜻도 된다.

① 강기슭 ② 뱃머리 ③ 흰옷자라기 ④ 골짜기 ⑤ 낙엽

[32] 7차 교육과정 해설의 '용어 해설'에서는 국어 문화를 언어 문화의 하위 범주로 설명하였다. 하지만 언어 문화가 무엇인지에 대해서는 별도의 설명이 없고, 문학 문화에 대해서도 마찬가지다. 원래 해설 초안에는 문학 문화에 대한 설명이 있었으나 논란 끝에 빠진 결과다.

과 같은 용어들이 널리 쓰였지만, 그들에 대해 뚜렷한 개념적 합의가 없어서 의사소통상 혼란이 일어나고 문화 요소 자체가 위축되는 모습을 볼 수 있다. 이는 국어 문화를 둘러싼 논란과도 비슷한 양상이지만, 국어 문화론이 어느 정도 안정된 체계를 갖추어 가는 것과 달리 문학 문화론은 계속 혼란을 거듭하고 있다. 교사뿐 아니라 문학교육 전문가조차 문학 문화에 대한 뚜렷한 관념이나 개념을 지니지 못하고, 그런 용어 자체에 대해서 낯설어하는 것이 현실이다. 따라서 이런 상황에 담긴 문제를 인식하고, 문학교육이 상정하는 문학 문화에 대하여 원론 수준에서 그 개념을 탐색할 필요가 있다. 이를 통하여 문학 문화를 문학교육 이론과 실제의 흐름 안에 정착시키고, 문학 문화를 둘러싼 문학교육계의 혼란을 막을 수 있을 것이다.

2. 학교 교육과정의 문화 요소

제7차 교육과정에서 문학 문화를 처음 언급한 이래, 그 개념이 불투명하고 사용 양상이 혼란스럽다는 지적이 계속돼 왔다. 언어 문화나 예술 문화, 교육 문화와 같은 인접 개념과 비교하면 문학 문화의 개념이 불안한 것은 사실이다. 이처럼 불안한 상태에서 문학 문화가 교육 담론으로 들어오게 된 상황은 우리나라 문화 이론의 전개 양상과 관계가 깊다. 주지하다시피 우리나라의 문화 이론은 90년대에서 2천년대에 걸쳐 지적 담론의 중심으로 떠오르면서 확고한 이론 권력으로 자리 잡았고, 인문·사회 분야에서 '만물의 이론(Theory of Everything)' 역할을 떠맡기까지에 이르렀다. 특히 문학, 예술 연구는 조금이라도 문화 이론에 관한 의식 없이 쓰인 글이 없을 만큼 문화 경사가 심했다고 할 수 있다. 문학교육 역시 이 흐름을 탄 것이다.

하지만 문화 이론은 그 적용 범위만큼이나 다양한 철학과 이론이 있고, 그들 각각은 조금씩 다른 개념과 방법론을 사용한다. 어쩌면 문화 이론은 하나의 이론이라기보다는 커다란 시대적 조류라고 보는 것이 옳을지도 모른다. 그렇게 많은 개념들과 방법론 사이에서 공식 교육과정이 어느 하나를 취택하기란 사실상 불가능해 보이기조차 한다. 문학 문화를 최초로 언급한 7차 고등학교 <문학> 과목 교육과정 해설도 이러한 고민을 잘 보여준다.

> ① 국어 문화의 관점에서 문학을 수용, 창작한다.
>
> 이 내용은 문학이 포괄적인 국어 문화의 일부라는 점을 이해하고, 문화적 맥락을 고려하며 수용하고 창작하는 능력을 기르기 위해 선정하였다. 문학 문화는 '언어 문화', '음악 문화'라고 할 때와 마찬가지로 매우 포괄적으로 사용한 개념이다. 여기에는 한국 문학을 외국 문학과 구분해 주는 특성, 현대 문학과 고전 문학 사이의 전통과 변혁, 문학을 바라보는 문학 공동체의 시각과 기대, 우리 언어 문화와 문학의 관계, 문학을 둘러싼 관습과 관점 등에 관한 내용이 포함된다. 문학 활동이 인간의 삶과 유리될 수 없기 때문에 문학도 하나의 문화라는 관점에서 접근할 필요가 있다.(3. 내용 - 나. 영역별 내용 - (3) 문학과 문화 - (가) 문학 문화의 특성)

여기서 문학 문화는 국어 문화의 일부로서 문학 자체의 관습, 문학을 둘러싼 시각 정도로 매우 포괄적으로 설명되어 있다. 그리고 그 결론은 '문학도 하나의 문화'라는 선언이다. 문학교육계는 이처럼 원론적이고 막연한 기술 속에 문학 문화에 관한 고민을 숨겨 두었으며, 이러한 개념의 모호함이 용어 자체의 낯섦과 상승 작용을 일으켜 문학 문화의 위상을 흐트러뜨렸다고 할 수 있다.

그럼에도 불구하고 교육과정은 반복적으로 문화를 언급하고, 교육의 실제를 그쪽으로 몰아간다. 2007년 교육과정 역시 마찬가지여서, 국어과 교육과정은 교과/과목의 성격에서부터 표 나게 문화를 내세운다.

> 국어 교과는 한국인의 삶이 배어 있는 국어를 창조적으로 사용하는 능력과 태도를 길러 국어를 정확하고 효과적으로 사용하게 하고, 미래 지향의 민족 의식과 건전한 국민 정서를 함양하게 하며, 국어 발전과 국어 문화 창달에 이바지하려는 뜻을 세우게 하기 위한 교과이다.(<국어> 1. 성격)

> 문학은 인간의 체험과 상상력으로 이루어진 언어 예술이자 소통 행위이며, 개인과 공동체의 생활 경험 및 미의식을 담아내는 문화의 한 양식이다. 문학은 음성과 문자를 중심으로 한 다양한 매체로 구현되고, 사회·문화의 다른 영역과의 관련 속에서 존재한다.(<문학> 1. 성격)

<국어> 과목에서 말한 '국어 문화'는 국어 사용에 대한 관념, 국어 사용의 관습, 국어로 이루어진 예술 등을 포괄하는 의미로 사용되었다. 그러면서 민족 의식, 국민 정서, 국어 발전 등과 등가를 이루어 이데올로기적 가치를 내함한다. 학계와 현장에서 기능 중심의 국어교육에 대한 비판이 많지만, 적어도 교육과정 문면만을 보면 국어과의 최종 목표는 기능보다 가치에 무게 중심이 놓여 있다고 해야 할 것이다. <문학> 과목은 7차와 마찬가지로 문학을 '문화의 한 양식'으로 규정하고, 공동체의 삶과 문화를 발전시키는 데서 그 가치를 찾는다.[33]

이러한 관점은 목표 기술에서도 그대로 반복된다.

> 국어 활동과 국어와 문학의 본질을 총체적으로 이해하고, 국어 활동의 맥락을 고려하면서 국어를 정확하고 효과적으로 사용하며, 국어 문화를 바르게 이해하고, 국어의 발전과 민족의 국어 문화 창조에 이바지할 수 있는 능력과 태도를 기른다.(<국어> 2. 목표)

---

[33] <문학> 과목 교육과정 '1. 성격' 참조. 그런데 <문학>보다 더 많이 문화 요소를 고려한 과목이 <매체언어> 과목이다. 2007년 교육과정에서 최초로 <매체언어> 과목이 생겼다가 2009년 교육과정에서 선택 과목들이 조정되면서 삭제되었는데, 문학 문화의 관점에서 보면 매우 아쉬운 일이다.

다. 문학을 통하여 인간과 세계를 총체적으로 이해하고, 문학의 가치와 아름다움을 향유하며, 공동체의 문화 발전에 적극적으로 참여한다. (<문학> 2. 목표)

<국어>의 경우 '1. 성격'의 '국어 문화 창달'이 '2. 목표'에서는 '국어 문화 창조'로 약간 바뀌었지만, 그것은 표현상의 변화일 뿐이고 '1. 성격'과 '2. 목표'에서 언급한 국어 문화관은 동어 반복적이다. <문학>의 경우에도 '2. 목표'에서 이야기한 '공동체의 문화'는 '1. 성격'에서 언급한 문화로서의 문학관과 직접 연결된다. <국어>의 문화관과 <문학>의 문화관이 세부에서 다르기는 하지만, 서로 포섭 관계에 있다는 점 역시 분명하다.

그에 비해 '3. 내용'에서는 조금 다른 양상을 보인다. 내용 체계에 대해서는 뒤에서 보기로 하고, 먼저 학년별/세부 내용을 살펴보자.

2007년 국어 과목 '작품의 수준과 범위'

- 문화와 전통의 차이가 드러나는 여러 작품(6학년, 7학년, 8학년)
- 사회 · 문화적 상황이 잘 드러나는 작품(8학년, 9학년)

2007년 국어 과목 '성취 기준' 및 '내용 요소의 예'

(8-문-4) 문학 작품에 나오는 인물의 행동을 사회 · 문화적 상황과 관련지어 파악한다.
- ◦ 인물의 행동, 사고 방식 이해하기
- ◦ 인물의 행동과 사회 · 문화적 상황 관련짓기
- ◦ 작품과 사회 · 문화적 상황의 관계 파악하기

(9-문-2) 문학 작품에 나타난 사회 · 문화적 상황과 관련지어 창작 동기와 의도를 파악한다.
- ◦ 작품이 사회 · 문화적 상황의 산물임을 이해하기
- ◦ 작가의 창작 동기와 의도 추론하기
- ◦ 작품의 창작 의도와 사회 · 문화적 상황 관련짓기

<국어> 과목 교육과정에서 문화 요소는 '작품의 수준과 범위'의 6~9학년과 '성취 기준'의 8~9학년에 명시되어 있다. 여기서 '사회 · 문화적 상황'이라는 성취 기준과 무관하게 '작품의 수준과 범위'로 제시된 "문화와 전통의 차이가 드러나는 여러 작품"은 교육과정이 소재 혹은 내용 중심으로 문화를 바라보고 있음을 보여준다. 특히 '문화와 전통'이라고 할 때의 문화와 '사회 · 문화적 상황'이라고 할 때의 문화가 개념상 같은 것이라고 보기는 어렵다. 전자가 내용으로서의 문화관을 담고 있다면 후자는 맥락으로서의 문화관을 따르고 있다.

<국어> 과목의 모호한 문화관은 <문학> 과목에서 더 복잡하게 나타난다. 다시 7차 교육과정을 보자.

7차 문학 과목 '영역별 내용'

(3) 문학과 문화
- ㈎ 문학 문화의 특성
  - ① 국어 문화의 관점에서 문학을 수용, 창작한다.
  - ② 문학의 소통 과정에 작용하는 규칙과 관습을 이해한다.
- ㈏ 한국 문학의 특질과 흐름
  - ① 한국 문학의 개념, 성격, 갈래, 특질을 이해한다.
  - ② 한국 문학의 대표적인 작품을 읽고, 한국 문학사의 전통과 지향성을 이해한다.
- ㈐ 세계 문학의 양상과 흐름
  - ① 세계 문학의 양상과 흐름을 개괄적으로 이해한다.
  - ② 한국 문학과 세계 문학이 서로 교섭하는 양상을 이해한다.
- ㈑ 문학의 인접 영역
  - ① 문학은 인접 예술을 비롯한 사회 · 문화적 현상과 밀접하게 관계됨을 이해한다.
  - ② 문학이 현재 사회의 다양한 매체와 결합하여 수행되는 양상을 이해한다.

7차 <문학> 과목은 교육과정의 내용 체계에 아예 '문학과 문화' 영역을 설정하고, 그 안에 네 개의 하위 항목을 두어 세부 내용을 기술하였다. 한국 문학과 세계 문학을 문화 영역에 포함시킨 것은 문학이라는 제도 자체를 하나의 문화로 보겠다는 관점이며, 나아가 인접 예술 및 매체 등과 문학을 묶어서 문화라는 틀 안에서 이해하는 시각도 보여준다. 이것은 소극적 의미의 '문화로서의 문학'관에 그치지 않고, 문학교육을 넓은 의미의 문화교육 범주 안에 위치시키면서 문학교육에 문화를 적극적으로 도입하려는 의도라 할 수 있다.

그에 비해 2009년 교육과정은 문화론적 시각이 약해지면서 원론 수준의 문화관으로 돌아간다. 그렇게 된 이유는 7차 교육과정에 대한 비판, 특히 교과서를 편찬할 때의 어려움에 대한 호소가 많이 작용한 것으로 보인다.

2009년 문학(II) 과목 '세부 내용'

㈐ 문학과 문화
① 문학과 예술, 인문, 사회, 문화, 매체의 관계를 이해한다.
② 문학을 통하여 인간과 세계의 진실을 심미적으로 인식하고 표현하는 안목을 기른다.
③ 문학 활동을 생활화하여 수준 높은 국어 생활을 영위한다.

여기서는 7차에 있던 문학 문화의 특성 등에 관한 내용은 사라지고, 문학과 매체, 문학과 인접 영역에 관한 내용만 남았다. 문학 문화를 정면으로 언급하지 않은 셈이다. 그리고 문학 생활화를 강조하였다. 특히 한국 문학과 세계 문학을 문화 영역에서 빼낸 것이 주목되는데, 이는 7차 교육과정에 비해 문학과 문화의 연관성을 조금 멀게 보면서 문학 문화 개념의 농도를 낮춘 것으로 볼 수 있다. 물론, "③ 문학이 인간의 정신적 활동의 산물이자 문화의 한 양식임을 이해한다.(문학(I) - (1) 문학의 성격 - (가)

문학의 개념)"거나 "③ 문학 활동을 생활화하여 공동체의 문화 발전에 능동적으로 이바지한다.(문학(Ⅱ) - (2) 문학과 삶 - (나) 문학과 공동체)"는 내용에서 보듯이 문학 문화론을 전적으로 포기한 것은 아니다. 그렇다 하더라도 7차의 포괄적 문화관에 비하면 문화적 관점이 크게 탈색되었는데, 문학 문화 개념의 모호성이 그 주된 이유가 된다.

이쯤에서 7차 교육과정과 2009년 교육과정 <문학> 과목의 내용 체계를 비교하는 것이 좋을 듯하다.[34]

문학 과목 내용 체계

7차 교육과정	
문학의 본질	㈎ 문학의 특성 ㈏ 문학의 기능 ㈐ 문학의 갈래 ㈑ 문학의 가치
문학의 수용과 창작	㈎ 문학의 수용과 창작 원리 ㈏ 문학의 수용 ㈐ 문학의 창조적 재구성 ㈑ 문학의 창작
문학과 문화	㈎ 문학 문화의 특성 ㈏ 한국 문학의 특질과 흐름 ㈐ 세계 문학의 양상과 흐름 ㈑ 문학의 인접 영역
문학의 가치화와 태도	㈎ 문학의 가치 인식 ㈏ 문학 활동에의 능동적 참여 ㈐ 문학에 대한 태도

7차 교육과정

2009년 교육과정	
문학의 성격	◦ 문학의 개념 ◦ 문학의 역할 ◦ 문학의 갈래
문학 활동	◦ 문학의 수용 ◦ 문학의 생산 ◦ 문학과 매체
문학의 위상	◦ 한국 문학의 범위와 역사 ◦ 한국 문학과 외국 문학 ◦ 한국 문학의 세계화
문학과 삶	◦ 문학과 자아 ◦ 문학과 공동체 ◦ 문학과 문화

2009년 교육과정

---

[34] 2007년 교육과정이 중간에 있지만, 공통교육과정(<국어> 과목)은 해당이 없고 선택교육과정 역시 2009년 교육과정과 차이가 없다. 사실상 2009년 교육과정은 2007년 교육과정을 2009년 총론에 맞추어 부분 수정하면서 재편한 것이다. 다만, 문학(Ⅰ)과 문학(Ⅱ)로 나뉘어 있는 표를 하나로 합쳤다.

여기서 7차 교육과정의 '(3) 문학과 문화'와 2009년 교육과정의 '문학과 삶' 영역이 문학 문화를 직접 다루는데, 7차에 비해 2009년 교육과정에서 문화 요소의 위상이 현저하게 축소된 것을 알 수 있다. '문학 활동'이나 '문학의 위상' 항목 등에서 문화 요소를 다룰 수 없는 것은 아니지만, 명시적으로 지정한 것에 비하면 그 구속력이 약해지는 것은 당연하다. 그 대신 '문학과 삶' 영역이 강조되어, 문학을 삶의 실천으로 보는 관점이 강해졌다.

그렇다면 문학교육에서 문화 요소는 7차 교육과정에서 정점을 이루었다가 점차 쇠퇴하는 것인가? 만일 그렇다면 그 이유는 무엇인가? 혹 그렇지 않다면 그렇게 말할 수 있는 근거는 무엇인가? 문학교육에서 문학 문화는 어디쯤에 자리 잡고 있는가? 문학교육의 문화론은 이러한 물음에 대답하면서 교육과정의 성격/목표론에서 반복하여 나타나는 문화적 관점에 대해 분명히 설명할 필요가 있다.

3. 문학 문화의 개념과 범주

1) 개념의 필요성과 가능성에 대한 물음

문학교육 일반론이 문화적 관점을 유지, 강화하는 동안 2007/2009년 교육과정은 오히려 '내용 체계'와 '세부 내용'에서 문화 요소를 탈색하는 방향으로 바뀌었다. 특히 고등학교 <문학> 과목에서 그런 경향이 강한데, 그 이유는 이론 면에서 문학 문화 개념의 모호성과 실제 면에서 교과서 구성 및 수업 운영상의 난점이 얽혀 있기 때문이다. 이는 솔직하게 말하면 문학계와 문학교육계 모두 '문학 문화'라는 용어와 그 개념을 납득하지 못하고 있다는 뜻이다.

여기서 한 번 물어보자. 문화란 무엇인가? 표준국어대사전에서는 문화를 "자연 상태에서 벗어나 일정한 목적 또는 생활 이상을 실현하고자 사회 구성원에 의하여 습득, 공유, 전달되는 행동 양식이나 생활 양식의 과정 및 그 과정에서 이룩하여 낸 물질적 정신적 소득을 통틀어 이르는 말. 의식주를 비롯하여 언어, 풍습, 종교, 학문, 예술, 제도 따위를 모두 포함한다."고 정의하였다. 하지만 이런 식의 정의로 여러 영역에서 다양하게 통용되는 문화의 개념을 모두 아우를 수 없음은 물론이다.

문화의 개념을 논할 때 중시해야 할 점은 그것이 독립적으로 사용되기보다 다른 개념과 연합해서 사용될 때가 더 많다는 점이다. 문학 문화 역시 이 맥락 위에 서 있으며, 여기서 중요한 것은 '문학'이고, '문화'는 거기에 수반하는 어떤 속성 혹은 지향점을 나타낸다. 사실 조금만 살펴보면, '문화'만큼 다른 개념과 쉽게 융합하는 개념도 많지 않다는 것을 알 수 있다. 사전에 등재된 용례를 봐도 그것은 분명하게 드러나며,[35] 이때 문화의 개념은 그 모든 용례의 총합으로 파악하는 것이 가장 무리가 없다. 영역과 관점 따라 여러 종류의 문화종(文化種)을 이야기하는 상황에서, 문학교육의 장에서 문학 문화를 설정하는 일은 문화의 개념을 더 풍성하게 만드는 데 기여할 것이다.[36]

교육의 관점에서 보면 문화 개념이 더 풍성해질 수 있을까? 우리 주변에 영국, 독일, 프랑스 등 유럽의 문화 이론을 소개하는 글들은 넘쳐날

---

35 표준국어대사전에서 '문화'를 키워드로 하여 표제어를 검색하면, '문화' 외에 '문화*'로 99개, '*문화'로 97개의 항목이 검색된다. 시대나 지역, 학설 등의 고유어가 포함돼 있기는 하지만, 그것들을 빼더라도 '문화'가 매우 유연한 개념임을 알 수 있다. 참고로 '문학*'은 37개, '*문학'은 무려 238개 항목이 검색된다.

36 2007년 국어과 교육과정에서도 '다문화, 문화 생활, 정보 · 지식 · 문화의 수용, 사회 · 문화, 역사 · 문화 · 사회, 국어 문화, 국어 생활 문화, 놀이 문화, 자연이나 문화, 작품의 시대적 · 문화적 상황, 세계 문화 유산, 문화와 전통, 문화적 분위기, 낯선 문화, 의사 교환을 통해 문제를 해결하는 문화, 시대와 문화, 다양한 삶과 문화, 말 문화, 문화적인 배경, 문화적 전통, 독서 문화, 문화와 관습, 언어 공동체의 문화, 언어 문화, 생활 문화, 음식 문화, 의복 문화, 청소년 문화, 생활 양식으로서의 문화' 등의 표현을 쓰고 있다.

정도로 많다. 문학 연구와 비평에서도 리비스, 아놀드, 윌리엄스 등에 대한 언급에서 시작하는 문화 이론은 이미 상식이 되었을 정도다. 그럼에도 불구하고 그 갈피를 잡기 어려운 점이 문화 이론의 특징이기도 한데, 거기에 교육적 관점에서 또 다른 문화 개념을 추가해야 할까?

여기에 대한 답은 문화 개념의 계보를 들춰냄으로써 찾을 수 있을 듯하다. 원래 중국 문헌에 등장하는 '文化'는 강제력을 사용하지 않고 학문이나 교육으로 민중을 계몽하는 뜻으로 쓰였다. 한자 그대로의 의미를 풀어쓰면 '문자를 읽고 쓰는 능력을 갖추도록 한다.'고 할 수 있는데, 그것은 자체적으로 교육적 기능을 포함하고 있다.(김성제, 2004:3-4) 오늘날 통용되는 '문화'는 19세기 후반 일본 학자가 독일어 'Kultur'를 번역한 것을 차용한 것으로 알려져 있는데, 그 개념상 영어의 'culture'보다 교양적 요소가 더 강하다.(심경호, 2001:45) 곧, 문화는 태생적으로 교육적 함의를 지니고 있으며, 교육적 논의를 통해 그 개념을 확충할 수 있고, 문학교육 또한 문화론의 관점을 취함으로써 그 함의를 극대화할 수 있는 것이다.

문학교육에서 문학 문화의 개념이 필요하고 또 가능한 이유는 다음과 같이 정리된다. 우선, 문학 일반의 측면에서 문학과 문화의 관계에 대해 분명하게 설명할 필요성이 생겼다. 송효섭(2006)은 그 관계를 7가지로 나누어 도식화했는데,[37] 그렇게 해도 문학과 문화에 대해 완전하게 설명했다고 보기 어렵다. 처음부터 문학과 문화를 어떤 고정된 실체로 보는 관점을 취하기 때문이다. '문학을 통한 문화교육'이나 '문화를 통한 문학교육'이라는 용어가 개념적 선명성을 결여하고 있다는 지적(강태경, 2003:43) 역시 타당하다. 이는 문학과 문화를 중심-주변의 위계적 관계로 보거나 둘의 독자적 자율성을 전제하는 문학 중심주의로의 회귀이기 때문이다.

---

[37] 문학과 문화의 포함 관계 및 상호성에 따라 문화 결정론, 반영론, 포섭과 함유 관계, 형식주의 관점, 텍스트의 물질성 강조, 해체주의적 관점, 담론 생산의 과정과 가능성 중시 모형을 각각 그림으로 표시하였다.(송효섭, 2006:8-9)

따라서 '문학이 있고 문화가 있는데, 그 둘은 어떻게 연관되는가?' 하는 물음보다는 '문학, 그것의 문화는 무엇인가?' 하는 물음이 필요해졌다.

둘째, 문학에 대한 문화론적 접근이 유의미하다면, 문학교육의 목표와 내용, 방법으로서의 문화에 대한 심층적 이해 역시 타당하고 또 요구된다. 단순하게 '문학을 통해 문화를 발전시킨다.'거나 '문화의 하위 범주로서 문학을 이해한다.'와 같은 이원론적 진술은 문학교육의 지향을 전일하게 보여주지 못한다. 서로 겹치거나 긴밀하게 묶여 있는 '문학-문화'의 개념을 설정하지 않으면 문학교육의 총체성을 구현하기 어려운 것이다. 문학이 대체 가능한 어떤 대상에 그치는 것이 아니라 일생 동안 함께 해야만 하는 그 무엇이라고 생각하는 자각이 가능하려면, 문학을 문화의 한 분야로 보는 관점을 넘어서 문화를 필수불가결한 삶의 방식으로 보고 문학이 바로 그러한 문화임을 강조할 필요가 있다.(김종철. 2001:87)

마지막으로, '문학 문화'라는 개념을 별도로 설정하고 그것을 인접/유사 개념들과 구별할 수 있는가 하는 물음에 관해서는, 앞에서 본 문화 개념의 유연성으로 대답할 수 있으리라고 본다. 수많은 용례들이 조금씩 다른 문화 개념을 상정하면서 문화 개념의 총체를 구성한다면, 문학 영역에서의 문화 개념 역시 문화의 개념폭을 확충하는 데 충분히 기여할 수 있다. 인간의 행위를 함축하는 모든 명사에 '문화'라는 용어를 붙일 수 있을 터인데, 문학을 하나의 유목적적인 행위로 보는 이상 거기서 문화를 찾는 일은 필요하고 가능한 일이다. 문학과 문화의 연계 가능성을 이모저모로 따지는 것도 중요하지만, 문학교육에서는 '문학의 문화' 그 자체를 문학교육의 화두로 삼아야 한다.

2) 문학 문화의 정의

문학 문화를 정의하는 일은 흐르는 물을 그물에 담으려는 일만큼이나 지난한 일이다. 문학 문화라는 용어는 문학을 문학답게 만드는 조건과 맥락, 문학 활동의 규칙, 축적된 문학적 관습과 전통, 공동체가 문학을 대하는 태도 등의 다양한 의미장을 포괄한다. 그것은 문학'적' 문화나 문학'이라는' 문화가 아니라, 정밀하게 문학'의' 문화를 가리킨다. '문학적 문화'에서 문학이 문화의 한 속성이 되고 '문학이라는 문화'에서는 문학이 문화에 포함되는 데 비해, '문학의 문화'에서는 문화를 문학의 한 속성으로 이해한다.

사실, 문학이라는 용어 자체가 서구의 'literature'를 메이지 초기에 니시 아마네(西周) 등이 번역한 것이고(김채수, 1999:4), 서구의 그 'literature' 조차 '문헌'의 의미에서 오늘날의 '문학'의 의미로 변한 것이 불과 200년 이쪽저쪽의 일이다.(김경한, 2006:88) 그리고 아직도 우리에게 '문학'은 'literature'와 'literatur-wissenschaft' 사이에서 진동하고 있다. 문학의 개념조차 없었던 시대에 그나마 시문(詩文)이라고 하던 것에도 끼지 못하던 시조를 문학으로 끌어들이는 과정, 당대 문단의 변방에 있던 윤동주를 사후에 현대시 최고 시인의 반열에 올려놓는 과정, SF · 추리물 · 무협 · 판타지 등의 장르 문학에 재능 있는 작가들이 몰리는 과정 등을 보면 문학이라는 개념 자체가 문화적으로 구성된 것임을 알 수 있다.

문화도 마찬가지다. 문화의 다양한 용례와 수많은 문화종들을 고려해 보면, 문화의 개념은 확고하게 정착되었다기보다 늘 유동하며 만들어져 가는 어떤 것으로 볼 수 있다. 이론가마다 그것을 다르게 정의하지만 결정적인 정의는 계속 유예될 것이다. 따라서 문화 그 자체에 대해 정의하기보다는 어떤 현상이 문화일 수 있는 최소 조건을 살펴보는 정도만이 가능할 뿐이다. 어떤 현상에 대해 '문화'라는 말을 붙일 수 있으려면 최소한 다음 조건을 충족시켜야 할 것으로 보인다.

① 정신적이든 육체적이든 인간의 의지와 노력이 작용한/작용하는 체계다.
② 비교적 큰 집단에서 비교적 긴 시간에 걸쳐 형성되고 통용되나, 그 범위는 제한된다.
③ 구성원이 공유하는 물질적・상징적 자원과 행위의 규칙들이 있고, 그로부터 일탈하면 제재를 받는다.
④ 후천적으로 학습되고, 그 결과는 개인과 집단 모두에게 피드백 된다.
⑤ 명시적이든 암시적이든 스스로를 의식하며, 그를 통하여 다른 문화와 구별하거나 구별된다.

이는 '문화'라고 불릴 수 있는 조건이 물질인가 비물질인가, 결과인가 과정인가, 의도적 고안물인가 자연적 형성물인가, 가치로운가 그렇지 않은가 등과는 관계없다는 뜻이다. 어떤 현상이 문화가 될 수 있는 조건은 전적으로 '문화적으로' 결정된다.

이러한 맥락에서 보면 문학 문화를 정의하는 일 역시 그 자체로서 문화적인 행위가 된다. 문학교육의 담론에서 문학 문화를 경원하는 것도, 그런 개념이 필요하고 가능하다고 주장하는 것도 모두 문화적 실천인 셈이다. 이쯤에서 7차 교육과정 해설에서 빠졌던 문학 문화의 개념 설명을 다시 가져와 보자.

> 하나의 문학 공동체가 문학과 관련해 축적해 온 일체의 유・무형적 산출. 여기에는 결과로서의 작품 목록뿐 아니라 과정을 통제하는 규칙, 관습, 상호 텍스트성 등도 포함된다. 나아가 문학의 개념 범주, 문학적 가치의 판단 기준, 문학이라는 제도의 운영 원리 등도 문학 문화에 해당한다. 국어과 교육에서는 언어 문화와 대응한다.(7차 교육과정 해설 초안 중 '주요 용어 해설')

이 내용이 최종안에서 빠진 이유는 그것이 너무나 단순하고, 너무나 협소하며, 너무나 허점이 많기 때문이다. 추상적이고 원론적인 교육과정

'내용'의 기술이라면 어떻게든 빠져 나갈 구멍이 있겠지만, 이런 식으로 문학 문화를 설명하면 쏟아지는 비판을 피해 갈 길이 없다. 최종안에서 이 내용을 뺀 것은 불필요한 논란을 피해 가기 위한 최선의 선택이었다.

하지만 그것이 정녕 '불필요한' 논란이었을까. 7차 교육과정이 고시된 지 10년 만에 고시된 2007년 교육과정이 보이는 혼란상을 보면, 문학교육의 문화론은 그 10년 간 아무런 실질적인 발전을 이루지 못했다는 판정을 받을 만하다. 총론 수준에서 문화적 관점을 유지하면서 각론 수준에서 문화론이 후퇴하게 된 결과는, 문학 문화를 둘러싼 논란을 '불필요한' 것으로 치부한 그때의 선택 때문이 아니었을까.

언어든 사회든, 또 문학이든 문화든, 완벽한 정의는 불가능하겠지만 그 개념폭을 확장/획정해 나가기 위한 작업은 늘 필요하다. 특히 교육의 장에서라면 어느 정도 제한이 있더라도 교육적 효용을 고려하여 개념을 정의해 둬야 한다. 그런 연후에 그 정의가 지닌 한계와 문제점을 지적하고 탐구해 나가면 될 일이다. 그런 입장에서 이 연구는 문학 문화를 일단 **'문학 소통의 기반이 되는 경험과 규약의 체계'**라고 정의하고자 한다. 여기서 문학이라든지 소통의 개념을 따지고 들어가는 것은 무한 논리에 빠지게 될 가능성이 있으므로 일단 상식 수준에서 개념을 인정하고, 앞에서 본 문화의 최소 조건을 고려하여 문학 문화 자체에 대해서 논의해 보자. 그에 따르면 문학 문화는 다음과 같은 개념을 지닌다.

① 문학적으로 구성된/구성되는 체계다 : 문학 문화는 문학 주체의 의지와 노력의 산물이자, 그 자체의 논리로 유지, 변화해 가는 어떤 것이다. 그것은 하나의 체계로서 단위 요소들로 구성되지만, 고정된 실체라기보다는 그러한 요소들이 상호 작용하는 현상으로 존재한다. 문학 텍스트와 문학 활동이 문학 문화를 구성하는 기초 단위다.

② 축적된 문학 경험이다 : 문학 문화는 문학 공동체의 세계관과 역사, 문학 의식을 반영하며, 이미 구성된 문화적 경험들이 서로 영향을

주고받으며 축적되어 이루어진다. 문학 주체들은 문학 문화의 기반 위에서 문학 문화와 상호 작용하면서 문학 활동을 한다.

③ 문학에 관한 관습과 규약이다 : 문학 문화는 어떤 것을 문학으로 인정하는 기준, 문학을 문학 아닌 것들과 구별하는 기준, 좋은/위대한 문학과 그렇지 않은 문학을 판별하는 기준 등에 관한 준거를 제공한다.(또는 그 준거들로 구성된다.) 그 안에서 문학 활동을 하는 일정한 규약이 있으며, 이 규약을 지키거나 깸으로써 문학 문화 자체가 변화한다.

④ 문학 활동을 통해 구성되고 학습된다 : 문학을 활동, 혹은 현상으로 보는 관점은 문학교육계에 이미 널리 퍼져 있다. 문학 문화는 그러한 활동 – 구체적으로 문학을 생산, 유통 · 중개, 수용하는 과정에서 형성되고 그러한 과정으로 드러난다. 문학교육의 입장에서 보면 문학 활동 자체가 문학 학습 과정이다.

⑤ 문학과 문화를 총체적으로 지지한다 : 문학을 문화만으로 설명할 수는 없을 터이다. 그러나 문학 문화에 대한 의식과 관심이 문학의 총체성을 보장하는 한 조건이 된다. 이 관계는 문화에 대해서도 마찬가지여서, 문학 문화를 배제한 문화를 상상할 수 없다. 여기서 문화 리터러시와 문화적 기대 지평 개념을 이끌어낼 수 있다.

이러한 논의는 문학 문화가 고유한 개념역을 지니고 있고, 다른 문화와 개념적으로 구별되며, 의도적으로 가르칠 수 있다는 것을 암시한다. 곧, 문학 문화를 가르치기 위한 요소들을 추출할 수 있고(①), 그 내용을 통시적 · 공시적으로 제한할 수 있으며(②, ③), 문학 활동으로부터 그 방법을 이끌어낼 수 있다는 것이다(④). 그리고 이를 통하여 문학과 문화의 발전을 기대할 수 있다(⑤).

3) 문학 문화의 범주

문화의 범주에 대한 가장 일반적인 논의는 그것을 '정신 문화 : 물질 문화', '예술 문화 : 생활 문화'와 같이 이원 대립 구조로 파악하는 방식이다. 이러한 이분법에 따르면 문학 문화는 정신 문화이자 예술 문화이고, 고급 문화이며, 제도 문화이다. 그러나 이러한 범주론이 문학 문화의 본질을 드러내기에 부족하다는 것은 그 하나하나를 문학과 대비했을 때 생겨나는 의미 편차만으로도 금방 알 수 있다. 애초부터 이런 방식으로 문학 문화의 범주를 살필 수 있을지도 의문이다. 문학 문화의 정의론이 문학과 문화, 문학교육의 본질을 건드리는 작업이었던 것처럼, 범주론도 마찬가지 관점에서 접근해야 한다.

여기서 필요한 일은 문학 문화의 구성 변인을 탐색하고 그를 바탕으로 범주화의 기준을 찾는 일이다. 다른 어느 것도 아닌 '문학 문화'의 속성과 양상을 바탕으로 해야만 그것의 범주화가 가능해지고, 문학 문화 및 문학 교육에의 접근 통로를 양식화할 수 있다.

문학 문화를 범주화하기 위한 기준은 무엇인가? 문학이라는 텍스트와 그것을 둘러싼 활동, 문학과 관련하여 이루어진 성과들을 모두 포괄하는 기준을 마련할 수 있을까? 범주의 구분이 자칫하면 문학 문화의 개념을 형식화하지는 않을까? 이런 질문에 답하기는 쉽지 않다. 그러나 아주 범박한 기준이라도 적용해서 문학 문화를 범주화하지 않는다면 그 개념은 계속해서 모호한 상태로 남고, 발전적인 논의도 불가능해질 것이다. 여기서는 쉽게 인정할 수 있는 몇 가지의 기준을 가지고 문학 문화의 범주화를 시도하고자 한다.

일단 문학 활동이 통시적/공시적 조건 아래 이루어진다는 점은 부인하기 어려울 것 같다. 그렇다면 문학 문화 역시 통시/공시를 기준으로 범주화할 수 있을 것이다.[38] 통시적인 문학 문화란 물론 시간의 축을 따라

[38] 박인기(2002)는 문화의 존재 양태와 문식성 활용 차원의 상호성과 관련하여 다음 표를 만들었는데, 여기서 '국어'나 '언어'와 같은 용어들을 '문학'으로 바꾸어도 표의 가치는 그대로 살아남는다. 이는 문화에 대한 통시적/공시적 조망을 교육과 연결 지으려는 시도다.

형성되고 축적되고, 다시 문학 문화로 피드백 되는 경험과 규약의 체계다. 무엇이 형성/축적되는가?

여기서 문학 문화가 문학사와 맺는 관계를 생각해 보자. 7차 교육과정에서는 문학사가 '문학과 문화'의 범주 안에 있었고, 2007/2009년 교육과정에서는 그 둘이 '문학의 위상' 안에 한데 묶여 있다. 어떤 관점에 서든 둘 사이에 밀접한 관련을 인정할 수 있으며(상하 관계든 인접 관계든), 문학사의 어떤 국면이 문학 문화의 양상이라는 점은 분명하다. 이때 문학사에 담긴, 혹은 문학사로 나타나는 문화란 문학 원론에서 문제 삼는 문학의 개념과 범위, 문학의 갈래, 문학의 원형 등 '문학'이라고 부르는 어떤 것에 대한 전반적인 관념일 것이다. 여기서는 그것을 문학이라는 **'양식'에 관한 문화**라고 부르기로 한다. 그것은 어떤 텍스트를 문학답게 만드는 조건과 관련되며, <문학>이라는 교과가 성립할 수 있는 근거도, 한국 문학과 외국 문학을 구별하는 기준도 문학 양식의 문화로부터 이끌어낼 수 있다.

공시적인 문학 문화에 대해서는 문학 현상이라는 개념을 끌어올 수 있을 듯하다. 문학을 하나의 텍스트나 텍스트군(群)으로 보지 않고 그것을 매개로 이루어지는 문학 주체의 행위로 본다면, 그리고 그러한 행위들이 겹치는 가운데 문학이 생산, 유통·중개, 수용되는 현상으로 본다면, 그러한 문학관은 태생적으로 문화를 상정하지 않을 수 없다. 문학 활동에는 일정한 관습과 규약이 필요하기 때문이다. 공시적인 문학 문화는 문학 활동이 이루어지도록 하는 경험과 규약의 체계 전부를 의미한다.

	문화의 통시적 양태	문화의 공시적 양태
지식 차원 활용	국어 교과의 내용 도구성 개발 활용	문화의 작용에 관한 지식을 교육 내용으로 활용
전략 차원 활용	언어 문화를 중핵으로 하는 커리큘럼의 가능성 모색	언어 문화를 중핵으로 하는 커리큘럼의 가능성 모색

예를 들어 보자. 이상의 <오감도>를 둘러싼 논란은 당대의 문학 문화가 어떠했는지를 단적으로 보여준다. 이태준이 자신의 직을 걸고 <오감도>를 지지했고 이상 자신은 "언제까지 19세기에 머물 것이냐!"고 질타했지만, 결국 예정된 분량의 반으로 연재를 마칠 수밖에 없었던 이유는 1930년대의 문학 문화가 그러했기 때문이다. 등단이나 문학상과 같은 거시 제도부터 시집 말미에 해설을 붙이는 기술적인 장치까지, 자기 아들의 사진이나 인터넷 댓글을 실어 놓고 '시'라고 주장하는[39] 한편에서 일간지가 정기적으로 시조를 싣는 세태까지, 공시적 문학 문화의 폭은 넓고도 유연하다. 그리고 당대의 모든 문학 활동은 이러한 문화적 맥락 아래 이루어진다. 이것을 문학의 **'현상'에 관한 문화**라고 불러 보자.

문학 주체는 통시적으로 문학 양식의 문화에 기대고 공시적으로 문학 현상의 문화에 의존한다. 그러면서 그것들에 종속돼 있고, 동시에 그것들을 활용한다. 문학의 통시 문화와 공시 문화가 만나는 곳에 문학 텍스트와 활동이 있다.

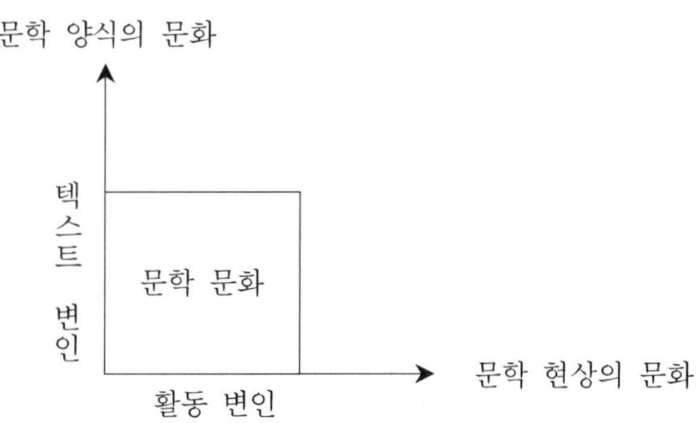

문학 문화의 범주상 1 : 통시성과 공시성 범주

통시/공시의 차원에서 문학 문화의 범위를 정했다면, 그 다음 작업은

---

39 한국 현대시에서 이른바 '미래파'라고 불리는 시인들의 작품이 대표적이고, 여기서 언급한 작품은 박남철의 <해미르> 연작을 가리킨다.

텍스트와 활동에 관련되는 문화 요소를 찾는 일이다. 일단 텍스트에 대한 접근 방식으로 널리 쓰이는 내용과 형식, 표현의 틀을 가져와 보자.[40] 예를 들어 주제론이나 소재론, 혹은 원형론, 상징론 같은 것들은 문학의 내용이 문화와 밀접하게 연계되어 있다는 점을 전제해야 성립한다. 바꿔 말하면 문학의 내용은 문화적으로 규정되고, 내용 자체가 문화를 구성한다.

여기서 유의해야 할 점은 주제나 소재 같은 것들이 문화 요소에 포함되기는 해도 '문학 문화'의 고유성을 보여주지는 못한다는 점이다. 예를 들어 '까마귀'가 불길함을 상징하는 동시에 효의 객관적 상관물이라는 것은 좁은 의미의 내용–일반적으로 말하는 '콘텐츠'로서의 문화에 해당한다. 하지만 그것이 문학으로 편입되려면 까마귀의 그런 의미를 문학적으로 형상화하는 작업이 있어야 한다. 일종의 문학적 발상이라 할 수 있는 것으로, 전자가 개념적으로 이해하고 외울 수 있는 내용이라면 후자는 그것을 구체적인 텍스트 맥락에 적용하고 활용할 수 있는 내용이 된다. 여기서는 그것을 콘텐츠로서의 문화와 대비하여 '발상'의 문화라고 불러 보자.[41]

이런 성격은 문학의 형식에도 그대로 적용된다. 문학 형식론의 대표격이라 할 갈래론을 두고 보더라도, 그것이 통시적으로 그리고 공시적으로 문화의 한 양상이라는 점을 쉽게 알 수 있다. 근대적 장르의 모색기였던 19세기 말~20세기 초의 다양한 실험들은 문화적 이행기의 문학적 표출

40 형식과 표현을 구별하지 않기도 하지만, 내용-형식의 이분법보다는 거기에 표현을 더한 삼분법이 더 유용하다고 판단하여 이 틀을 쓰기로 한다. 내용과 형식만으로는 텍스트의 결(texture)이라든지 개성을 이야기하기에 부족하기 때문이다. 신비평 소설론에서 정형화된 주제-구성-문체의 틀이 이것과 비슷하고, 문체론(文體論)/문채론(文彩論)자들의 발상도 같은 맥락이라 할 수 있다.

41 한국어교육의 문화론과 비교해 보면 그 차이가 잘 드러난다. 한국어교육에서는 한국(어) 문화의 주요 항목으로 정치 · 경제 · 역사 · 지리… 등의 내용 항목을 나열하는데, 그것은 콘텐츠로서의 문화는 될지언정 발상의 문화는 되지 못한다. 콘텐츠가 쌓이면 발상으로 전화할 수 있지만, 콘텐츠만으로 발상을 보장하지는 못한다. '한국에 대해 많이 아는 외국인'과 '꼭 한국 사람처럼 말하는 외국인' 중 누가 더 한국어 능력이 뛰어난 것인지를 생각해 보면 콘텐츠와 발상의 차이를 쉽게 이해할 수 있다.(김창원, 2007)

바로 그것이다. 문학 형식의 문화는 문학사에서 갈래로 구성되고 드러난다는 점에서 **'갈래'의 문화**로 부를 수 있다.

표현은 어떤가? 표현의 개성과 창의성을 유난히 중시하는 문학에서 표현을 문화로 설명할 여지는 그리 많지 않은 듯하다. 그러나 시각을 조금 달리 해 보면, 한국 문학에는 간단히 설명할 수 없는 독특한 문체와 표현법이 있고, 표현의 개성은 수많은 다른 표현들을 배경으로 해야만 드러난다. 표현은 문학의 마지막 외장이다. 한문 고전이나 외국 작품을 한국어로 번역하는 경우를 생각해도 좋고, 고뇌에 찬 퇴고 과정을 생각해도 좋다. 좁은 의미의 관용 표현이나 끌리셰, 상호 텍스트적 영향/모방을 넘어서 **'표현' 그 자체**를 문학의 한 문화로 끌어들이는 일에 대해 진지하게 고려해야 한다.

중요한 것은 문학이 문학일 수 있는 출발점, 곧 문학 텍스트의 문화를 발상-갈래-표현으로 범주화할 때, 그 이면에 통시적 문화가 개재해 있다는 점을 늘 의식하는 일이다. 한국 문학의 발상, 한국 문학의 갈래, 한국 문학의 표현은 일종의 전통으로서 통시적으로 구성된다.

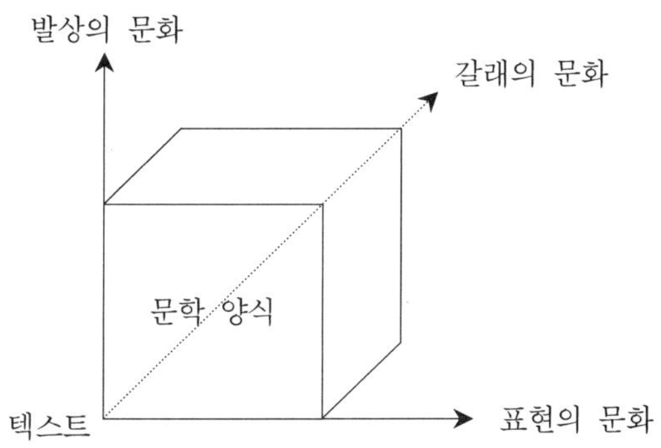

문학 문화의 범주상 2-1 : 통시적으로 양식화되는 문화

문학 양식의 문화론이 하나의 텍스트가 어떻게 문학적 효과를 낳는지에 관심을 둔다면, 문학 현상의 문화론은 그것이 어떻게 향유되는지, 바꿔 말해 문학 활동이 어떻게 이루어지는지에 관심을 둔다. 이때 문제가 되는 것은 무엇인가? 그 중심에는 권오현(1992)이 오래전에 지적한 바대로 문학 활동의 주체와 매체, 그리고 맥락이 있다.

문학 주체론은 서구의 경우 1960년대, 우리의 경우 1980년대 이후 끊임없이 문제가 돼 온 것으로, 저자의 죽음, 전형적인 작가-독자 역할의 해체, 수용 주체의 강조 등 다양한 방향으로 논의가 이루어졌다. 그 결론을 문화론적 관점에서 아주 범박하게 이야기한다면 '문학 주체의 의미와 역할이 문화적으로 결정된다/문화를 결정한다.'가 된다. <퇴마록>의 이우혁과 <드래곤 라자>의 이영도로 거슬러 올라가는 인터넷 작가들은 물론이고, 『문학동네』로 대표되는 문학상 수상 작가들, 교실에서 무수하게 이루어지는 패러디 작가에 이르기까지 문학 생산자의 양상은 매우 다양하고, 그 저변에 문학의 문화가 자리 잡고 있다. 이를 뒤집으면 문학 수용자의 양상 또한 그만큼 다양하다는 뜻으로, 예컨대 독서클럽 회원은 수동적인 '읽는 독자'를 넘어서서 생산자에게 영향을 끼치는 '쓰는 독자'의 역할을 한다. 문학 주체와 관련된 이러한 현상을 좁은 의미에서 **'소통'의 문화**라고 해 보자.

매체와 관련해서는 제일 먼저 말문학－글문학－미디어 문학의 틀을 떠올릴 수 있다. 말문학 문화에서 글문학 문화로 넘어오면서 문학의 양식과 표현법이 달라진다는 것은 주지의 사실이거니와, 20세기 후반 들어 급속하게 퍼진 미디어 문학에 대해서도 같은 이야기를 할 수 있다. 미디어 문학은 멀티미디어, 하이퍼링크, 양방향 소통 등의 다양한 개념으로 포장되지만, 그보다 우선적인 것은 인터넷과 T.V, 영화, 애니메이션 등의 매체 양식을 문학에 포함시키는 관점의 변화다. 문학이 책이라는 테두리를 벗어난 것이다. 책과 함께 모니터/스크린을 문학 활동의 시발점으로 삼는 순간 문학 문화의 범주는 갑자기 넓어지고, 속성도 달라진다. 그것을 '매체'의 문화라고 부를 수 있다.

문학 현상에 작용하는 문화의 마지막 양상은 문학 문화의 맥락이다. 이와 관련해서는 역시 학교의 문학과 학교 밖의 문학을 비교하는 것이 좋을 듯하다. 일단 교육의 맥락 안에 들어오면 문학 텍스트의 해석이나 그와 관련한 활동들이 제한된다는 점을 인정하지 않으면 문학교육 자체가 어려워진다. 문제는 그 범위가 어디까지인가 하는 데 있다. <진달래꽃>의 주제를 '이별의 정한'으로 규격화하거나 한용운의 '님'을 세 가지로 해석하는 관습은 분명 문학의 가치와 가능성을 극도로 위축시키는 일이다. 하지만 그 해악은 그것으로'만' 해석하는 데 있지 그것'으로부터' 출발하는 데 있지는 않다. 이별의 정한을 빼놓고 <진달래꽃>을 읽거나 한용운의 전기적 사실을 고려하지 않고 <님의 침묵>을 해석하는 것은 텍스트를 완전히 외면하는 일이기 때문이다. 창작에서도 마찬가지여서, "학생들은 초・중・고 12년 동안 스물네 번 패러디 작품을 쓴다."는 우스개도 있지만, 그렇다고 해서 패러디 쓰기를 배제할 수는 없는 일이다. 결국 문학 소통의 맥락은 상황에 따라 달라지고, 한 영역의 논리를 다른 영역에 강제할 수는 없다는 결론에 이른다. 시인/작가와 비평가가 수십 년 동안 학교의 문학 수업을 비판해도 고쳐지지 않는 이유 역시 두 영역의 문화가 다르기 때문이다.[42] 이와 관련한 문화를 '상황'의 문화라고 부를 수 있다. 어떤 상황이든 거기에는 고유한 문학 문화가 있으며, 문학교육은 이러한 상황의 문화에 관한 능력을 길러 줘야 한다.

문학 양식의 문화가 통시적 관점에서 텍스트를 중심으로 하위 범주화

42 예를 들어 대안적 문학교육을 '대안'으로 제시하는 경우가 있는데, 그것이 대안이 아니라 주류가 되려면 문학 문화는 물론이고 학교 문화를 포함해서 사회 전체의 문화가 바뀌어야 한다. 지금의 교육 체제에서 고등학교 3학년 학생을 두고 활동 중심의 대안적 교육을 할 수 있을까?

됐던 것처럼, 문학 현상의 문화는 공시적 관점에서 주체를 중심으로 하위 범주화된다. 문학교육은 교육과정-교재-교사-학습자가 결합된 유목적적이고 고유한 문학 현상으로, 거기에 맞는 소통 구조와 매체, 상황적 문화를 구성하며 거기에 의존한다.

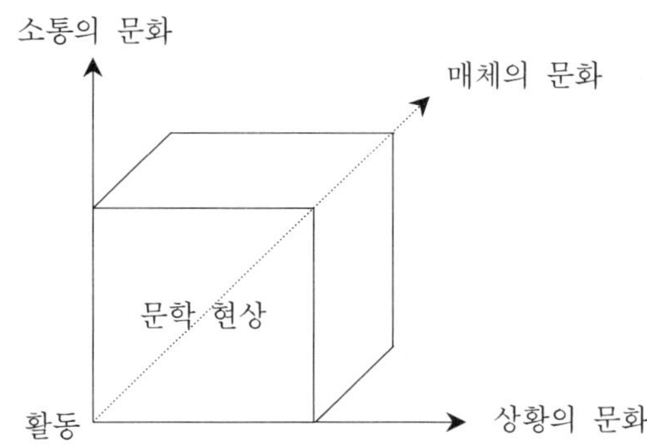

문학 문화의 범주상 2-2 : 공시적으로 현상화되는 문화

문학 문화를 이처럼 두 층위로 범주화하는 이유는 문학교육의 목표/내용으로서 문학 문화를 체계화하기 위해서다. 문학 문화의 개념화란 '문학 문화'라는 용어로부터 <범주상 1>을 끌어내는 일, 그리고 그로부터 다시 <범주상 2-1>과 <범주상 2-2>를 끌어내는 일이 된다. 구체화를 더 밀고 가면 <범주상 2>의 각 축으로부터 <범주상 3-1>, <범주상 3-2>…를 끌어낼 수 있을 것이다. 예를 들어 발상의 문화는 비유, 환유, 아이러니의 문화 등으로 상세화할 수 있고, 소통의 문화는 창작, 비평, 변용의 문화 등으로 상세화할 수 있다. 이러한 상세화가 체계화되어 문학 문화를 이루고, 그것은 다시 거시적인 '문화'의 개념을 확장/획정해 간다.

4. 문학교육의 문화론적 조율

그동안 문학 담론에서 문화를 화두로 삼아 많은 논의가 이루어졌으나, 정작 그것들을 문학 문화로 개념화하려는 노력은 찾아보기 어려웠다. 이는 문학 문화라는 용어가 학술적으로 정착되기에는 지나치게 변폭이 넓고 관련 이론이 다양한 데 기인한다. 그러나 문학교육의 장에서는 7차 교육과정에서 이미 문학 문화를 핵심 개념으로 사용했고, 이후의 교육과정도 그 흐름을 잇고 있다. 다만 개념이 모호하고 이론적 바탕이 천박하다는 문제가 있었는데, 문학 및 문학교육계는 그러한 난점을 극복하기 위한 노력을 소홀히 한 채 용어 자체의 생경함만을 지적해 왔다. 따라서 문학 문화를 둘러싼 개념적 혼란을 제거하고, 문학 및 문학교육의 관점에서 문학 문화의 개념을 재정의하며, 그 구체적인 범주를 상세화하는 일이 필요해졌다.

주위를 돌아보면 교육에 대한 문화론적 접근은 국어·외국어·문학 등의 언어 분야뿐 아니라 윤리·사회 분야, 나아가 수학·과학 분야까지 그 적용 범위가 점차 넓어지고 있다. 물론 음악·미술 등의 예술 분야는 그 자체로서 문화와의 구별을 거부하기도 한다. 바야흐로 문화 소양(Cultural Literacy)이 교육의 최전선이 된 것이다. 그러나 각 교과마다 문화의 개념폭이 다르고 효용도 들쭉날쭉하여, 명료한 교육 이념으로 자리잡기에는 미흡한 것이 현실이다. 국어과를 포함한 전체 교육에서 문화의 의의와 개념을 정치화/다양화하여야 하는 이유다.

필자는 문학교육의 관점에서 문학 문화를 '문학 소통의 기반이 되는 경험과 규약의 체계'로 정의하고, 그것을 시간의 축으로 양식화되는 통시적 문화와 공간의 축으로 현상화되는 공시적 문화로 범주화하였다. 이때 전자는 의미 작용 중심의 텍스트 문화라 할 수 있고 후자는 전달 작용 중심의 활동 문화라 할 수 있는데, 그들은 다시 발상의 문화・갈래의 문화・표현의 문화와 소통의 문화・매체의 문화・상황의 문화로 하위 범주화된다.

문학 문화를 이렇게 개념화하는 이유는 전적으로 문학교육의 필요성 때문이다. 곧, 문학과 문학교육이 문화 이론에 의존하고 문화 요소를 강조하는 정도에 비해 문학 문화 개념에 대한 신뢰가 낮기 때문이다. 아울러 교육의 현실적 요구만이 아닌, 기존의 문학 연구가 견지해 왔던 관점에 대한 근본적인 반성과 변화를 수렴한 결과(박윤우, 2002:52)라 할 수도 있다.

물론, 문학교육에 대한 문화론적 접근이 나름대로의 문제가 없는 것은 아니다. 정찬영(2005:62-63)은 문화론적 문학 연구의 문제점으로 문화사나 풍속사 중심의 문학 외적인 연구가 된다는 점, 지엽적인 소재주의나 말초적 감각을 자극하는 주제들의 나열에 그칠 수 있다는 점, 그리고 문화주의가 지향하는 대중문학에 대한 편중된 연구에 대한 지적이 있을 수 있다는 점을 들었다. 이득재(2002:11) 역시 문학의 '외부'만 있으면 무조건 문화 연구로 보는 입장을 문화주의로 비판한 바 있다. 문화론적 문학교육도 이와 비슷한 비판에서 벗어나기 힘들다. 그럼에도 불구하고 문학교육에서 문화 요소를 강조하는 이유는 그것이 문학을 학생들의 삶과 통합시키는 가장 효과적인 방법이기 때문이다.

문학교육에서 문학 문화를 강조하는 관점이 문학교육의 모든 문제를 그것으로 돌리는 문화환원주의를 낳을 가능성은 여전히 남는다. 그 추이가 어떻게 될지에 대해서는 예단하기가 힘들다. 다만 중요한 것은 문학을 문화의 관점에서 바라보는 것처럼 문학교육도 문화교육의 관점에서 설계하는 일이 가능한가 하는 점이고, 그것을 문화 기반 문학교육으로 개념화할 수 있는가 하는 점이다. 그리고 최종적으로 문화 개념에 기반을 둔 문학교육의 지향점과 접근 방법을 탐색해야 한다. 그를 통해 관념적으로 받아들여 온 문학교육의 문화론에 이론적 기초를 제공하고, 문화 지향 문학교육의 개념을 명료화할 수 있다. 이와 관련하여 앞으로의 논의 방향을 다음과 같이 정리하고자 한다.

우선, 문학 문화론이 나름대로의 가치를 인정받을 수 있도록 문학 문화의 내용론을 심화하는 노력이 필요하다. 한국어교육에서 같은 맥락의 작업이 이루어지고 있지만, 그것은 콘텐츠 위주여서 사실상 '한국 문화론'이지 '한국어 문화론'이라 하기는 어렵다. 대중 문화론, 미디어 문화론과 같은 유행 학문도 교육적으로 재구조화하지 않으면 문학교육에서 직접 쓰기 어렵다. 말하자면, 문학교육을 위한, 문학교육에 의한 문화론이 필요한 것이다.

다음으로, '문화'를 키워드로 하여 문학 연구와 문학교육 연구의 소통로를 넓힐 필요가 있다. 이 두 연구 영역은 그 기반을 공유하면서도 서로 다른 철학과 방법론을 발전시켜 왔다. 그런 작업은 한편으로 문학교육 연구의 전문성을 심화하는 데 기여했지만, 다른 한편으로는 태생이 같은 두 학문 영역을 학제적(學制的)으로 분리하는 결과를 낳기도 하였다. 그 결과 문학 연구와 문학교육 연구 사이에 몰이해와 불신이 생기기도 했는데, '문학 문화'라는 용어에 대한 거부감이 그 구체적인 사례라 할 수 있다. 문학 문화에 대한 연구는 이 두 학문 영역 사이의 거리를 좁히고 거시적인 관점에서의 교류를 촉구할 수 있다.

나아가, 그동안 문학교육에서 무심코 다루어 왔던 제반 개념이나 명제, 이론들을 점검하여 문학교육 이론의 수준을 높일 필요가 있다. 사실 대부분의 문학교육적 개념/명제/이론들은 문학에서 왔을 터인데, 그것들을 문학교육적으로 재개념화하는 작업은 잘 이루어지지 않았다. 또한, 문학교육 영역에서 고유한 개념/명제/이론을 만들어 내는 데에도 소홀했다. 그 결과 문학 교과서가 문학개론이나 문학사와 다르지 않고, 교양 문학교육이 전공 문학교육과 구별되지 않는 현상이 계속돼 왔다. 문학교육의 여러 양상에 대하여 그 바탕부터 다시 짚어 가야 한다.

Ⅳ. 국가 교육으로서의 문학교육
- 교수요목부터 4차 교육과정까지 -

1. 근대 국가와 교육

광복 이후 우리나라에서 시행되는 교육은 한국 사회의 특성을 기초로, 그에 의해 규정되는 교육이다. 분단 및 단독 정부 수립과 함께 미국을 중심으로 한 세계 자본주의 체제에 편입되면서 새로운 이데올로기와 제도에 전면적으로 예속되는 현상이 한국 사회 전반에 걸쳐서 일어나는데, 교육 부문도 예외가 아니었다. 학연과 혈연으로 연결된 소수 엘리트 중심의 봉건적 교육과 일제 강점기의 식민 교육이 자본주의적 보통 교육으로 대체되면서 한국 교육도 자본주의적 근대 교육의 일반 특성을 드러내게 된다.

근대 이후 지배 엘리트의 이데올로기를 관철하고 정착된 사회 체제를 재생산하기 위한 제도와 규칙, 상징 등은 '국가'라는 형태로 구체화된다. 국민 국가든 경제 단위에 의한 국가든, 국가라는 거대 시스템은 지배 이데올로기의 보편적 이익을 보장하는 장치로 기능하는 것이다. 이때 지배 이데올로기의 담당층은 적대적인 이데올로기와 정치 행위들을 저지하여 국가 전체의 헤게모니를 확고히 하고자 하는데, 그러한 의도는 국가 통제

기구를 통해 구체적으로 행사된다. 그람시 식으로 말하면 헤게모니란 '힘과 동의의 상호적 역동 관계'로서, 제도적 억압과 이데올로기적 선전에 의해 특정 이데올로기가 지배적 위치로 부상함으로써 형성된다. 근대 국가의 국가 통제 기구 역시 억압적 성격과 이데올로기적 성격 양면으로 구체화되는바, 행정부 · 경찰 · 군대 등이 억압적인 통제 기구라면 정당 · 교회 · 언론 등은 이데올로기적 통제 기구가 된다. 이러한 구조 하에서 학교는 이데올로기적 국가 통제 기구, 그 중에서도 매우 강력하고 저항이 적은 통제 기구의 역할을 수행하게 된다. 자본주의로 범위를 한정한 다음 진술에서 교육의 헤게모니적 속성은 극단적으로 강조된다.

> 자본주의 사회의 교육 제도는 자본가 계급의 필요에 대응해서 만들어진 장치이다. 자본가 계급이 필요로 삼는 것은 ① 생산적 작업 수행을 위해 필요한 인지 능력 및 기술을 지닌 노동력의 확보 ② 기존의 이권 유지를 지향한 생산 관계를 재생산함에 있어 현존의 위계적 작업 질서에 통합되기 쉬운 인성을 지닌 노동력의 형성이다. 그러므로 학교는 학생들의 자율적인 사고를 방지하고 (세계와 주체 사이에 - 인용자) 분열된 관계를 맺게 하여 지배-종속의 생산 관계에 적응할 수 있도록 사회화를 하는 시설이다.(김용일, 1989:14)

오늘날 이와 같은 극단적 견해를 주장하는 경우는 드물다. 하지만 국가에 의해 통제되는 중앙 집권적 교육 시스템을 유지하는 한 이러한 비판에서 완전히 자유로워지기는 어렵다. 특히 국가가 제공하는 보통 교육이 대중적으로 정착되면서 지배적인 이데올로기가 교육의 전 부문을 장악하고 헤게모니를 재생산하는 관계는 근대 교육에서 보편적으로 나타나는 현상이다. 교육의 전문성, 자주성, 정치적 중립성 등의 원칙은 그것들이 지배 이데올로기를 수용할 때에만 통용되며, 진보적인 인간관과 계층 상승의 가능성 역시 적대 계급의 자발적인 동의를 얻어내기 위한 관념 조작으로 나타난다. 나아가, 학교를 제도화하고 학력에 경쟁적 부가 가치를 부여함으로써 학교는 또 다른 억압 기구의 성격까지 띠게 된다. 예를 들어 교과 수업 시간 외에 학생들을 통제하는 수단으로서의 '생활 지도'는 이데올로기 기구인 학교 내의 억압적 제도로 이해할 수 있다. 이러한 구조는 다음과 같이 도식화된다.

학교의 이중적 통제 구조

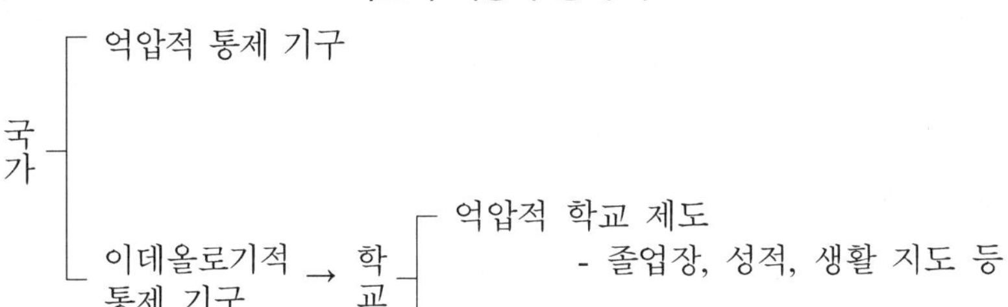

여기서 보듯이 국가와 교육은 포괄적 지배 관계를 이루고 있고, 그 중요한 연결고리는 이데올로기이며, 억압이 그를 위한 보조 수단으로 존재한다. 따라서 근대 국가의 교육은 국가의 배타적 통제라는 측면에서 살펴봄으로써 비로소 그 본질을 드러낼 수 있다.

2. 문학교육과 국가 이데올로기

1) 교육에서의 언어와 이데올로기

교육 부문에서의 헤게모니는 언어의 지배를 통해 나타난다. 그런데 구조주의 언어학으로 대표되는 언어 형식론자들은 언어를 그 자체로서 완결된 자족적 · 폐쇄적 · 자기 재생산적 존재로 보면서 언어와 인간의 관계가 지니는 의미를 간과하는 경향을 보인다. 말하자면 그들의 '언어'는 추상적으로 존재하는 개념적 언어인 것이다. 그에 비해 언어심리학자들은 언어와 인간의 관계에 주목하기는 하지만, 언어와 사고의 관계 규명에 매달리면서 언어 현상을 단순히 개인의 정보 처리 과정 차원으로 환원하는 한계를 보이고 있다. 주목할 만한 차이점들에도 불구하고 이들 이론들은 모두 '같은 형식으로 나타나는 언어는 언제 어디서나 동일한 의미와 기능을 지니고 있다.'는 전제 아래 논리를 전개한다는 점에서 공통점을 지닌다. 즉 언어의 가장 기본적인 특성 - 언어의 사회성과 역사성, 맥락 의존성을 이들 방법론은 충분히 반영하지 못한다.

화용론, 또는 텍스트 이론은 어떤가. 이들의 입장에서 언어는 가치 중립적인 의사소통의 수단으로 이해되고 특히 '소통의 맥락'을 도입함으로써 언어의 기능적 측면이 강조되어 있다. 그러나 이러한 언어기능론자들의 견해는 언어를 도구화하고 그 이면에 있는 철학적 특성을 탈색함으로써 지배 권력과 언어의 관계를 은연중 축소하는 경향이 있다. 하지만 언어와 담론은 상호 규정하는 관계이며, 특히 학력 중심의 지식 정보 사회에서 개인의 지식의 총체는 그가 구현하는 언어의 총체로 나타난다는 점에서 한 개인의 언어는 그의 사회적 귀속을 결정하게 된다. 언어를 단순히 사고의 외화라거나 의사소통의 수단으로만 볼 수 없는 이유가 여기에 있다. 언어는 사회성과 역사성, 그리고 이데올로기를 동시에 담지하고, 개인의 사회적 귀속이나 집단의 사회적 특성은 그들의 언어로 나타나게 된다.

언어의 이데올로기적 특성은 이데올로기적 통제 기구를 통해서 구체화되고, 그것은 '같은 형식의 언어라 할지라도 누가 언제 어떻게 사용하느냐에 따라 의미와 기능이 달라진다.'는 원리 하에 작동한다. 그런데 국가의 전 부문에 걸쳐 지배 이데올로기가 헤게모니화되어 작동하는 상황에서 언어의 헤게모니 역시 지배 엘리트가 장악하게 되고, 그에 따라 지배 엘리트의 언어가 지배적 언어로 통용되는 반면 적대적 이데올로기를 반영하는 언어는 거세되거나 의도적으로 왜곡된다. 박정희 정권 시절 유신헌법에 의한 공포 정치를 '한국적 민주주의'라고 해석하는 행태나 '정보화, 세계화'와 같은 슬로건 뒤에 숨은 자유주의적 세계관이 그 전형적인 예이다.

이러한 관점에서 보면 교육은 지배적 언어를 수단으로 하여 학생을 그에 동조시키는 과정이라 할 수 있다. 문제는 그 언어들이 표면적으로는 '다 좋은 말들'로 짜깁기되어 있으되 그 좋은 말들이 권력에 의해 자의적으로 해석되어 전체주의 · 권위주의 · 레드 콤플렉스 등으로 왜곡된다는 점이다. 지배적 언어는 남북 문제, 남녀 문제, 지역 갈등, 빈부 갈등 등 한국 사회의 제반 모순을 모순으로 이야기하지 않고 단순한 관점의 차이, 해석의 차이로 이야기함으로써 지배 이데올로기를 보편화한다. 단정적으로 말하면 교육은 언어를 통해 피교육자의 의식을 규정하고, 국가는 국가 이념의 전파와 보존을 위해 교육을 지배한다. 그리고 학교는 지배 이데올로기를 확산시키는 과정에서 다양한 집단의 언어가 갈등, 굴절되는 정치적 현장이라 할 수 있다.

2) 문학교육의 이데올로기적 속성

근대의 학교가 다양한 층위의 사회적 갈등을 모순적으로 봉합하는 정치적 현장이라는 사실은 특히 도덕 · 사회과에서 현저하게 드러난다. 하지만 도덕 · 사회과는 그 성격상 사회 현상과 이데올로기 문제를 정면으로 다룬다는 점에서 이데올로기의 직접적 전파 단계에 머문다고 볼 수 있다. 이데올로기의 직접 전파는 즉각적인 효과를 기대할 수 있는 반면에 즉각적인 비판을 유발할 수 있다는 약점을 지니고, 이는 '자발적인 동의 획득'이라는 헤게모니의 기본 속성에 배치된다. 오히려 지속적이고도 완강한 지배 이데올로기의 전파는 간접적 · 내면적 · 잠재적으로 이루어질 것이다. 이러한 학교 교과와 이데올로기의 관계는 아래와 같이 나타난다.

교과의 이데올로기적 속성

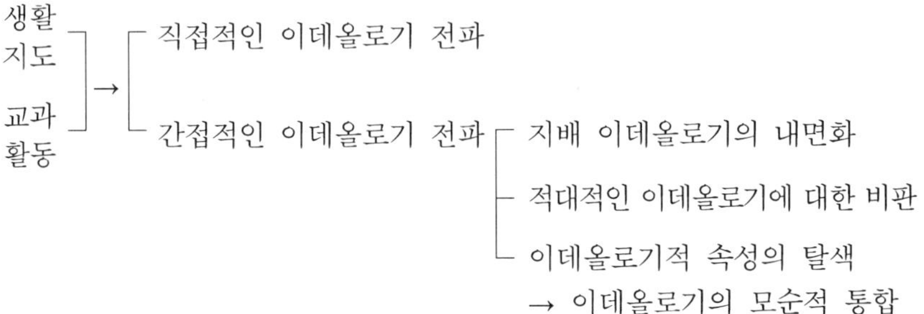

역사와 문학은 간접적인 이데올로기 전파를 담당하는 전형적인 교과이다. 특히 문학은 언어를 매개로 삼음으로써 <현실 → 언어 → 문학 → 교육>의 구조를 통해 이데올로기의 개입이 다층적으로 이루어지고, 또 그것이 예술의 모습으로 나타난다는 점에서 가장 복합적인 모습을 띠게 된다. 즉 문학교육은 지배 이데올로기를 간접적 · 내면적으로 전파할 뿐만 아니라 예술의 순수성을 앞세워 문학의 이데올로기적 속성을 원천적으로 탈색한다.

문학교육의 목표를 문학 감상 능력의 신장에 두는 것은 올바른 견해이다. 그러나 여기서의 '문학 감상 능력'은 문학 작품의 문법을 이해하여 그것을 창조적으로 읽어내는 데서 그치는 것이 아니다. 제대로 된 문학 감상 능력이란 문학 작품을 총체적 안목으로 분석 · 비판하고 그 성과를 내면화하는 역동적 과정 전체를 이야기한다. 물론 '총체적'이란 역사적 · 사회적 · 이데올로기적 개념을 모두 아우르는 것이다. 가장 중립적인 입장에 선다 하더라도 문학교육은 이데올로기를 앞세운 사회적 관계를 반영한다는 점에서 정치적인 행동인 것이다. 예컨대 조선 전기의 양반 시조와 후기의 평민 시조, 그리고 개화기 시조, 식민지 시대 이래의 이른바 현대 시조를 단순히 전통이나 충 · 효라는 '교육적 가치'의 측면에서 평가하는 관습은 권위주의적 이데올로기가 문학교육의 과정에 개입한 결과라 할 수 있다.

3) 문학교육의 국가 독점적 재생산

교육에 대한 국가의 통제는 여러 형태로 이루어진다. 국가는 '홍익인간'의 이념을 모두에 내세운 교육법을 통하여 교육을 통제하고, 학제 · 교육 정책 · 교육과정 · 입시 제도 등의 다양한 경로를 통해 통제를 구체화한다. 교육과정과 교과서는 그 중에서도 가장 강력한 통제 수단으로, 교육과정과 교과서의 개발 과정 자체가 이데올로기의 선택 과정이며 가치 판단 과정이 된다.

일반적으로 알고 있듯이 교육과정과 교과서는 그 시대의 가장 보편적인 이데올로기와 지식 체계를 담고 있는 것이 아니다. 그것들은 오히려 그 사회의 지배 이데올로기를 보편적 이데올로기로 확산시키려는 의도를 담고 있다. 문학교육의 경우에는 민족주의적 · 순수문학적 관점에 따른 정전과 비정전의 구분을 강요하고, 그 기준에 따른 문화적 차별화와 문화 지체 현상을 재생산함으로써 지배 이데올로기를 강화한다. 이때 말하는 이른바 '교과서적' 문학이란, 학생의 자유로운 상상력과 자기 결정적인 세계관을 특정 방향으로 유도하는 기능을 한다. 문학교육의 이러한 왜곡 과정은 한국 사회가 세계 자본주의의 구도 안에 편입될 때부터 지속적으로 이루어져 온바, 여기서는 교육과정에 나타난 문학교육의 국가적 통제 양상을 시대적 흐름에 따라 알아보기로 한다.

가. 미군정과 초기의 문학교육

초기의 국가 문학교육은 미군정 아래서 교수요목의 규제를 받으며 성립되었다. 교수요목은 '교수 요지', '교수 방침', '교수 사항', 그리고 '교수의 주의'로 구성되어, 이후의 공식 교육과정의 기본 틀을 제시한 것으로 평가된다. 국어과 교수요목에서 문학교육 관련 영역은 다음과 같이 제시되어 있다.

(1) 교수 요지 : 국어를 잘 알고 잘 쓰게 하며, 우리의 문화를 이어 확충 창조하게 하고, 겸하여 지덕을 열어 건전한 국민 정신을 기르기로 요지를 삼음.

(2) 교수 방침 : (ㄴ) 국어국문의 전통과 그 표현을 이해ㅎ게 하고, 국어국문의 사적 발달을 구명하여, 종래의 사상 문화의 연원과 발달을 자세히 알려, 국민 정신을 기르고, 우리 문화를 창조 확충ㅎ게 하는 신념을 배양함. (ㄷ) 국어국문을 통하여 덕육, 지육, 체육 등의 정신과 식견을 길러, 건전한 중견 국민의 사명을 스스로 깨닫게 함.[43]

'교수 사항'과 '교수의 주의'에서 서술한 내용 역시 여기서 크게 벗어나지 않는데, 이를 요약하면 문학교육은 학생들에게 첫째 우리 문화를 창조·확충하게 하고, 둘째 국민정신을 배양하여, 셋째 건전한 중견 국민으로 자라게 하는 것을 목표로 하고 있음을 알 수 있다. 공식 언어의 헤게모니를 지배 엘리트가 장악하고 있는 상황에서 이러한 내용을 사전적으로 해석하는 것은 결국 국가의 지배를 합리화해 주는 결과를 낳게 된다.

미군정기 교육의 성격은 이 시기의 정치·경제적 성격에 대한 비판적 인식에 터해서 살펴야 한다. 두 차례의 세계대전을 통해 세계 자본주의의 중심 국가로 급속히 부상한 미국의 한국 진출은 전후 냉전 체제를 지탱하

[43] 중학교 교수요목(1945.9.30), 제1항 및 제2항.

는 세계적 분업 구조에 한국을 편입시킨다는 의미를 지닌다. 그 과정에서 남한은 싫든 좋든 유럽과 아시아 양쪽에서 공산주의를 압박하는 포위망의 최전선 역할을 하게 되었다. 그를 위해 미국이 채택한 전략은 남한 단독 정부 수립으로, 그 결과는 독자적인 군대 창설과 강력한 경찰 제도 구축, 친일 세력을 포함한 보수 우익 진영과의 유대 강화 및 토착 좌익 세력에 대한 탄압, 토지 개혁의 유예와 무상 원조를 통한 자본주의 시장경제 활성화 등으로 나타난다. 해방 후 한국의 위상이 정치적으로는 반공 완충 국가 체제의 형성, 경제적으로는 미국 중심의 세계 자본주의 체제로의 편입, 그리고 군사 전략적으로는 대소·대중 봉쇄의 교두보 확보로 귀결됨에 따라 교육도 미국식 교육의 타율적 모방과 반공이라는 정치·사회적 맥락으로 재편되는 것은 필연적 결과였다.

미군정기 한국 교육의 엘리트는 오천석으로 대표되는 자유주의적 교육 사상가였다. 이들이 식민지 시대부터 경력을 쌓아 온 보수 우익 계열의 유억겸·김성수·김활란 등과 연대하여 만든 것이 '조선교육심의회'와 '조선교육위원회'로서, 이를 통하여 안호상·안재홍·손진태 등 민족주의자들의 '조선교육연구회'나 좌파 계열의 교육 엘리트들을 제압하고 군정 당국과 손을 잡아 만든 것이 교수요목이라 할 수 있다. 따라서 교수요목에서 말하는 '우리 문화'는 보수 우익의 의도대로 봉건적 세계관에 입각한 작품으로 한정될 수밖에 없었다. 또한 '국민 정신'은 위장된 반일과 극단적 반공으로 재해석되고, '건전한 중견 국민'은 자본주의적 구조 기능론에 충실한 시민 계급을 가리키게 되었다. 즉 교수요목과 그에 따른 미군정기의 교과서는 식민 잔재 청산 및 민족 통합, 자유주의적 통일 정부 수립과 관련되는 갈등·모순을 은폐하고 신 중심국 미국의 의사를 추수하는 이데올로기적 편향의 뿌리가 된다.

나. 교육과정의 제정과 제도적 문학교육의 확립

표면상으로는 생활 중심 · 경험 중심 교육을 표방하면서 그 이면에 새로 구축되기 시작한 자본주의적 이데올로기를 담은 군정 당국의 교육 정책은, 한국전쟁 이후 공식적인 교육과정이 작동하기까지 학교 교육의 기본적인 원리로 작동한다. 이 시기에 『한글 첫 걸음』과 『초등 · 중등 국어 교본』 등 초기 국어과 교과서가 제작된 데 이어 제도 교육의 준거가 되는 헌법과 교육법이 제정되고, 전쟁 중인 1952년 4월에 교육법 시행령이 공포되면서 중등학교가 6년 단일제에서 중 · 고 각 3년씩으로 분할되어 한국 교육의 기본적인 골격이 완성됨을 감안할 때, 군정 당국의 교육 정책이 한국 교육에 미친 영향은 심대하다 할 것이다. 이러한 일련의 교육 제도 정비 과정의 마지막 단계가 1955년에 이루어진 '교과과정(제1차 교육과정)'의 제정 공포이다.

교과과정의 제정 공포는 냉전 구도를 중심으로 한 전후의 정치 · 경제적 세계 질서에 편입된 대한민국이라는 새로운 국가가, 새로운 지배 이데올로기를 국가의 헤게모니로 격상하는 제도적 장치를 마련했다는 의미를 지닌다. 그 배경은 분단 구조의 고착화와 대미 관계의 강화로 볼 수 있으며, 교육의 중앙 집권화가 완성됨에 따라 교육 부문에서도 국가가 유일한 이데올로기 결정자로 남게 된다. 국어과 교과과정의 다음과 같은 기술에서 그러한 모습을 볼 수 있다.

> 고등학교 국어과 목표는 사회적인 요구에 적합한 것이어야 하며, 개인적인 언어생활의 기능을 쌓은 것이어야 하며, 중견 국민으로서의 교양을 갖추는 것이 되어야 할 것이다.[44]

교과과정에서는 사회적 요구의 개념을 "민주 국가의 공민으로서의 언어

[44] 문교부령 제46호(1955.8.1), 제1항 '고등학교 국어의 목적'

생활을 훌륭하게"하는 것으로 해설하고 또 중견 국민의 교양은 "언어생활에 관한 교양"으로 해설함으로써 "개인적인 언어생활의 기능"과 함께 전체적으로 진보주의적 교육관에 의거한 생활 중심 교육을 표방하고 있다. 이는 교수요목의 기초적인 진술을 보다 구체적으로 나열한 것이다. 그러나 언어생활을 개인적 차원, 사회적 차원, 국가적 차원으로 분류하면서 궁극적인 목표는 국가적 차원의 언어생활에 둠으로써 국가 지도 이념, 즉 국가의 지배 이데올로기를 최상위에 놓고 있다.

여기서 문학 영역을 위의 세 차원 중 국가적 차원에 해당되는 것으로 서술하고 있음에 유의할 필요가 있다. "문학을 모르는 메마른 심정에서 아름답고 거룩한 인간성을 찾아볼 수 없다."고 하여, 중견 국민으로서의 교양을 함양할 수 있는 통로로 문학을 적시한 것이다. 여기서 '중견 국민의 교양으로서의 문학교육'이란 당시의 정권과 그것을 지탱하던 지배 이데올로기의 의도를 숨기고 있는 용어로 볼 수 있다. 또 "문학 작품을 읽음으로써 정의 · 우정 · 지성 · 헌신 · 성스러운 것에 대한 존경 등의 관념을 기른다."는 문학 학습의 지도 내용이나, 각 영역별 구체적 목표에서 세계 문학을 표나게 강조하는 것들도 민족적 보수와 자본주의적 세계성을 양 축으로 한 교육 이데올로기를 보여준다.

다. 가치관 교육 강화의 의미

1 · 2차 교육과정이 진보주의 교육 사조의 뒤에 국가 이데올로기를 숨겨 뒀다면, 3차 교육과정에서는 국가 이데올로기가 교육과정의 전면에 노골적으로 등장하게 된다. 3차 교육과정의 뿌리는 가까이는 공화당 정권의 3선 개헌 과정에서 만들어진 국민교육헌장과 뒤이어 이루어진 유신헌법에서 찾을 수 있고, 더 멀리는 5 · 16 주체 세력이 공포한 '혁명 공약'으로 이어진다. 혁명 발발 열흘 뒤에 국가재건최고회의가 발표한 교육 정책은

군부가 자신들의 혁명 이념을 확산시키기 위해 교육의 헤게모니를 장악해 가는 첫 단계로 이해된다. 그를 위해서 만들어낸 이데올로기가 조국 근대화, 반공 국시, 개인에 대한 국가 우선, 민족 문화의 주체성 등이며, 국민교육헌장에도 그러한 이데올로기가 그대로 나타난다.[45]

3차 교육과정의 국어과 일반 목표는 "—하여 —하게 한다."는 형태로 표준화되어 있다.

1. —를 길러서, 효과적이고 품위 있는 언어생활을 영위하게 한다.
2. —을 길러서, 원만하고 유능한 개인과 건실한 중견 국민으로 자라게 한다.
3. —을 길러서, 스스로 자기의 앞길을 개척하고, 사회 발전에 적응하며 나아가 이를 선도하는 데 참여하게 한다.
4. —게 하여, 민족 문화 발전에 기여하게 한다.[46]

여기서 보듯이 3차 교육과정의 목표 진술은 일단 1·2차 교육과정의 막연한 진술을 극복한 모습을 보인다. 즉 교과 목표를 '수단 - 목표'의 이중 구조로 진술함으로써 해석상의 혼선을 막고 목표를 보다 명료하게 제시하였다. 그러나 진술 형태에서 알 수 있듯이 국어과의 궁극적 목표는 그중 '목표' 부분, 즉 "—하게 한다"에 나타나 있으며, 거기에 국가의 의도가 강하게 반영되어 있다. 그 부분은 전적으로 '가치관 교육'의 내용으로, 말하자면 국어과는 가치관 교육을 위한 수단으로 동원된 것이다. 이때의 가치관이란 지배 이데올로기가 왜곡된 언어를 통해 교육에 투입된 결과물이다. '효과적이고 품위 있는 언어', '건실한 중견 국민', '사회 발전에의

---

45 "우리는 민족 중흥의 역사적 사명을 띠고 이 땅에 태어났다."로 시작되는 국민교육헌장은 반공, 경제 개발 등을 위한 '국민 교육'에 초점을 둔 당시 교육 이데올로기를 압축적으로 보여준다.

46 문교부령 제350호(1942.12.31), 제1항 '일반 목표'

적응과 선도', '민족 문화의 발전' 등의 개념은 전적으로 교육에 대한 국가의 통제를 강화하기 위한 근거를 확보하고자 하는 시도로 볼 수 있다.

또한 3차 교육과정의 '제재 선정 기준'에서는 "제재는 교육법 제2조, 제105조 및 국민교육헌장 등의 이념을 바탕으로 하여 선정한다."고 명시함으로써 교육에 대한 국가의 지배를 배타적으로 규정하고, '지도상의 유의점'에서는 "국어과교육은 모든 국어교육을 선도하도록 한다."[47]고 하여 교육을 통한 언어의 헤게모니 확보를 제도화하고 있다. 결국 3차 교육과정은 미국 진보주의의 이론을 바탕으로 하던 1 · 2차 교육과정에 비해서 보다 노골적인 국가 지배 양상을 보이고 있으며, 이는 공화당 정권의 성장 드라이브 정책에 편승하여 강화된 한국 사회의 자본주의적 성격이 교육을 자신의 이데올로기적 체제 내에 더욱 강하게 편입시키는 결과를 낳는다.

라. 교육 이데올로기의 내면화

제5 공화국의 성립과 함께 개정된 4차 교육과정의 중학교 <국어>와 고등학교 <국어 I> 과목의 '제재 선택의 기준'은 아래와 같이 7항목으로 이루어져 있다.[48]

> 읽기 자료와 문학 작품은 아래의 국어 정신 교육에 관련된 요소가 포함된 것을 선택하도록 하되, 학생들이 긍정적으로 해석하고 평가하여, 그들 가치관을 형성하는 데 깊은 영향을 주도록 한다.
>
> 1. 정직, 책임, 근면, 진취, 협동
> 2. 가치에 대한 신념, 이상이나 목적을 실현하려는 의지
> 3. 다른 사람의 인격 존중과 인간에 대한 사랑
> 4. 질서, 규칙, 법, 사회적 관습의 존중

---

47 학교에서 이루어지는 국어과교육과 포괄적인 국어교육을 구분하고, 그들의 관계를 규정한 기술이다.

48 문교부고시 제442호(1981.12.31), '다) 지도 및 평가상의 유의점'

5. 학교, 사회, 국가의 공적인 이익을 위한 헌신적 봉사 정신
6. 특수한 언어와 문화를 가진 대한민국 국민으로서의 자아 인식과 민족적 자부심
7. 긍정적이고 바람직한 국가관과 세계관

여기에 제시된 항목들은 그 당시에 이미 낡은 관념으로 비판받고 있던 국민교육헌장의 이념을 그대로 원용한 것으로서, 특히 학생들에게 일방적인 책임감을 부여하면서 그에 따르는 기본적 권리 의식을 약화시키고 있다. 또한 구조기능론적 시각에 입각해 개인적 성취와 계층 상승은 스스로의 능력과 노력 여하에 달려 있다는 신념을 심어 줌으로써, 사회의 구조적 모순으로 인한 결과에 대한 책임을 구성원 각자에게 전가하고자 하는 의도를 드러낸다.

일반적으로 3차 교육과정은 학문 중심 교육과정이면서 동시에 가치관 교육을 강조하고 있다고 평가되고, 4차 교육과정은 그에 비해 문학교육 영역이 강화되면서 가치관 교육이 내면화되는 특성을 보인다고 이야기된다. 여기서 '가치관 교육의 내면화'라는 수사에는 국가 스스로 지배 이데올로기의 관철 의도가 노골적으로 드러나 있던 3차 교육과정의 오류를 시인하고, 그것을 잠재적 교육과정으로 바꿈으로써 비판 집단의 저항을 최소화하려는 의도가 포함되어 있다. 즉 국어과 교육과정의 기본 방침을 '국어과 특성의 명료화'와 '학습 내용의 적정화'에 두어 표면상으로는 중립적인 보편 가치를 앞에 내세우면서, 내면적으로는 지배적 언어를 통해 교육과정 해석의 독점권을 행사하는 것이다. 교과서 제작의 모든 권한이 국가에 귀속되어 있는 상황에서 교과서의 '관점 반영의 기능'과 '교육과정 해석의 기능'을 통해 지배 이데올로기가 내면화되어 학생들의 의식을 결정하게 된다. 위에 제시된 '제재 선택의 기준'이, 국가가 교육과정의 잠재적 이데올로기를 교과서로 구체화하는 과정에 개입하는 근거가 됨은

말할 나위도 없다. 특히 위에서 본 '기준' 중 4번, 5번, 7번 항목이 포괄적이고 추상적으로 진술되어 그 해석 과정에 이데올로기가 개입할 여지를 충분히 남겨 두었고, 또 실제로 그러한 결과를 초래했다. 여기서 말하는 사회적 관습, 법과 질서, 공적 이익과 바람직한 국가관 등의 논리가 5공 정부의 취약성을 이데올로기적 선전으로 가리는 수단 역할을 한 것이다.

4차 교육과정의 또 하나의 특징은 그때까지 말하기 · 듣기 · 쓰기 · 읽기의 영역으로 대별해 온 국어과의 내용 영역에 '언어'와 '문학' 영역을 추가하여 여섯 영역으로 정립하고, 고등학교 <국어 Ⅱ>에 「현대문학」 과목을 신설하여 기왕의 「고전문학」 과목과 함께 학습하도록 함으로써 전체적으로 문학교육의 비중을 크게 높였다는 점이다. 이는 국어과 교육과정의 세부 구성 방향이 '언어 기능 신장 강화, 문학교육의 강화, 언어교육의 체계화, 작문교육의 강화, 가치관교육의 내면화'로 제시되어 있는 데서도 알 수 있다. 여기서 이들 세부 구성 방향은 전체적으로 언어 기능의 측면(언어 기능 · 언어교육 · 작문교육)과 가치관의 측면(문학교육 · 가치관)이라는 두 가지 흐름을 타고 있으며, 문학교육의 강화도 그 흐름 위에서 이루어지고 있다. 전자는 기능주의적 입장에서 각 계급적 이데올로기의 탈색을 통해 기존 지배이데올로기를 고착화하는 데 기여하고 있고, 후자는 보다 능동적이면서 은밀하게 지배 이데올로기를 강화하는 데 기여하고 있다. 즉 4차 교육과정에서의 문학교육 강화는 언어 기능 강화와 함께 보다 내밀화되고 고도화된 국가 이데올로기 강화 전략의 하나로 이행된 것이다.

이렇게 본다면 문학교육을 포함한 국어과 교육과정의 흐름은 해방 이후 지속적으로 국가의 독점 아래 지배 이데올로기를 재생산하는 기능을 해 왔다고 할 수 있다. 일반적으로 국가 이데올로기가 사회 구성원의 동일성을 확보하고 국가 체제를 유지하는 중요한 수단이 된다는 점을 인정한다

하더라도, 한국 교육을 지배하는 국가 이데올로기는 지배 엘리트의 이데올로기를 일방적으로 강조함으로써 한국 사회의 모순에 능동적이고 자주적으로 대처하지 못했다는 비판에서 자유롭지 못하다. 전후 냉전 구도의 최전선으로서 국토가 분단되고 세계 자본주의의 기본 구도 속에 편입되면서 발생하여 계속 온존·강화돼 온 한국 사회의 내적·외적 모순 구조가 교육에 대한 국가의 독점적 지배로 확대 재생산된 것이다.

3. 문학교육에 대한 국가 통제의 양상

1) 문학사 교육의 탈역사화

문학교육에 어떤 경로로 접근하는가에 대해서는 여러 가지 견해가 있을 수 있다. 소략하게 보면 장르적 접근, 주제적 접근, 그리고 통시적 접근이 있겠는데, 예컨대 3차 교육과정에서는 주제론적으로 접근한 반면 4·5차 교육과정에서는 장르론적으로 접근하는 방식이 채택되었다. 그러나 문학교육을 문화 전달의 한 범주로 인식하는 경우, 설사 기본적인 접근 방식이 다를 경우에도 그 말미에는 반드시 문학사를 다루는 단원을 포함시켜 문학의 통시적 흐름에 대한 이해를 돕는 것이 일반적이다. 특히 '국어과'에서 이루어지는 문학교육은 한국 문학의 지향과 전통을 다룰 것으로 기대되며, 그런 점에서 문학사에 대한 이해가 문학 이론에 대한 이해보다 선행하는 경우가 많다. 실제 수업과 입시 상황에 이르게 되면 문학사의 중요성은 더욱 강조된다.

문학사가 단순한 문학적 사실들의 연대기적 나열이 아닐진대, 모든 문학사의 서술은 구체적인 문학사관에 입각해서 이루어지고, 그것은 다시

'문학관'이라는 이름의 특정 이데올로기에 의해 규정된다. 시대에 따라 문학사가 다시 쓰여야 한다는 명제는 곧 시대에 따라 지배적인 이데올로기가 달라진다는 일반적 진리의 현상이다. 봉건적 문학사관이라 할 안자산의 『조선문학사』나 이식문학론에 의한 임화의 『신문학사』, 문학유기체론을 드러내 보이는 조윤제의 『한국문학사』 등은 문학사 서술과 이데올로기의 관계를 보여주는 예들이다.

문학사에 반영되는 이데올로기는 문학교육의 장에서 더 강화되어 이데올로기에 의한 이중의 지배를 초래한다. 예를 들어 학교 교육에서 근·현대 문학을 다루면서 그 시발점을 어디에서 찾느냐 하는 문제는 문학과 교육에 대해 간단치 않은 질문을 제기한다. 학생들에게 중세의 귀족/양반 문학을 계승하는 봉건적 문학사를 제시할 것인가 아니면 서구-일본 중심의 외래적 문학사를 제시할 것인가, 혹은 민중 주체의 민족·민중적 문학사를 제시할 것인가 아니면 세련된 교양으로서의 부르주아적 문학사를 제시할 것인가 등의 문제는 곧 교육 전반을 장악하고 있는 이데올로기의 독점 양상과 결코 분리해서 생각할 수 없다.

학교의 문학사 교육은 전통 단절론을 외피로 하여 나타나는데, 그와 관련하여 3차와 4차 교육과정기 고등학교 『국어』 교과서의 문학사 부분을 보면 다음과 같다.

3차·4차 고등학교 『국어』 교과서의 문학사 단원

학년	3차 교육과정	4차 교육과정
1	조윤제 국문학의 발달(1)	조윤제 고전문학사(1) 장덕순 구비문학과 기록 문학
2	조윤제 국문학의 발달(2)	조윤제 고전문학사(2) 정병욱 한국 문학의 사상적 배경
3	조연현 국문학의 발달(3)	신동욱 현대 문학사 김윤식 한국 문학의 연속성

이 표는 3차에서 4차로 가면서 문학교육에서 문학사 부분이 강화되는 모습을 보여주고 있다.[49] 그러나 조윤제의 글은 3차와 4차의 글이 같아서 변별성이 없고, 근·현대 문학 부분은 조연현에서 신동욱으로 필자가 바뀌면서 전자가 갑오경장 이후의 문학을 '신문학'이라 포괄하여 다루는 반면에 후자는 갑오경장에서 1908년까지를 '신문학', 그 이후를 '현대 문학'으로 구분하고 있다는 점이 다를 뿐 다루고 있는 범위, 시대 구분, 서술 방법 등이 모두 대동소이하다. 오히려 3차에서 '국문학의 발달 (1), (2), (3)'으로 되어 있던 것을 4차에서는 '고전문학사 (1), (2)'와 '현대문학사'로 구분함으로써 전통 단절론을 심화하고 있다. 따라서 4차의 특성은 부가적으로 제시된 장덕순·정병욱·김윤식의 글에서 찾아야 할 것이나, 그들의 글이 교과서 전체의 기획에 따라 종·횡으로 긴밀하게 연결되지 못하고 각자의 목소리만 내세움으로써 집필 의도를 제대로 구현하지 못하고 있다는 점이 한계로 지적된다. 특히 현대 문학에 있어서 한국 문학의 연속성을 강조하는 김윤식의 글과 전통 단절론이 오히려 강화된 전체 틀의 괴리는, 문학교육이 독자적인 논리를 가지고 작동하고 있지 못하다는 사실을 보여준다.

이러한 문학사관은 일제 강점기에 있었던 사회주의 계열의 독립운동 및 만주 등 해외의 문화 운동을 배제한 대가·경성 문단 중심의 문학사 서술로도 나타난다. 즉 이인직, 최남선, 이광수에서 비롯한 현대 문학은 『창조』, 『폐허』와 『백조』를 거쳐 30년대 순수문학으로 발전하고 식민지 말기에 청록파 및 육사와 동주를 낳음으로써 절정에 이른다는 흐름을 답습하고 있는 것이다. 동양 문학의 전통이 문·사·철을 하나로 보는 전통은 차치하더라도, 일제 강점기의 문인들이 민족독립투쟁이나 사회변혁운동

[49] 그에 비해 5차 이후는 오히려 국어과에서 문학사 교육의 비중이 줄어든다. 이에 대해서는 따로 논의할 것이다.

과 동일한 차원에서 식민지 현실에 대응하는 방식으로 문학을 바라보았다는 점을 간과함으로써 문학을 현실과 유리된 고립적 구조로 파악하게 하는 것이 현재의 문학사 교육이다. 결국 그런 상황에서 문학사 수업은 몇몇 동인지 및 문예지들의 발간 연도나 동인들을 외우고, 대가라고 알려진 작가의 대표작을 나열하는 수준에 그치게 되는 것이다. 또한 그러한 대가·문단 중심의 문학사 서술이 식민지 문학의 극히 일부분, 즉 일본 유학파 및 민족주의 진영의 부르주아 문학에 치중함으로써 또 다른 중요한 축－경향문학 혹은 현실주의 문학 계열을 외면하는 점 역시 문학교육에 대한 이데올로기의 지배 양상을 보여주는 증거로서 제시된다. 시와 소설을 불문하고 당시의 현실주의 계열 문인은 '문학 곧 운동'이라는 원칙에 근거하여 문학사의 흐름을 주도적으로 참여했는데, 학교 교육에서는 이 점이 의도적으로 축소되고 있다.

2) 체제 지향적 현실 인식

지배 이데올로기가 교육 부문에 틈입하는 과정은 지배 이데올로기의 직접적 전파와 적대적 이데올로기의 배제를 통한 간접적 강화라는 두 가지 대조적인 경로로 이루어진다. 문학의 경우 전자는 이데올로기 지향적 문학교육의 모습으로 나타나고 후자는 탈이데올로기적 문학교육의 모습으로 나타나는데, 그러나 어느 경우든 교육의 전 과정을 통제하고 있는 국가의 의도를 반영한다는 점에서 근본적으로 동일한 기능을 수행하게 된다. 즉 현실주의 소설이나 참여시 등에서는 그 저항적 성격을 탈색한 채 전체주의적 속성과 기법적 미숙성을 강조함으로써, 또 순수문학의 경우에는 한국 사회에서 순수문학이 나오게 된 역사적·사상적 배경을 무시한 채 단지 개인주의적 서정만을 강조함으로써 결국 직·간접으로 국가의 의도를 관철하는 것이다. 여기서 국가의 의도란 물론 국가 체제를 지탱하는 지배 이데올로기의 전파를 의미하며, 그에 따라 이데올로기 지향적 문학교육은 강력한 체제 옹호 및 체제 순응적 현실 인식의 강요로 나타난다.

문학교육을 통한 지배 이데올로기의 편파적 강화는 정부 수립 초기부터 강력하게 추진되는바, 초기 교과서에 그 의도가 잘 드러나 있다.

> 나는 달리었노라. 산과 골짜기, 무덤 위와 가시 숲을,
> 이순신같이, 나뽈레옹같이, 씨이자같이.
> 조국의 위험을 막기 위해 밤낮으로 앞으로, 앞으로, 진격! 진격!
> 원수를 밀어 가며 싸웠노라
>
> \- 모윤숙, <국군은 죽어서 말한다>[50]

> 원수 너희
> 열 번을 무도히 침노하여 무찔러 보라.
> 열 번을 반드시
> 너희의 피로 씻어 돌려야 될 지역이어니.
>
> \- 유치환, <원수의 피로 씻는 지역>[51]

1950년대 전반기의 국어 교과서는 이처럼 한국전쟁의 성격에 대한 깊은 성찰 없이 맹목적인 적대 의식으로 가득 차 있는 시를 중심으로 편찬되었다. 비록 전시 교재로서의 특수성을 감안한다 하더라도, 이러한 현상은 교육에 대한 국가의 독점적 지배가 필연적으로 강한 체제 지향적 성격을 지니게 된다는 사실을 보여준다. 더욱이 이러한 교과서가 통용되던 시기가 이승만 체제의 영구화를 위한 부산정치파동과 곧 이은 발췌 개헌

---

[50] 1952 : 중학교 3-3.
[51] 1952 : 중학교 2-1.

(1952.7.4), 사사오입 개헌(1954.11.29) 등 정치적 폭거의 시대와 일치한다는 점은, 곧 반공 - 반일 - 친미라는 허구적 이데올로기 위에 성립된 제1공화국이 교육 부문에도 그러한 이데올로기를 강제했다는 것을 의미한다.

박정희 정권의 전반기는 차관 도입과 월남 특수를 통해 한국 사회의 자본주의적 성격이 독점 자본 체제로 급격히 변화하는 시기와 일치한다. 또 그 후반기는 남북 회담과 유신헌법을 통해 국가 헤게모니가 극대화되면서 사회 전 부문에 걸쳐 억압 구도가 일상화하는 시기로 이해된다. 이 시기의 교육에 대한 국가 지배는 2차 교육과정을 거쳐 3차 교육과정으로 이어지며 강화되는데, 그 중간 다리로 국민교육헌장이 있음은 특기할 만하다. 2차 교육과정은 5 · 16 발발 이전에 이미 진행되고 있던 교육과정 개정 작업을 혁명 정부가 즉흥적으로 수정한 데 불과한 것으로, 새로운 권력 담당층의 이데올로기를 구체화할 만한 시간적 여유가 없었던 것이다. 1968년의 국민교육헌장 제정은 군부 매파와 신흥 재벌들의 연합체로서의 박정희 정권이 안정적 기반을 가지고 교육 부문에 대해서 새로운 헤게모니를 형성하겠다는 의지를 천명한 상징적인 사건이었고, 그 연장선상에서 3차 교육과정이 나오게 된다.

박정희 정권의 안정과 함께 국민교육헌장의 이념을 구체화하면서 남북회담과 유신헌법이라는 교육 외적 상황 변화를 담보해 내기 위해 두 번째로 교육과정이 개정되는데, 국어과에서는 개정된 3차 교육과정의 특징이 '가치관 교육의 강화'로 나타난다. 이는 유신 이념, 한국적 민주주의, 새마을 운동 등으로 포장된 지배 이데올로기를 국어과교육을 통해서, 구체적으로 논설문과 문학을 통해서 전파하겠다는 의도를 내포하고 있다. 다음 시들은 3차 교육과정에서 교과서에 처음 등장한 시들 중 체제 지향성을 직접적으로 드러내고 있는 보기들이다.

아, 유관순 누나, 누나, 누나, 누나.
언제나 3월이면, 언제나 만세 때면,
잦아 있는 우리 피에 용솟음을 일으키는
유관순 우리 누나, 보고 싶은 우리 누나.

- 박두진, <3월 1일의 하늘>[52]

바람이 성서를 날릴 때
그리로 들리는 병사의 발자국 소리들!
아들은 어느 산맥을 지금 넘나 보다.
쌓인 눈길을 헤엄쳐
폭풍의 채찍을 맞으며
적의 땅에 달리고 있나 보다.

- 모윤숙, <어머니의 기도>[53]

기독교적 구원 의식을 천착하면서 현실 인식에는 그다지 관심을 보이지 않던 박두진이지만, 나름대로 <해>라든지 <설악부>와 같은 질 높은 시들이 있음에도 불구하고 굳이 고등학생들에게 이러한 찬탄조의 시를 제시하는 이유는 바로 종신 집권 의도를 '민족 주체성'이라는 이름으로 가리고자 했기 때문이다. 또한 모윤숙의 경우 이미 보았던 50년대 교과서의 냉전시가 금방 빠졌다가 20년 뒤에 다시 다른 시로 모습을 바꾸어 등장하는 형태는 곧 처음의 상황과 20여 년 뒤의 상황이 매우 흡사했다는 것, 바꿔 말해서 이승만의 종신 집권 의도와 박정희의 그것이 동일하다는 점을 여실히 보여주고 있다.

52 1975 : 고등학교 1, 실고 1.
53 1975 : 중학교 2-2.

3) 순수문학의 환상적 세계 인식

체제 지향적 문학이 지배 이데올로기를 직접적으로 전파하는 데 기여한다면, 이른바 순수문학은 문학이 본질적으로 지니고 있는 이데올로기적 특성을 아예 탈색해 버림으로써 간접적으로 지배 이데올로기의 전파에 기여하도록 강요당하고 있다. 즉 문학의 현실 대응 능력을 의도적으로 왜곡하고 문학은 단지 순수하고 아름다운 것만을 다루는 예술 형태라는 점을 주지시킴으로써, 결과적으로 현실로부터 거리를 두는 행동 특성을 유도하는 것이다. 이러한 경향은 국어 교과서의 작품 수록 현황을 분석함으로써 더욱 명료하게 이해할 수 있다.[54]

순수문학의 강조는 먼저 식민지 시대의 좌익 계열 작가들과 해방 후의 재북·월북 작가들을 학교 교육에서 추방하는 것으로 시작된다. 예컨대 시의 경우 신경향파와 카프 계열 시가 교과서에서는 거의 취급되지 않고, 오장환의 <석탑의 노래>와 임화의 <우리 오빠와 화로>, 정지용의 <난초>, <고향>, <그대들 돌아오시니>, <춘설> 및 조명희의 <경이> 등이 해방 직후의 교과서에 잠시 실렸다가 단정 수립 이후 일제히 삭제된다. 소설에서도 이기영의 <고향>이 같은 경로로 삭제되는데, 이러한 현상은 해방 정국의 주도권이 건준과 인공에서 군정청으로 이환되는 과정에 뒤이어 일어난다. 이는 또한 '문필가협회'가 정치적 정세의 변화를 등에 업고 '문학가동맹'을 축출하는 과정과 같은 맥락으로 이해할 수 있다. 물론 해방 직후의 이념 투쟁 속에서 어느 일방이 헤게모니를 장악하고 스스로의 계급적 이데올로기를 전파하는 것은 필연적 수순이라 할 것이다. 그러나

[54] 고등학교 국어 교과서 시 단원의 경우 4차 교육과정기까지 주요 작가는 이은상(10회), 김소월 · 이병기(9회), 김상옥(7회), 정인보(6회), 한용운 · 김영랑 · 조지훈 · 이호우(5회)로 나타나고, 작품은 <모란이 피기까지는>(5회), <진달래꽃> · <승무> · <국화옆에서>(4회)로 나타난다.(임문혁, 1987)

그 과정이 미군정의 후원 하에 세계 자본주의의 의도와 맞물려 진행되고, 또한 그 결과로서 특정 계급의 이데올로기가 일방적으로 강요되는 한편 학생들의 총체적 세계 인식이 제한되었다는 점에서 문학교육이 지니는 이데올로기적 성격의 왜곡은 피할 길이 없게 된다.

우익 민족주의자 중심으로 교과서가 편찬되면서 구체화되는 이데올로기적 편향은 시교육에서 특히 두드러지게 나타난다. 4차 교육과정기까지의 현대시교육은 대체로 최남선에서 출발하여 『백조』 동인과 김소월, 한용운을 거쳐서 20년대 후반의 시조부흥운동, 30년대 초반의 해외문학파, 시문학파, 그리고 중반 이후의 생명파, 청록파 등을 다루는 것으로 점철된다. 이러한 현대시교육에 나타나는 문제점은 첫째 학생들에게 한국 현대시가 최남선이라는 개인의 선각자적 의식에 의해 잉태되었다는 시각을 불어넣어 주고, 둘째 개화기 시가에 나타나는 민족 의식, 반봉건 의식을 접할 기회를 봉쇄함으로써 서구적 기준에 의한 문학사관을 갖도록 하며, 셋째 3·1 운동 이후 활발하게 전개된 경향시, 단편 서사시, 현실주의 문학 등을 배제하여 현대 문학사를 단선적으로 파악하게 하고, 넷째 소수의 동인지를 비롯하여 몇몇 문인들만의 문단 중심으로 문학사를 서술함으로써 일제 강점기의 문학 운동을 개인 · 동인 차원으로 떨어뜨리며, 다섯째 시의 제재 면에서 자연 서정과 복고적 전통 의식을 강조함으로써 식민지 지식인으로서의 시인의 역할과 그러한 시사적 맥락 뒤에 숨어 있는 세계 의식을 외면하고, 여섯째 전통 계승의 문제를 단순하게 양식적인 측면에서 파악하여 이미 생명력을 잃어가고 있던 시조의 역할을 과장한 데 있다.

학교 교육에서는 특히 김소월 · 김영랑 · 신석정, 그리고 생명파와 청록파 등 이른바 순수문학을 강조하면서 그 의의를 자연 회귀 의식, 전통 의식, 생명의 본질에 대한 외경 등으로 설정하고 있는데, 이는 일제 강점기라는 궁핍한 시대에 제도화된 억압 구조를 우회하기 위해서 취택한 문학적 알레고리를 무시한 채, 단지 표면에 드러난 자연 취향이나 복고 취향만을 강조하여 학생들에게 봉건적 · 환상적 세계관을 전파하는 기능을 한다. 역으로, 일관되게 자연과 조국을 노래한 이은상 · 이병기 · 김상옥 등의 시조가 지속적으로 우대받는 현상 역시 동일 선상에서 이해될 수 있다. 이러한 현상은 결국 문학을 '순수'라는 틀 속에 고정시키고 그 역사적 · 사회적 속성을 의도적으로 무시함으로써 지배 이데올로기를 배타적으로 강화하는 데 기여한다.

문학 작품에서 사회 의식, 역사 의식을 배제하고 '순수성'만을 강조하는 입장은 나아가서 작자의 개인사와 작품을 분리시키는 결과를 가져온다. 즉 작품은 작품 자체로서 보아야 하고, 작품이 우수하다면 작가의 개인사적 편력은 문제되지 않는다는 입장이다. 여기서 '우수한 작품'을 선택하는 근거는 두 방향에서 제시된다. "문학교육은 문학 이론이나 문학사 지식의 습득이 아니라 작품 자체의 감상 능력을 신장하는 데 목표가 있다."는 명제에 근거하여 구조적으로 완성도가 높은 작품을 가려 뽑아야 한다는 것이 그 첫 번째 논리이고, 또한 그를 위하여 문학사적으로 그 가치를 인정받은 중요한 작품을 다뤄야 한다는 것이 그 두 번째 논리이다. 어떤 식으로 하든 논리 자체로는 하자가 없으나, 그 결과는 친일 작가, 어용 작가들을 현대 문학사의 거봉으로 치켜세우는 결과로 나타났다.

이것은 문학의 순수성을 지나치게 강조한 나머지 '문학성의 함정'에 빠져 다른 변인들을 보지 못했기에 나타나는 현상이다. 문자 그대로 작가와 작품을 혼동해서는 안 된다면 재북 · 월북 작가와 그들의 작품을 혼동해서도 안 될 것이다. 그러나 그들의 경우에는 작가의 행적을 빌미로 교육적 가치를 부정하면서 친일 · 어용 작가들에게는 관대한 것은 결국 작품의 가치를 판단하는 최우선의 조건이 순수한 작품성이 아니라 작품 해석상의 이데올로기적 편차라는 것을 암시한다. 곧 학교 교육에서 말하는 '순수성'이란, 자본주의적 지배 이데올로기의 잣대로 잰 순수성일 뿐이다. '자연'과 '전통'의 그늘 아래 권위주의 · 봉건주의 · 사대주의 · 반공주의를 온존 강화시켜온 것이 저간의 사정이라면, '우수한' 작품을 뽑는 또 다른 기준이 필요하게 된다. 그것은 곧 '작가가 그 시대를 얼마나 치열하게 살아냈는가'의 문제로 귀결된다. 한용운이나 이육사 같은 인물들의 작품뿐 아니라, 역사・사회 의식을 드러내는 다양한 방법을 보여준 이상이나 김유정 등의 작품들도 새롭게 다룰 여지가 있다.

4. 문학교육과 국가 교육의 길항

문학교육은 문학이 지니는 미학적 속성과 이데올로기적 속성 때문에 학교 교육에서 독특한 위치를 차지하게 된다. 음악교육이나 미술교육과 유사한 창작・감상 능력 신장의 측면이 있는가 하면 역사나 사회, 도덕 과목 등과 인문학적 특성을 상당 부분 공유하고 있는 것이다. 이는 실제 교수-학습 방법론상의 난점으로 나타나기도 하지만, 다른 측면에서 보면 가장 효율적이면서 지속적인 이데올로기 전파 수단이 된다는 강점으로 나타나기도 한다. 이 때문에 문학교육에 대한 국가의 통제가 끈질기게 이루어져 왔으며, 문학 정전과 구별되는 특수한 '교육 정전'을 구성하게 되었다.

여기서 발상을 바꿔 보자. 문학교육의 이데올로기적 속성을 적극적으로 활용하여, 지배 이데올로기의 무비판적 수용을 불식하고 총체적인 전망의 획득을 시도하는 것이다. 여기서의 총체적 전망이란 결국 역사・사회적 토대에 충실한 비판적 문식성을 의미하며, 그럼으로써 문학교육이 세계관 교육으로 도약할 수 있을 것이다. 문학교육을 통해 이데올로기적 왜곡을 벗어나는 데서 끝나는 것이 아니라, 학생 스스로의 주체적인 세계 인식을 가능하도록 하는 데까지 나아가야 하는 것이다.

그러려면 먼저 역사적 사실로 화석화되어 있는 문학이 아닌, 개인과 집단의 삶이 현실에 길항해 나가는 역동적 현상으로서의 문학을 제공하는 데 교육의 주안점을 둬야 한다. 개화기와 일제 강점기, 해방 공간, 한국전쟁을 거쳐 자본주의 체제가 정착되기까지의 현대 문학이 몇몇 천재나 딜레탕티스트들의 관념 구조가 아니라 당대의 가장 전형적인 사유 방식을 대표한다는 점을 학생들에게 인식시켜야 한다. 그럼으로써 '지금 여기'의 문학 행위 또한 '지금 여기'의 삶을 전폭적으로 반영한다는 사실을 이해할 수 있게 된다.

또한, 학생들의 현실적인 문학 경험과 학교에서의 문학 수업 사이의 거리를 최대한 좁혀야 한다. 대중소설과 감각적인 아포리즘에 길든 학생들에게 <춘향전>과 김소월은 수업 시간에만 존재하는 텍스트일 뿐이다. 학생들의 애송시로 김소월・서정주・윤동주 등이 뽑힌다지만, 그들은 학생들이 '아는' 시였기 때문에 뽑힌 것이지 '좋아하는' 시라서 뽑힌 것은 아니다. 현대 문학의 정수를 가르치는 동시에, 학생들의 현실에 밀착돼 있는 작품들도 가르쳐야 하는 것이다. 이것은 결국 교과서 문학의 시대적 하한선을 끌어내리는 동시에 지방별, 학교별로 현실에 맞는 문학교육이 이루어져야 함을 뜻한다.

문제는 교육의 중앙 집권적 통제에 귀결된다. 그동안 무수히 지적되었던 이야기들이 문학교육의 경우에도 역시 적용된다는 뜻이다. 교과서 제도의 개편, 교육의 지방자치화, 교사 양성 제도의 개선 및 교사의 자율성 확대, 입시 제도의 개혁……. 그러나 국가가 교육 전반에 걸친 통제권을 풀지 않는 이상 이들 문제의 해결은 결국 국가의 의도에 따를 수밖에 없다는 한계에 부닥치게 된다. 그럼에도 불구하고 특히 문학교육에 있어서 국가에 의한 교육 통제가 최소화되어야 한다고 주장하는 것은 그것이 지니는 이데올로기적 속성의 잠재성과 지속성이라는 힘 때문이다.

II

문학교육과 교육과정

Ⅰ. 문학 교육과정의 구조

1. 문학 교육과정 구조화의 철학

1) 문학 현상, 문학교육 현상, 문학 교육과정

교육과정은 관점에 따라 교육 프로그램에서 부과하는 내용, 계획된 활동, 의도하거나 실현된 학습 결과, 사전 조직된 경험 등 여러 가지 개념으로 사용된다. 하지만 현실적으로 가장 널리 통용되는 것은 '국가 및 교육 공동체가 문서로 제시하는 학교 교육의 일반적 기준'이라는 개념이다. 그것은 직접적으로는 헌법 및 교육법, 교육법 시행령 등을 근거로 하고, 궁극적으로는 교육에 관한 교육 공동체의 합의에 따른다. 우리나라와 같은 중앙 집중적, 단선적 교육 제도 하에서 교육과정은 학교 교육의 절대적 근거가 된다.

이 개념에 따르면 우리나라에 '문학 교육과정'은 별도로 존재하지 않는다. 문학과 관련된 일체의 교육 계획과 실천이 교과로서의 '국어과'에 포괄되기 때문이다. 문학교육이 국어과의 한 범주로 편입된 근거는 전적으로 문학의 매재가 언어라는 점에 있다. 하지만 일상 언어와 문학 언어 사이에는 기능과 특성상 일정한 차이가 있으며, 그에 따라 4차 교육과정기부터 국어과 안에 '문학' 영역을 따로 설정하고 있다. 결국 문학 교육과정이란 국어과의 '문학' 영역 및 고등학교의 <문학> 과목 교육과정을 가리키게 된다.[1] 그렇다고 해서 3차 교육과정기 이전에 문학교육이 실시되지 않은 것은 아니다. 독자적인 영역이 설정되지 않았을 뿐, 현상으로서의 문학교육은 듣기 · 말하기 · 읽기 · 쓰기의 국면으로 구체화되어 지속적으로 이루어져 왔다. 특히 문자 언어 교육(읽기 · 쓰기)은 문학교육과 밀접한 관계를 맺어 왔다.

문학 교육과정이 학교 교육과정 전체와의 유기적 연관성을 유지하면서 다른 교과, 특히 언어 교육과정과 변별되기 위해서는 문학의 본질과 특성을 차질 없이 표상하는 일이 중요하다. 언어 텍스트의 더미 속에서 문학 텍스트가 독특하게 존재한다는 전제 아래에서만 문학교육과 언어교육이 구분될 수 있는 것이다.[2] 따라서 문학 텍스트 및 그를 매개로 이루어지는 문학 행위, 그리고 그것을 가능하게 하는 소통 맥락의 특성이 교육과정 설계 및 실천에 포괄적으로 반영되어야 한다. 이는 문학 교육과정이 단순한 교수요목의 나열에 그치거나 교육공학 이론의 적용 대상이 되어 버리는 한계를 극복하기 위해서는 역동적인 '현상'의 관점에서 문학이나 문학교육에 접근해야 한다는 것을 뜻한다.

문학 현상이란 무엇인가. 그것은 일정한 콘텍스트 아래 어떤 텍스트를 매개로 이루어지는 유목적적 행위망의 일부라 할 수 있다. 인간의 유목적적 행위망 중에서 텍스트와 콘텍스트, 행위 주체로서의 인간이라는 세 변인이 '문학적'이라는 한정사를 공통적으로 가질 때 그것은 문학 현상이

---

[1] 이 책에서 "문학"은 일반적인 용법으로, " '문학' "은 교육과정 상의 영역 명으로, "<문학>"은 과목명으로 사용하였다. 실제 간행된 교과서를 가리킬 때에는 "『문학』"을 사용하였다. 문맥상 내용을 강조하기 위해 " '문학' "을 사용한 경우도 있다.

[2] 이 진술은 문학교육의 방법적 원리가 문학의 본질과 특성에서 유도되어야 한다는 뜻이지, 문학 텍스트가 언어 텍스트와 명시적으로 구별된다는 뜻은 아니다. 이들 사이에는 엔트로피, 혹은 농도의 차이가 있을 뿐이며 그마저도 특정의 임계선이 아니라 경향성의 차이로만 나타난다.

된다. 이때의 '텍스트'는 언어 기호의 선택 및 결합과 관계되는 형식의 측면과 그것이 담고 있는 아이디어와 내용의 측면, 그리고 텍스트 자체의 표현 의도 및 효과를 모두 포함하며, '콘텍스트'는 문학 행위의 역사적·사회적·심리적·문화적 조건을 아우른다. 주체로서의 '인간'도 텍스트의 생산·변용·중개·수용 주체의 특성을 모두 담는 개념이다. 인간 행위의 어떤 측면을 '문학적'이라고 할 것인가에 대해서는 별도의 논의가 필요하겠지만, 문학 텍스트와 관련하여 인간이 어떤 행위를 하는가 하는 문제의식이야말로 현상으로서의 문학 개념을 설명하는 출발점이 된다. 이는 아래와 같이 도시할 수 있다.

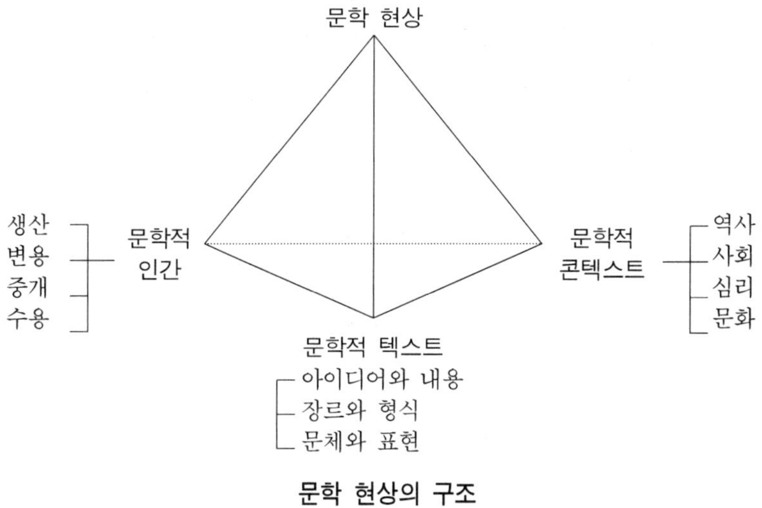

문학 현상의 구조

이러한 관점에 서면 문학 교육과정의 구조화란 교육과정 설계 및 실천 과정에 문학 현상을 합목적적으로 투사하기 위한 기본 개념 틀(conceptual framework)을 구안하는 작업이 된다. 이는 문학교육에 대한 하나의 메타 담론으로서, 문학교육 현상의 제층위를 일관되게 분석한 결과로 이루어지는 동시에 문학 현상 자체를 추동하는 향도 역할을 하기도 한다. 문학

교육과정론은 문학교육에 관여하는 문학 현상의 요소들을 유기적으로 질서화하기 위해 여러 층위의 문학 현상들, 곧 이론(theory)과 모형(model)과 전략(strategy)과 실제(practice)를 구조화하기 때문이다.(박인기, 1994: 4) 그럼으로써 문학과 문학교육에 관한 교육 공동체의 이념을 효율적으로 구현할 수 있게 된다.

문학 교육과정의 구조화는 문학교육의 철학과 공학을 함께 아우르면서 문학 현상에서 문학교육 현상을 추상하는 작업으로 나타난다. 곧 문학 현상이 교육과정이라는 프리즘을 통해 '목표-내용-활동'이 유기적으로 조직된 문학교육 현상으로 변환되는 것이다.[3] 이는 포괄적인 문학 행위로서의 문학교육 현상이 교육과정을 통해 문학 현상으로 변환된다는 뜻도 된다. 결국 문학 현상과 문학교육 현상, 그리고 문학 교육과정은 '인간-텍스트-콘텍스트'의 세 국면에서 서로 중첩되는 관계이며, 그들 사이의 변별도 이들 국면을 통해 나타나게 된다.

문학 교육과정의 기능

[3] 이 모형은 김창원(1996:175)의 모형을 수정한 것이다. 기존 모형에서 문학 현상과 문학교육 현상이 수평적으로 나열되었던 것을 그 사이에 교육과정을 위치시켜 그로부터 목표가 설정되는 것으로 재구조화하였으며, '목표-내용-방법'의 틀을 '목표-내용-활동'의 틀로 바꾸었다. '방법'이라는 용어가 교사 중심인데다 조작적이고 탈인간적인 개념을 담고 있기 때문이다.

2) 문학 교육과정 구조화의 틀

문학 교육과정 구조화의 원리는 문학 현상의 본질에서 추출할 수 있다. 이미 문학 현상의 주요 변인으로 인간, 텍스트, 그리고 콘텍스트를 들었는데, 이들 변인은 문학교육 현상의 변인으로도 기능한다. 문학교육 현상 역시 넓은 의미에서 문학 현상의 한 국면이기 때문이다.

그러나 문학 교육과정을 인간, 텍스트, 콘텍스트의 측면으로 단순하게 나누어 구조화하는 데에는 무리가 따른다. 이들 변인은 문학 현상의 관점에서 문학교육에 접근하는 데는 용이하지만 교육 현상의 관점에서 접근하는 데에는 그만큼의 효율성을 지니지 못하기 때문이다. 인간의 측면에서 보면 교수-학습 주체의 측면에서 학습 독자가 생산・변용・중개・수용 주체의 기능과 맺는 관련이 다양하며, 콘텍스트의 측면에서도 문학과 교육은 역사적・사회적・심리적・문화적 요소들에 대한 접근 방식이 다르다. 텍스트 역시 목표・내용・활동이라는 교육적 변인과의 작용 관계를 생각하지 않을 수 없다. 결국 문학 현상과 문학교육 현상 사이에는 외적으로 인간・텍스트・콘텍스트라는 변인이 중첩되지만 문학 교육과정까지 그러한 구조를 그대로 반복할 가능성은 낮은 것이다. 따라서 문학 및 문학교육 현상의 기본 변인을 담보하면서 문학교육에 관한 교육 공동체 일반의 합의를 담을 수 있는 새로운 틀이 필요하게 된다.

이와 관련하여 박인기(1994:144)는 문학 교육과정의 구조를 존재 양식으로서의 구조, 작용 양식으로서의 구조, 형태 및 기술상의 구조로 나누어 고찰한 뒤 그들 간의 관계를 다음과 같이 모형화하여 보여주고 있다.

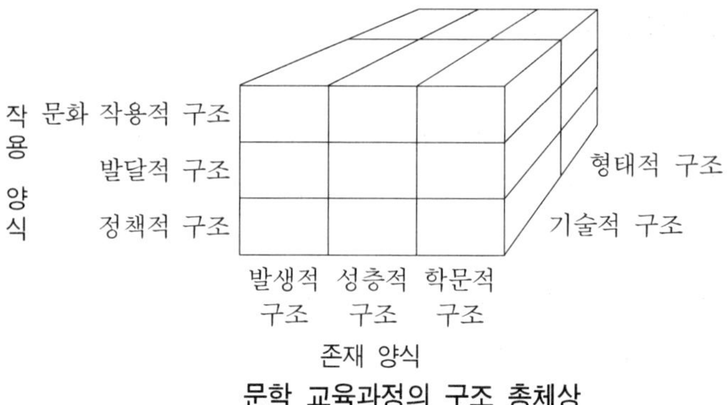

문학 교육과정의 구조 총체상

이 모형은 교육과정의 개념을 폭넓게 설정하고 그 설계 및 실천 과정 전체를 아우르고자 하는 의도를 담고 있다. 그러나 '존재 양식'과 '작용 양식'에 대해 '형태 · 기술 양식'의 층위가 어울리지 않고 존재 양식으로 분류한 범주들도 그 핵심은 '작용'에 놓여있는 듯한 혐의를 지울 수 없다. 또한 교육과정의 개념이 우리가 여기서 이야기하는 좁은 의미의(국가 수준의 문서) 교육과정 개념과는 맞지 않는 부분도 있다. 무엇보다도 이 모형은 교육과정 자체에 대한 진술이라기보다는 교육과정'론'에 대한 진술로서, 일종의 메타-메타담론이라 할 수 있는 것이다. 따라서 교육과정의 구조화를 위해서는 이 모형 체계를 참조하되 그것을 한 심급 낮출 필요가 있다. 예를 들면 교육과정의 구조를 크게 존재와 작용의 측면에서 체계화하면서 그 과정에서 존재 양식과 작용 양식의 하위 범주들을 변수로 개입시킨다든지, 아니면 여덟 가지의 하위 범주들을 친연 관계에 따라 재조합하여 교육과정 구조화의 틀로 원용하는 식이다.

존재와 작용 양식으로 나누어 교육과정에 접근하는 방법은 실제로 다른 교과에서도 자주 사용되고 있다. 예를 들어 G. A. Bauchamp은 교육과정론을 교육과정 개발과 관련되는 설계(design)의 영역과 그 실천에 관련되는 작동(engineering)의 영역으로 나누어 접근하고 있다.[4] 그에 따르면 교육과정 '설계'란 각급 학교 교육을 통해서 발전해 나가도록 정리・배열해 놓은 목표나 내용의 실체와 그 조직을 의미한다. 문학교육의 관련 변인들을 분류하고 선택하는 의사결정 작업과 그 결과물이 여기에 속한다. 그에 비해 교육과정 '작동'은 교실에서 교육과정 체제가 기능을 수행해 나가는 데 관계되는 모든 과정을 의미한다. 문학교육의 기획과 운영, 적용에 관련되는 제반 원리 및 방법들이 이 영역에 속한다. 이렇게 교육과정의 구조를 설계와 작동의 양면으로 나누는 것은 교육과정을 선언적인 문서로 고착시키지 않고 교수-학습 활동과 엄밀하게 대응하는 역동적 구조로 보고자 하는 시각을 반영한다.

다만 보상의 견해에서 지적해야 할 문제는 문학교육 주체로서의 학습자 변인과 교육에서의 시간 문제가 간과되었다는 점이다. 교육 행위가 본질적으로 시간의 흐름에 따르는 인간 행동의 변화를 문제 삼는다고 볼 때, 문학 교육과정론이 설계와 작동의 영역에 그친다면 교육의 중요한 부분을 놓치고 마는 셈이 된다. 시간성(구체적으로는 학습자의 발달성)에 따라 미숙한 문학 주체로부터 이상적인 문학 주체에 도달해 가는 경로가 제시되거나, 그를 위한 원리가 마련되어야만 문학 교육과정의 구조가 완결되는 것이다. 박인기(1994)가 작용 양식의 하위 범주로 '발달적 구조'를 설정한 것도 이러한 문제의식과 궤를 같이 한다고 볼 수 있다.[5]

결국 문학 교육과정의 구조를 논의하기 위해서는 세 방향에서의 접근이 필요함을 알 수 있다. 첫째는 문학교육 현상의 실체적인 구조(존재 양식)와 관련된 접근이고, 둘째는 학습자의 문학 능력 발달과 관련된 접근이며,

---

4 보상의 견해는 이성호(1986)를 주로 참조했다. 이경섭(1990) 역시 보상의 이론이 설계와 작동을 구분함으로써 설계에서 취급해야 할 과제를 분명히 해 주고 나아가 개발된 모형을 평가할 수 있는 준거를 제공한다는 점에서 유용한 것으로 평가한다.

5 다만, 작용 양식의 세 하위 범주 중 문화 작용적 구조와 정책적 구조는 교수-학습 상황 및 학습자 변인의 외적 범주인 데 비해 발달적 구조는 그 내적 범주라는 점에서, 이들을 같은 층위로 놓은 데에는 동의하기 어렵다.

셋째는 교육과정의 작동 양상(작용 양식)과 관련된 접근이다. 여기서는 그것을 각각 구성적 구조, 발달적 구조, 작용적 구조라고 부르기로 한다. 물론 교육과정 구조화에서 이 세 국면을 나누어 고찰한다 해서 그들이 독자적으로 문학교육 현상으로 현동화하는 것은 아니므로, 총체적인 교육과정론의 조망 아래 통합적으로 구조화해야 할 것이다. 앞서 본 문학 현상의 세 변인과 교육과정 구조화의 세 개념 틀은 아래와 같은 방식으로 통합할 수 있다.

문학 교육과정 구조화의 기본 틀

	구성적 구조	발달적 구조	작용적 구조
텍스트	• 문학 장르와 구성 • 문학 텍스트의 발화 양식 • 문학적 관습과 장치들	• 텍스트 구조의 복잡도 • 아이디어/내용의 복잡도 • 영향/수용 관계	• 텍스트 의미의 구성 과정 • 텍스트의 의도 및 효과 • 텍스트의 정전성
콘텍스트	• 문학 텍스트의 생산/발생 배경 • 문학적 문화의 특성 • 문학 사상/사조 • 상호 텍스트성	• 교과 간/교과 내 통합성 • 문학 텍스트의 심화/확장 • 문학교육의 주변 학문 도입	• 텍스트 소통 맥락 • 문학 텍스트의 교재화 맥락 • 문학 교수-학습의 구조 및 특성
인간	• 문학적 사고력 • 문학적 의사소통 능력 • 문학 지식	• 미숙한/능숙한 문학 주체상 • 인지 · 정의 · 사회성 발달 구조 • 문학 경험의 축적 • 문학 능력의 발달 구조	• 문학 표현 및 이해의 과정 • 문학교육의 수용성 • 문학에 대한 가치관과 태도

2. 문학 교육과정 구조화의 체계

1) 구성적 구조

문학 교육과정의 구성적 구조는 전반적인 교육과정 체재에 관련된 것으로, 문학교육 현상의 구성 변인들을 바탕으로 정리할 수 있다. 곧 '문학교육 현상은 무엇으로 이루어지는가'에 관한 사고가 구성적 구조로 체계화되는 것이다. 이 질문은 '문학 교육과정에 담을 내용은 무엇인가' 하는 질문으로 곧바로 치환되며,[6] 통상의 교육과정론은 대부분 이 구성적 구조를 다룬다. 앞에서 문학교육 현상의 구조가 문학 교육과정의 구조에 투사된다고 하였지만, 이 말이 곧 '교육 현상 = 교육과정'을 뜻하는 것은 아니다. 단지 교육과정의 구조가 교육 현상의 구조를 개념화하여 추상한다는 뜻일 뿐이다. 그렇다면 교육과정 구성과 관련되는 문학교육 현상의 구조는 어떠한가.[7]

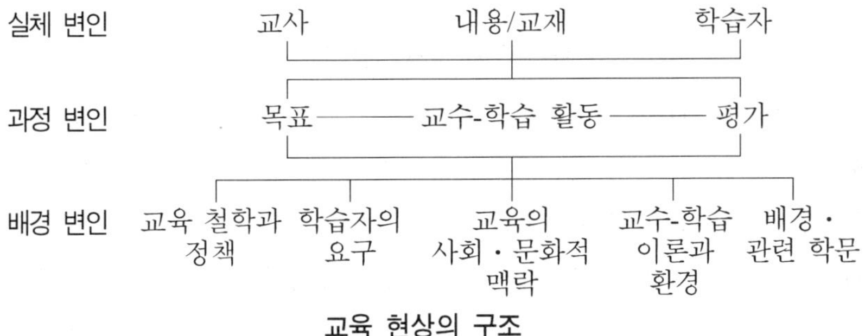

교육 현상의 구조

6 이때의 '내용'이란 '목표-내용-활동'으로 이루어지는 교육과정 구성 요소로서의 '내용'과는 다른 의미로 쓰였다. 소박한 의미에서 교육과정에 담을 수 있는 모든 것을 가리키며, 따라서 '목표' 항목이나 '활동' 항목도 교육과정에 담을 내용이 된다.

7 문학교육에서 학습 주체의 심리적 측면을 고려하여 김창원(1996:163)의 모형을 수정하였다. '방법'을 '활동'으로 바꾼 것은 앞서 말한 바 있으며, '내용'을 '교재'와 묶어서 과정 변인에서 실체 변인으로 조정했다. 내용은 언제나 목표/활동과의 관련 아래 구성되는 것이기는 하지만 구조상 교수-학습 과정의 외부에 존재한다고 보기 때문이다.

이 모형에 나타난 대로 교육 현상은 실체 변인, 과정 변인, 배경 변인의 상호 작용으로 나타난다. 결국 문학 교육과정의 구성적 구조화는 이들 제 변인들을 포괄적으로 규정하고 관계 짓는 작업이자 이와 관련된 물음에 답할 준거를 마련하는 작업인 것이다. 또한, '인간-텍스트-콘텍스트'라는 문학 현상의 변인들과 '실체-과정-배경'이라는 교육 현상의 변인들을 상호 연관 짓는 작업이기도 하다. 곧 어떤 맥락 속에서 누가 누구에게 어떤 의도를 가지고 어떤 원리 하에 무엇을 가르치는가에 대한 구조적 사고의 결과가 교육과정으로 나타난다고 할 때(이성호, 1986:24), 이러한 변인들을 체계적으로 조직함으로써 구성적 구조화가 이루어지게 된다.

문학 현상과 교육 현상의 교섭

그런데 교육과정의 역사를 보면, 5차 교육과정기까지 문학을 포괄하는 국어과 교육과정은 '목표 - 내용 - 지도 및 평가'의 체재를 기본 틀로 삼아 왔음을 알 수 있다. 이는 문학교육 현상의 여러 변인 중 주로 실체(중 내용과 교재) 및 과정 변인에 주안점을 둔 것으로, 문학교육이 이루어지는 맥락 및 그와 관련되는 인적 변인들은 담보해 내지 못하고 있다. 그에 비해 7차 교육과정 이후는 '성격 - 목표 - 내용 - 방법 - 평가'로 체재를 정교화하면서 문학교육 현상의 다양한 측면을 포괄하려는 노력을 보이고 있다. 예를 들어 2007년 교육과정에서는 문학교육의 성격을 다음과 같이 제시하고 있는데,

'문학' 학습은 문학 작품을 찾아 읽고 해석하며, 문학 작품을 생산하는

학습 활동을 함으로써 작품에 나타난 인간의 삶을 총체적으로 이해하고 문학적 상상력이 향상되도록 한다.('1. 성격')

여기에는 문학교육이 문학 작품의 수용과 생산을 통한 세계관 확충과 문학적 상상력 발달을 목적으로 한다는 점이 드러나 있다. 곧 문학을 언어·예술·인문학의 성격을 두루 포괄하는 다면적 교과로 이해한 것이다. 이는 문학교육이 작품의 해석과 감상, 비평을 바탕으로 하지만, 단순히 작품을 읽는 데 그치는 것이 아니라 그를 통해 문학 능력을 신장시키고 자아를 실현하는 통로 역할을 해야 한다는 점을 암시하고 있다.

그러나 이러한 요소들을 문학 능력의 중핵으로 보더라도, 그것들을 평면적으로 나열하기보다는 성층적으로 조직하는 것이 보다 합리적일 것이다. 곧, 세련된 언어 사용 기능을 바탕으로 한 문학 텍스트의 소통 능력이 문학교육의 기초가 되고, 그것을 바탕으로 상상력 및 문학적 문화와 관련되는 문학 능력을 길러, 자아를 실현하고 삶의 총체적 파악 능력을 신장하는 것이 최종 목표가 되는 것이다. 그 과정에서 문학적 문화의 코드가 전체의 방향을 제시하고 원리를 제공하는 규준 역할을 하는바, 그것은 지식 획득과 경험 축적 및 가치 형성의 측면으로 구체화된다. 이 과정은 아래와 같이 모형화되며, 이 관점에서 '목표 - 내용 - 활동' 범주를 성층적으로 구조화함으로써 문학 교육과정의 구성적 구조화가 이루어질 수 있다.

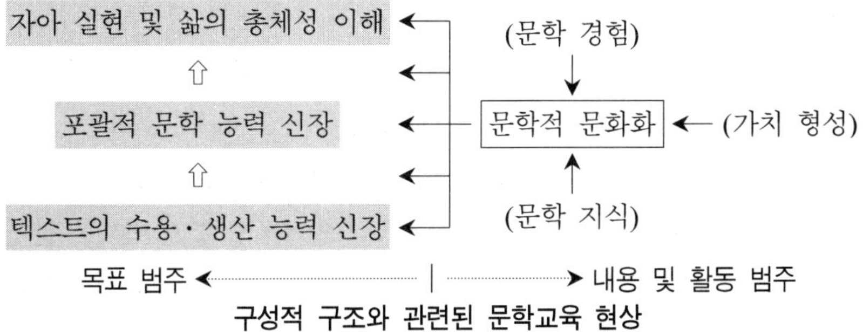

구성적 구조와 관련된 문학교육 현상

2) 발달적 구조

구성적 구조화가 특정 시점의 문학교육 현상을 구조적으로 보여주는 데 주안점을 둔다면, 발달적 구조화는 시간에 따른 문학교육 현상의 구조 변화를 보여주는 데 주안점을 둔다. 곧 시점 A, 시점 B, 시점 C의 구성적 구조를 대비하면서 그것들이 어떤 기제로 그렇게 변화해 가고 그러한 변화를 유의미하게 통제하기 위해서는 어떠한 처치가 필요한지에 관해 따져 보는 것이다. 이 과정에서 중요한 내용은 반복되고 주변적인 내용은 중핵 내용을 중심으로 종적으로 배열되면서 심화·발전한다.

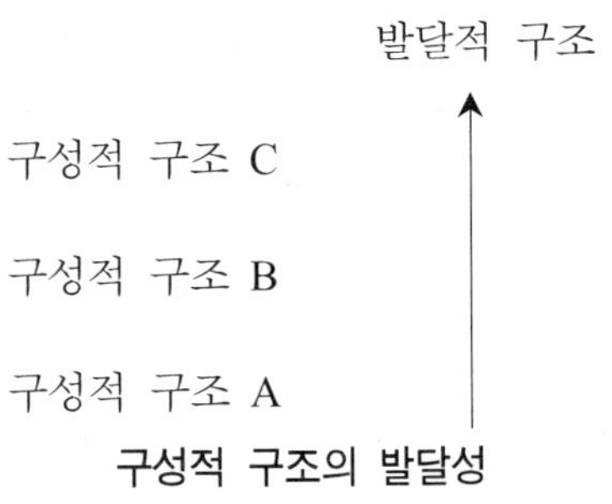

구성적 구조의 발달성

일반적으로 교육과정을 구조화하는 일은 ① 한 단위 교육 활동의 목표를 논리적으로 세분하는 일과 ② 주어진 학습자가 목표를 달성하는 데 필요한 기술들을 동원할 수 있도록 조직하는 일을 포함한다.(김호권 외, 1992:31) 그 과정은 구심력과 원심력이 상호 길항하는 과정으로 볼 수 있다. 교과 목표의 달성이라는 구심력과 교수-학습의 상황성 및 개별성 구현이라는 원심력 사이의 긴장 위에 교육과정이 존재하기 때문이다.

이때 구심력을 잃지 않도록 하는 원리가 통합성(coherence)으로서, 이는 교육과정의 내용이 하나의 완결되고 자족적인 체계일 뿐만 아니라 문학교육 현상의 본질 면에서 응축되어 있어야 한다는 것을 뜻한다. 곧, 교육과정은 문학교육을 지향하지 않거나 문학교육의 체계에서 벗어나는 내용 선정을 불허하며, 나아가 내용들은 분명한 지향점을 향해 일관되게 조직되어야 하는 것이다.

그에 대해 원심력을 유지하는 원리가 계열성(sequence)과 위계성(hierarchy)이다. 여기서 계열성이란 선행 학습 내용과 후행 학습 내용이 하나의 일관된 계선을 이루어 체계적으로 제시되어야 한다는 뜻이다. 예를 들면 아동의 서사 취향이 '아기방 이야기기 → 고담기(古譚期) → 우화기 → 동화기 → 물어기(物語期) → 전기기 → 문학기'로 발달해 간다면(김은전, 1986:280), 이러한 계열성에 따라 교육과정 구조화가 이루어져야 하는 것이다. 이 계열성은 초등학교→중학교→고등학교의 학교 급간에 특히 고려되어야 하지만, 학년 · 학기간이나 과목 · 영역간의 소계열도 도외시할 수는 없다.[8]

계열성이 선행/후행 개념에 입각한 원칙이라면 위계성은 상위/하위 개념에 의존한다. 민요 · 향가 · 경기체가 · 속요 · 시조 등이 시가문학으로 추상되고 직유 · 은유 · 환유 · 제유 등이 비유로 추상된다 할 때, 하위 내용→상위 내용의 상향식 접근이나 상위 내용→하위 내용의 하향식 접근이 교육과정 구조화의 원리가 될 수 있다.

교육과정의 발달적 구조에 나타나는 구심력과 원심력 사이의 긴장은 학교 급간뿐 아니라 학교 급 내에서도 볼 수 있다. 학교 현실을 고려할 때 초 · 중 · 고 간에 완벽하게 발달적인 구조화가 이루어지기 어렵기 때문이다. 따라서 학교 급별로 위계성에 따라 어느 정도 완결된 내용 체계들

[8] 국어과 교육과정에서 '문학' 영역이 독립한 이후 4 · 5차 교육과정의 경우 초 · 중학교는 학년별로 '목표'와 '내용'을 세분하고 고등학교는 학년 구분 없이 단일하게 조직되어 있었다. 이는 고등학교 교육과정이 학년제가 아니라 학점제(과목별 이수 단위제)로 운영되기 때문이다. 6차 이후에는 초 · 중학교에서도 학년별 목표를 삭제하고 학년별 내용만을 설정하여, 문학 능력의 발달 단계를 1년 단위로 세분하기 어려움을 방증하고 있다.

이 다시 초·중·고별로 계열을 이루고, 그럼으로써 문학교육의 통합적인 교육과정은 완성된다.

이러한 발달적 구조화의 근거는 무엇보다도 문학 능력의 발달성에서 찾아야 한다. 문학 능력의 하위 구조를 어떻게 보든,[9] 학습자의 인지·정의 발달 및 언어 발달에 평행해서 문학 능력이 발달한다고 가정할 때 비로소 문학교육은 설 자리를 찾게 된다. 또한 문학 능력이 선천적이거나 비의도적으로 발달해 가는 것이 아니라 일정한 계획과 훈련 아래 체계적으로 발달해 간다는 가정 역시 필요하다. 그 방향은 단순한 것에서 복잡한 것으로, 표층적인 것에서 심층적인 것으로, 부분적인 것에서 전체적인 것으로, 고립적인 것에서 복합적인 것으로, 그리고 구체적인 것에서 추상적인 것으로 나아갈 것이다.

이러한 발달성의 구조화에는 역시 '인간 - 텍스트 - 콘텍스트'를 기준으로 접근할 수 있다. 그중 인간 변인은 발달적 구조화에서 심리적 수준의 문제와 연관되고 텍스트/콘텍스트 변인은 논리적 수준의 문제와 연관될 터이지만(이삼형, 1994),[10] 그에 대해서는 다시 하위 범주를 나누어 접근해야 한다. 예를 들면 다음과 같은 모형(박인기, 1994)은 블룸의 정의적 행동 특성 발달 단계를 바탕으로 문학 경험의 발달성을 구조화한 것으로, 인지 능력과 상상력, 경험의 문제를 포괄하고자 한 노력을 엿볼 수 있다.

---

9 앞서 지적했듯이 문학 능력의 문제는 컬러나 리파테르와 같은 구조주의 시학자들이 주로 다루었다. 이들은 문학 행위에서 문학 능력이 필요함을 전제하고, 문학 능력의 발달성을 용인한다는 점에서 공통적이다. 다만 이때의 '문학 능력(Ability)' 개념이 촘스키 류의 '언어 능력(Competence)' 개념과는 그 성격을 달리한다는 점에 유의해야 한다. 일반적으로 언어 능력이 '언어 습득에 관한 능력'으로서 선천적인 측면이 강한 데 비해, 문학 능력은 '문학 행위를 할 수 있는 (후천적인)능력'으로서, '언어 능력'보다는 '언어 사용 능력'에 대응된다고 보는 것이 적절하다.

10 예컨대 '이혼'은 '결혼'을 전제하므로, '이혼'의 개념을 이해하려면 먼저 '결혼'의 개념을 알아야 한다는 문제는 논리적 수준에 관계된다. 그에 비해 '이혼'이라는 개념의 수용성 문제는 심리적 수준에 관계된다.

다만 인간 변인에 비해 텍스트 변인과 콘텍스트 변인에 대한 고려가 부족하고, 시간성의 문제보다는 심리적 반응의 문제에 무게 중심이 있는 것이 약점으로 지적될 만하다. 이 약점을 보완하기 위해서는 이상적인 문학 주체의 모습을 상정하고 거기에 접근해 가는 과정을 단계화하는 작업이 필요하다.

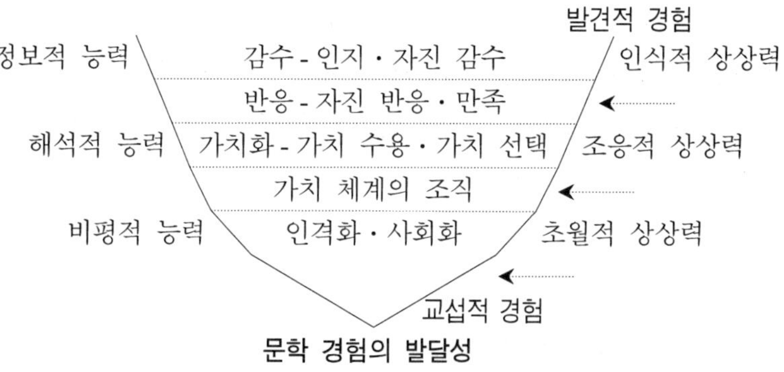

문학 경험의 발달성

발달적 구조를 염두에 두고 교육과정의 '문학' 영역을 살펴보면, 4 · 5차 교육과정의 경우 초등학교는 2년 단위로, 중학교는 1년 단위로 목표를 계층화하였음을 알 수 있다. 그러나 초등학교의 경우 세 단계의 목표가 발달성에 의한 심화 · 확장보다는 교육과정 구성 변인을 수평적으로 나열하는 데 그치고 있다. 문학 행위가 이해 따로 감상 따로, 또는 지식 따로 상상력 따로 이루어지는 것이 아닐진대, 이러한 식의 나열은 발달적 구조를 제대로 구현하고 있다고 보기 어렵다. 그에 비해 중학교의 경우는 공통되는 요소를 중심으로 점차 심화 · 확장하고자 하는 의도를 엿볼 수 있다. 그에 비해 6차 교육과정 이후에는 학년별 목표를 설정하지 않았는데, 그 이유는 문학 능력의 발달성을 1 ~ 2년 단위로 세분하는 것이 어려운데다 그것을 명시적으로 기술하는 것이 무리라고 판단했기 때문인 듯하다. 대신 그러한 발달성은 학년별 '내용' 항목에서 반영하고 있다.

3) 작용적 구조

문학 교육과정의 작용적 구조는 구성적 구조의 실천에 관련되는 것으로, 현상으로서의 문학교육의 특성이 가장 잘 드러나는 부분이다. 문학 현상의 인간 · 텍스트 · 콘텍스트 변인과 교육 현상의 실체 · 과정 · 배경 변인이 상호 교섭하는 가운데 문학교육 현상으로 현동화하는 과정을 보여주는 것이다. 이 개념은 '문학 작품'에서 '인간의 행위 및 관계'로 연구 대상이 옮겨 가는 문학관의 변화와 '교사/교재'에서 '학습자'로 주체가 옮겨 가는 교육관의 변화를 동시에 견인 · 담보할 수 있다는 점에서 유의미하다.

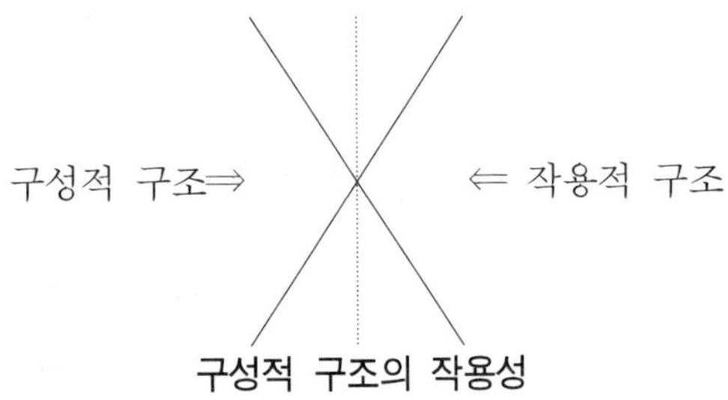

구성적 구조의 작용성

문제는 '국가 수준의 문서'로 교육과정 개념을 한정할 경우, 구성적 구조나 발달적 구조에 비해 작용적 구조를 명시적으로 기술하기가 매우 어렵다는 점이다. 작용적 구조는 교수-학습의 계획이나 예상 결과로서 문서에 고정되는 것이 아니라 교실에서 구체적으로 벌어지는 교수-학습 행위 자체로 현동화하기 때문이다.[11] 발달적 구조가 시간성에 따라 구성적 구조

---

[11] 박인기(1994)는 작용 양식으로서의 구조를 문화 작용적 구조, 발달적 구조, 정책적 구조로 범주화했는데, 여기서는 그중 발달적 구조를 교육의 본질인 시간성 문제를 다룬다는 점에서 별도로 처리했다. 그렇다면 문화 작용적 구조와 정책적 구조가 남지만, 이들 구조는 교수-학습이 이루어지는 상황 외적 구조라는 점에서 문학 교육과정의 구조화 논의와는 층위를 달리 해서 접근해야 한다. 문학교육 현상의 경계를 어느 선으로 보는가에 관해 필자는 박인기의 견해보다 좁은 입장을 취하는 셈이다.

를 중첩하는 형식을 띤다면, 작용적 구조는 구성적 구조의 움직이는 대칭상으로 대응하게 된다.[12]

문학 교육과정의 작용적 구조는 무엇보다도 문학 행위의 구조를 바탕으로 정리할 수 있다. 교육과정을 중심으로 교육 현상의 실체 변인들, 곧 교사와 교재, 학습자가 의사소통하는 과정이 곧 교수-학습 과정이며, 그때의 주체는 학습자이기 때문이다. 물론 이 행위는 '목표 - 내용 - 활동'이라는 틀 안에서 이루어진다.

문학 수업에서 학습자가 수행하는 활동은 무엇인가. 하나의 수업을 통해 그는 텍스트를 읽고, 텍스트에 반응하며, 해석 텍스트를 생산할 것이다. 그는 또 문학에 관한 지식을 확장하고 문학 경험을 심화하며, 결과적으로 문학에 대해 긍정적인 가치를 형성하게 될 것이다. 이 모든 활동의 바탕에 문학적 사고가 존재함은 물론이다. 이중 나중의 것들은 문학 학습 활동의 결과로서 기대되는 것들이고, 실제 문학 수업 과정에서 이루어지는 활동이란 '문학적 이해 - 문학적 사고 - 문학적 표현'의 양방향 정보 처리 활동으로 국한된다. 이는 결국 텍스트와 사고의 상호 작용을 통해 문학적 의미를 구성해 가는 과정에 다름 아니며, 문학 교육과정의 작용적 구조화는 바로 이 부분을 다루어야 하는 것이다.

문학 수업에서 가장 전형적인 활동으로 문학적 이해에 관한 작용적 구조를 살펴보자. 문학 수업에서 문학적 이해 활동이란 대부분 교재로 선택된 문학 텍스트를 '읽는' 활동으로 나타난다. 이때 텍스트와 사고의 상호 작용을 통한 의미 구성 과정으로 문학 읽기를 바라보면, 이 활동은 다시 세 단계로 나눌 수 있다. 텍스트를 읽기 전의 활동과 읽는 중 활동, 그리고 읽은 후의 활동이 그것이다.

문학 수업에서 읽기의 목적은 학습 독자의 문학교육 의도를 달성하는

---

12 이와 관련해서는 국어과 일반의 교육과정 실천에 관한 연구들을 대안으로 제시할 수 있다. 정혜승(2002) 참조.

데 있다. 학습자는 학습, 심미적 긴장과 이완, 동일시와 거리두기를 통한 간접 경험, 문화적 상호 작용 등의 의도를 달성하기 위해 텍스트를 활용하는 것이다. 따라서 그는 텍스트를 접할 때 가장 먼저 '나는 지금 무엇 때문에 이 텍스트를 읽는가'에 관한 의사 결정을 하고, 그에 따라 텍스트의 특정 요소에 주목하게 된다.

학습 독자는 또한 읽기 전 활동으로 선행 조직자나 그래픽 조직자 확인, 훑어읽기 등의 활동을 통해 텍스트에 관한 사정 정보를 수집한다. 이때 텍스트의 정보는 텍스트 자체 및 콘텍스트에 관한 국면을 포괄하는 것으로, 이 사전 활동은 텍스트 읽기가 얼마나 효율적으로 이루어지는가를 결정하는 기본 조건이 된다. 하나의 문학 주체로서 숙련된 학습 독자는 읽기 목적과 텍스트/콘텍스트 특성에 따라 적합한 사전 활동을 하며, 미숙한 학습 독자는 사전 활동을 전혀 수행하지 못하거나 적합하지 않은 활동을 한다. 이렇게 얻어 낸 사전 텍스트 정보에 따라 관련되는 지식 및 경험을 인출하고 해석 능력을 활성화함으로써 읽기 전 활동이 완결된다.

학습 독자는 읽는 중 활동으로 사전 지식/경험의 조회 하에 텍스트 정보를 인지, 해석하고 반응해 간다. 이때가 텍스트/콘텍스트 변인과 인간 변인의 상호 작용이 가장 활발하게 이루어지는 단계로, 독자는 매우 폭넓은 해석 가능역 중에서 자신만의 해석 모형을 작동하여 텍스트 의미를 실현해 간다. 그 과정은 정보성의 격상에 따라 텍스트가 자연 언어로서 지니는 전언적 의미로부터 문학 주체의 의도와 관련된 해석적 의미까지 이어지며,[13] 그 결과로 텍스트 요소들의 소단위 의미를 구성하게 된다.

---

[13] 김창원(1995) 참조. 이 모형은 문학 텍스트의 인지적 해석 쪽에 초점이 놓여 있다. 그에 비해 '감수-반응-가치화-조직화-인격화'로 계열화한 블룸의 견해는 정의적 측면을 다루는 데 유용하다. 박인기(1994)는 블룸의 이 견해를 발달적 구조에 적용했는데, 그보다는 오히려 작용적 구조에 적용하는 것이 효과적일 듯하다. 시간성에 따른 발달보다는 특정 정의적 행동 특성의 심화를 설명하는 데 더 적합하기 때문이다.

문학 텍스트의 의미 구조

텍스트 의미					
불변체적 의미				변체적 의미	
텍스트적 의미		콘텍스트적 의미		담화적 의미	
전언적 의미	미적 의미	발생적 의미	상호 텍스트적 의미	맥락적 의미	해석적 의미
텍스트가 언어체로서 지니는 객관적 의미	텍스트의 표현이 환기하는 심미적 의미	텍스트 생산의 배경이나 의도에 따른 의미	텍스트의 장르적 특성이나 상호 텍스트성이 주는 의미	소통 맥락에 따라 구체화되는 의미	해석 주체의 개성에 따르는 의미

→ 정보성의 격상

텍스트의 소단위 의미는 대단위 의미 구성을 거쳐 읽은 후 활동으로 이어지는데, 이 단계에서 학습 독자는 텍스트/콘텍스트의 의미에 관한 정보를 재인하고, 그들 간의 관계를 판단하여 텍스트 전체의 내용과 구조를 표상하며, 그 결과에 대해 능동적으로 반응한다. 이 단계에서는 또한 읽기 목적의 성취도를 평가하고, 사전 지식과 경험을 재구조화하여 내면화하며, 상호 텍스트를 형성하고 해석 텍스트를 생산하는 활동도 이루어진다. 하나의 문학 텍스트 읽기에서 문학적 표현/이해와 사고의 통합 행위로 전환하는 것이다. 문학 읽기의 이러한 과정은 다음과 같이 모형화할 수 있으며, 문학 교육과정의 작용적 구조도 이러한 과정을 표상하며 구조화된다.

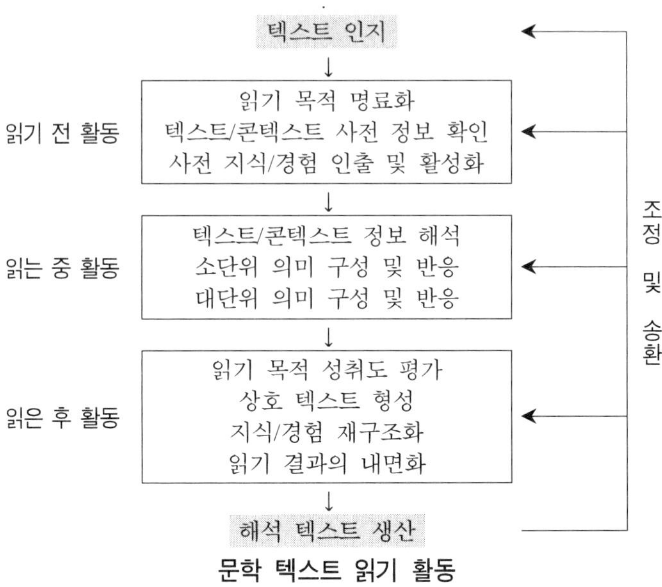

문학 텍스트 읽기 활동

3. 문학 교육과정 구조론의 의의와 과제

문학교육의 교육과정론은 문학 현상과 교육 현상의 상호 길항 관계에서 언제나 해결하기 어려운 딜레마에 부딪치게 된다. 문학 현상이 본질적으로 관습으로부터의 일탈과 자유로운 상상력을 추구하는 데 비해, 교육 현상은 자주 인간 행동을 일정한 방향으로 유도하려 하기 때문이다. 인간 중심 교육 사조를 바탕으로 영(零)의 교육과정(null curriculum)이나 잠재적 교육과정 이론에서 이 문제의 해결책을 찾으려는 시도도 있으나, 그 이론들은 실제로 문제를 해결한다기보다는 피해 간다는 인상이 짙다. 그보다는 문학 현상의 제 변인이 교육 현상의 제 변인과 어떻게 통합되는가를 중심으로 문학 교육과정의 새로운 개념을 모색하는 일이 더 효율적일 것이다.

문학 교육과정의 구조화를 위해 몇 가지 기준에서 접근 방향을 범주화하고 범주별 특성을 상세하게 살피는 것은 나름대로 의미 있는 작업이 될 수 있다. 이제까지의 교육과정론이 '목표 - 내용 - 활동'의 통합성 확보에 주력한 나머지 그 구성 요소들이 어떻게 작용하고 또 어떻게 발달하는지에 대한 고려가 부족했던 점을 감안하면 더욱 그렇다. 하지만 이러한 논의는 또 그 나름대로의 한계를 지니고 있는데, 범주들 간에 중복되거나 누락되는 부분이 생겨서 문학 능력 신장이라는 본질을 놓칠 가능성이 여전히 있다는 점이 그것이다. 혹은 변인들 간의 관계에서 왜곡, 과장된 범주들이 '논리적'이란 허울을 쓰고 기능할 가능성도 있다. 이러한 난점에도 불구하고 '문학 현상 - 교육 현상 - 문학교육 현상'의 창을 통해 문학 교육과정의 기본 틀을 구안한 것은, 그러한 범주들을 설정함으로써 비로소 문학 교육과정의 구조 총체성을 확보할 수 있기 때문이다.

지금까지 살펴본 문학 교육과정 구조화의 틀은 다음 쪽 그림과 같이 모형화할 수 있다. 이 모형을 기준으로 볼 때 그동안의 교육과정 설계 및 실천은 대체로 <실체-텍스트> 및 <과정-텍스트> 변인을 중심으로 한 구성적 구조의 측면에 주안점을 두어 왔음을 알 수 있다. 6차 교육과정 이후 '1. 성격' 항목에서 문학교육 현상을 반성적으로 점검하고 '목표 - 내용 - 방법 - 평가'로 이어지는 체재 속에 인간 변인이나 콘텍스트 변인을 포괄하고자 한 노력이 이루어졌지만, 그것이 발달적 구조나 작용적 구조로 구체화되지는 못하였다. 실제로 문서화된 교육과정에 이들 범주를 구현하는 데에는 기술적인 어려움이 따르는 것도 사실이다. 그러나 거기까지 나아가지 못한다면 교육과정은 단지 학교에서 다루어야 할 내용들을 모아 놓은 선언적 문서로만 남게 될 것이다.

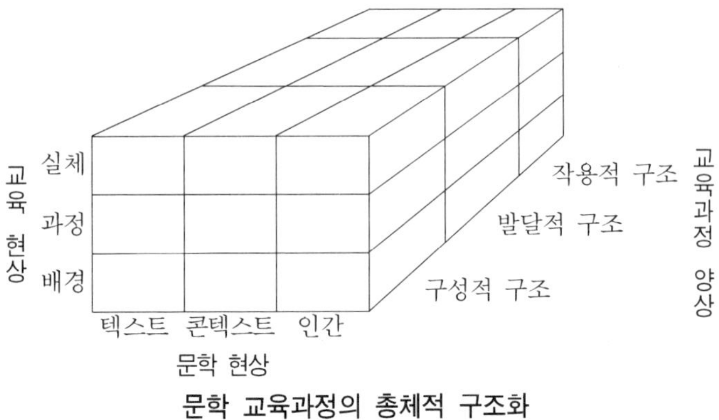

문학 교육과정의 총체적 구조화

이 모형은 물론 시안적인 성격을 띠지만, 교육과정 구조화에서 기본적인 개념 틀의 역할을 수행할 수 있다. 추가로 그 구조화 과정에서 유의해야 할 사항들을 몇 가지 들어 보면 다음과 같다.

첫째, 문학 교육과정은 문학 현상의 구조 및 특성을 역동적으로 반영해야 한다. 이는 다른 교과와 대비되는 문학교육의 고유성을 담보하는 조건이 된다. 언어 사용의 한 양상이자 미적 활동의 하나로서, 문학 공동체의 이데올로기와 문화 관습의 현현 양식으로서, 주체로서의 인간이 외부와 교섭하는 삶의 양식으로서 문학 행위를 이해하고 그 근거가 되는 텍스트/콘텍스트의 구조적 특성을 밝혀야 한다. 이는 문학 교육과정이 문학교육 내용의 평면적 나열이기보다 문학교육 현상을 구성하는 변인들의 입체적 구조여야 한다는 뜻이기도 하다. 아울러 구성적 구조와 작용적 구조가 포괄성과 효율성을 고려하며 통합되어야 한다는 뜻도 된다.

둘째, 교육은 시점 A와 시점 B 사이의 변화를 요구하는 유목적적인 행위이므로, 문학 교육과정도 시간성과 발달성을 고려하여 설계 · 실천해야 한다. 이는 구조화 과정에서 '무엇을 가르칠 것인가'뿐 아니라 '어떤 순서로, 얼마만큼 가르칠 것인가'의 문제도 고려해야 한다는 뜻이다. 지금까지의 교육과정은 대체로 이상적인 문학 주체를 가정하고 그가 갖추어야 할 지식·기능·태도를 기술하는 방식으로 구성돼 왔다. 그것은 이상적인 문학 주체의 모습을 보여주기는 하지만 거기에 이르기 위해 어떤 경로를 거쳐야 하는지에 대해서는 아무런 도움도 주지 못했다. 문학 능력의 구조와 그 발달성, 문학 능력 발달에 요구되는 경험 구조, 하부 변인들 간의 작동 기제 등에 대한 언명이 필요하다. 여기서 주의할 것은 문학 교육과정의 계열화는 내용과 활동의 계열화이지 작품의 계열화가 아니라는 점이다. 문학 교육과정의 발달적 구조가 명시적으로 드러나는 것은 교재에 담긴 작품들의 계열성이겠지만, 그것은 발달적 구조의 외적 결과물이지 발달적 구조 자체는 아니다.

셋째, 문학 교육과정은 문학적 취향, 문학 능력의 수준에 따라 여러 과정의 코스를 개발하여 제공해야 한다. 문학 능력의 발달에 개인차가 크고 문학적 취향도 다양한 상황에서, 단선적인 교육과정 운영으로는 학습자의 요구에 부응하기 어렵다. 따라서 인간·텍스트·콘텍스트 변인을 기준으로 중핵 요소를 공유하는 몇 가지 범주의 교육과정을 제시하고, 학습자로 하여금 선택할 수 있도록 해야 한다. 현실적으로 다양한 코스웨어의 개발이 어렵다면 대안으로 목표별/영역별/학년 군별 구조화도 가능하다.

넷째, 문학 교육과정 평가의 이론을 개발해야 한다. 이 이론은 문학 교육과정론을 평가의 국면으로 변환한 것이 될 수도 있고, 교육과정 평가의 독자적인 이론이 될 수도 있다. 어떤 식이든 교육과정 평가 이론이 탐색될 때 교육과정의 개선도 기대할 수 있을 터인데, 지금까지는 그러한 과정 없이 주변 여건의 변화에 따라 편의적으로 교육과정 개선이 이루어져 왔음을 부인하기 어렵다. 문학교육 현상의 본질과 문학교육 목적을 견인할 수 있는 교육과정 평가 이론의 개발이야말로 현시점에서 가장 시급한 일이라 할 수 있다.

다섯째, 문학 교육과정 설계에서 중핵 요소를 중심으로 보다 입체적인 교육과정이 구안되어야 한다. 7차 교육과정 이후 그 이전까지 불분명하던 '내용 체계'를 제시함으로써 문학 교육과정의 이상에 한 발 다가섰지만, 아직도 하부 영역 설정의 원리가 모호하고 구체적 내용도 서로 유기적인 연계가 부족한 점이 눈에 띈다. 따라서 문학교육과 관련되는 중핵 요소를 추출하고 그것들을 체계적으로 조직함으로써 양 위주의 폭넓은 교육에서 중핵 개념과 적응력 위주의 질 좋은 교육으로 전환하려는 노력이 필요하다. 표면에 드러난 잡다한 사실보다는 그 뒤에 숨어 있는 원리와 문학적 필연성이 더욱 중요하기 때문이다. 이는 역으로 문학교육에서 교사와 학습자의 활동역을 확장할 수 있는 길이기도 하다.

Ⅱ. 문학 교육과정의 구성

1. 문학 교육과정 구성의 전제

1) 무엇이 문제인가

'교육과정'을 뜻하는 'curriculum'은 원래 라틴어에서 경주마들의 주로(racing-course)를 가리키는 말이었다. 어원에서도 알 수 있듯이, 전통적으로 교육과정이란 '단위 과정에서 이수해야 할 교과(내용)의 목록'이라는 뜻으로 사용되어 왔다.[14]

그러나 오늘날 교육과정의 개념을 이처럼 협소하게 해석하는 경우는 드물다. 오히려 교육과정은 학습자가 배워야 할 내용뿐 아니라, 교육 행위의 시원과 과정 및 결과 전체를 포괄해야 한다고 본다. 곧 교육과정을 '가르칠 내용들의 체계'로 보기보다는, '교수-학습이 이루어지는 현상들의 체계'로 이해하는 것이다. 그 현상에는 교육 공동체의 의도, 교육 프로그램 전반의 설계, 교육 내용과 활동의 통합적 실천, 자체 점검을 위한 평가 활동 등이 포함된다.[15]

---

[14] 교육과정의 어원과 그 다양한 개념에 대해서는 Lewy(1991) 참조.

교육과정은 명시적으로 존재할 수도 있고 잠재적으로 존재할 수도 있다. 명시적일 경우에도 그 근거가 제도적으로 뒷받침될 수도 있고 관습적으로 뒷받침될 수도 있다. 현실적으로 가장 널리 통용되는 형태는 제도의 뒷받침을 받는 명시적 교육과정, 곧 '법률에 따라 국가 및 교육 공동체가 문서로 제시하는 교육과정'의 형태이다. 그것은 직접적으로는 헌법 및 교육법, 교육법 시행령 등을 근거로 하고, 궁극적으로는 교육에 관한 교육 공동체의 합의에 따른다.

하지만 앞 장에서 지적한 대로 우리나라에 '문학 교육과정'은 별도의 문서로 존재하지 않는다. 이는 결국 '국가 수준에서 제공되는 문서'라는 형태에 얽매이게 되면 문학 교육과정에 대한 논의가 제한될 수밖에 없다는 것을 뜻한다. 그 관점에서 문학 교육과정을 논의하려면 우선 국어과 교육과정에서 문학 관련 내용을 추려내야 하는데, 하나의 체계를 이루고 있는 국어과 교육과정에서 문학 관련 내용들만 추려낼 경우 원래의 의도와 기능이 보존되리라고 보기는 어렵다. 따라서 그러한 제한 조건을 극복해야만 '(별도로)존재하지 않는 문학 교육과정'을 다루어야 하는 모순에

---

[15] 이와 관련하여 박인기(1994)는 문학 교육과정의 개념 층위를 교육과정 일반의 차원과 문학 교과 내적 차원에서 세밀하게 분석하고 있다. 그에 따르면 문학 교육과정은 교육과정 일반 개념의 차원에서 ① 내용 구분 또는 교과목으로서의 교육과정 ② 계획된 활동으로서의 교육과정 ③ 의도된 학습 결과로서의 교육과정 ④ 문화적 재생산으로서의 교육과정 ⑤ 경험으로서의 교육과정 ⑥ 집중적으로 분리된 과업으로서의 교육과정 ⑦ 자전적 생활 경험에 관한 해석으로서의 교육과정 ⑧ 사회 재건을 위한 제안으로서의 교육과정으로 개념화되며, 문학 교과 내적 차원에서는 다시 목적과 수단의 관점에 따라 ① 지식 존속의 문학 교육과정 ② 문화 이해의 문학 교육과정 ③ 발달 수행적 문학 교육과정 ④ 비판적 실천을 위한 문학 교육과정으로, 내용 범주와 조직 관점에 따라 ① 문학 텍스트 경험의 총체적 범주 ② 문학 교수-학습 설계의 상위적 계획 ③ 문학적 사고와 결부되는 경험 ④ 문학 현상의 의도적 경험 체계 ⑤ 문학적 문화의 이해와 실천 ⑥ 문학 지식의 내용화 조직망으로 개념화된다. 사실상 이러한 개념화 논의에서 문학 교육과정의 가능한 성격은 거의 드러났다고 볼 수 있다. 문제는 이러한 개념 층위들이 추상적 논의 수준에서만 다루어질 뿐, 실제 교육과정은 언제나 전통적 개념으로 통용된다는 점이다.

서 벗어날 수 있다.

그 모순은 어떻게 극복할 수 있는가. 첫째는 문학 교육과정 개념의 확장을 통해 이루어질 수 있다. 박인기(1994)에서 제시했듯이 문학 교육과정의 개념은 매우 다양하다. 그런데 이들 개념들 사이의 관계는 선택의 문제가 아니라 다면성의 문제로 이해된다. 어떤 한 개념만을 배타적으로 받아들이게 되면 문학교육의 다면성을 잃어버리기 때문이다. 따라서 비록 외면상으로는 단일한 문서 형태로 존재한다 하더라도, 그것을 보는 관점을 폭넓게 가지는 일이 중요하다.

둘째는 기존의 교육과정 문서가 주는 압박에서 벗어나야 한다. 국어과 교육과정은 교수요목에서 2009년 교육과정까지 계속 변화·발전해 왔지만, 문학교육 자체의 시각에서 문학 교육과정을 구성한 예는 보기 어렵다. 교과로서의 문학교육을 둘러싸고 있는 외적 구조에 관한 논란은 많이 있었어도,[16] 큰 시각에서 문학 교육과정의 내적 구조에 대한 고민은 없었던 것이다. 결국 국어과 안에서 문학교육의 위상이 어떠해야 하느냐의 논란과는 별도로, 문학 교육과정의 본질을 구현하고자 한다면 기존 문서의 '개정'이 아니라 새로운 문서의 '제정'이 필요한 셈이다.

새로운 문학 교육과정을 구성해야 하는 이유는 또 있다. 그것은 문학교육 현상 자체의 변화이다. 지금까지 문학교육이 규범적·문화 전달적 관점에서 정전 중심의 텍스트 독해 위주로 이루어졌다면, 앞으로의 문학교육은 창의적·자아 실현적 관점에서 다양한 텍스트를 둘러싼 문학 행위 중심으로 이루어질 것이다. '중심의 부재'로 이야기되는 지배적 가치의 파괴, 담론 질서의 해체, 문학 소통 구조의 다기화와 개별화 등의 현상에 문학교육이 초연하다면 문학교육은 교실에 갇히게 될 가능성이 농후하기

16 문학 교과의 위상과 관련된 논쟁이 그 대표적인 예이다. 문학과문학교육연구소(1996)에 실린 이용주, 「국어교육에 있어서의 문학의 위치」와 박대호, 「문학교육의 자리매김」이 전형적이다.

때문이다. 문학 교육과정은 문학교육에 그에 대한 메타담론으로서 그것을 견인하는 한편, 문학교육 현상의 변화는 어떤 식으로든지 문학 교육과정의 변화를 요구하게 된다.

2) 어디에서 오는가

문학 교육과정의 원천은 문학교육 현상 자체라 할 수 있다. 이는 문학 교육과정이 문학교육 현상에 대한 메타담론으로서, 그 구조를 일관되게 투사한다는 뜻이다. 앞 장에서 살폈듯이 문학교육의 이념, 실천 구조, 거기에 개입하는 실체적 · 과정적 · 배경적 변인들이 문학교육 현상을 구성하며, 문학 교육과정 역시 그러한 요소를 담게 된다.

그런데 문학교육 현상은 넓은 의미에서 문학 현상의 한 양태라 할 수 있다.[17] 문학 현상은 일정한 콘텍스트 아래 어떤 텍스트를 매개로 이루어지는 유목적적 행위망의 일부로서, 텍스트와 콘텍스트, 행위 주체로서의 인간이라는 세 변인이 '문학적'이라는 한정사를 공통적으로 가질 때 그것은 문학 현상이 된다. 이때의 '텍스트'는 언어 기호의 선택 및 결합과 관계되는 형식의 측면과 그것이 담고 있는 아이디어와 내용의 측면, 그리고 텍스트 자체의 표현 의도 및 효과를 모두 포함하며, '콘텍스트'는 문학 행위의 역사적 · 사회적 · 심리적 · 문화적 조건을 아우른다. 주체로서의

---

[17] 문학교육 현상이 문학 현상의 부분이라고 말할 수도 있다. 그러나 엄밀하게 보면 문학교육 현상은 문학 현상의 하위 범주인 동시에 메타담론으로서, 그와 차원을 달리하여 중첩되는 체계라고 보는 것이 옳을 듯하다. 문학 현상과 그에 대한 메타담론 사이의 관계는 축구 경기와 축구 규칙 사이의 관계에 빗대어 볼 수 있다. 축구 규칙은 축구 경기 속에 녹아들어가 경기의 일부가 되지만, 동시에 축구 경기 자체가 축구 규칙에 따라 이루어지는 것이다. 이처럼 상호 포섭이 가능한 이유는 그들의 차원이 다르기 때문으로, 문학교육 현상 외에도 문학 지식 현상, 문학 산업 현상 등도 문학 현상에 대한 메타담론으로 이해된다. 이러한 이유 때문에 문학교육 현상을 문학 현상의 한 부분이라 하지 않고 '양태'라 한 것이다.

'인간'도 텍스트의 생산 · 변용 · 중개 · 수용 주체의 특성을 모두 담는 개념이다.

문학교육 현상은 또한 교육 현상의 한 양태이다. 교육 현상 역시 유목적적 행위망의 일부로서, 주체와 텍스트(그것이 지식이든 기술이든), 콘텍스트가 '교육적'이라는 한정사를 가진다는 점에서 문학 현상과 대비된다. 곧 교육적 의도에 따라 선택되고 조직된 텍스트, 교육 이념의 달성을 위해 교육 공동체가 설계하고 통제하는 콘텍스트, 그리고 교수-학습 주체로서의 교사와 학습자가 상호 작용하는 역동적 구조가 교육 현상으로 현동화하는 것이다.

그러나 문학교육의 장에서 문학 현상과 교육 현상은 별도로 이루어지지 않으며, 하나의 원리와 구조 속에 통합되는 것으로 보아야 한다. 각주 16)에서 암시했듯이 문학 현상과 교육 현상이 겹치는 부분에 문학교육 현상이 있는 것이 아니라, 문학교육 현상이 그 자체의 논리로 존재하면서 하나의 메타담론으로서 문학 현상 및 교육 현상과 교섭하기 때문이다. 이는 결국 문학 교육과정이 단순히 문학-학(文學-學)의 개념들을 나열하거나 교육학 이론의 실험장이 되어서는 안 되며, '문학교육'이라는 단일하고도 고유한 현상을 다루어야 한다는 뜻이 된다.

3) 무엇을 담아야 하는가

문학 교육과정을 어떻게 구성하는가, 곧 그 안에 무엇을 담아야 하는가의 문제는 교육 공동체가 문학교육에 관해 무엇을 의도하고 기대하는가에 따라 결정된다. 거기에는 왜 문학교육이 필요하며 그것을 통해 무엇을 달성하고자 하는가, 거기에 이르는 과정은 어떠하며 수행해야 할 과제는 무엇인가, 그를 위해 교수-학습의 상황을 어떻게 설계할 것인가 등에 관한 합의가 담겨야 한다. 그러한 합의가 유목화되어 교육과정에 제시될 때, 그 각각의 내용들이 교육과정의 구성 요소가 된다.

지금까지 문학 교육과정이 다루어 온 구성 요소는 교육과정 체재를 통해 짐작할 수 있는데, 크게 보아 '목표 - 내용 - 방법 - 평가'의 사원 체재를 바탕으로 체계화한 것을 알 수 있다.[18] 이는 문학교육의 변인 중 주로 실체 변인(학습자를 배제한)과 과정 변인[19]에 초점을 둔 것으로, 문학교육 현상의 총체상을 반영하는 데에는 한계가 있을 수밖에 없다. 이와 관련하여 김재복(1996)은 7차 교육과정 개정을 위한 기초 작업을 하면서 교육과정의 구성 요소로 '교육 목표 - 교육 내용 - 교재 - 학습 활동 - 교수 전략 - 평가 - 집단 - 시간 - 공간'의 아홉 가지를 제시하여, 우리에게 많은 시사를 준다. 그동안 소홀히 취급되었던 학습자 변인과 배경 변인을 교육과정 체계 안으로 끌어들이려는 노력이 나타난 것이다.

이러한 요소들은 문학 교육과정의 형식적 구성 요소라 할 수 있다. 그러나 이러이러한 요소들을 교육과정 안에 적절히 배치했다고 해서 그것이 문학교육 현상으로 그대로 투사될 수 있는 것은 아니다. 문학 교육과정이 문학교육 현상을 전방위적으로 포괄하려면 이것만으로는 부족하다.

우선 필요한 것은 문학 능력의 발달에 관한 관점이다. 교육이 본질적으로 '인간 행동의 가치로운 변화'를 의도한다면, 그리고 교육과정이 그러한 변화에 관한 교육 공동체의 의도를 담아야 한다면, 바로 그 '변화'에

---

18 국어과 교육과정의 체재 중 큰 항목만 보면 다음과 같으며, 여기에서 목표와 내용, 방법(지도), 평가가 주요 구성 요소였음을 알 수 있다.
1차 교육과정 : 교과 목표 - 영역 - 학년 목표 - 지도 방법
2차 교육과정 : 교과 목표 - 학년 목표 - 지도 내용 - 지도상의 유의점
3차 교육과정 : 목표 - 내용 - 지도상의 유의점
4-5차 교육과정 : 교과 목표 - 학년 목표 및 내용 - 지도 및 평가상의 유의점
6차-2009년 교육과정 : 성격 - 목표 - 내용 - 방법 - 평가

19 앞 장에서 교육 현상의 구조를 실체 변인(교사, 내용/교재, 학습자)과 과정 변인(목표, 교수-학습 활동, 평가), 배경 변인으로 분석하였다.

관한 관점이 교육과정 안에 표상되어야 하는 것이다. 문학 능력의 구조는 어떠하고, 그것은 어떤 기제로 형성되며, 어떠한 절차와 전략으로 발달시킬 수 있는지에 관한 이론적 탐구가 문학 교육과정 구성의 전제가 된다. 말하자면 문학 교육과정에는 시간성(구체적으로는 학습자의 발달성)에 따라 미숙한 문학 주체로부터 이상적인 문학 주체에 도달해 가는 경로가 제시되거나, 그를 조장하기 위한 원리가 제공되어야 하는 것이다.

아울러 교육과정의 작용에 관한 관점도 필요하다. 개념적 진술 수준인 교육과정의 구성 요소들을 실제 교육 현상으로 투사하는 기제가 필요하기 때문이다. 민법에 민사소송법이 따르고 형법에 형사소송법이 따르듯이 문서로서의 교육과정과 실제 교육 현상을 매개할 고리가 필요한데, 교육과정에는 그에 관한 원리를 담아야 한다. 이는 '현상'으로서의 문학 교육의 특성이 가장 잘 드러나는 부분으로, 텍스트 중심의 정태적인 문학 교육관에서 텍스트 행위 중심의 동태적인 문학교육관으로의 패러다임 변화를 담보할 수 있다는 점에서 유의미하다. 결국 문학 교육과정에는 문학 교육 현상의 형식적 구성 요소들과 그들의 발달 및 작용에 관한 교육 공동체의 합의가 담기게 된다.[20]

2. 문학 교육과정 구성의 원리

1) 기본 방향은 무엇인가

가. 인간관

문학 교육과정 구성에서 제일 먼저 맞닥뜨리는 질문은 '왜 문학교육이

[20] 앞 장에서 이 부분을 교육과정의 구성적 구조와 발달적 구조, 작용적 구조로 개념화하여 살펴보았다.

필요하며, 문학교육을 통해 이루고자 하는 바는 무엇인가?' 하는 질문이다. 교육과정은 이 질문을 해결하기 위한 교육 공동체의 노력의 소산이라 할 수 있다.

이 질문에 답하려면 우선 '교육이란 무엇인가?'에 관한 진지한 문제 제기가 필요하나, 여기서는 일단 '인간의 인간화'라는 말로 범박하게 답하고 넘어가고자 한다. 이 때 전자의 인간이 생물학적 인간이라면, 후자의 인간은 철학적이자 윤리적이고, 역사적인 동시에 사회적인 인간이 된다. 곧 교육은 지구 생태계의 일원으로서 한 인간이 세계와 조화를 이루어 가며 살아갈 수 있는 지식과 기능과 태도를 갖추도록 하는 일인 것이다. 이러한 관점에 서면 문학교육 역시 그 최종 도달점은 '바람직한 문학 주체'를 형성하는 일이 된다. 문학교육은 문학 작품을 다루는 데 머무는 것이 아니라 문학 작품과 관련하여 이루어지는 학습자의 행위 일체를 다루는 것이며, '지금 이곳'의 학습자가 아니라 최종 도달점에서의 학습자를 염두에 두고 이루어지는 것이다. 그를 바탕으로 문학적 문화도 고양할 수 있고, 문학 자체를 발전시킬 수도 있다.

교육이 궁극적으로 인간 발달의 문제라는 점에서, 인간을 무엇으로 보느냐 하는 문제가 문학교육의 출발점이 된다. 이와 관련하여 인간을 그 안에 무엇이든지 담을 수 있는 용기(容器)로 보는 관점과 무엇으로든지 자랄 수 있는 씨앗으로 보는 관점이 대립될 수 있다. 전자의 관점에 서면 문화 전승의 문학교육이 이루어지고, 후자에 서면 자아 계발의 문학교육이 이루어진다. 광복 이후의 문학교육은 대체로 전자의 입장에서 이루어져 왔으나, 문학관의 변화(작가 · 작품 중심 → 독자 · 소통 과정 중심), 교육관의 변화(교사 · 교재 중심 → 학습자 · 활동 중심)와 함께 인간관이 변화하면서(세계의 구성물 → 세계의 주체) 후자의 중요성이 점차 강조되고 있다. 문학 교육과정은 이러한 인간관의 변화를 반영해야 한다.

여기서 '바람직한 문학 주체'란, 앞 장에서 서술했듯이 문학에 대해 긍정적인 가치관을 지니고 적극적으로 반응하며, 풍부한 문학 지식과 경험을 지니고 있고, 문학의 발화 특성과 한국 문학의 관례에 정통한 주체이다. 그는 또 문학적 상상력이 뛰어나고, 문학적 언어를 유창하게 사용한다. 인간 행동의 여러 측면에 관련되는 이러한 특성들을 '문학 능력'이라고 부른다면, 문학교육은 결국 '학습자의 문학 능력을 신장하기 위한 일련의 계획과 실천'으로 규정할 수 있다. 문학 능력이 무엇으로 구성되는지, 이상적인 문학 주체는 어떠한 문학 능력을 가지게 되는지, 문학 능력을 기르기 위해서는 어떤 절차를 밟아야 하는지 등에 관한 사고가 문학 교육과정에 반영되어야 한다.

문학교육에서 파악하는 문학 능력은 어느 정도 선천적인 특성을 지니고 있다. 그러나 한편으로 그것은 고정적이고 완성된, 이미 소여(所與)된 대상이 아니라 가변적이고 가능성으로 열려 있는, 앞으로 채워질 자질로 보아야 한다. 말하자면 문학 능력은 '문학을 배울 수 있는' 능력과 '문학 행위를 원활하게 할 수 있는' 능력의 두 범주를 포괄하는 것이다.[21] 모든 인간은 선천적인 문학 능력을 지니고 있기 때문에 세부적인 절차를 거쳐서 문학 행위를 원활하게 할 수 있게 된다. 그리고 그러한 절차는 교육을 통해 정교화될 수 있다. 이런 점에서 문학교육은 '누구나' 가지고 있는 문학 능력을 바탕으로, 그것을 확충하는 동시에 구체화하는 과정으로 볼 수 있다.

실제로 문학교육은 인간이 문학을 다루는 여러 양상 중 가장 복잡하고 다층적인 활동이다. 일반적인 문학 행위가 대체로 어느 개인의 특수한 문제로 환원되는 데 비해, 문학교육은 적어도 셋 이상－작가 · 교사 · 학습자－

21 앞의 능력이 잠재적인 가능성의 능력(Competence)이라면, 뒤의 능력은 실제 수행과 관련된 능력(Ability)이 될 것이다. 촘스키의 '언어 능력'은 전자에 가깝다.

의 개인이 관련되는 행위이고 그 범위는 무한히 넓어질 수 있다. 가장 전형적인 경우는 한 명의 작가와 한 명의 교사, 그리고 다수의 학생들이 상호 작용하는 경우이지만, 그 경우에도 각 개인은 스스로 하나의 주체이면서 동시에 그가 속한 집단의 이데올로기에 지배된다는 점을 고려하지 않으면 안 된다. 곧 문학교육의 성패는 인간 변인을 얼마나 잘 조직하고 통제하느냐에 달려 있는 것이다. 지금까지의 교육과정은 문학 자체의 논리에 치중한 나머지 이러한 측면은 소홀히 취급한 감이 없지 않다.

나. 문학관

학교에서 문학을 가르치는 근거는 두 가지 측면에서 찾을 수 있다. 첫째는 문학 자체의 교육 작용이고, 둘째는 문화 양태로서의 문학이 갖는 교육 가능성이다. 교육을 인간의 자아 실현이라는 관점에서 바라보면 첫째의 측면이 중시되고, 문화 재생산이라는 관점에서 바라보면 둘째의 측면이 중시된다. 그러나 이 둘은 서로 대립한다기보다는 문학교육이라는 하나의 현상의 양면으로 보는 것이 바람직하다. 자아와 세계의 상호 교섭 속에서 인간의 조건이 결정되기 때문이다.

문학이 인간의 도덕적 삶을 변화시키고 감정 이입을 통해 대리 경험의 세계를 전개하며 자신과 타인을 새로운 시각에서 인식하게 하고 정서를 함양시킨다는 사실(Gribble/나병철 역, 1987:5)은, 문학 행위 자체가 교육적인 효과를 준다는 것을 보여준다. 이러한 예는 문학의 기능을 효용과 쾌락 양면에서 파악하면서 문학의 능동적 역할을 강조하는 희랍적 전통이나, 여항(閭巷)의 노래를 통치의 중요한 수단으로 삼았던 동양적 전통 모두에서 찾을 수 있다. 곧 인간은 문학 행위를 수행함으로써 세계를 보는 눈을 기르고 자신의 무한한 가능성을 확인하며 자아를 실현할 수 있게 되는 것이다. 교육이 인간의 가치로운 변화를 도모하는 것이라면, 문학 행위의 효용은 곧 교육의 효용과 동등한 것이라 인정할 수 있다.(김은전, 1979:7) 문학을 쓰고 읽는 행위 자체가 넓은 의미에서의 교육 작용을 수행하므로, 문학은 학교 교육의 과정에서 중요한 역할을 차지하게 된다.

문제는 문학 자체가 교육 작용을 수행한다는 것과 문학을 학교에서 가르칠 수 있다는 것은 개념상 다른 문제라는 점이다. 인지 · 정의 · 사회적 측면에서 가치 있는 방향으로의 의도적이고 계획된 변화 추구라는 교육의 본질에 비추어 볼 때, 문학 경험을 통한 자기 갱신은 '가치 있는 방향으로의 의도적이고 계획된 변화'라는 범주에서 상당 부분 벗어나는 것으로 보이기 때문이다. 여기에서 '문학은 가르칠 수 있는가?'라는 오래된 질문이 제기된다.

문학을 가르칠 수 있는가에 대한 답은 그 때의 '문학'이 무엇을 의미하느냐를 살핌으로써 찾을 수 있다. 문학교육이 문학을 다루는 한에서는 교육과정 구성에서 언제나 '문학이란 무엇인가?'의 문제가 개입하지 않을 수 없는 것이다.

문학은 언어의 구성물로 이해되기도 하고 예술 텍스트로 이해되기도 하며, 문화적 실천 양태로 이해되기도 한다. 또는 인문학의 한 범주로 이해되는 경우도 있다.(김창원, 1992) 어떤 관점에서 문학에 접근하느냐에 따라 문학교육의 모습이 달라질 것이다. 언어 사용으로서의 문학이라면 언어적 모델이, 예술 현상으로서의 문학이라면 심미적 모델이 유의미하게 다가온다. 또 문화 실천의 측면에서는 문화적 모델이 유용할 듯하고, 자아와 세계의 길항을 통한 총체성 획득이라는 의도를 받아들인다면 인문학적 모델이 유의미할 것이다. 하지만 문학교육의 이념과 논리를 고려한다면 문학을 어떤 하나의 모델로 한정해서 이해하는 것은 다분히 일면적이라는 의혹을 받기 쉽다. 그보다는 문학도 '인간의 유목적적인 행위망'이라는 포괄적 관점에서 접근하는 것이 바람직하며, 그런 점에서 소통 모델에 대해 진지하게 논의해 볼 필요가 있다.

의사소통으로서의 문학은 야콥슨이 말한 바 의사소통의 여섯 요소에 대한 바흐친의 문학적 변용을 바탕으로 다음과 같이 접근할 수 있다.[22] 나아가 그 문학교육적 함의까지도 추출할 수 있는데, 중요한 것은 이들 요소나 범주가 따로따로 기능하는 것이 아니라 '문학 텍스트의 교육적 소통'이라는 관점에서 포괄적으로 통합된다는 점이다. 그럼으로써 문학교육 현상의 총체성을 구현할 수 있게 된다.

맥락
|
발신자 — 텍스트 — 수신자
|
규약

의사소통의 요소

맥락
|
작가 — 작품 — 독자
|
문학적 관례

문학 소통의 요소

반영이론
|
표현이론 — 형식주의 — 수용이론
|
구조주의

문학 이론의 범주

내용 중심
|
작가 중심 — 작품 중심 — 학습자 중심
|
장르 중심

문학교육의 방법 범주

이 관점에 서면 문학교육은 문학 텍스트를 중심으로 작가와 교사, 학습자가 텍스트의 생산에서 분배, 수용에 이르는 일련의 과정을 거치면서 영향을 주고받는 상호 작용으로 이해된다. 문학 주체로서의 작가·교사·학습자는 교육적 문학 소통의 인적 변인으로서 각각 생산자·중개자

[22] 이 모형에서는 야콥슨이 말한 의사소통의 여섯 요소 중 접촉(contact)의 요소가 문학적으로 전이되지 않았다. 문학 텍스트에는 '문학적 언어'라는 매체가 이미 전제되어 있기 때문이다.(김욱동, 1988:13-16) 구인환 외(2004)의 경우는 문학 이론과 문학 교육의 관계를 얘기하면서 생산 이론, 반영 이론, 구조 이론, 수용 이론으로 사분하고 있으나, 문학 교육에 대한 형식주의적 접근과 구조주의적 접근은 작품의 내적 형식미에 중점을 두는가 아니면 작품의 내적·외적 구조에 중점을 두는가의 기준에서 차원이 다르다고 보아 다섯 가지 방법으로 유목화했다.

· 수용자의 개념과 병치되고, 그들은 소통의 각 단계에서 소통 주체로 기능한다. 또 텍스트 자체는 문학교육 소통의 매개물이 되며, 그것의 형식과 구조는 소통의 코드 차원으로 하강한다. 아울러 문학적인 언어 사용의 관례는 소통 통로로 해석되며, 텍스트 생산과 수용에서의 역사적 · 사회적 · 문화적 배경도 소통 배경의 측면에서 바라볼 수 있게 된다.(권오현, 1992:28-32)

이처럼 문학을 언어적인 동시에 미적이고 문화적인 의사소통의 양태로 이해하는 것은, 문학이 가지는 다면성을 폭넓게 반영할 수 있다는 점에서 다른 모델보다 상대적인 우월성을 부여할 수 있다. 이는 또한 문학이 하나의 '수행'이자 '현상'이라는 점도 효율적으로 드러내며, 의사소통의 측면에서 교육과도 쉽게 연관된다. 아울러 문학교육과 언어교육, 문학교육과 예술교육, 문학교육과 인문교육 등 그동안 문학교육의 정체성과 관련하여 일어났던 혼란들을 불식하는 계기도 마련할 수 있다.

다. 교수-학습관

인간관, 문학관과 함께 교수-학습관은 문학교육의 개념과 방향을 설정하는 주요 준거가 된다. 문학교육도 총체적인 교육 활동의 일부이고, 그 실천은 '교실'이라는 특정 상황에서 이루어지기 때문이다.[23] 이는 행위 주체로서의 인간관, 소통으로서의 문학관이 제시하는 방향과 밀접하게 연관되면서 문학교육의 실제를 규정한다.

각 교과의 활동은 그 교과의 교수-학습 절차와 거기에 개입하는 변인을 바라보는 시각에 따라 지식 습득 과정으로, 혹은 행동 특성의 변화 과정

23 이때의 '교실'이 물리적인 교실을 의미하는 것은 아니다. 교육적인 의도, 계획, 과정이 있는 모든 문학 행위의 장을 문학 교실이라고 부를 수 있다. 그 태생부터 교육적이라 할 비평 활동을 포함하여, 창작 및 독서 동아리 활동, 문학 답사 활동, 고전 읽기 운동까지도 문학 교실의 범주에 포함된다.

으로, 혹은 경험의 질적 변화 및 확장 과정으로 다르게 접근할 수 있다. 이를 각각 인지적 접근, 행동주의적 접근, 경험주의적 접근으로 부를 수 있는데, 이러한 관점에 따라 교육과정 구성 요소 간의 관계가 달라지게 된다. 김재복(1996)의 기준에 따라 각각의 접근 방향을 정리하면, 교수-학습관과 교육과정 구성의 관계를 일목요연하게 알 수 있다.

관점에 따른 교육과정 구성 요소간의 관계(김재복, 1996)

	인지적 접근	행동주의적 접근	경험주의적 접근
1. 교육목표	교과 내용의 숙달	인지적·정의적·심리운동적 행동 변화	학습자 경험의 질적 변화 새로운 의미 구성
2. 교육내용	전통적 교과 내용	과제 분석된 전통적 교과 내용	개념적으로 통합된 지식적 내용 절차적·과정적 내용
3. 교재	교과서, 고전	목표별 다종 교재, 학습지	교과서, 원자료, 각종 인쇄물, 지역사회 및 도서관 자료
4. 학습활동	암송·반복·연습 학습자는 지식의 수동적 습득자	목표의 내용과 행동 연습 정형화된 학습 방식 단계별 활동	문제 해결 학습 및 주제 중심 학습 학습자는 능동적 지식 구성자
5. 교수전략	교사 중심 일제식 수업 교과 내용 습득	교사 중심 계속적인 성취 수준 확인 개별화 전략	환경 조성 지속적인 관찰 동료 학습자로서의 교사

6. 평가	양적 평가 서열 중시 교수-학습과 분리	목표 중심 양적 평가 (진단 · 형성 · 총괄 평가) 교수-학습 교정에 반영	다양한 질적 평가 교수-학습과 통합
7. 집단	능력별 집단 경쟁적 학습 구조	개별화 학습 구조	조별 학습, 개별 학습 협동적 학습 구조
8. 시간	교과별 · 학년별 차시 단위 주지 교과 중심 운영	교과별 · 학년별 차시 단위 목표에 따른 시간 사용 변화	다양한 시간 블록 사용
9. 공간	교실 중심 획일적 책상 배열	교실 중심 다양한 책상 배열 특별 교실 활용	다양한 책상 배열 주제별 센터 특별 교실 및 지역사회 활용
	지식 중심 ←→ 학습자 중심		

여기서 관점에 따라 교육과정의 구성 요소들이 지향하는 바가 어떻게 달라지는지를 살펴볼 수 있다. 문학교육은 지식 중심의 인지적 접근보다는 학습자 중심의 경험주의적 접근에 더 호감을 느끼지만, 일도양단 식으로 쉽사리 결론을 내릴 수 있는 것은 아니다. 교육적 문학 소통의 근저에 지식 습득과 행동 변화가 잠복해 있기 때문이다. 결국 문학 교육과정 구성 과정에서 교육 공동체의 합의에 따른 선택과 가치 부여가 이루어지게 된다.

문학 교육과정의 구성을 위해서는 다른 교과와 대비되는 문학 수업의 독특한 구조를 살피는 것도 중요하다. 그것은 문학 텍스트와 그것을 다루는 인간 행위의 특성에서 찾을 수 있다. 모의/간접 경험을 통한 정보 획득이나 기능 숙달, 사고력 신장과 정서의 순화, 자아 정체와 세계관 확충 등이 교육의 장에서 주로 이루어지는 행위인데, 다른 교과/과목의 수업이 대체로 엔트로피가 낮은 텍스트를 가지고 단일한 목표 아래 단일한 국면에서 이루어지는 데 비해, 문학 수업은 엔트로피가 높은 텍스트를 가지고 복합적 · 성층적 목표 아래 복합적인 국면에서 이루어지는 특성을 보인다.[24] 곧 문학 수업은 학교의 수업 사태 중에서 수업에 참여하는 주체들의 정신이 가장 복합적이고 역동적이며 첨예하게 교차하는 장인 것이다.

그런 점에서 문학교육을 고-엔트로피 텍스트를 중심으로 한 교육적 의사소통의 특수한 형태로 보면, 거기서 아래와 같은 구조를 읽어낼 수 있다.[25]

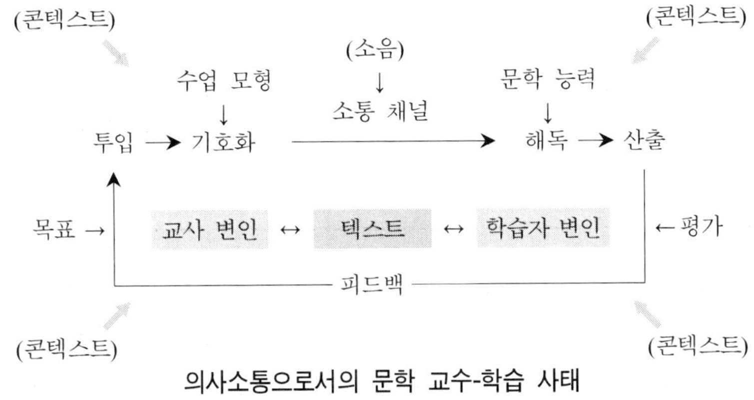

의사소통으로서의 문학 교수-학습 사태

24 엔트로피가 낮은 텍스트는 의미가 분명한 대신 지니고 있는 정보량이 적고, 엔트로피가 높은 텍스트는 그 반대이다. 문학 텍스트는 언어 텍스트 중 엔트로피가 가장 높은 텍스트에 속한다.(Lotman/유재천 역, 1991:44-52)

25 이 모형은 Hills/장상호 역(1987:16-20)의 모형을 바탕으로 문학교육 상황에 맞게 재구성한 것이다. 여기서 '투입'은 전달 혹은 계발하고자 하는 문학적 능력 및 가치 표준을 가리키고, '기호화'는 교사가 텍스트에 관한 문학적인 사실 · 관념 · 태도 등을 학생들이 동화하고 배울 수 있는 형태로 바꾸어 놓는 행위를 말한다. 또 '채널'은 문학적 정보를 학생들에게 전달하거나 상호 작용하는 통로로서의 교수 행위를, '소음'은 정보 소통의 방해 요인, 예컨대 교실 환경이나 교사의 개입 같은 것을, 그리고 '피드백'은 투입을 조정하고 소음이나 의도에 의한 해독상의 오류를 제거하는 행위를 가리킨다. '해독'과 '산출'은 '투입'과 '기호화'에 대응하지만, '산출'이 꼭 '투입'과 일치하는 것은 아니다.

곧 문학의 교수-학습은 '문학적 투입 ↔ 문학적 사고 ↔ 문학적 산출'의 양방향 정보 처리 활동으로 나타난다고 할 수 있다. 이는 텍스트와 사고의 상호 작용을 통해 문학적 의미를 구성해 가는 과정으로, 투입과 산출을 차질 없이 하거나 투입보다 더 큰 산출을 얻기 위해 여러 계획을 세우고 전략을 동원하게 된다. 수업이 원활하게 이루어지도록 소통 과정에서 투입을 분명히 하고 채널을 투명하게 유지하며 소음을 최대한 줄이기 위해 노력하는 것이다. 그러한 소통을 지지하는 수업 모형과 사전 문학 능력을 적절히 동원하고 끊임없는 피드백을 유지하기 위한 노력 또한 요구된다. 이들은 모두 문학 교육과정 설계에서 구체적인 변인으로 고려되어야 할 요소들이다.

2) 어떤 경로로 접근하는가

가. 주체 : 삶의 양태로서의 문학

문학 행위를 인간의 유목목적 행위망의 일부로 파악한다면, 학습자 개인에게 있어서 문학교육이란 그러한 행위망을 구성하고 확장하며 더욱 정밀하게 만드는 과정이라 할 수 있다. 바꾸어 말하면 문학은 학습자의 삶의 한 양태이고, 문학교육은 그의 삶의 질을 높이기 위한 시도인 것이다. 이는 문학교육이라는 하나의 문화 현상 한가운데에 학습자가 주체로서 서 있다는 것과 연관이 된다.

이때의 주체는 문학 행위의 주체일 뿐 아니라 교수-학습의 주체이자 발달의 주체로서, 문학교육 현상 전반을 지지하는 중핵 요소가 된다. 모더니즘적 세계관에서 포스트모던한 세계관으로, 이념의 혼란 시대에서 이념의 거부 시대로, 산업 사회에서 정보 사회로, 민족 자본의 시대에서 세계 자본의 시대로, 남북 분단의 시대에서 통일 한민족의 시대로, 문학적

엄숙주의에서 상업적인 대중주의로, 인문주의적 교육에서 실용주의적 교육으로 – 일정한 방향과 전망이 없이, 때로는 상호 배치되는 변화까지도 자연스럽게 일어나는 것이 21세기의 상황인데, 이 상황에서 자아의 정체성을 확보하고 가능성을 실현하며 세계와 유기적으로 통화하려면 무엇보다도 주체의 문제가 중요하게 다가온다. 문학교육 또한 주체의 문제를 외면할 수 없고, 오히려 주체의 문제를 가장 핵심적으로 다루어야 하며, 주체를 다루는 모든 노력의 선두에 서야 한다는 데서 교육과정 구성에 접근하는 통로를 찾을 수 있다.

이러한 관점에 서면 문학교육은 '학습자의 문학 능력을 신장함으로써 바람직한 문학 주체를 형성하기 위한 일련의 계획과 실천'으로 압축해서 정의할 수 있다. 여기서 문학 능력의 문제가 나오는데, 문학 능력은 학습자의 문학 행위(문학적 의도의 해석과 수용)가 가능하도록 하는 전제인 동시에 문학 교수-학습의 일차 목표가 된다.[26]

문학 능력이 소통 능력 · 사고 · 가치관과 태도 · 지식 · 경험의 측면으로 구성된다면 문학 능력의 발달도 그러한 측면에서 살펴보아야 한다. 일반적인 발달 이론 – 인지 · 정서 · 사회성 · 도덕성 · 신체수행기능 등의 발달에 관한 이론이 여기에 원용될 수 있지만, 특히 강조해야 할 것은

---

[26] 문학 능력은 문학 현상과 관련되는 학습자의 총체적인 과제 수행 능력으로 설명할 수 있으며, 문학 지향성, 문학 지식, 문학적 사고 능력, 문학적 의사소통 능력, 문학적 문화화 정도 등에 따라 결정된다. 촘스키의 표준 이론은 언어 수행(linguistic performance)과 대비되는 개념으로 언어 표현 및 이해의 기초를 이루는 내재화된 규칙의 집합이라는 관점에서 언어 능력(linguistic competence)을 가정하였다.(조성식 외, 1990:680) 문학 능력도 이와 유사하게 접근할 수 있으나, 그에 비해 문학 공동체의 이념 및 문화 맥락을 더 강조한다. 또 리파테르는 문학적 텍스트에 적절하게 반응할 수 있게 하는 능력, 곧 미메시스(mimesis)로부터 세미오시스(semiosis)로의 전이라는 관점에서 문학 능력을 설명한 바 있다.(Riffaterre/유재천 역, 1989:17-19) 결국 문학 텍스트를 매개로 이루어지는 문학 능력의 현동화가 문학 행위이며, 문학적 텍스트, 행위, 맥락, 규약의 총체가 문학 현상으로 나타나는 것이다. 문학교육 역시 문학 현상의 한 양상으로서 학습자의 문학 능력 신장을 추구한다. 문학 능력의 계층적 구조에 대해서는 이 책의 제1부 2장 참조.

문학적 소통 능력의 발달이다. 그것이 문학 능력의 가장 표층에 자리 잡고 있다는 점도 중요하지만, 다른 능력들이 그것으로 통합되고 그것을 통해 나타난다는 점에서 더욱 중요하다고 말할 수 있다. 소통 능력의 신장을 위해서는 사고력, 가치관과 태도, 지식, 사전 경험 같은 것들이 통합적으로 운용되어야 하기 때문이다. 문학 행위란 본질적으로 언어적이고 미적인 의사소통이라는 점을 여기에서 다시 환기할 필요가 있다.

문학 교육과정의 구성에서 주의해야 할 점은 문학 능력을 개인의 능력 문제로 환원하고, 개인의 사고나 언어로 접근해 가고자 하는 유혹이다. 문학 능력을 개인 차원으로 환원하는 것은 매우 제한적인 시각에서 문학교육을 바라본 결과이다. 문학교육이란 학습자의 삶의 한 양태이며, 그것은 개인이 자아 및 세계와 어떻게 교섭하는가 하는 문제로 연결되고, 총괄적인 문학 문화란 개인과 세계의 총체상으로 형성되기 때문이다. 따라서 문학 교육과정은 문학 능력의 하위 범주를 설정하고, 그 발달 양상을 기술하며, 발달에 미치는 변인들을 통제하는 원리를 제공할 뿐 아니라, 문학 능력이 문학 문화 및 삶으로 연결되는 양식까지도 다루어야 한다.

나. 텍스트: 미적 구조물로서의 문학

문학교육 현상이란 결국 임의의 텍스트를 매개로 이루어지는 교사와 학습자의 상호 작용으로 환원된다. 이는 문학교육과 문학 텍스트 사이의 필연적인 관계를 보여주며, 텍스트 자체의 구조 및 그 소통 특성으로 인해 문학교육은 다른 교과, 특히 언어교육과 변별된다. 언어 텍스트의 더미 속에서 문학 텍스트가 독특하게 존재한다는 전제 아래에서만 문학교육과 언어교육이 구분될 수 있는 것이다.

여기서 중요한 것은 '무엇이 언어 텍스트를 문학 텍스트로 만드는가' 하는 문제이다. 이른바 '문학성', 곧 하나의 텍스트가 문학으로 용인되고 소통될 수 있는 가능성은 어떻게 형성되는가의 문제가 그것이다. 오늘날 우리는 '소설'이나 '시'를 쉽게 판별할 수 있지만, 기실 우리가 보는 소설이나 시는 근대 이후에야 비로소 정착된 장르로서 시원부터 문학이었던 것은 아니다. 거꾸로 조선조의 시조나 가사는 오늘날 살아있는 문학으로서의 지위를 점점 내주고 있다. 이러한 장르의 생성/소멸 과정이나 시대에 따른 문학관의 변화를 살펴보면, '무엇이 문학 텍스트인가' 하는 질문보다는 '무엇이 문학 텍스트가 아닌가' 하는 질문이 더 유효할 듯싶을 정도로 문학성의 개념은 흔들려 왔다.[27] 관례적 담화로부터의 일탈, 언어 기호의 약호화와 재약호화, 기대 지평의 형성과 그것의 파괴, 구성 요소의 대칭과 대비와 조응, 반복과 병행과 회귀, 의미의 구성과 해체 등 언어 사용과 보편적 미의식을 연결하고자 하는 시도가 많이 있었지만, 문학성을 한 마디로 설명할 수 있었던 적은 한 번도 없었다.

그럼에도 불구하고 문학교육에서 텍스트가 중요한 이유는, 텍스트야말로 문학교육을 문학교육이게 만들고 그것 없이는 문학교육 현상 자체가 일어나지 않는 제일 조건이기 때문이다. 또한 문학교육의 교수-학습 활동이란 텍스트를 생산하고 해석하는 소통 과정과 함께 이루어지는 것이기 때문이다. 그렇다면 '무엇이 문학 텍스트인가'가 불명확한 상태에서 그것을 매개로 문학교육이 이루어진다는 딜레마를 어떻게 해결할 수 있을 것인가.

그 해결책은 텍스트 개념을 유연하게 받아들임으로써 찾을 수 있다. 곧 보편적이고 항구적인 텍스트가 아니라 당대적이고 관습적인 텍스트를, 텍스트 자체에 고정된 가치를 담고 있는 텍스트가 아니라 관점에 따라 가치가 달라지는 텍스트를, 그리고 무엇보다도 '문학 텍스트'가 아니라

---

[27] 엘리스(1982:47)는 문학의 이러한 속성을 '잡초'에 비유했다. 그에 따르면 '잡초'는 식물 중 특정 종이나 속을 가리키는 것이 아니라 단지 경우에 따라 '인간이 원하지 않는' 풀로 정의할 수밖에 없으며, 문학 또한 그와 유사한 성격을 지닌다.

'문학적 텍스트'를 받아들임으로써 문학성에 관한 질문이 던진 딜레마를 피해 갈 수 있는 것이다. 매 시기의 교육과정이 당대의 교육 이념과 현실을 반영하듯이 매 시기의 문학교육은 당대의 문학관과 텍스트에 대한 관점을 반영하게 된다.

물론 이러한 상대론적 텍스트관은 표면적으로는 문학교육의 담론에서 지배적 위치에 오르지 못하고 있다. 본질적으로 규범성과 보수성을 띠는 교육 현상이 통시적으로 견고하고 공시적으로 확고한 텍스트를 요구하기 때문이다. 그러나 그러한 담론 또한 20세기에 고유한 담론이라는 점에 생각이 미치면, 우리가 보는 교육적 문학 텍스트란 결국 '20세기가 요구한' 텍스트라는 점을 간취해 낼 수 있다. 문학의 쾌락설과 효용설, 아리스토텔레스식의 장르론, 역사주의와 형식주의, 표현론적이거나 반영론적인 문학관, 창작 방법론 중심의 시론과 소설론, 문학 유기체론, 내용과 형식의 대응과 같은 것들이 오늘의 문학을 지배하는 대서사라면, 문학 교육과정 역시 그런 것들을 존재의 기초로 삼을 수밖에 없는 것이다. 이러한 대서사로부터 출발한 텍스트 중심 문학교육은 자연스럽게 형식주의적 문학관에 경사된다.

텍스트를 자율적이고 완결된 구조물로 보는 형식주의적 문학관은 한편으로는 유물론적 인식론에, 한편으로는 이성주의적 예술관에 기초를 두고 있다. 근대 합리주의의 구조기능론적인 세계관 역시 이와 연관된다.[28] 문학교육이 이러한 문학관을 채용하면 자연히 텍스트 자체의 기능적 통합성을 강조하고, 학습자가 그러한 통합의 원리를 이해하도록 하는 데 중점을 두게 된다. 그 주된 출발점이 문학 텍스트의 문학성을 보장한다고

[28] 러시아 형식주의가 유물론적 언어학자들을 그 뿌리로 삼고 있는 것이나 신비평이 미국 남부의 보수적 사학을 중심으로 발달한 것, 우리나라의 형식주의 비평 발달이 60년대 이후 산업화의 진전과 궤를 같이하는 것 등에서 저간의 사정을 짐작할 수 있다. 문학교육의 신비평 수용 기제에 대해서는 정재찬(1992)과 김상욱(1992) 참조.

하는 각종 장치들이다. 곧 운율 · 비유 · 상징 · 아이러니 · 이미지 · 주제와 형식 같은 시의 기본 개념이나 플롯 · 문체 · 인물 · 배경 · 사건 · 시점 · 어조 같은 소설의 기본 개념들이 문학교육의 주요 내용이 되는 것이다. 문학의 교수-학습은 이러한 기본 개념을 연모로 삼아 텍스트가 어떻게 구성되고 어떻게 의미를 형성하는지 찾아 들어가는 일종의 '광맥 찾기' 형태를 띤다.

문학교육에서 텍스트 자체 및 텍스트 분석을 위한 기본 개념들을 중시하게 된 것은 교육 사조의 변화와도 무관하지 않다. 1960년대의 이른바 경험 중심 교육과정에서 학문 중심 교육과정으로의 방향 전환이 형식주의 문학 이론의 부흥과 맞아떨어지면서 '구체적인 교수-학습 내용과 방법'을 찾던 문학교육의 담론을 결정적으로 지배하게 된 것이다. 문학 텍스트의 발화 특성과 장르, 문학적 관습과 장치, 텍스트의 거시 및 미시 구조, 의미의 구성 과정 등을 명징하게 드러냄으로써 하나의 교과로서 문학교육이 이루어질 수 있었기 때문이다. 지나친 분석주의와 비인간적, 탈맥락적 수업 때문에 비판의 대상이 되기도 하지만, 근대의 연장선상에서 오늘날 텍스트는 여전히 문학 교육과정 구성의 주요 출발점이 된다.

다. 콘텍스트 : 사회 · 문화적 실천으로서의 문학

왜 문학교육이 필요한가? 문학이 그 자체로 아무리 중요성을 외친다 하더라도, 개인과 그가 속한 공동체의 성장에 특별한 의미가 없다면 문학교육은 필요하지 않을 것이다. 교육은 가치를 고려한 선택이며, 그 때의 가치란 교육 공동체의 통합과 유지, 성장에 기여할 때에만 부여되기 때문이다. 여기서 문학교육이 문학 자체의 논리뿐 아니라 문학외적 논리와도 밀접하게 연관되는 것을 알 수 있다. 문학교육의 기원 자체가 사회 · 문화적으로 결정되는 것이다. 문학교육에서 텍스트에 대한 콘텍스트의 도전이라 할 수 있다. 아니, 도전이라 할 수도 없는 것이, 어떤 의미에서는 콘텍스트가 먼저이고 텍스트는 그로부터 문학교육으로 이어진 가늘고 긴 회랑에 불과하다고 말할 수도 있을 정도이다.

콘텍스트는 현상으로서의 문학교육이 이루어지는 토대, 혹은 이면이다. 문학교육이란 문학을 개인의 밀실로부터 공동체의 광장으로 이끌어내기 위한 노력의 소산이라 할 수 있으며, 그 때 그 광장이 어떻게 만들어지는지의 문제는 문학교육의 본질을 이해하는 데 중요한 통로가 된다. 교육 공동체의 의도에 따라 문학 현상의 어떤 측면들이 선택, 가공되어 학습자에게 제공되는 것이다. 공동체의 의도는 역사적 · 사회적 · 정치적으로 결정되지만, 그 결과로서의 문학교육 현상은 윤리적이고 문화적인 모습으로 나타난다.

문학 교육과정 구성의 틀로서 콘텍스트를 거론하려면, 아이러니컬하게도 텍스트 자체를 거론해야 한다. 그 논의는 '교육의 이념을 달성하기 위해서는 어떤 텍스트를 가르쳐야 하는가'의 문제로 수렴하기 때문이다. 다만 논의의 초점이 텍스트의 내적 구조에 있는 것이 아니라 문학 텍스트를 바로 그것이게 만드는 외적 조건에 놓인다. 또, 어떤 텍스트를 가르쳐야 하는가 하는 문제는 텍스트의 어떤 요소가 그것을 가치 있게 만드는지, 교육 공동체는 텍스트의 어떤 측면을 주목하여 그것이 가르칠 만하다고 판단하는지, 문학의 교수-학습 과정에서 텍스트의 어떤 국면을 중점적으로 부각시킬 것인지 등의 문제로 직접 이어진다. 곧 문학교육적 가치의 문제와 텍스트의 정전성(正典性) 문제를 제기하는 것이다.

텍스트의 문학적 가치와 문학교육적 가치가 보편적, 항구적으로 결정된다는 견해를 그대로 따르면 문학 교육과정 구성에서의 고민은 그만큼 줄어든다. 보편적이고 항구적인 가치를 탐색하고 조직화하여 학습할 수 있는 형태로 제공하면 되는 것이다. 이 관점에서는 '위대한 문화 유산'인

텍스트들의 목록을 만들고, 새롭게 '더 위대한' 작품이 나오면 기존의 목록에서 가장 아랫줄에 있는 것을 삭제하고 새로 나온 것을 넣으면 된다. 그러면 문학 교육과정의 개선이란 끊임없는 목록의 수정·보완 작업이 되고, 텍스트들마다 어디에 주안점을 두어 학습해야 하는지가 명료하게 드러난다.

그러나 오늘날 인간의 이성과 역사 발전의 합목적성에 대한 믿음이란, 또 그것에 근거를 둔 합리주의의 세계관이란 얼마나 누덕누덕한가. 이러한 보편적이고 항구적인 가치 개념은 더 이상 유효하지 않은 것이다. 그보다는 정치적, 문화적으로 가치가 결정되는 상대주의의 세계관이 문학과 문학교육을 지배하는 것으로 보인다. 이는 인문·사회과학에서뿐 아니라 자연과학에서까지 나타나는 이성적 합리주의나 결정론적 절대주의의 퇴조 현상과 맞물려 나타나는 현상이다. 더욱이 교육이 현재에 바탕을 두고 미래를 염두에 두는 행위라는 점을 고려할 때, 절대주의의 효용성은 더욱 떨어지게 된다.

이러한 논의가 교육의 탈가치화와 상대화를 의도하는 것은 아니다. 오히려 문학 교육과정을 구성하는 행위가 당대의 교육 공동체의 의도에 밀접하게 연관되어 있고, 그 의도란 기존의 가치관과 사회 구성 체제를 확대 재생산하는 데 있으며, 우리가 가치 중립적인 것으로 받아들이는 많은 개념들과 사고 체계가 그 자체로 이미 지배적 이념을 반영하고 있다는 점을 강조하는 것이다. 한국 문학의 경우는 '민족 문학'과 '순수 문학'의 이념이 최상위 심급으로 기능하며 경우에 따라 교차 적용되는데(정재찬, 1996:19), 사회 전체가 진보와 보수 사이에서 요동함에 따라 이들 심급이 교육과정에 반영되는 양상이 달라진다.

결국 문학 교육과정 구성이란 문학과 교육 공동체의 관계에 관한 사회·문화적 실천으로 파악된다. 문학 텍스트의 생산 또는 발생 배경, 문학 소통의 조건, 문학 정전의 형성 과정과 텍스트의 교재화 맥락, 문학적 문화의 일반 경향, 문학 사상이나 사조, 그리고 전체 교육 체제 내에서의 문학교육의 위치 등 제반 문제들과 관련되는 이데올로기적, 정치 · 경제적 조건들이 문학교육을 규제하는 것이다. 이러한 조건들은 문학교육 현상의 어떤 측면은 과장하고 어떤 측면은 은폐하면서 문학교육의 전체상을 만들어 간다. 문학 교육과정은 그 과정이자 결과에 다름 아니며, '국가 수준의 문서'라는 관점에서 접근할 때 그러한 특성은 더욱 강조된다.

3) 무엇을 고려해야 하는가

가. 내용 선정에서

문학 교육과정의 구성이란 문학교육 현상을 추상하고 해석하며 일정한 전망에 따라 재구조화하는 작업이라 할 수 있다. 그 과정에서 필요한 일은 일차적으로 선택의 문제이고, 다음으로 배열의 문제이며, 마지막으로 가중치 부여의 문제가 된다. 거기에는 문학교육에 관하여 '왜 - 무엇을 - 어떤 조건에서 - 어떻게 - 어느 정도로'에 관한 물음들이 개입한다.

실제 교육과정 내용의 선정은 앞서 본 교육과정의 구성 요소 - 교육 목표 · 교육 내용 · 교재 · 학습 활동 · 교수 전략 · 평가 · 집단 · 시간 · 공간 - 를 구체화하는 과정이 된다. 이를 크게 다섯 국면으로 묶을 수 있는데, '목표 - 내용 - 활동 - 평가 - 교실'의 국면이 그것이다.[29] 내용과 교재, 학습 활동과 교수 전략을 하나의 국면으로 묶고 집단과 시간, 공간은 배경 변인으로 처리할 수 있다고 본 것이다.[30]

---

[29] '교육과정의 내용'에서의 '내용'과 '목표 - 내용 - 활동 - 평가 - 교실'에서의 '내용'은 개념 층위 및 범주가 다르다. 전자가 '문학교육과 관련하여 교육과정에 무엇을 담을 것인가'와 관련되는 내용이라면, 후자는 '문학교육에서 무엇을 가르쳐야 하는가'와 관련되는 내용이다. 편의상 전자를 '(문학교육의) 교육과정 내용', 후자를 '(문학교육의) 내용'으로 구별하여 쓰기로 한다.

문학교육의 목표는 문학교육의 이념태와 가능태, 현실태 사이의 길항 관계에 따라 설정된다. 이념적 · 추상적 수준의 목적과 구체적이고 실제적인 현상 사이의 거리를 좁히기 위해 목표가 수립되는 것이다. 따라서 목표는 교육과정의 내적 논리만으로 설정되는 것이 아니라, 학습자를 중심으로 한 문학교육의 실제를 끊임없이 조회하는 가운데 역동적으로 설정된다고 할 수 있다. 그 과정에서 필요한 것이 요구 사정(needs assessment)과 그에 따른 의사결정이다. 교육과정의 목표와 평가가 늘 병행하는 이유가 여기에 있다.

목표 선정과 관련된 의사결정은 여러 수준에서 이루어진다. 국가, 학술계, 문학계, 교육계, 교육 수요자 집단이 그것으로, 이들 집단들이 상호 간섭하면서 목표 설정 과정을 지배하게 된다. 그 과정에서 상호 권한의 배분 문제가 필연적으로 대두되며, 어느 집단(혹은 그 집단 내의 어느 그룹)의 권한이 지배적인가에 따라 결과가 달라질 수 있다. 우리나라의 경우 대체로 국가 · 사회적 요구가 중시된 반면 지역사회와 교육 수요자의 요구는 경시된 경향이 있고, 문학교육 전문가의 역할은 미미했다.[31] 다양한 수준에서 다양한 통로를 통해 목표를 선정하는 절차가 있어야 한다.

문학교육 내용의 선정이란 '목표를 달성하기 위해 학생들에게 가르쳐야 될 것이 무엇인가'를 결정하는 과정이다. 문학교육은 태생적으로 문학 현상에 기초하고 있지만, 문학적 요구와 문학교육적 요구가 반드시 일치한다고는 볼 수 없다. 예를 들어 李箱같은 이는 독특하고 뛰어난 시인이

[30] 문학 교육과정에서 인적 변인이나 배경 변인에 대한 고려가 부족하다는 점은 이미 지적한 바 있다. '목표 - 내용 - 활동 - 평가'의 틀 역시 그 지적에서 벗어날 수 없다. 그러나 외적 형식만으로 교육과정의 성격을 속단하기에는 이르다. 이들 요소를 선정하고 조직하는 과정에서 그러한 변인을 고려할 수 있으며, 특히 인적 변인은 내용의 기술 차원에서 많은 부분을 커버할 수 있다. 이 부분에 대해서는 별도의 연구가 필요하다.

[31] 이에 대해서는 이 책의 제1부 4장에서 자세하게 논의했다.

지만 바로 그 지나친 독특함과 난해함, 돌발성 때문에 문학교육의 장에 수용되기에는 어려운 감이 있다. 따라서 문학 현상에 1 대 1로 대응하는 내용보다는, 도달점에서의 학습자의 행동 특성을 상정하고 출발점과 도달점 사이의 낙차를 줄일 수 있는 내용이 선정되어야 한다. 이 과정이 내용 선정과 관련된 요구 사정이다.

문학교육 내용 선정을 위한 요구 사정의 준거로는 학문적 요구, 심리적 요구, 사회·문화적 요구, 교육적 요구, 학습 가능성의 문제, 개방성, 전이성, 그리고 유용성을 들 수 있다. 학문적 요구는 문학교육학의 이론과 연구 결과에 비추어 내용의 타당성을 검증하는 일이고 심리적 요구는 학습자의 인지·정의적 특성과 발달 정도에 비추어 내용의 적절성을 검증하는 일이다. 사회·문화적 요구는 문학교육의 기저를 이루는 공동체의 보편적 패러다임에 비추어 내용의 적합성을 검증하는 일이며 교육적 요구는 교육의 목적과 상위 교육과정 및 인접 교과의 교육과정에 비추어 내용의 정합성을 검증하는 일이다. 또 학습 가능성은 추상적인 내용이 실제 교수-학습의 장에 얼마나 원활하게 투입될 수 있는지를 묻고, 개방성은 내용들이 문학교육을 폐쇄된 체계로 한정할 가능성은 없는지 묻는다. 나아가서 전이성은 문학교육의 내용들이 고도로 선별되고 조직된 것이기 때문에 교육과정에 명시되지 않은 잠재적인 문학교육의 과정을 이끌 수 있어야 한다는 관점에서 적용되고, 유용성은 교육과정에 담겨진 내용들이 학습자를 문학 현상에 효과적으로 동조시킬 수 있어야 한다는 관점에서 적용된다. 문학교육은 그 자체로 끝나는 것이 아니라 문학 텍스트의 생산과 분배, 수용이라는 거시적인 구조 속에 포함되기 때문이다.

문학교육의 내용이 어떤 양태로 드러나는가에 대해서는 한 마디로 재단하기가 어렵다. 만일 우리가 교육을 단순히 지식과 그것을 탐구하는 방법을 전수하는 것에 국한하지 않고 인간 가치의 계속적인 재형성 과정으로 차원을 높이겠다고 한다면, 그 내용은 인간 삶의 모든 중요한 요소들을 포괄할 수 있어야 한다.(곽병선, 1991:55) 따라서 문학교육의 내용도 문학의 현현 양상에 따라 지식의 구조로 드러날 수도 있고 문학적 사고 및 경험으로 드러날 수도 있으며 혹은 기능 및 활동으로, 이해 및 감상으로, 문학적 표현 및 이해 등으로 다양하게 드러나게 된다. 곧 문학교육의 내용은 문학교육관에 의해 결정되는 것이다. 그러나 어느 경우에도 중요하게 고려해야 할 점은 문학의 본질과 학습자의 특성이다.

교육과정을 교육 이념의 달성에 관계되는 일련의 계획 및 실천으로 보면, 그 중핵은 내용과 활동의 통합이 된다.[32] '무엇을, 어떻게'에 관한 성찰의 결과가 교육과정으로 표상되기 때문이다. 일반적으로 교과 교육과정은 내용 중심으로 흐르기가 쉽지만, 체계적인 내용 선정만으로 교육과정이 완결되지는 않는다. 내용과 활동이 서로 분리되는 것이 아니라 상호 긴밀하게 연관된 가운데 교수-학습에 투입된다는 점에서, 활동 요소는 교육과정 구성의 중핵이 된다.[33]

문학 교육과정에서 활동은 경험의 유형으로 제공되기도 하고 모형과 전략으로 제공되기도 하며, 의도된 절차로 제공되기도 한다. 활동은 또한 교사와 학습자의 기대되는 행동으로 제공되기도 하고, 수행해야 할 과제 형태로 제공되기도 한다. 활동을 어떤 방식으로 제공할 것인가에 대해서는 이상적인 문학 수업을 어떻게 그리느냐에 따라 달라지겠지만, 그것이

---

[32] 여기서의 '활동'이란 앞서 본 교육과정의 구성 요소 중 '학습 활동'과 '교수 전략'을 통합한 것으로, 학습자 활동뿐 아니라 교사의 활동까지도 포함하는 개념이다. '교수-학습 활동'이라는 용어가 정확하게 그 개념을 표상한다.

[33] 광복 이후의 문학 교육과정은 모두 '내용' 항목에 내용과 교수-학습 활동을 한꺼번에 담고 있다. "한국 문학의 대표적인 고전 작품을 찾아 읽고 그 가치와 중요성을 이해한다.(2007-9학년-문학-1)"와 같은 형식이다. 여기에는 '한국 고전 문학의 가치와 중요성 이해'라는 내용 요소와 '대표적인 고전 작품 찾아 읽기'라는 활동 요소가 함께 담겨 있다. 물론 문학교육과 관련하여 내용과 활동이 서로 유리될 수 없다는 점에는 동의하지만, 교육과정에서 둘을 섞어서 서술한 데에는 동의하기 어렵다. 내용과 활동 사이의 관계를 명확하게 인식했다고 보기 어렵기 때문이다.

목표 및 내용과 긴밀하게 연결되어야 한다는 점에서는 차이가 없다.

문학교육의 목표와 내용이 서로 밀접하게 연관되는 것 못지않게, 내용과 활동도 동전의 양면과 같은 관계를 이룬다. 시 제재의 교수-학습과 소설 제재의 교수-학습이 엄연히 다른 데서 보듯이, 내용이 활동을 규정하고 동시에 활동이 내용의 특성을 드러내는 상호 규정의 관계인 것이다. 따라서 그냥 '내용'이라 할 때에도 그 용어에는 '교수-학습 활동을 염두에 둔 내용'이라는 의미가 내함된다는 점에 유의해야 한다.

마지막으로, 문학교육의 자기 점검은 교과 평가를 비롯하여 교육과정 평가, 교재 평가, 수업 평가, 학습자 평가 등의 여러 층위에 걸쳐 있다. 교육과정에서는 대체로 그보다 하위 요소들의 평가, 곧 교재 평가와 수업 평가, 학습자 평가에 관한 원리를 다루게 된다. 이는 문학적 가치란 무엇이며 이상적인 문학 주체란 어떤 모습인가 하는 문제와 연관되는 문제이다. 특히 교육과정에서 학습자 평가의 원리, 방향, 방법을 제공함으로써 평가의 균질성 및 타당성을 확보하는 일이 중요하다.

일반적으로 평가의 핵심은 학습자 평가에 있는데, 중요한 점은 평가관이 대대적으로 바뀌어야 한다는 점이다. 결과 중심의 성취도 평가로는 '교수-학습의 개선을 위한 일체의 정보 수집 과정'이라는 평가의 본질에 다가가기가 어렵다.[34] 실제로 평가의 효용은 목표 선정 단계에서부터 나타나는데, 문학과 관련된 학습자의 특성과 수준, 경험의 양 등을 평가하고 그것을 문학교육의 이념에 비추어서 목표 선정이 이루어지기 때문이다. 따라서 문학 교육과정은 <목표 → 내용 → 활동 → 평가>의 선형 구조가 아니라 목표·내용·활동·평가가 상호 규정하는 순환 구조로 이루어져야 한다.

---

[34] 평가 목표가 선발이나 배치에 있는 경우는 다를 수도 있다. 그러나 교육과정 내용으로서의 평가는 교수-학습에 통합되는 평가로서, 교수-학습의 질 개선에 직접 투입될 수 있는 것이라야 한다.

나. 내용 조직에서

교육과정의 내용 선정이 선택의 문제라면 조직은 배열과 가중치 부여의 문제이다. 교육과정 내용의 조직은 한 단위 교육 프로그램의 목표를 논리적으로 세분하는 일과 주어진 목표를 달성하는 데 필요한 방법적 기술을 동원 가능하도록 안배하는 일, 그리고 목표 달성 과정에서 언제 어떻게 자기 점검 과제를 수행할지 결정하는 일 등을 포함한다.(김호권, 1992: 31) 즉 목표의 분류와 체계화, 내용 및 활동의 구조화, 평가 전략의 조직이 그것이다.

목표 분류와 체계화는 목표들 간의 관계에 따라 이루어진다. 일차적으로는 문학 텍스트의 소통 능력에 목표가 놓이지만 최종적으로는 바람직한 문학 주체의 형성에 목표가 놓이고, 그 과정에 문학 경험, 문학 지식, 문학에 대한 가치관과 태도 등이 통합되어 포괄적인 문학 능력이 신장되게 된다.

목표 확정을 위해 제 조건을 검토하는 단계에서 집중적인 자기 점검이 이루어지는데, 그 때 검토해야 할 사항으로 목표들의 통합성과 위계성, 계열성을 들 수 있다. 통합성이란 목표들이 내적으로 의미 있고 응축된 관계를 이루는 것을 가리키고, 위계성이란 상위 목표와 하위 목표가 상호 규정하면서 분절되는 현상을 가리키며, 계열성이란 선행 목표와 후행 목표의 단계적 발달을 가리킨다. 문학교육의 목표는 본질적인 목적의 조망 아래 파편들의 나열이 아니라 하나의 목표 체계를 이루어 제공하는 것이 바람직하다.

문학교육의 내용 역시 개별적으로 교사와 학습자에게 주어지는 것이 아니라 하나의 통합된 체계로서 주어져야 한다. 선정된 내용 중에는 보다 중요한 것도 있고 덜 중요한 것도 있으며, 먼저 학습해야 할 것과 나중에 학습해야 할 것들이 섞여 있다. 또 보다 상위의 내용과 보다 하위의 내용이 있을 수도 있다. 따라서 그 조직 문제가 대두되고, 조직된 내용은 문학교육 현상의 구조를 반영할 뿐만 아니라 문학교육의 과제를 명시적으로 드러낸다는 점에서 교육과정의 중추를 이루게 된다. 사실 좁은 의미에서의 교육과정이란 교육현장에서 가르쳐야 할 내용을 체계적으로 제시한 것, 곧 교수요목을 가리키기도 하는 것이다.[35] 내용에 기초해서 그것을 실체화한 교재가 짜이고 교재 중심으로 교수-학습이 이루어지므로, 내용의 조직은 문학교육 자체의 방향을 결정하는 작업이라 할 수 있다.

내용의 조직에서도 목표 조직과 마찬가지의 원리가 적용된다. 그 첫째는 통합성으로, 이는 문학교육의 내용이 전체적인 시각에서 하나의 완결되고 자족적인 체계일 뿐만 아니라 목적과 목표의 관점에서 응축되어 있어야 한다는 뜻이다. 교육과정은 목표가 포괄하지 않는 내용이나 목표 지향적이지 않은 내용은 물론 체계에서 이탈되는 내용의 선정을 불허한다. 나아가 내용들의 조직은 분명한 지향점을 향해 일관되게 이루어져야 하는 것이다. 둘째는 계열성으로, 선행 학습 내용과 후행 학습 내용이 하나의 일관된 계선(sequence)을 이루어 체계적으로 제시되어야 한다. 이 계열성은 <초등학교 → 중학교 → 고등학교>의 학교 급간에 특히 고려되어야 하지만, 학년・학기간이나 과목・영역간의 소계열도 도외시할 수는 없다. 셋째는 위계성으로, 내용은 <하위 내용 → 상위 내용>의 상향식 접근이나 <상위 내용 → 하위 내용>의 하향식 접근을 원칙으로 삼아 조직되어야 하며, 학교 급별로도 어느 정도 완결된 체계들이 다시 초・중・고별로 위계를 이루어야 한다. 마지막으로 유용성이 있는데, 이는 내용이 학습자의 문학 수행 절차를 어느 정도로 투사하고 있는가를 물으면서 동시에 실제 교수-학습 과정에서의 활용의 용이성까지도 고려하는 원리이다. 교육

35 한국의 교육과정이 미군정기의 「교수요목」에서 출발했고, 정부 수립 이후에도 그 틀을 유지하고 있음은 잘 알려져 있다.

내용 자체가 중요한 것이 아니라 교육 행위와 그 교육 결과의 활용이 중요한 것이다.

문학교육 내용의 조직과 관련하여 자주 거론되는 것이 영역 구분의 문제이다. 여기에는 첫째 꼭 영역을 구분해서 접근해야 하는가의 문제와, 둘째 영역별 접근의 효용성이 인정돼서 실제 영역을 구분한다 할 때 어떤 기준에 의해 어떻게 나누어야 하는가의 문제가 놓인다.

영역을 꼭 나누어야 하는가(이는 교과 구분의 문제와도 상당 부분 유사하다.)에 대해서는 통합적 접근과 분석적 접근이 가능하다. 전통적으로 분석적 접근 방식이 채택되어 왔으나, 그것은 단지 기술의 편의를 위한 감이 없지 않다. 학습자의 문학 경험의 통합적 성격을 생각할 때, 문학교육이 분석적으로 이루어지는 데 대한 반성도 가능한 것이다. 학습자의 인지 · 정의적 반응의 양상을 일관되게 추적함으로써 통합적인 내용 조직이 이루어질 가능성을 배제할 수 없다.

영역을 나누어 조직할 경우라면, 그 기준은 무엇인가. 전통적인 방법은 서정 · 서사 · 극을 중심으로 한 장르적 접근이었다. 곧 문학교육을 시 · 소설 · 희곡 교육의 결합으로 본 것이다. 그 입장에서는 문학 이론이나 문학사에도 장르를 통해 접근하게 되고, 시론과 시사, 소설론과 소설사, 희곡론과 희곡사, 그리고 실제 작품 읽기가 문학교육의 주된 내용이 된다. 그에 따라 교재도 시 · 소설 · 희곡 단원이 주가 되고 앞뒤에 간단한 문학론과 문학사를 덧붙이는 식으로 구성된다.

장르 중심의 영역 구분은 문학의 본질적 속성을 가장 잘 반영하는 것이기는 하지만 학습자라는 문학교육의 중요 변인을 배제하는 문제점이 있다. 또 문학을 하나의 지식, 혹은 제도로 양식화하는 데서 출발한 것이기도 하다. 이러한 문제점은 연대기적 기준에 의한 영역 구분 방법에서도 마찬가지로 드러난다. 무엇을 기준으로 문학사의 시대 구분을 하든, 구체적인 내용은 각 시대의 대표적인 장르를 중심으로 조직되거나 당대 문학의 의식과 기법상의 특징을 중심으로 조직될 터인데, 이 역시 학습자보다 문학을 중시하는 점에서는 동일하다.

가능한 셋째 방법은 주제 중심의 영역 구분이다. 인간의 존재, 개인과 현실의 갈등, 순수한 사랑과 이상 등 몇몇 카테고리를 정해서 내용을 조직하는 방법이다. 이 방법은 주체 형성이라는 문학교육 본래의 의도를 잘 반영할 수 있다는 장점은 있으나, 주제를 분류하는 데 있어서 객관성과 합리성에 문제가 있을 수 있고 또 문학을 문학 자체로서가 아니라 어떤 가치관이나 신념을 심어 주기 위한 도구로 볼 가능성이 있다는 점에서 취약성을 지닌다.

넷째 방법은 교수-학습 활동을 중심으로 영역을 구분하는 방법으로, 예를 들면 문학에 관한 지식 영역, 문학 작품의 이해 및 감상 영역, 문학에 대한 태도 함양의 영역 등으로 구분해서 내용을 조직할 수 있다. 이 방법은 교수-학습 활동의 모습을 구체적으로 반영하면서 각 영역에 다시 장르나 주제론적으로 접근할 수 있다는 점에서 설득력을 지닌다. 곧 지식 영역에 시론 · 소설론 · 희곡론으로 나누어 접근하거나 이해 및 감상 영역에 다시 주제적으로 접근하는 방법이 가능한 것이다. 그러나 결과적으로 각 영역들 사이에 수평적 · 수직적 관계가 엄밀히 맺어지지 못하고 주영역과 주변 영역으로 분리되어 교육될 가능성도 갖고 있다.

그 밖에도 여러 방법이 있겠지만, 각각의 방법들이 단일하게 적용되기보다는 상호 보완하는 식으로 조직되는 것이 바람직하리라고 본다. 곧 '대영역 - 중영역 - 소영역'으로 위계화하여 각각의 수준에서 일관된 방법을 적용하는 것인데, 이때도 어느 단계까지 구분하는 것이 이상적인가 하는 질문은 남는다. 무엇보다도 중요하게 고려해야 하는 것은 문학교육의 본질과 교수-학습 과정에서의 활용 가능성임은 두말할 나위도 없다.

활동의 조직을 위해서는 실제의 문학 행위, 곧 문학 수용과 생산의 구조를 파악해야 한다. 문학 읽기를 '읽기 전 활동 - 읽는 중 활동 - 읽은 후 활동'으로 단계화하거나 '감수 - 반응 - 가치화 - 조직화 - 인격화'라는 블룸식의 행동 모형에 따라 단계화하는 것도 가능하고, '축어적 읽기 - 해석적 읽기 - 감상적 읽기'[36] 또는 '텍스트적 의미 해석 - 콘텍스트적 의미 해석 - 담화적 의미 해석'으로 단계화하는 것(김창원, 1994:32)도 가능하다. 문제는 선행 활동과 후행 활동 사이에 분명한 계열성과 위계성이 존재해야 한다는 점이다. 예를 들어 초등학교 입학 단계에서 고등학교 졸업 단계까지 시의 운율에 대해서 반복해서 다루게 되는데, 시를 읽고 지배적인 운율을 찾는 단일 활동이 12년 동안 계속될 필요는 없는 것이다. 운율에 관한 능력이 단계에 따라 누적적으로 발달해 가도록 활동을 조직해야 한다.

평가의 조직 역시 마찬가지이다. 제6차 교육과정에서 그 이전까지 '지도 및 평가상의 유의점'으로 정리돼 있던 평가에 관한 내용을 처음으로 '평가' 항목으로 독립시켰지만, 문학교육 평가의 일반적 원리만 제시했을 뿐 목표 · 내용 · 활동과 연계해서 평가가 어떤 식으로 투입되어야 하는지까지는 다루지 못한 감이 있다.[37] 그 이유는 물론 교육과정 이론 및 평가 이론의 미흡에서 찾아야 하겠지만, 본질적으로는 교육과정 구성을 요소별 내용의 선정으로만 받아들이고 내용의 조직에 대해서는 깊이 고려하지 못한 데에도 책임의 일단이 있다 하겠다.

교육과정 내용의 조직을 위해서는 궁극적으로 문학교육 현상 및 문학교육과정의 전체를 조감하는 기본 틀이 필요하다. 여기서는 세련된 언어

---

36 읽기에 바탕을 둔 전통적인 문학교육 방식이 이런 식이다. <통독 - 정독 - 미독>의 단계도 마찬가지다.

37 예를 들어 2009년 교육과정의 '5. 평가'에서는 문학교육 평가에 대해 "문학 영역의 평가 목표는 문학 지식에 대한 이해, 문학 작품의 수용과 생산 능력에 중점을 두어 설정한다."고만 기술했는데, 이는 평가의 영역만을 나열했을 뿐, 전반적인 문학교육 현상을 고려했다고 보기에는 미흡하다.

사용 기능을 바탕으로 한 문학 텍스트의 소통 능력이 문학 수행의 기초가 되고, 그것을 바탕으로 상상력 및 문학적 문화와 관련되는 문학 능력을 길러, 자아를 실현하고 삶의 총체성 파악 능력을 신장시키는 것이 최종 목표가 되는 것으로 보았다. 그 과정에서 문학적 문화의 코드가 사고 발전의 방향성을 제시하고 원리를 제공하는 규준 역할을 할 것이다. 이때의 문화적 코드는 지식 획득과 경험 축적 및 가치 형성의 측면에서 제공된다.

다. 내용 기술에서

지금까지의 교육과정 구성에 관한 논의는 대체로 교육과정 내용의 선정과 그 조직 측면에 집중되어 왔다. 상대적으로 내용의 기술에 관해서는 소홀했다는 뜻이다. 그러나 교육과정이 명시적인 문서 형태로 존재하는 한에서는 그 기술 역시 교육과정 구성의 주요 과제가 된다. 실상 기술 이전의 단계는 개념적이고 잠재적인 형태로 존재할 뿐, 그를 통해 의사소통을 할 수 있는 실체로 받아들이기가 어렵다. 이는 마치 글쓰기에서 내용 선정이나 조직과 같은 표현하기 이전의 활동들이 표현 단계에서 비로소 통합되어 텍스트로 구체화되는 것과 같다.

교육과정 내용의 기술은 양자택일형 선택의 유혹에 끊임없이 시달린다. 서로 대립되는 두 방법 사이에서 문학교육의 이념태와 현실태를 고려하여 어느 한쪽을 지지하는 것으로 간단하게 끝내 버리고자 하는 것이다. 예를 들면 포괄적 기술과 구체적 기술, 교사의 관점에 선 기술과 학습자의 관점에 선 기술, 텍스트성 중심의 기술과 주체의 활동 중심 기술, 내용 요소별 기술과 과제별 기술 등이 서로 대립하는 가운데 자신의 우월성을 주장하는 것이다. 어느 경우에는 이러한 대립적 기술 방식이 원칙 없이 혼재하며 나타나기도 한다.[38]

---

[38] 2007년 교육과정의 경우에는 텍스트 유형을 위주로 하여 활동이 그에 부수되는 형식을 취하고 있다. 그러나 모든 항목이 텍스트-활동의 통합으로 일관되게 진술

이러한 단순성이나 무목적성은 필연적으로 '교육과정이란 무엇인가'에 관한 진지한 질문을 다시 제기하게 한다. 문학교육에서 교육과정이란 무엇이었던가? 문학 교육과정이 문학교육에서 다루어야 할 내용들의 집합이 아니라면, 혹은 학교 교육을 통해 학습자가 대면하는 경험이나 처리해야 할 과제들의 목록이 아니라면, 그 기술 역시 그러한 요소들만을 드러내는 방식으로 이루어져서는 안 된다. 문학 교육과정은 문학교육 이념의 달성에 관계되는 일체의 계획 및 실천으로서, 일정한 교육 프로그램 내에서 '왜 - 무엇을 - 어떻게 - 어느 정도로' 수행해야 하는지에 관해 명시적이고 체계적으로 기술해야 하는 것이다. 따라서 그 기본 구조는 어떤 조건에서, 어떠한 내용을, 어떠한 절차나 활동을 통해, 어느 정도까지 달성해야 하는지를 세세하게 짚어줄 수 있어야 한다.

물론 이러한 내용들이 한 문장이나 한 문단으로 기술될 수는 없다. 목표나 내용, 활동, 평가, 교실 등 교육과정의 구성 요소에 따라 초점화가 될 것이다. 또한 구체적 행동 목표 설정의 맹점도 여러 차례 지적되었다. 아이즈너(이해명 역, 1983:150-153)는 이러한 목표 진술이 어쩔 수 없이 드러내는 논리적 표현의 한계성, 목표 평가시의 기준의 적용과 판결의 혼동, 논리적 목표 설정 과정의 한계를 지적했고, 또 이 방법이 외현적 징후 혹은 과정에만 집중한다는 점과 교육과정의 내용들이 어느 정도나 구체적으로 세분될 수 있는가 하는 점, 그리고 지나치게 폐쇄적인 접근의 문제 및 양적 수준과 질적 판단의 문제에 관한 질문도 제기되었다.(이성호, 1986:199-201) 그러나 엄밀한 조건과 전제 아래 내용이 기술될 때 교육과정 본래의 기능을 다할 수 있다는 사실은 변함이 없다. 언제나 지켜야 할 것은 내용의 기술이 간결하고, 명료하며, 정확하고, 구체적인 동시에,

된 것도 아니어서, '목표'와 '방법' 항목은 교사 중심으로, '내용' 항목은 학습자 중심으로 서술됐으며, 초등학교의 경우에는 구체적으로 기술된 반면 고등학교는 포괄적 기술이 이루어졌다.

개방적이어야 한다는 원칙이다. 세밀한 목표 진술만이 문학교육의 실천 방향을 제시하면서 역동성을 보장할 수 있다.

3. 문학 교육과정 구성의 반성과 방향

우리는 지금 문학교육에 대해 심각하게 재고해 봐야 할 시점에 서 있다. 여기서 '지금'이란 20세기를 지탱해 온 거대 서사가 와해되고 새로운 거대 서사는 신자유주의의 물결에 휩쓸려 보이지 않는, 21세기 한국의 다른 이름이다. 이데올로기의 종언과 자본 권력의 부상, 사회 구성체 및 남북 관계의 변화, 실체를 잡기 어려운 '정보'를 둘러싼 권력 구조의 재편, 세계화와 민족주의의 교묘한 결합, 인문 정신의 퇴락 등이 이 시기를 대표하는 징후들이다. 문학은 그러한 징후들이 종횡으로 얽히면서 일어나는 회오리바람에 속수무책으로 휘날리는 처지에 놓여 있다. '문학의 위기'를 거론하는 것(우한용, 1996:4-7)조차 새삼스러울 정도이다.

문학이 위기에 몰린 요인은 문학외적인 데서 찾는 것이 일반적이다. 하지만 그러한 외적 압력에 적절하게 대응하지 못한 책임은 분명 문학 내부에 있다. 여기서 그 책임을 문학계가 져야 하는지 문학교육계가 져야 하는지 반성해 볼 필요가 있다.

실제로 지금까지 문학교육의 담론은 항상 문학의 담론을 몇 발짝쯤 뒤에서 좇아가는 형국이었다. 문학계나 학술계에서 만들어낸 개념들과 정전들을 받아들여 학습자에게 전달함으로써 '작은 비평가'나 '작은 문사(文士)'를 만드는 것이 문학교육계의 일이었던 것이다. 작금의 문학계(독자를 포함하여)와 학술계는 그렇게 교육받은 사람들로 거의 채워졌다. 그리고 그 결과 한 세대 전에 비해 오늘의 문학은 질적으로는 어떨지 몰라도 양적으로는 확실히 발전한 것을 알 수 있다.[39] 참으로 이상하다. 문학교육은 언제나 문학의 뒤를 졸졸 따라다녔는데, 어떻게 문학이 발전할 수 있었을까? 50년 동안 문학교육을 한 '결과' 문학이 발전한 것인가, 아니면 문학은 교육과 별개로 스스로 발전하는 것인가?

우리 문학의 수준을 놓고 '그렇게 형편없는 교육에도 불구하고' 이렇게 발전했다고 말할 수도 있고, '그래도 그런 교육이 있었기에' 이 정도나마 발전했다고 말할 수도 있다. 또는, '그렇게 열심히 교육했음에도 불구하고' 겨우 이 수준이라고 말할 수도 있고, '교육이 그 모양이었으니' 이 수준밖에 안 된다고 말할 수도 있다. 그러나 확실한 것은 문학의 발전(긍정적이거나 부정적인)에 문학교육이 어떤 식으로든 간여했다는 점이다. 문학교육계가 문학의 위기에 대한 책임을 결코 면할 수 없다는 뜻이다. 어떤 면에서는 결정적인 책임이 문학교육계에 있을 터이다. 이 말은 바꾸어 말하면 문학의 위기로부터의 탈출에 문학교육이 향도 역할을 해야 한다는 뜻도 된다. 문학계와 학술계를 몇 발짝 뒤에서 따라가는 것이 아니라, 다만 반 발짝이라도 앞서 가며 길을 헤쳐가야 할 임무를 문학교육이 지고 있는 것이다. 문학과 문학교육의 이러한 길항 관계를 고려하지 않은 채 교육과정 구성에 임하면 문학은 질적으로든 양적으로든 위기 상태를 지나 몰락에 이르게 될 수도 있다.

문학 교육과정의 구성에서 일반적으로 고려해야 할 원리들에 대해서는 이미 여러 논자가 지적한 바 있다.[40] 여기서는 그를 바탕으로 몇 가지 발전

---

39 문학 위기론과 문학의 양적 팽창은 겉으로 보기에 이율배반적인 현상이다. 그 이율배반의 이면에는 문학적 엘리트주의와 대중주의라는 이데올로기적 선택이 숨어 있다. 이와 관련하여 김중신(1996b)은 문학은 질적으로 위기일지 몰라도 양적으로는 창궐한다고 하였는데, 실제로 '키치'로 대표되는 의사 문학은 21세기 들어서도 전혀 위축되지 않고 있다.

40 문학 교육과정의 일반 원리로 박인기(최현섭 외, 2002)는 ① 문학 양식 입문의 원리 ② 수용자의 능동적 감상 원리 ③ 내면화의 원리 ④ 발달성의 원리 ⑤ 텍스트 상호성의 원리 ⑥ 대화의 원리 ⑦ 문화적 경험으로의 전이 ⑧ 목표 통합의

적 전망을 덧붙이고자 한다. 첫째, 국어과와 문학교육, 더 정확하게는 언어교육과 문학교육의 관계를 명확히 규정해야 한다. 언어교육학은 대체로 몇몇 실험 연구들을 제외하고는 언어 습득기에서 초등 단계에 머물러 있고 문학교육학은 정확한 개념과 방법론이 아직 정립되지 않은 상태이다. 뚜렷한 학문적 근거 없이 교수요목에서 문학을 국어과에 포함시킨 것이 오늘까지 이어지고 있는데, 한문과가 국어과에서 독립해 나가는 과정과 그 결과를 참고하면서 문학교육의 위상도 재점검해야 할 것이다.

둘째, 텍스트와 관련하여 문학을 '전승되어야 할 문화적 유산'으로 보는 관점에서 벗어나야 한다. 이러한 관점에 서면 문학 자체보다는 문학에 관한 지식 위주로 교육이 경사되게 된다. 문인의 호(號)라든지 동인지의 참여 작가 이름을 외고 시대별 대표작을 나열하는 것이 문학교육의 전부인 양 인식되던 때도 있었다. 동시대의 작품들 대신에 아무리 가까워도 한 세대 이전의 작품들만을 제시하는 것 역시 이러한 관점에서 그리 멀지 않다. 5차 교육과정 이후 학생 중심, 체험 중심의 문학교육관이 대두된 것은 이러한 경향에 대한 반성의 결과라 하겠으나, 그러한 교육과정의 의도가 제대로 해석되어 교수-학습에 투입되는지는 다시 살펴봐야 한다.

셋째, 콘텍스트와 관련하여 문학교육 환경이 급변하고 있는 사실을 받아들여야 한다. 이는 문학교육이 21세기의 문학 환경에 능동적으로 대처해야 한다는 뜻이다. 21세기는 고전적 의미의 문학 개념이 해체되고 새로운 형태의 의사 문학이 주류를 이루는 시대이다. 이미 인터넷 문학이나 팬픽(Fan-fic), 영화 소설 등의 형태로 그 양상이 드러나고 있다. 이러한

원리 ⑨ 도야적 원리의 아홉 가지를 든다. 여기서 ②, ③, ④, ⑦, ⑨는 학습자의 측면에서, ①, ⑤는 문학 현상의 측면에서, ⑥, ⑧은 교육 현상의 측면에서 강조할 수 있을 듯하다. 학습자의 행동 특성 및 그 발달에 주안점을 두어 문학교육에 접근하는 것을 알 수 있다. 또한 김봉군(1996)은 문학 교육과정 구성의 원리로 철학적 적합성, 교육과정적 적합성, 구성 요소의 세 가지를 들고 그것들을 다시 세밀하게 하위 분류하고 있다.

상황에서 문학교육은 학습자 개인은 물론 문학 공동체의 심미적·문화적 아이덴티티를 확보하는 데 적극적으로 기여할 수 있어야 한다. 단순하게 매체를 확장하거나, 형식적 실험을 수용하거나, 세계 문학으로 눈을 돌려 보자는 발상만으로는 이러한 기대에 부응할 수 없다. 그보다는 그동안의 자기 완결적이고 현상 추수적인 문학교육에서 벗어나 적극적으로 현상을 견인해 내는 문학교육으로 전환하려는 노력이 필요하다.

Ⅲ. 문학 교육과정 발전의 논리

1. 문학 교육과정 논의의 층위

여기서는 문학 교육과정 변화의 저변에 숨어 있는 심층 논리를 분석하고, 그를 바탕으로 하여 문학 교육과정의 개선 방안을 모색해 보기로 한다. 그를 위하여 4차 교육과정 이후의 국어과 '문학' 영역 교육과정을 살펴보고, 그 개선에 관련되는 요인들을 짚어 볼 것이다. 범위를 4차 이후로 제한한 것은 그때부터 국어과에 '문학' 영역이 따로 설정되었기 때문이나, 그렇다고 해서 그 이전의 문학교육을 외면하고자 함은 아니다. 또한, 교육과정의 개선 방안을 다루되, 특정 교육과정(예컨대 2007년 교육과정)의 제도적 개정보다는 더 원론적인 방향을 탐색하는 데 논의의 초점을 둔다.

문학 교육과정을 살피면서 국어과의 '문학' 영역을 주자료로 삼는다는 언급에 함축되어 있듯이, 문학교육은 현실적으로 국어 교과의 하위 범주로 존재한다. 하지만 논의 과정에서는 문학/문학교육의 교과적 독자성을 강하게 전제할 것이다. 교육과정 총론이나 국어과의 다른 영역에 대한 고려는 거의 하지 않고, 일단 문학 교육과정의 자체 체계화에 총력을 기울인다는 뜻이다. 이는 그동안 교육과정 개정 작업이 '위로부터 아래로[41]' 이루어져 온 데 대한 반작용이라고 보아도 무방하다.

이러한 논의가 필요한 이유는 지금까지의 문학 교육과정 관련 논의들이 이룬 성과들이 거시적으로 볼 때 군데군데 빈틈이 보이기 때문이다. 곧, 그동안의 논의는 대체로 원론적·선언적 수준이나 기술적(記述的)·기술적(技術的) 수준에서 이루어지고, 그들 사이의 중간 지대에 대해서는 제대로 살피지 못한 것이다. 교과교육의 철학·이론 수준과 실제 수준의 논의 사이에는 일종의 링크 역할을 하는 논의가 있을 터인데, 그에 관한 논의는 심층적으로 이루어지지 않았다. 여기서는 문학 교육과정에 대한 철학적·이론적 논의와 기술적·실제적 논의 사이에서 문학 교육과정론의 총체성을 보완하고자 한다.

2. 문학 교육과정 개정의 심층 논리

1) 교육과정 개정의 이면

국어과 교육과정에서 '문학' 영역을 별도로 설정한 것은 제4차 교육과정 때부터이다. 그때부터 2007년 교육과정까지 교육과정의 '성격'과 '목표'에서 문학교육에 관해 기술한 내용을 정리하면 다음과 같다.[42]

---

41 그동안 국가 교육과정의 개정은 먼저 철학자·교육학자·관료·교육 활동가 등이 모여 교육과정 '총론'을 짠 후, 그 지침과 틀에 따라 각 교과의 교육과정을 개발하는 방식으로 이루어졌다. 그러다 보니 학교 교육의 중핵이라 할 교과의 논리가 교육 시스템에 반영되기 어렵고, 총론의 논리에 맞지 않는 세부 항목들은 배제되는 결과를 낳았다. 교육과정 개선에 관한 '위로부터'의 요구와 '아래로부터'의 요구가 만나는 지점을 찾아야 할 터인데, 그 출발점은 총론 개정 팀에 교과 전문가가 참여하는 일이 될 것이다. 이와 관련하여 제기되는 이른바 '교과 이기주의'에 대한 우려는, 교육 전문가로서 교과교육학자의 소양에 대한 기우에 불과하다고 생각한다.

42 제4차·5차 교육과정은 '성격' 항목이 없이 직접 '목표'를 기술하였다. 교육과정에 '성격' 항목이 나타난 것은 6차 교육과정 때부터이다. 그러나 '목표'는 '성격'에서 기술한 내용을 다시 항목화하는 데 그쳐, 내용 면에서 '성격'과 '목표'가 구별

4차 ~ 2007년 교육과정의 '성격'과 '목표'에 나타난 문학 관련 내용

	성격	목표
4차 교육 과정 (1981)		3) 상상의 세계를 표현한 글을 즐겨 읽고, 아름다운 정서를 기르게 한다. 1~2학년 : 단순한 이야기와 짧은 노랫말을 즐기게 한다. 3~4학년 : 문학의 기본 유형을 통하여 상상의 세계를 경험하게 한다. 5~6학년 : 문학의 허구적 진실성을 알게 한다.
5차 교육 과정 (1987)		3) 문학 작품을 즐겨 읽고, 아름다운 정서를 기르게 한다. 1~2학년 : 이야기와 동시를 즐겨 읽게 한다. 3~4학년 : 문학 작품을 즐겨 읽고, 상상의 세계에 흥미를 가지게 한다. 5~6학년 : 문학 작품의 짜임을 이해하고 감상하게 한다.
6차 교육 과정 (1992)	문학 영역에서는 문학 작품을 이해할 수 있는 지적 능력을 길러 준다. 그리고 문학 작품 감상을 통하여 즐거움을 느끼게 하고, 삶의 다양한 모습에 대하여 관심을 가지고 이해하게 하며, 풍부한 상상력을 길러 준다.	다. 문학 작품을 즐겨 읽고, 아름다운 정서와 풍부한 상상력을 기르게 한다.

되지는 않는다. 특히 '성격'의 모호성에 대해서는 정혜승(2002)이 자세하게 지적하였다.

7차 교육 과정 (1997)	문학에 대한 기본적인 지식을 바탕으로 문학 작품을 수용하면서 인간의 다양한 삶을 총체적으로 이해하는 능력과 심미적 정서를 기른다.	가. 언어 활동과 언어와 문학에 대한 기본적인 지식을 익혀, 이를 다양한 국어 사용 상황에 활용하는 능력을 기른다. 나. 정확하고 효과적인 국어 사용의 원리와 작용 양상을 익혀, 다양한 유형의 국어 자료를 비판적으로 이해하고 사상과 정서를 창의적으로 표현하는 능력을 기른다.
2007년 교육 과정	문학에 대한 기본적인 지식을 바탕으로 문학 작품을 수용하거나 생산하면서 인간의 다양한 삶을 총체적으로 이해하는 능력을 기르고 심미적 정서를 함양한다.	가. 국어 활동과 국어와 문학에 대한 기본적인 지식을 익혀, 이를 다양한 국어 사용 상황에 활용하면서 자신의 언어를 창조적으로 사용한다. 나. 담화와 글을 수용하고 생산하는 데 필요한 지식과 기능을 익혀, 다양한 유형의 담화와 글을 비판적이고 창의적으로 수용하고 생산한다.

여기서 핵심어를 간추리면 다시 아래와 같은 표를 얻을 수 있다.

4차~2007년 교육과정의 문학교육 핵심 개념

4차 교육과정 (1981)	• ①상상의 세계 • 아름다운 ①정서 • 문학의 허구적 진실성
5차 교육과정 (1987)	• 아름다운 ①정서 • ①상상의 세계 • 작품의 짜임
6차 교육과정 (1992)	• 문학 작품의 이해+작품 감상 →①즐거움, ②삶의 다양성, ①풍부한 상상력
7차 교육과정 (1997)	• 문학에 대한 지식+작품 수용 →②다양한 삶의 총체적 이해, ①심미적 정서 함양 • ③비판적 이해와 창의적 표현
2007년 교육과정	• 문학에 대한 지식+작품의 수용과 생산 →②다양한 삶의 총체적 이해, ①심미적 정서 함양

	• ③창조적 언어 사용 • ③비판적이고 창의적인 수용과 생산

이 표를 통해 30년 가까이 문학교육의 목표로 유지돼 온 ① '정서와 상상'의 이데올로기와 6차~2007년 교육과정에서 부각된 ② '지식' 및 '삶의 다양성' 이데올로기, 그리고 7차~2007년 교육과정에 나타난 ③ '비판적 · 창의적 언어 활동'의 대비를 발견할 수 있다. 이러한 대비는 문학에 대한 선험적 이미지로서의 '정서(→ 심미주의)'와 그에 대한 대타의식으로서의 '관념(→ 인문주의)', 그리고 국어라는 교과를 염두에 둔 '언어(→ 기능주의)' 사이의 길항을 보여준다. 여기서 문제가 되는 것은 그들의 길항 자체가 아니라, 문학은 '정서'의 영역에 속한다고 본능적으로 느끼면서도 끊임없이 '관념'을 의식하게 되는 문학 공동체의 욕망과, 거기에 덧붙여 '언어'까지 담고자 하는 문학교육 공동체의 자의식이다. 문학은 무엇인가를 담아야 한다는, 그 '무엇'이란 대체로 사회 · 역사적인 비판 의식이라는, 그러므로 문학가는 음유시인인 동시에 선지자여야 한다는 생각에서 계속 문학교육을 '관념' 쪽으로 밀어붙이는 변화의 이면에는 어쩔 수 없는 '정서'에의 고착이 자리 잡고 있는 것이다. 문학은 언어예술이자 국어라는 교과에 속하므로 '언어'를 염두에 두지 않을 수 없다는 분류학적 콤플렉스 역시 마찬가지다.

이러한 복합적인 가치관(혹은 분열된 문학관)에서 오는 콤플렉스는 '평가'에서도 나타난다. 교육과정 문서에는 '작품의 이해와 감상(혹은 수용과 창작/생산)'을 표나게 강조하면서 지식 평가에는 거의 두려움조차 느끼는 모습이 담겨 있는데, 이는 역으로 '믿을 만한 평가는 지식 평가뿐'이라는 교육 공동체의 무의식이 왜곡되어 표출된 것이다. 7차 교육과정 이후 문학교육의 목표를 별도로 기술하지 않은 것이나,[43] '학년별 내용(혹은 성취 기준)'에서 장르나 미적 장치들을 의도적으로 피해 간 것 역시 교육과정이 문학을 다루면서 느끼는 곤혹감을 반증한다. 어쩌면 문학 교육과정은 문학과 교육을 둘러싼 이중 가치관의 갈등을 포용하기에는 너무 좁은 그릇인지도 모른다.

2) 2007년 교육과정의 저변[44]

좀 더 자세히 2007년 교육과정을 살펴보자.

> 문학에 대한 기본적인 지식을 바탕으로 문학 작품을 수용하거나 생산하면서 인간의 다양한 삶을 총체적으로 이해하는 능력을 기르고 심미적 정서를 함양한다. (…) '문학' 학습은 문학 작품을 찾아 읽고 해석하며, 문학 작품을 생산하는 학습 활동을 함으로써 작품에 나타난 인간의 삶을 총체적으로 이해하고 문학적 상상력이 향상되도록 한다.('1. 성격')

> 국어 활동과 국어와 문학의 본질을 총체적으로 이해하고, 국어 활동의 맥락을 고려하면서 국어를 정확하고 효과적으로 사용하며, 국어 문화를 바르게 이해하고, 국어의 발전과 민족의 국어 문화 창조에 이바지할 수 있는 능력과 태도를 기른다.('2. 목표')

교육과정 체재로 미루어보건대, '성격'에는 문학/문학교육이란 무엇이며 우리는 왜 문학을 가르치는지에 대한 언급이 있어야 한다. 하지만 교육과정에는 그에 대한 언급은 없고, '목표'와 '방법'에 기술하는 것이 더 적당할 내용으로 '성격'을 채웠다. 그리고 정작 '목표'는 문학/문학교육에 대한 분명한 언급 없이 매우 추상적인 진술로 일관하였다.

---

43 그 이전까지는 '목표'의 전문(前文) 아래 세 개 정도의 영역별 목표를 두어, 그중 하나를 문학 영역의 목표에 안배하였다.

44 2007년과 2009년에 교육과정이 연이어 개정됐는데, 2007년 교육과정은 공통교육과정만, 2009년 교육과정은 선택교육과정만 개정했다. 여기서는 <국어> 과목의 '문학' 영역을 다루므로 2007년 교육과정이 분석 대상이다.

왜 '성격'에서 문학/문학교육에 대한 문학교육 공동체의 관점을 기술하지 못했는가? 왜 '성격'에서 문학교육의 목표를 기술하면서, 지식을 바탕으로 하여 문학 작품을 수용하거나 생산하면서 삶을 총체적으로 이해하고 정서를 함양하도록 했는가? 그 이유는 문학과 교육에 대한 이중 가치관의 콤플렉스와 함께, 국가 교육과정에 대한 또 다른 콤플렉스가 작용했기 때문이다. 그 콤플렉스는 국가 교육과정을 교조적으로 받아들이는 심층 무의식과 그것을 허물려 하는 표층 의식 사이에서 생긴다. 곧, '교육과정은 법규에 버금가는 학교 교육의 가이드라인'이라는 무의식이 '교육과정은 하나의 안내이자 제안'이라는 인식적 당위론을 끊임없이 위협하는 것이다. 그 결과 교육과정은 분명한 자의식을 가지지 못하고 해리(解離) 현상을 보이게 된다. '누가 봐도 옳기는 하지만 결국 아무 것도 말하지 않는' 교육과정의 특징은 교육과정이 중층의 콤플렉스 속에서 정체성을 잃었기 때문이다.

교육과정의 핵이라 할 '내용' 역시 마찬가지다. 예를 들어 7차 교육과정의 '학년별 내용' 중 '태도' 항목만을 가져오면 다음과 같다.(7차의 '태도'만 가져온 이유는 하나의 기준으로 전 학년을 살펴보기 위해서이다.)

7차 교육과정 '문학' 영역 태도 관련 내용

1학년	(3) 작품을 즐겨 찾아 읽는 습관을 지닌다.
2학년	(4) 작품에 흥미를 가지고 즐겨 읽는 습관을 지닌다.
3학년	(5) 작품을 스스로 찾아 읽는 습관을 지닌다.
4학년	(6) 읽은 작품에 대해 독서록을 작성하는 태도를 지닌다.
5학년	(6) 작품에 대한 생각이나 느낌을 글로 표현하려는 태도를 지닌다.
6학년	(7) 가치 있는 작품이나 영상 자료 등을 선별하여 읽는 태도를 지닌다.
7학년	(7) 작품의 사회적, 문화적, 역사적 상황에 나타난 그 시대의 가치를 이해하려는 태도를 지닌다.

8학년	(7) 작품에 드러난 우리 민족의 전통이나 사상을 비판적으로 수용하는 태도를 지닌다.
9학년	(7) 작품 세계를 창조적으로 수용하려는 태도를 지닌다.
10 학년	(7) 한국 문학의 전통을 창조적으로 계승, 발전시키려는 태도를 지닌다.

여기서 보듯이 1~3학년의 내용은 사실상 상호 변별성이 없고, 4~5학년은 문학의 '태도' 영역에서 부차적인 내용이며, 6학년의 내용은 지나치게 포괄적이다. 8~9학년 역시 '비판적 - 창의적'의 대비가 자의적이고 10학년은 공통교육과정의 마지막 학년이기는 해도 너무 일반적이다. 이는 "지식 - 기능 - 태도로 교육과정 내용을 체계화하고 학년별 계열성을 확보해야 한다."는 교육과정 지침과, "태도는 명료하게 변별하거나 합리적으로 위계화하기 어렵다."는 자의식이 충돌하면서 빚어진 해리를 모호함으로 해결하려 한 데서 빚어진 현상이다. 이런 모호함을 교육과정 담론 간의 경쟁과 타협의 산물로 보는 관점도 가능하지만, 그보다는 문학교육 담론 자체가 문학/문학교육에 대해 이중적인 관념을 가지고 있기 때문에 나타나는 현상으로 보는 것이 더 타당하다. 교육과정은 구체적이고 상세해야 한다는 요구와 최대한 개방적이어야 한다는 요구가 충돌하는 한 모호함에서 벗어나기는 어렵다.

3) 문학 교육과정을 둘러싼 콤플렉스

이제 문학교육을 둘러싼 콤플렉스, 혹은 이중적 강박이나 요구를 거칠게라도 나열해 보자. 그럼으로써 그러한 콤플렉스가 문학 교육과정의 발전 과정에서 어떤 힘을 행사했는지 이해하고, 교육과정의 개선 방안도 세울 수 있다.

흔히 3～4차 교육과정이 텍스트 중심, 체계 중심, 결과 중심인 데 비해 5차 이후의 교육과정은 학습자 중심, 활동・속성 중심, 과정 중심이라고 분석한다. 교육과정의 외피를 이루는 개별 학습이나 수행 평가, 구성주의 교육 이론도 이러한 '패러다임 변화'의 연장선상에서 언급된다. 하지만, 문학 '교과'가 다른 교과와 구별되는 지점은 어쩔 수 없이 텍스트일 수밖에 없다. 그 외연이 넓어지고 좁아지는 차이는 있어도, 텍스트를 고려하지 않은 문학교육을 상정할 수 있을까? – 이렇게 생각하는 순간 교육과정과 관련된 심층의 무의식과 표층의 당위론은 충돌하게 된다. 교육과정의 '학년별 내용'이나 '성취 기준'을 대할 때 느끼는 껄끄러움을 대다수의 연구자는 분류의 모호함이나 추상적인 기술 때문인 것으로 치부하지만, 기실 그 저변에는 장르론 중심으로 내용을 기술한 4차 교육과정에 대한 추억이 자리 잡고 있다. 무의식으로는 분석적・장르적 접근이 편하면서도 이론 혹은 당위론으로는 활동 중심・수행적 접근을 해야 하는 곤혹감이 저변에 숨어 있는 것이다.

혹은, 문학을 국어과의 하위 영역으로 두는 체제를 교육과정 콤플렉스의 예로 들 수도 있다. 4차 교육과정 이래 '언어 활동' 영역과 '문학' 영역을 분리하면서 늘 제기되는 문제가 영역 간 - 핵심적으로 '읽기'와 '문학' 간 - 의 관계이다. 그들을 둘러싼 공식 담론(= 표층 논리)이 통합성을 운위하는 것과 관계없이 교과서는 '문학 단원(혹은 마당)'을 설정해 왔고, 또 그것과 관계없이 교실에서는 '문학 읽기'와 '비문학 읽기'를 나눠 왔다. 교사들은 수시로 "읽기 단원에 실린 이야기를 지도하는 것과 문학 단원에 실린 이야기를 지도하는 것은 어떻게 다른가?"라고 질문하고, 이른바 전문가는 그에 대해서 "분명히 달라야 한다."거니 "개념적으로 구별되지만 현상으로는 구별하기 어렵다."거니 "구분 자체가 무의미하다."거니 하고 대답하는데, 이러한 현상 전체가 사실은 콤플렉스의 발현이다. 곧, '문학은 문학이다.'라는 심층 무의식과 '문학을 언어 생활과 국어과에서 분리할 수 없다.'라는 표층 의식의 길항에서 생겨나는 콤플렉스의 외화인 것이다. 수학능력시험에서 문학 영역의 도입 혹은 비중 문제를 두고 밀고 당기는 갈등 저변에도 그 콤플렉스는 존재한다.

문학 교육과정은 이러한 콤플렉스에 어떻게 대응하느냐, 바꿔 말하면 그러한 길항 관계에서 심층에 끌리느냐 표층에 끌리느냐, 혹은 그 관계 자체를 우회하느냐 등과 관련하여 문학 공동체 또는 문학교육 공동체가 어떻게 대응하느냐에 따라 발전해 왔다. 문학 교육과정 개발과 실행에서의 모호함은 그 콤플렉스 자체를 인식하지 못하거나 의도적으로 무시할 때 생겨난다. 심층 무의식에 고착되면 고착될수록 의식적으로 표층의 인식적 당위를 추구하는 것이다. 일컬어 '문학 교육과정의 방어 기제'라고 부를 만한 이러한 자세는 결국 심층 논리와 표층 논리 사이에 해리 현상을 불러일으켜, 교육과정이 선언 수준을 벗어나지 못하는 결과를 낳았다. "교육과정이 어떻게 바뀌든 수업은 결코 변하지 않는다."는 자조, 혹은 비판은 콤플렉스를 생산적 에너지로 전환하지 못하는 교육과정 때문에 생겨난다.

3. 문학 교육과정의 개선 방안

1) '발전' 패러다임에 대한 회의

문학 교육과정은 문학(또는 문학교육) 공동체가 외적으로 지향하는 문학교육관을 향해 꾸준히 발전해 왔다. 그러나 그 이면에는 그와 관련된 갈등 - 저항이나 왜곡이 아닌 - 또한 계속 작용해 왔는데, 그 힘은 문학과 교육에 대한 우리의 선험적 관념에서 나온다. <이상 : 현실>이나 <이론 : 실제>의 대립과는 다른, 존재와 당위의 밀고 당김이 문학 교육과정의 이면에 숨어 있는 것이다. 교육과정 개선 논의는 이 이면을 들여다보는 데서 출발해야 한다.

문학 교육과정 개선을 위해서는 체재나 기술 방법의 개선 이전에 교육과정 개선을 바라보는 관점부터 개선해야 한다. 어떤 패러다임이 바뀌고 있다는/바뀌었다는 점에 동의하기 이전에, 왜 패러다임을 바꿔야 하며, 무엇을 '바뀌었다'고 말하는지에 대해 먼저 논의해야 하는 것이다. 현재의 문학교육 상황은 그러한 질문 없이 그저 바꿔야 한다는 강박 관념에 사로잡혀 있는 것으로 보인다. 4차에서 2007년 교육과정에 이르는 동안 문학교육의 철학과 이론이 대폭 바뀌었다고 말하지만, 교육과정의 외형은 거의 그대로이다. 진정으로 철학과 이론이 바뀌었다면 그 외형이 이토록 변하지 않을 수 있을까? 그것은 바뀌는 과정이 아니라 오히려 '덧칠'해 가는 과정에 불과한데, 그것을 변화나 발전이라고 여기는 것은 문학교육 공동체 의식의 내부에 '발전'에 대한 강박 관념이 자리 잡고 있기 때문이다.

나아가, 교육과정 개선을 위해서는 문학의 현재적/미래적 가치에 대해서도 재음미할 필요가 있다. 현재 문학교육 담당층 일각에서는 영상, 인터넷까지 포함하며 문학의 외연을 파격적으로 넓히려 하고, 다른 한편에서는 인문 정신의 위기나 문학의 진정성 등을 운위하며 그러한 움직임에 제동을 걸고 있다. 그런데 교육과정은 마치 저인망처럼 그 둘을 다 잡으려고 노력한다. 그러한 자세는 교육과정이 문학의 미래상을 매우 불확실하게 상정하고 있다는 점을 암시하며, 나아가 '미래 지향적 문학교육' 자체의 개념적인 취약성을 드러낸다. 그에 비해 '지금 여기'에 필요한 문학 교육과정은 무엇인지에 대한 성찰은 상대적으로 미약하다. 교육이 본질적으로 미래에 현재를 투사하는 과업이기는 하지만, 그때의 '투사'가 미래를 담보로 한 현재의 부정을 뜻하는 것은 아니다.

예를 들어, '지금 여기'에서 문학 교육과정을 필요로 하는 사람이 누구인지 생각해 보자. – 학교 운영자, 교재 개발자, 교사, 평가자, 학부모 · 학생이 주류를 이룰 것이다. 그들은 어떤 문학적 관념과 어느 정도의 문학적 자산을 가지고 있는가? 그들이 문학교육에 기대하는 것은 무엇인가? 문학 교육과정이 없을 경우와 있을 경우 그들은 어떤 차이를 보이는가? 등등에 대한 질문이 문학 교육과정 개선의 첫걸음이 되어야 한다. 대부분의 교육과정 개정 작업이 '전보다 더 어렵게' 만드는 것으로 그친 이유는 교육과정 수요자에 대한 분석이 없었기 때문이다. 체재를 복잡하게 만들거나 새로운 분류 기준을 도입하는 것, 혹은 기술 범위를 넓히거나 더 전문화/추상화하는 것이 개선은 아님에도 불구하고, 지금까지의 문학 교육과정 논의는 그런 쪽으로 경도되어 왔다.

2) 교육과정 체재의 개선 방안

문학 교육과정의 체재는 4~5차 교육과정의 3원 체재(교과 목표 - 학년 목표 및 내용 - 지도 및 평가상의 유의점)에서 6차 교육과정 이후의 5원 체재(성격 - 목표 - 내용 - 방법 - 평가)로 바뀌고, 세부 체재도 일부 변화하였다. 하지만 '지도 및 평가상의 유의점'이 '지도'와 '평가'를 포함하고 '성격' 항목의 성격이 불투명하다는 점을 고려하면, 사실상 '목표 - 내용 - 방법 - 평가'의 4원 체재가 유지되어 온 셈이다.[45]

여기서 개선의 초점은 '교육과정 수요자는 교육과정에서 무엇을 기대하는가?' 하는 점이다. 교과의 이수 시기와 이수 단위, 이수 대상과 수업 환경 구성, 교사의 자격, 요구되는 선수 학습 등에 관한 매우 형식적인 내용도 필요하고, 어떤 내용을 어떤 순서로 어느 수준까지 가르쳐야/이수

해야 하는지와 교수-학습에 활용할 자료와 방법은 어떠한지에 관한 실행 관련 내용도 필요하다. 무엇보다도 중요한 것은 단위 교육과정을 이수함으로써 기대할 수 있는 문학적 인간형이 될 것이다. 교육과정 개발자들은 그러한 내용들을 가급적 빠뜨리지 않고 체계화하려 하고 교사와 학생들 역시 더 자세한 지침을 원하지만, 어느 임계선을 넘어서면 그때부터는 교육과정이 억압 기제로 작용하게 된다. 그 '선'이 어디인지는 교육과정 기술과 관련하여 논의하기로 하고, 여기서는 앞서 말한 요소들을 <시간, 공간, 교사, 학습자>의 네 구성 요소와 <목표, 내용, 자료, 활동>의 네 작용 요소로 정리하고자 한다.[46]

한편, 6차 교육과정에서 처음 제시된 '문학' 영역의 '내용 체계'는 6차

---

45 **4차 ~ 2007년 교육과정 체재**

4차	5차	6차	7차	2007년
가. 교과 목표 나. 학년 목표 및 내용 1) 목표 2) 내용 다. 지도 및 평가상의 유의점 1) 지도 2) 평가	가. 교과 목표 나. 학년 목표 및 내용 1. 목표 2. 내용 다. 지도 및 평가상의 유의점 1. 지도 2. 평가	1. 성격 2. 목표 3. 내용 가. 내용 체계 나. 학년별 내용 <문학의 본질> <문학 작품의 이해와 감상의 실제> 4. 방법 5. 평가	1. 성격 2. 목표 3. 내용 가. 내용 체계 나. 학년별 내용 4. 방법 가. 교수 · 학습 계획 나. 교수 · 학습 방법 다. 교수 · 학습 자료 5. 평가 가. 평가 계획 나. 평가 목표와 내용 다. 평가 방법 라. 평가 결과의 활용	1. 성격 2. 목표 3. 내용 가. 내용 체계 나. 학년별 내용 4. 교수 · 학습 방법 가. 교수 · 학습 계획 나. 교수 · 학습 운용 5. 평가 가. 평가 계획 나. 평가 목표와 내용 다. 평가 방법 라. 평가 결과의 활용

46 작용 요소에서 '평가'가 빠진 이유는 다른 요소들이 그대로 평가의 요소가 되기 때문이다. 필자는 평가를 교육과정의 하위 요소라기보다 교육과정의 다른 양태로 이해한다.

의 3원 체재(본질 - 이해 - 실제)에서 7차의 4원 체재(본질 - 수용과 창작 - 태도 - 실제)를 거쳐 2007년 교육과정에서는 <지식 - 수용과 생산 - 맥락 - 실제>로 바뀌었다. 이 역시 6차에서 태도 관련 요소가 '실제' 안의 다른 항목들과 구별된다는 점에서 '지식 - 수행 - 태도 - 실제'의 4원 체재가 유지되는 것으로 볼 수 있다. 다만 2007년 교육과정에서 '맥락' 영역을 설정하였는데, 이와 관련해서는 별도의 논의가 필요하다.

문학 교육과정의 '내용 체계'에 대한 논의는 사실상 문학 능력/문학 활동의 구조에 대한 논의가 된다. 문학 능력에 대해서 필자는 지식(= 알기)과 경험(= 해 보기)이 1차 층위를 이루고 그 이면에서 문학적 사고력과 태도가 형성된다고 보아,[47] '문학 활동의 실제를 통한 지식 습득과 수행 능력 함양'으로 체계화를 시도해 본다. 사고력과 태도를 내용이 아니라 목표 영역에 배치하는 것이다. 문학 지식이 문학-학(文學-學)의 영역에서 도출되고 문학 수행 능력이 문학적 소통으로 드러난다는 점 또한 인정한다.

문학 교육과정의 체재에 관한 제안

① 내용
- 알아야 할 지식 : 문학 일반에 관한 지식(문학 이론), 한국 문학에 관한 지식(문학사), 문학 소통에 관한 지식(문학 방법론)
- 수행해야 할 과제 : 텍스트 수용, 텍스트의 변용과 중개, 텍스트 생산
- 접해야 할 경험 : 구술 문학, 기록 문학, 매체 문학 / 서정, 서사, 극, 교술 양식 / 한국 문학, 세계 문학

② 목표 : 내용과 관련하여 기대하는 능력, 활동, 경험의 범위와 수준을 기술한다.

③ 시간과 공간 : 이수 시기와 필요 시수, 교실 및 수업 형태를 기술한다.

④ 교사와 학습자 : 교사의 준비 사항, 학습자에게 요구되는 선수 능력을 기술한다.

---

47 이 관계에 대해서는 이 책의 제1부 2장 참조.

⑤ 자료 : 문학적 · 교육적 요구를 고려하여 필수 · 권장 · 확장 텍스트를 기술한다.
⑥ 교수-학습을 위한 활동 : 교수와 학습 전략, 구체적인 활동 예를 기술한다.

3) 내용 기술의 개선 방안

4차~2007년 문학 교육과정의 발전에 대한 반응으로 '체재와 형식의 정교화에 반비례하는 내용 기술의 간소화'를 들 수 있다. 이는 사실상 간소화라기보다는 추상화라고 해야 하겠지만, 교육과정 수요자 입장에서는 어찌됐든 내용이 지나치게 간략하다는 불만을 가질 수 있다. 한 예로 2007년 교육과정의 1학년 '성취 기준'을 보자.

(1) 여러 가지 소리를 구별하여 듣고 흉내 낸다.
(2) 다른 사람의 말을 자연스러운 자세로 듣는다.
(3) 말의 재미를 느끼면서 시, 노래를 듣는다.
(4) 인물의 모습을 상상하면서 이야기를 듣는다.

옆에 '내용 요소의 예'가 부기되기는 하지만, 이것만으로는 교사와 학습자에게 교육과정의 의도를 전달하는 데 미흡하다. 이러한 문제점을 현재는 교육과정 해설서로 해결하고 있는데, 진정한 의미에서의 해설서는 국가가 아니라 구체적인 교육 단위, 곧 지역 교육청이나 학교 단위에서 만들어야 하는 것이다. 지금과 같은 <교육과정 - 교육과정 해설서>의 체제는 논리적, 현실적으로 불합리하다.

또한, 교육과정 내용은 수요자 중심으로, 학습할 내용 중심이 아니라 습득할 능력 중심으로, 그리고 방향과 준거를 분명히 알 수 있도록 기술해야 한다. 무엇보다도 항목 나열 중심의 교수요목식 기술을 내용과 자료,

활동이 통합된 기술로 바꾸는 일이 중요하다. 물론, 그것은 개개 수업을 간섭하는 것이 아니라 '집중과 확산' 전략에 따른 예시 중심이어야 한다. 이 부분에서 외국의 사례를 참조할 수도 있다.

교육과정의 내용 기술에 관한 제안

① 내용

- 지식 : 이야기는 인물이 시·공간적 배경 위에서 벌이는 행동의 연속으로 이루어진다는 것을 안다.
- 과제 : 인물의 연대기를 듣고/읽고/보고, 행동을 시간과 공간 축 위에 배열할 수 있다.
- 경험 : 지혜와 용기를 다룬, 20분 내에 읽을 수 있는 한국 전래 동화를 감상한다.

② 목표 : 20분 내에 읽을 수 있는 이야기 글을 교사의 도움 없이 읽고, 시·공간에 따른 인물의 행동이 드러나도록 요약하여 말할 수 있다.

③ 시간과 공간 : 3학년 기준으로 우수 학생은 두 시간, 일반 학생은 세 시간 내에 해결한다. 읽을거리가 다수 필요하므로 도서실이나 학급 문고가 갖춰진 교실이 있어야 하고, 읽기와 발표 준비는 개별 활동, 발표는 일제 활동이 적절하다.

④ 교사와 학습자 : 적어도 학생 수의 1/3에 해당하는 종류의 책을 학생 수만큼 준비한다.(30명일 경우 10종류 각 3권) 학생들은 이 수업에 들어가기 전에 이미 이야기가 시작과 중간, 끝으로 이루어진다는 것을 알고 그렇게 나눌 수 있어야 한다.

⑤ 자료 : 삼국사기 설화(필수), 이항복·박문수·정수동 이야기(권장), 다양한 지혜담(확장)

⑥ 교수-학습 활동 : 교사의 시범과 지명 활동 이후에 개별 학습지를 활용한다. 학습지는 인물의 행동 추출하기, 행동의 선후 확인하기, 행동을 접속어로 연결하기, 구두 요약을 위한 순서도를 포함해야 한다.

4) 교육과정 실행에 관련된 개선 방안

교육과정 개선은 교육과정 설계(design)뿐 아니라 작동(engineering)의 영역에서도 필요하다. 그동안의 교육과정은 문서 교육과정이 수업으로 실행되는 과정을 고려하지 못함으로써 문학교육의 실제적인 효용을 떨어뜨렸다. 물론, 이와 관련된 문학교육 공동체의 합의는 교육과정 문면에는 나타나지 않는다. 그러나 실행 요인을 고려한 교육과정과 그렇지 않은 교육과정을 비교하면 많은 차이를 예상할 수 있다.

교육과정 실행은 교과서 및 수업과 관련하여 살펴보는 것이 일반적이다. 그러나 여기서는 교육과정 연관(聯關)의 문제부터 먼저 짚고자 한다. 학교 교육과정, 나아가 포괄적인 교육 현상의 관점에서 문학 교육과정을 바라볼 때 비로소 실행에 관한 원칙과 전략이 나오기 때문이다.

가까운 데서부터 살펴보자. 문학 교육과정은 국어과의 타 영역(고등학교의 경우 과목)과 연관된다. 특히 언어 활동 영역과 연관이 안 되면 문학교육의 효용은 반감되고 만다. 예를 들어 2007년 교육과정의 10학년 '듣기'와 '문학' 영역의 '성취 기준'을 살펴보자.

<듣기>
(1) 강의나 발표를 듣고 목적에 따라 내용을 재구성한다.
(2) 토론을 듣고 찬성과 반대의 입장을 비교하여 논제를 깊이 있게 이해한다.
(3) 사회 방언을 듣고 언어적 다양성을 이해한다.
(4) 공연 예술의 소통 방식과 표현 특성을 이해한다.

<문학>
(1) 문학이 인간의 삶에 미치는 긍정적인 의미와 효과를 발견한다.
(2) 문학 작품에 드러난 작가의 개성을 이해한다.

(3) 인간의 보편적인 삶의 조건에 비추어 문학 작품을 이해한다.
(4) 문학 작품에 대한 비평적 안목을 갖춘다.
(5) 수용과 전승 과정에 유의하여 한국 문학의 전통을 이해한다.

여기서 '듣기' 영역은 의사소통의 목적과 텍스트 유형에 놓여 있음을 알 수 있는데, 그것과 '문학' 영역의 연관은 거의 찾아보기 어렵다. '문학'과 언어 활동 영역 사이의 연관을 언어 활동 영역 간 연관과 단순 비교하기는 어렵겠지만, 적어도 그에 버금가는 연관이 필요하다. 이러한 연관은 타 교과와의 연관(특히 사회/도덕, 음악/미술, 영어과), 학교 교육과정과의 연관(특히 독서 교육과 글쓰기 교육, 창의적 재량 활동), 아동 경험과의 연관(특히 독서 경험, 미디어 경험) 등으로 계속 확장해 갈 수 있다.

한편, 교육과정 실행에서 가장 첨예한 부분이 교과서와 국가 수준 평가이므로, 교육과정은 그에 관한 요구에도 답해야 한다. "이 교육과정 가지고 어떻게 교과서를 만들어야 할지 모르겠다."는 탄식이 교육과정 개정기마다 터져 나오거니와, 이는 교육과정이 전적으로 교사·학습자만 염두에 두고 그 외의 수요자는 고려하지 않았기 때문이다. 현재는 교육부의 '집필 지침'이 그 역할을 대신하지만, 그것으로는 한계가 있다.

국가 수준 평가와 관련해서는 지점별(학년일 수도 있고, 학교 급이나 학기 혹은 분기일 수도 있다.) 성취도 기준을 제시하는 방안이 현실적이다. 성취도 기준은 각 내용별 목표를 통합 기술하는 방식이 아니라, 문학 교육의 전체 틀을 고려하여 별도로 설정하고 그것과 내용별 목표를 교차 적용하는 방식이어야 할 것이다. 그럼으로써 교육과정에 대한 메타점검이 가능해진다.

4. 문학교육과정 현상의 재개념화

문학 교육과정론이 의의를 지니려면 문학/문학교육에 대해 가장 본질적인 문제부터 접근해야 한다. 문학이란/문학 현상이란 무엇인가, 무엇이 가치 있는 문학인가, 문학 능력은 어떻게 구성되고 발달하는가, 문학 활동의 기제와 변인은 무엇인가 등에 관한 문학교육 공동체의 진지한 모색이 필요한 것이다. 아울러 문학 교육과정의 개념과 작용상을 정위하기 위한 노력도 필요하다. 여기에서는 문학 교육과정 발전의 이면에 개재하는 콤플렉스에 주목하고, 그 콤플렉스를 받아들이면서 극복하기 위한 방안을 탐색해 보았다.

중요한 것은 문학 교육과정의 발전이 이론적 타당성이나 문학교육 공동체의 지향에 따라 단선적으로 이루어지는 것이 아니라, 그 반대 방향의 힘에 의해서도 이루어진다는 사실이다. 지향성이 강하면 강할수록 그에 길항하는 힘도 강해지고, 콤플렉스도 깊어진다. 그 현상 자체는 자연적인 것이므로 비판하거나 억지로 극복하기 위해 노력할 필요는 없다. 오히려 그러한 콤플렉스에 내재한 의미를 발견하는 일이 중요할 것이다.

필자가 실질적으로 제안하고자 한 것은 새로운 형태의 국가 교육과정이다. 극히 부분적인 예만 들었지만, 전체적인 의도는 분명하다. 문학 교육과정 수요자에게 도움이 되는 교육과정을 개발하자는 것이다. 일차로 교재 개발자와 교사가 무엇을 어떻게 해야 하는지 가이드라인을 제공하고, 궁극적으로는 학습자의 학습 방향을 제시할 수 있는 교육과정이 필요하다. 물론, 이러한 필요성 논의 자체도 어쩌면 또 다른 콤플렉스의 발현일 수 있다. 예를 들어 '교사의 자율성'이라는 외적 지향은 교사에 대한 불신을 가리기 위한 방어 기제인지도 모른다. 학문적 사대주의를 경계하면서도 새로 제안한 교육과정 형태는 영락없이 영어권 국가(혹은 주)의 교육과정을 닮았다. 조직적인 표준 교육과정보다 잠재적이거나 매우 단순한 기준이 더 의미 있을 수 있다는 점을 알면서도, 교육과정 개선 작업은 끊임없이 상세화의 유혹을 받는다. 그러나 필자는 그 갈등과 길항의 관계를 중요하게 여긴다.

Ⅳ. 문학 교육과정 표준의 개념과 지향*

1. 문학 교육과정 표준의 필요성

필자는 <문학> 과목 교육과정 개발에 참여하고 교육과정 해설서를 썼으며, 그에 의거해서 교과서를 개발한 경험을 가지고 있다. 그 과정에서 교육과정이 잘 됐다거나 못 됐다는 평가와 관계없이, 교육과정 개정 작업 자체에 문제가 있다는 생각을 하게 됐다. 그 이유는 다음과 같이 몇 가지로 정리할 수 있다.

(문학 교육과정의 개정 과정에서)
① 문학, 문학교육, 교육과정에 관한 철학적 성찰이 부족하다.
② 교육과정 개정에 대한 이론과 실제 면에서의 요구 분석이 없다.
③ 교육과정 개정 방향에 대한 교과 내의 합의가 없다.
④ 교육과정 개정에 참조할 만한 문학적, 교육적 준거가 없다.
⑤ 교재, 수업, 평가 등, 교육과정의 작용상에 대한 고려가 부족하다.
⑥ 학교 및 문학 환경의 변화를 고려할 여지가 없다.

결국, 교육과정 개정 작업은 이전 시기의 <문학> 과목 교육과정과 먼저

* 이 장은 조선대학교 김혜영 교수와 공동 집필하였다. 김 교수와의 협의 아래 이 책에 싣는다.

개발된 공통교육과정 '문학' 영역의 교육과정을 놓고, 그간의 문학교육 관련 논문들을 참조하며 개발자끼리 합의해 가는 과정이 되고 말았다. '문학 능력'과 '문학 문화' 개념의 부침과[48] 창작/생산 활동의 강화, 매체의 강조, 문학의 생활화 도입 등, 문학 교육과정을 특징짓는 변화들은 그렇게 이루어진 것이다.

이와 같은 문제는 예술계 고등학교 '문예창작과' 교육과정의 개발 과정에서도 반복되었다. 광복 이후 최초로 '문예창작과' 교육과정을 개발함에도 불구하고, 교육과정의 수요가 적다는 이유 때문에, 혹은 처음 만드는 것이라는 이유 때문에 개발 작업은 매우 사적인 공간에서 이루어졌다. 7차 교육과정 개정 당시 8개 기본 과목[49]의 설정과 각 과목별 교육과정 내용 기술은 개발자가 최선의 노력을 기울였음에도 불구하고 자의적이라는 비판을 면하기 어렵게 되어 있다.

필자는 문학 교육과정 개발과 관련한 이러한 문제들이 개발에 참여한 개인의 역량 때문이라고 생각하지는 않는다. 또한, 교육과정 개정에 참여하는 인력 풀을 확대하여 가급적 많은 사람들이 참여해서 해결할 수 있는 문제라고 생각하지도 않는다. 참여 인원이 많아지면 가장 문제가 적은, 바꿔 말해서 가장 무미건조한 교육과정이 나오게 된다.

대신, 필자는 문학교육과 관련한 교육과정 표준(Curriculum Standard)을 개발하고, 그것과의 연관 아래 문학 과목이나 영역의 교육과정을 특화

---

48 7차 교육과정에서 도입한 '문학 능력' 개념이 2007년 교육과정에서 약화되었는데, 그 이유는 문학교육 연구자와 교사들 사이에서 문학 능력에 대한 개념적 합의가 이루어지지 않았기 때문이다. '문학 문화' 역시 마찬가지 사정으로 7차 교육과정과 2007년 교육과정 사이에 개념이 달라졌다.

49

전공	영역	과목
문예 창작과	문학의 기초 이론과 연습	문학 개론, 문학사, 문장론
	한국 및 세계 문학의 이해와 수용	고전 문학, 현대 문학
	문예 창작의 이론과 실제	시 창작, 소설 창작, 희곡 창작

하는 방법을 제안한다. 물론, 교육과정 표준이라 하여 변화하지 않는 것은 아니다. 교육과정 표준은 문학 및 문학교육 전문가들이 상시적으로 수정·보완하면서 안정적으로 유지하고, 개별 교육과정은 당대의 문학교육 철학, 대상 학습자, 목표 중점 등에 따라 기능적으로 특화하는 관계를 제안하는 것이다. 여기서는 이와 관련하여 교육과정 표준의 의미와 의의, 개발 준거, 그리고 시험적으로 상정한 모형 및 현실 교육과정으로의 구체화 방안 등에 관해서 논의할 것이다. 이러한 논의를 통해 교육과정 개정 작업에서 '참조할 준거가 아무 것도 없는' 상황을 개선할 수 있다.

2. 문학 교육과정 표준의 의미와 의의

박인기(1994)는 문학 교육과정의 개념 층위를 분석하면서 교육과정 개념 일반, 문학 교과의 목적-수단 관점, 내용 범주의 조직 차원에서 다양한 개념군을 이끌어내고 있다.[50] 이처럼 많은 개념군이 가능하다는 것은 그만큼 문학 교육과정의 존재 양식이 다양하다는 것을 뜻한다. 그 존재 양식은 계획인가 결과인가, 문서화되었는가 그렇지 않은가 등에 따라 구별되기도 하지만, 다른 한편으로는 이념적(ideal) 수준인가 실천적 수준인가에

50
- 교육과정 일반 개념에 의해 : ① 내용 구분 또는 교과목으로서의 교육과정 ② 계획된 활동으로서의 교육과정 ③ 의도된 학습 결과로서의 교육과정 ④ 문화적 재생산으로서의 교육과정 ⑤ 경험으로서의 교육과정 ⑥ 집중적으로 분리된 과업으로서의 교육과정 ⑦ 자전적 생활 경험에 관한 해석으로서의 교육과정 ⑧ 사회 재건을 위한 제안으로서의 교육과정
- 문학 교과의 목적-수단 관점에서 : ① 지식 존속의 문학 교육과정 ② 문화 이해의 문학 교육과정 ③ 발달 수행적 문학 교육과정 ④ 비판적 실천을 위한 문학 교육과정
- 문학 교과의 내용 범주-조직 관점에서 : ⑤ 문학 텍스트 경험의 총체적 범주 ⑥ 문학 교수-학습 설계의 상위적 계획 ⑦ 문학적 사고와 결부되는 경험 ⑧ 문학 현상의 의도적 경험 체계 ⑨ 문학적 문화의 이해와 실천 ⑩ 문학 지식의 내용화 조직망

따라 구별되기도 한다. 곧, '교육과정'이라는 용어는 랑그 수준과 빠롤 수준에서 그 개념을 각기 다르게 설정할 수 있는 것이다.

비유가 적확하지는 않지만, 교육과정 표준은 교육과정의 랑그와 같다고 말할 수 있다.[51] 그것은 현실 교육과정으로 구체화하기 이전의, 문학과 문학교육에 대한 문학교육 공동체의 보편적 관념과 기대를 기술한 것이다. 문학교육에 관한 철학, 정책, 이론, 환경 등의 변화에 따라 현실 교육과정을 개발할 때 참조할 수 있는 것이 교육과정 표준이다. 여기에서 '표준'이란 '기준'이라는 뜻 외에도 '보편적인, 규범적인, 추상적인, 상위의' 등의 의미를 함께 가진다.

이처럼 간단하게 개념을 규정했지만, 실제로 문학 교육과정 표준의 의미는 매우 다양하다. 어떤 점에 중점을 두는가에 따라 그 의미를 다음과 같은 관점에서 파악할 수 있다.

① 결과 중심 관점 : 정상(평균)적인 학생이 일정 기간 평균적인 문학교육을 받았을 때 기대할 수 있는 문학 능력(지식, 성향, 경험, 기능 등)의 종합적인 기술.
② 학생 중심 관점 : 문학 능력의 발달 단계에 따라 성취해야 할 수준을 요소별, 수준별로 위계화한 것.
③ 내용 중심 관점 : 문학교육 현상에서 우연적, 부수적인 요소를 제거하고 남은 공통의, 중핵 요소만을 체계화한 것.
④ 과제 중심 관점 : 성장 과정에 따라 알아야 할/경험해야 할 문학적 과제들을 체계적으로 조직한 것.
⑤ 형식적 관점 : 개념적인 수준에서 문학 교육과정의 뼈대만을 제시하여, 거기에 적절히 살을 붙일 수 있는 형태.
⑥ 제도적 관점 : 국가 수준에서 가이드라인으로 제공하고, 현실 교육과정의 적부를 판단하는 데 기준이 되는 규정.

---

51 그와 비교해서, 문서로 공포된 실제의 교육과정, 곧 빠롤에 해당하는 교육과정을 '현실 교육과정'이라고 하자.

⑦ 탈역사적 관점 : 관점이나 시간에 따라 변화하는 요소를 제거한 뒤에 남은, 보편 타당한 교육 내용의 체계적인 기술.

교육과정 표준은 실제 이루어지는 문학교육의 방향을 제시하는 '하나의' 문학 교육과정으로 존재하기보다는, 다양한 문학 교육과정의 규범, 기준으로 존재한다는 점에 그 의의가 있다. 이는 교육과정 표준이 하나의 규범으로 존재함과 동시에 다양한 수용의 조건을 고려해야 한다는 것을 뜻한다. 교육과정 표준은 현실 교육과정을 개발하는 데 활용될 수도 있고, 현실 교육과정의 적용과 개선의 적절성을 판단하는 기준이 될 수도 있다. 때문에 교육과정 표준은 일정한 형태를 갖춘 교육과정이기보다는 교육과정 개발에서 고려해야 할 여러 가지 요소들에 대한 선언적 집합의 성격을 지닌다. 교육과정 표준을 중심으로 하여 다양한 현실 교육과정들이 서로 유기적인 관련을 맺을 수 있다.

교육과정 표준이 합리적으로 개발된다면, 현실 교육과정 개발자와 문학교육 연구자들은 그것에 관해, 혹은 그에 바탕으로 두고 논의를 진행함으로써 효율성을 높일 수 있다. 그 의의는 여러 곳에서 찾을 수 있겠지만, 가장 중요한 것은 교육과정 표준이 있음으로 해서 현실 교육과정 개발에 참조할 준거가 생긴다는 점이다. 교육과정 개발자들은 직전 교육과정뿐 아니라 보다 원론적인 교육과정 표준을 참조하며 교육과정을 개발할 수 있다.[52]

또한, 교육과정 표준은 현실 교육과정의 타당성과 적절성을 판단하는 기준이 될 수 있다. 마치 하위법이 상위법에 조회하여 법리적 타당성을

---

52 '시기'만을 예로 들어 교육과정과 현실 교육과정의 관련을 살펴보면 다음과 같다.
① 교육과정 표준이 없는 경우

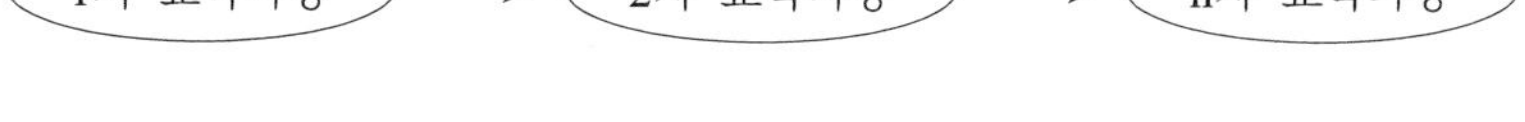

(1차 교육과정) ⟶ (2차 교육과정) - - - -➤ (n차 교육과정)

얻는 것처럼, 국가 수준에서 교실 수준에 이르기까지 다양한 수준, 영역의 교육과정은 교육과정 표준과의 조회 아래 상위적 점검을 할 수 있다.

나아가, 교육과정 표준은 문학교육 현상의 제 층위를 일관되게 분석한 결과로 나오는 동시에 문학 현상 자체를 추동하는 역할을 한다는 점에서 문학교육에 대한 메타담론으로서의 의의도 지닌다. 궁극적으로 문학 교육과정론이라는 것은 문학교육에 관여하는 문학 현상의 요소들을 유기적으로 질서화하기 위해 여러 층위의 문학 현상들을 구조화하는 데 그 본질이 있기 때문이다.(박인기, 1994:4)

3. 문학 교육과정 표준의 개발 준거와 원리

문학 교육과정 표준의 개발이란 교육과정 설계(design) 및 구성(organization) 과정에 문학 현상을 합목적적으로 결합하기 위한 기본 개념 틀(Conceptual Framework)을 구안하는 작업이다. 따라서 문학의 본질, 문학교육의 목적, 사회가 학생들에게 기대하는 문학 능력 등에 관한 성찰이 그 바탕이 된다.

교육과정 표준이라 해서 그 준거나 변인이 일반적인 문학 교육과정 개발과 다를 필요는 없다. 다만 현실 교육과정이 그것을 투입할 시・공간적 특성에 제약을 받으면서 교재 및 교수-학습, 평가로 전개될 양상을 깊이

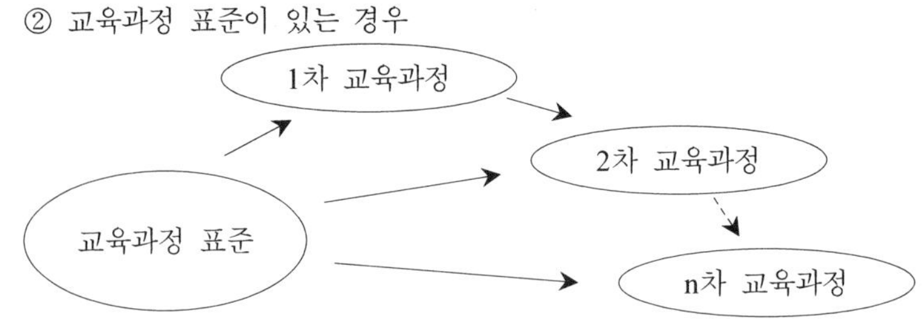

고려한다면, 교육과정 표준은 그러한 요소로부터 비교적 자유로우며 원론적인 가치를 추구하는 차이가 있을 뿐이다. 물론, 그렇다고 해서 현실 교육과정의 탈맥락적인 형태가 교육과정 표준인 것도 아니다. 문학 교육과정 표준은 제도 교육기간 동안의 전체적인 문학 교육과정의 상을 보여주고, 학교 교육의 각 영역 및 과목으로 문학 교육과정을 구체화하는 원리를 밝혀 주며, 실제 교육과정 개발과 적용에서 고려해야 할 요인들을 제시해야 한다.

문학 교육과정 표준의 개발 준거는 당연히 문학 현상과 교육 현상의 구조다. 그 '현상'의 중심에는 문학/교육 주체로서의 학습자가 있다. 이들의 교집합이 문학교육 현상이 되겠지만, 그들이 단순하게 교섭하는 것은 아니기 때문에 일단 둘을 개념적으로 나눠서 살펴보는 것이 쉬울 것이다. 이를 위하여 앞에서 살펴본 문학 현상의 구조를 다시 끌어와 보자.

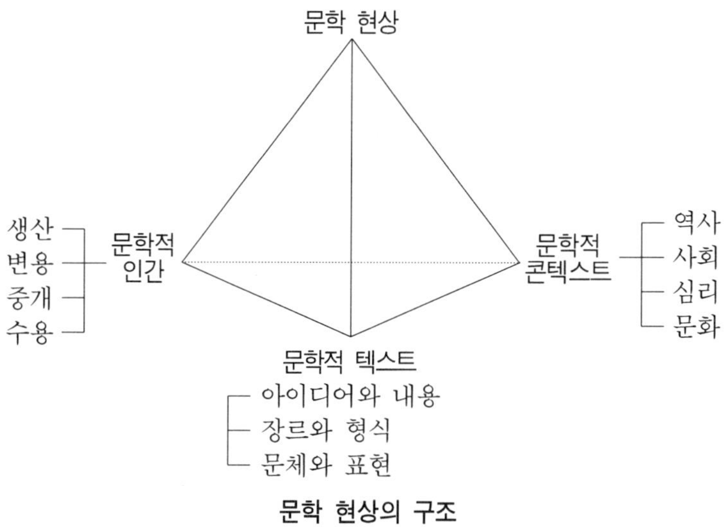

문학 현상의 구조

이 구조를 용인한다면, 문학 교육과정 표준은 문학적 주체의 생산 ·

변용 · 중개 · 수용의 원리를 담고, 내용 · 형식 · 표현 중심으로 문학적 텍스트의 구조를 반영하며, 역사 · 사회적 양상 및 심리 · 문화적 지향을 구현해야 한다. 이것들을 어떻게 한꺼번에 구현하는가? – 그에 대한 답을 찾아가는 것이 문학 교육과정 표준을 개발해 가는 과정일 것이다. 문학 현상에 대한 다른 관점도 가능하겠지만, 교육과정 표준의 개발을 위해서는 가장 보편적인 준거를 따르는 것이 바람직하다.

이와 동일한 맥락에서 교육 현상에 대해서도 살펴볼 수 있다. 예를 들어 아래와 같은 구조를 생각해 보자.[53]

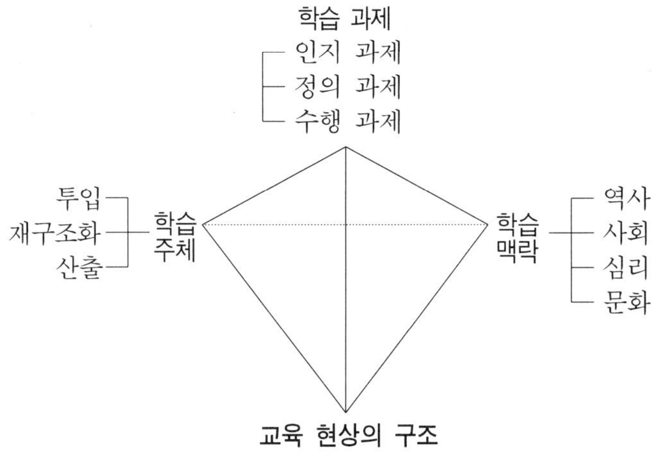

교육 현상의 구조

이에 따르면 문학 교육과정 표준은 학습 주체가 인지 · 정의 · 수행적인 부문에서 문학교육의 내용을 투입 · 재구조화 · 산출하는 과정과 그에 관련되는 맥락을 다뤄야 한다. 이 구조가 앞에서 본 문학 현상의 구조와 차질 없이 맞물릴 때 문학 교육과정 표준의 개발 준거가 선명히 드러나게 된다. 그림으로 보면 두 개의 삼각뿔이 틈 없이 맞붙어서 아름다운 육면체

---

53 Hills/장상호 역(1987:16-20)의 모형을 앞에서 본 문학 현상의 구조 모형을 참고하여 수정한 것이다.

를 이룰 때, 그 안에서 문학 교육과정 표준의 가능성을 찾게 된다.

문학교육 현상에 대하여 어떤 관념을 그리든, 개발 과정에서 교육과정 표준의 의의를 최대한 살리기 위해서는 다음의 조건들을 염두에 두어야 한다.

① 문학 및 문학교육의 현상을 포괄적으로 수용할 것.
② 문학교육의 철학과 이론을 실제를 표상할 것.[54]
③ 문학 능력의 구조와 발달 특성을 바탕으로 할 것.
④ 현실 교육과정으로 구체화할 수 있는 역동성을 가질 것.
⑤ 적용의 개방성과 시간상 내구성을 갖출 것.

이때 가장 중요한 고려점은 문학에 대한 문학 공동체의 관념이다. 문학교육을 다른 것들과 구별해 주는 변별점이 문학이기 때문이다. 문학 교육과정 표준은 우선 문학의 개념 범위와 문학적 가치에 대한 판단 기준 등을 담고, 그 이후에 문학교육에 대한 교육 공동체의 관념을 담고, 마지막으로 교육과정의 구체화와 관련한 실제적 효용성을 담아야 한다. 그 개발 과정에서 던지고 답해야 할 질문들로는 다음과 같은 것들을 들 수 있다.

① 무엇이 문학인가 – 그 내포와 외연(시간, 공간, 문화적 관점에 따른)
② 무엇이 바람직한(혹은 위대한/유익한/아름다운) 문학인가
③ 문학의 생산, 수용이란 무엇인가
④ 문학 경험/활동은 어떻게 이루어지나
⑤ 문학 소통의 총체적 양상
⑥ 어떤 주체가 문학적으로 우수하다는 것은 무슨 뜻인가
⑦ 문학 학습에서의 변인은?

---

54 이 진술은 교육과정 표준이 최현섭 외(2002)가 말한 <철학 - 이론 - 모형 - 실제>의 틀에서 '모형'과 '실제' 수준까지는 고려하지 않는다는 뜻이다.

⑧ 쉬운/단순한 문학과 어려운/복잡한 문학은 어떻게 변별되나
⑨ 개인적으로, 사회적으로 어느 정도의 문학이 필요한가
⑩ 문학 이론과 문학사의 기본 틀
⑪ 어떤 작가/작품을 다뤄야 하나
⑫ 문학과 관련하여 학습자는 어떤 능력을 갖춰야 하나
⑬ 교육의 과정에서 학습자에게 어떤 경험/활동을 제공해야 하나
⑭ 문학교육을 위하여 무엇을 평가할 것인가
⑮ 문학 능력이 장·단기적으로 쓰일 곳은?

4. 문학 교육과정 표준의 틀

그렇다면, 문학 교육과정 표준은 어떤 모습이어야 하는가?

문학 교육과정 표준은 문학교육에 대해 문학교육 공동체가 장기적으로 기대하는 모습을 담아야 한다고 했다. 그것은 문학과 학습자의 유기적인 연관을 보여주지만, 특정 시·공간이나 목표로부터 일정하게 거리를 둔다. 그렇다면 교육과정 일반에서 요구하는 요소들[55]을 재구성하고 보완하

55 김재복(1996:50)에서는 교육과정 각론의 형식과 내용을 다음과 같이 분류하여 기술하였다.
① 교육과정의 정당성 제시 : 교육 이념과 연계
② 관점 제시 : 학습자관, 지식관, 학습관, 평가관에 대한 일관된 교육학 이론과 연구 결과 제시
③ 이를 일관되게 반영하는 교육과정 구성 원칙 제시 : 9개 교육과정 구성 요소(교육 목표, 교육 내용, 교재, 학습 활동, 교수 전략, 평가, 집단, 시간, 공간)
④ 교과의 성격
⑤ 교과의 성격과 관점과의 관련
⑥ 전 학년 해당 교과 교육과정의 각 구성 요소의 구성 원칙 적용 요약표 제시
⑦ 학년별 혹은 단계별로 각 교육과정 구성 요소의 구성 원칙 서술 : 구체적인 예와 함께 제시
⑧ 교육과정이 교실 상황에서 적용될 때 유의점과 상황 제시 : 총론에서 제시된 상황이 교과에 적용될 때의 구체적 모습 제시
⑨ 교육과정 운영을 위한 교사 훈련에 대한 구체적 방안 제시 : 총론에서 제시된 상황이 교과에 적용될 때의 구체적 모습 제시

여, 교육과정 표준이 담아야 할 요소들을 다음과 같이 설정할 수 있다.

① 문학교육의 정당성 제시 : 문학 및 문학교육의 가치와 관련하여
② 문학교육에 관한 관점과 방향 제시 : 문학관, 교육관, 문학 학력관을 중심으로
③ 이를 일관되게 반영하는 교육과정 표준 개발의 원칙 제시 : 교육 목표, 교육 내용, 교재로서의 텍스트, 학습 경험과 활동, 평가와 관련하여
④ 문학 텍스트, 문학 경험/활동과 소통, 문학 문화의 구조 제시
⑤ 문학 능력의 발달에 대한 이론 제시
⑥ 학교 교육에서 문학 교과의 성격 제시
⑦ 영역별 혹은 단계별로 교육과정 앞의 3절에서 언급한 구성 요소를 서술
⑧ 교육과정 표준을 현실 교육과정으로 구체화하는 원리와 유의점 제시
⑨ 현실 교육과정 운영을 위한 교사 훈련에 대한 구체적 방안 제시
⑩ 교육과정 평가 방안에 대한 계획 및 방법 제시

여기서 특히 현실 교육과정과의 연관이 높은 것은 ③~⑤ 항목일 터인데, 그와 관련하여 고려해야 할 표준 요소는 아래와 같이 구획할 수 있다.

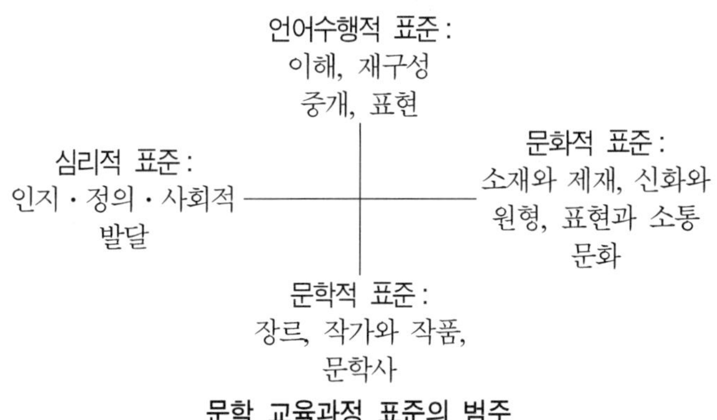

문학 교육과정 표준의 범주

---

⑩ 교육과정 평가 방안에 대한 구체적인 계획 및 방법 : 총론에서 제시된 상황이 교과에 적용될 때의 구체적 모습 제시

곧, 문학 교육과정 표준은 문학교육에 관하여 앞에서 본 ①~⑩의 요소를 담되, 그 과정에서 심리, 언어 수행, 문학, 문화에 관한 표준을 고려하여 개발해야 하는 것이다. 아울러, 기준이 되는 시점을 밝혀야 하고,[56] 문학교육에 접근하는 영역을 구획해야 한다.[57] 이러한 모든 문제를 고려하여 여기서는 문학 교육과정 표준의 기본 틀을 다음과 같이 제안한다.

① 내용 : 문학과 관련하여 학습자가 알아야 할 지식, 수행해야 할 과제, 접해야 할 경험[58]의 체계적 분류.
② 목표 : 문학교육과 관련하여 학습자에게 기대하는 능력과 활동, 경험의 범위와 수준. 거기에 문학 문화에 대한 기대도 포함된다.
③ 시 · 공간 : 문학교육의 이수 시기와 기간, 교실 및 수업 형태. 이것은 최소-최대 범위와 기본-가능 형태를 기술해야 한다.

---

56 매 학년에 대하여 기술할지, 3학년-6학년-9학년과 같이 특정 분할점을 정할지 결정해야 한다.

57 전통적으로 언어 활동을 '듣기 · 말하기 · 읽기 · 쓰기'로 구분했지만, 거기에 '보기(viewing)'와 '만들기(making)'를 추가할 수 있다. 혹은 '이해 · 표현 · 사고 · 문화 형성'과 같은 체계도 가능하다.

호주 퀸즐랜드의 2003년도 English Syllabus(pre-publication version)에서는 key learning area를 다음과 같이 9영역으로 나누었고, 미국 버몬트 주(1996)에서는 표준 기반 교육과정standards-based curricula을 추구하면서 영역을 'vital results standards, fields of knowledge standards, learning opportunities and examples of recommended practices, appendices로 나누기도 했다. 문학 교육과정의 영역을 어떻게 구분해야 하는가의 문제는 별도로 논의해야 할 문제다.

	cultural	operational	critical
speaking & listening			
reading & viewing			
writing & shaping			

58
- 알아야 할 지식 : 문학 일반에 관한 지식(문학 이론), 한국 문학에 관한 지식(문학사), 문학 소통에 관한 지식(문학 방법론)
- 수행해야 할 과제 : 텍스트 수용, 텍스트의 변용과 중개, 텍스트 생산
- 접해야 할 경험 : 구술 문학, 기록 문학, 매체 문학 / 서정, 서사, 극, 교술 양식 / 한국 문학, 세계 문학

④ 교사-학습자 : 각각에게 기대되는 역할과 자질, 선수 능력 등
⑤ 자료 : 문학적 · 교육적 요구를 고려하여 필수 · 권장 · 확장 텍스트로 나누어 제시할 수 있다.
⑥ 활동 : 교수-학습 전략, 수업 유의점 등.
⑦ 성취 수준 : 문학에 대하여 아는 정도, 할 수 있는 정도, 좋아하는 정도의 기술[59]

5. 문학 교육과정 표준의 구체화 방안

문학 교육과정 표준은 명시적인 문서 교육과정을 개발하기 위한 준거로 기능할 수 있다. 그것을 '현실 교육과정으로의 구체화'라고 부른다면, 그러한 구체화는 여러 국면에서 이루어지게 된다. <국가 - 교육청 - 학교 - 교실>로 이어지는 수준별 구체화도 가능하고, 보통 교육, 전문 교육, 사회 교육 등으로 구분되는 영역별 구체화도 가능하다. 또, 유치원에서 대학교까지 이어지는 시기별 구체화나, 현실 교육과정의 설계(design) → 구성(organization) → 시행(implementation) → 평가(assessment)로 이어지는 과업별 구체화도 가능하다.[60] 그러나 가장 중요한 구체화 변인은 문학교육 이론의 변화이다. 1차~2009년 교육과정에 이르는 동안 문학교육의 변화를 이끈 것은 문학 자체의 변화보다는 문학교육 이론의 변화라는 점을 볼 때,[61] 문학교육(혹은 교육 일반) 이론의 변화는 교육과정 표준이 현실 교육과정으로 구체화되는 과정에서 가장 강하게 영향을 주는 변인이다.

---

59 이 틀은 192쪽 및 194쪽에 제시한 것과 같다. 다만 '성취 기준'이 추가되었는데, 목표와 성취기준의 관계에 대해서는 따로 논의해야 한다.

60 과업별 구체화의 과정은 다음 쪽 그림의 방식으로 이해할 수 있다. 곧, 교육과정 표준은 현실 교육과정의 설계에서 평가에 이르는 전 과정을 메타적으로 조망하는 규준이 된다.

교육과정 표준의 구체화는 일반적 표준(Curriculum Standard)과 국부적 요구(local needs : 시대, 지역, 목표, 성, 연령 등)를 조화롭게 통합하는 과정이기도 하다. 그 과정에서 교육과정 표준은 원론적 안정성을 지향하고 각 영역의 요구는 현실적 적합성을 지향하게 되는데, 이들 사이의 밀고 당김을 통해 현실 교육과정이 개발된다. 그 밀고 당김은 대체로 다음과 같은 요인으로 발생한다.

① '표준'의 구심력과 '영역'의 원심력의 길항
② 문학 원리와 교육 원리의 길항
③ 교육과정이 지향하는 규범성과 자율성의 길항
④ 내용 기술에서의 일반화와 상세화의 길항
⑤ 문학 활동의 관습 원리와 개별 원리의 길항
⑥ 교육과정 내용과 텍스트와 활동의 삼각 길항

결국 교육과정 표준의 구체화(= 현실 교육과정 개발)는 이러한 길항 관계 위에 당대의 문학-교육 공동체의 집단 사고를 통해 이루어지는 것이다. 하나의 표준을 두고 다양한 현실 교육과정이 나올 수 있는 이유이다. 그 전형적인 사례를 들어 보자.

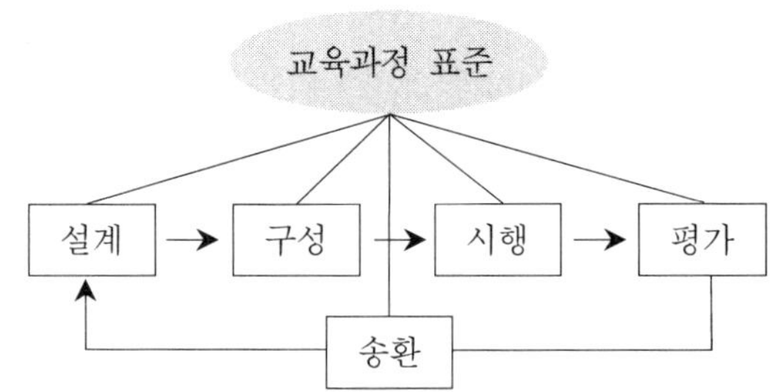

61 대표적인 것이 형식주의적 관점에 선 3 · 4차 교육과정과 학습자 반응을 강조한 5 · 6차 교육과정, 그리고 문화 요소를 강조한 7차 · 2007/2009년 교육과정의 차이다.

① 학교 급에 따른 구체화 : 학습자의 발달 특성을 최대로 고려할 수 있다.
② 내용 영역에 따른 구체화 : 교육과정을 학교 급에 따라 수평으로 자름으로써 생기는 문제들(중복이나 누락, 비약, 상치 등)에 대비할 수 있는, 수직적인 통일성을 확보할 수 있다.
③ 문학 환경 및 경험의 변화에 따른 구체화 : 매체 변화, 문학 조류의 변화, 새로이 등장하는 작가 · 작품들, 인접 예술이나 외국 문학과의 교섭 등, 교육과정이 문서로 공포된 이후에 발생하는 여러 상황에 대한 대응력을 확보할 수 있다.
④ 문학교육의 목적, 또는 트랙에 따른 구체화 : 기초 · 기본 교육을 위한 생활 문학 교육과정, 인문 교육을 위한 교양 문학 교육과정, 심화 · 전문 교육을 위한 전문 문학 교육과정으로 나누어 구체화하면 문학교육의 성격을 보다 분명히 할 수 있다.

이 밖에도 다양한 구체화가 가능한데, 이들이 '문학교육'이라는 커다란 틀 안에서 연계성을 지닐 수 있는 근거는 그들이 모두 문학 교육과정 표준과 어떤 식으로든 통로를 열어 두고 있기 때문이다. 서로 다른 집단이 서로 다른 곳에서 서로 다른 목적으로 현실 교육과정을 개발하더라도, 그들 사이에 기본적인 어젠다만 공유된다면 문학교육의 총체성을 구현할 수 있다.

6. 문학 교육과정 표준의 지향점

필자의 문제의식은 매우 간단하다. 우리나라의 경우 1차~2007/2009년에 이르는 문학 교육과정이 있는데, 그들의 공통된 기반이 되는 어떤 표준이 있지 않을까? 눈을 돌리면, 세계 각국의 언어권에 어떤 형태든 문학 교육과정이 있는데, 그 이면에 어떤 원형이 있지 않을까? 하는 점이다.

사실 언표되지 않았다 뿐이지 적어도 우리나라의 문학 교육과정에는 그런 표준이 있었음을 짐작할 수 있다. 문학을 보는 눈, 문학의 가치를 판단하는 기준, 문학 학력에 관한 잣대 등은 1차 교육과정 이후 크게 변화하지 않고 흘러왔기 때문이다. 다만 그런 표준이 각자의 머릿속에만 존재하다 보니 다소 모호하고 조금씩 편차가 있을 뿐이다.

그런 '잠재적 표준[62]을 명시적 표준으로 구현한다면 교육과정 개발과 시행, 평가, 그리고 개정 작업이 훨씬 체계적으로 이루어질 수 있을 것이라는 것이 필자의 생각이다. 또 문학교육이 훨씬 안정적으로 이루어질 수 있으리라고도 기대한다. 단, 표준의 개발에는 더 많은 사람들이 참여하여,[63] 더 원론적인 수준에서 이루어져야 한다. 이와 관련하여 필자는 다음과 같은 내용들을 제안한다.

(교육과정 표준의 개발 및 관리와 관련하여)

① 문학 교육과정의 표준을 개발할 것 : 이 일은 국가 수준에서 하지 않아도 된다. 문학 및 문학교육계의 공동 작업으로 가능할 것이다.

② 문학 교육과정 표준의 정당성을 확보할 것 : 미시적이거나 기술적인 문제가 도드라지면 보편적인 정당성을 확보하기 어렵다. 철학과 이론 수준에서 교육과정 표준을 개발하고, 그에 관해 집단적 합의를 얻어야 한다.

③ 교육과정 표준의 유지 보수에 관심을 가질 것 : 문학 및 교육 환경이 변함에 따라 교육과정 표준도 변화한다. 물론, 이 변화는 원론 수준의 변화가 아니라 구체화를 위한 준거 수준의 변화이다. 대표적인 것이 '자료'에 관한 기술로서, 가치 있는 작품이 새로 나올 때마다 표준도 변화한다.

---

62 이것을 지배 담론이라고 해도 좋고, 보편적 관념이라고 해도 좋다. 어쨌든 그것들은 은폐되어 있고, 비조직적이며, 다분히 자의적이다.

63 교육과정 표준의 경우에는 현실 교육과정에 비해 상대적으로 보편타당, 불편부당한 내용이어야 한다. 개발진 구성도 문학교육자가 중심이 되는 현실 교육과정에 비해 문학자의 비율이 높은 것이 좋다.

(현실 교육과정의 개발과 관련하여)

① 과거의 교육과정과 외국의 교육과정 분석, 이론 점검, 관련 집단 협의를 바탕으로 하여 잠재적인 교육과정 표준을 먼저 구성할 것.

② 교육과정 표준을 현실 교육과정으로 구체화하는 원리 및 고려해야 할 변인들에 대해 먼저 합의할 것.

③ 표준에 바탕을 둔(Standard-based) 교육과정 개정을 추진할 것.

④ 교육과정 개정 과정 전체를 교육과정 표준의 시각에서 메타적으로 조정할 것.

지금까지의 문학 교육과정론은 교육과정의 이상에 대한 당위론적 논의에서 구체적인 설계와 실천으로 갑자기 건너뛰는 모습을 보인다. 교육과정 자체의 개발 논리와 모형에 대해서는 논의가 없었던 것이다. 하지만 문학 교육과정론이 의의를 지니려면 문학/문학교육에 대해 원론적인 문제부터 접근해 가야 한다. 문학이란/문학 현상이란 무엇인가, 무엇이 가치 있는 문학인가, 문학 능력은 어떻게 구성되고 발달하는가, 문학 활동의 기제와 변인은 무엇인가 등에 관한 문학교육 공동체의 관점이 필요한 것이다. 아울러 문학 교육과정의 개념과 작용상을 정위하기 위한 노력도 필요하다. 교육과정 표준론은 이러한 문제에 대한 답이 될 수 있다.

교육과정 표준은 문학교육 현상의 여러 층위를 일관되게 분석한 결과로서 만들어지며, 동시에 문학교육의 현상을 추동하는 힘으로 존재하기도 한다. 이는 문학 교육과정 표준이 문학교육에 대한 메타담론의 역할을 수행할 수 있다는 뜻이 된다. <교육과정 표준 → 현실 교육과정 → 교육과정 실행>으로(혹은 그 역으로) 이어지는 고리 안에서 문학교육의 이론과 실제가 긍정적 전망을 이끌어낼 수 있다.

III

문학교육의 실천

Ⅰ. 문학교육의 본질과 교과서

1. 문학 교재론의 필요성

하나의 교육 시스템에서 교과서는 교육 공동체의 철학을 반영하고, 학교 교육의 표준을 제시하며, 교육과정과 교실을 매개하는 역할을 한다. 특히 수업과 평가에서 교과서의 역할은 절대적이다. 교사와 학습자는 교과서를 매개로 의사소통하고, 평가도 교과서의 내용 범위 안에서 이루어지게 된다. 그런 점에서 교과서는 교육과정과 함께 '교육'이라는 제도의 외연을 보여주는 분명하고 확고한 실체라 할 수 있다.

바로 이 부분에서 문학 교과서에 대한 비판적 점검의 의의를 찾을 수 있다. '이미 만들어진 교과서 분석이 어떤 의미가 있는가?' 하고 묻는다면, '그를 통해 문학과 교육에 관한 관련 집단들의 갈등 관계와 문학교육상을 유추할 수 있기 때문'이라고 답할 수 있다. 교과서에는 여러 담론들의 문학관과 교육관, 역사와 사회를 보는 철학이 고스란히 담겨 있다.

고등학교 <문학>[1] 과목은 교과서의 역할이 특히 강조되는 과목이다.

[1] 교육과정의 과목이나 영역을 가리킬 때에는 <문학>과 '문학', 출간된 교과서를 지칭할 때에는 『문학』으로 쓰기로 한다. 기타 일반적인 언급에서는 아무 표시도 하지 않는다.

다른 교과/과목들에 비해 텍스트 자체의 중요성이 높기 때문이다. 문학 교과서 개발의 상당 부분은 '어떤 작품을 실을 것인지'에 관한 고민으로 채워지고, 실제 수업도 주로 작품 분석과 해석, 감상 및 비평으로 이루어진다. 따라서 다루는 텍스트가 달라지면, 곧 교과서가 달라지면 전혀 다른 수업이 되어 버린다. 국어과의 다른 영역이 '텍스트에 대한 내용의 우위[2]'를 기초로 한다면, 문학교육은 '내용과 텍스트의 길항'을 기초로 한다.

문학 교과서를 비판적으로 분석하고 개선 방안을 찾기 위해서는 두 방향에서 접근해야 한다. 첫째 '문학 교과서는 어떠해야 하나'에 관한 이론 차원의 접근, 둘째 '현재의 『문학』 교과서들은 어떤 장단점이 있나' 하는 실제 차원의 접근이 그것이다. 이 둘을 서로 조회하면서 이념태와 현실태 사이의 어디쯤에서 가능태를 모색하는 일이 문학 교과서 개발자와 평가자들의 일이다.

이를 위하여 여기서는 문학 교과서의 이념태와 현실태를 점검하고, 그로부터 바람직한 문학 교과서의 가능태를 도출하고자 한다. 물론, 교육과정이 바뀌고 새로운 교과서가 나올 때마다 그것을 분석하고 비판하는 작업이 늘 이루어져 왔다. 하지만 그러한 작업은 대체로 누구의 어떤 작품이 선정되고 체제는 어떠한지, 그리고 내용상 오류는 없는지 등에 초점을 맞추는 것이 보통이다. 필자는 그러한 단순 비교로는 진정한 교재론이 성립할 수 없다고 생각한다. 중요한 것은 그 이면에 담겨 있는 문학교육의 철학과 이론이며, 교과서를 둘러싼 담론들 사이의 관계이다.

---

2 여기서의 '내용'은 텍스트, 곧 제재(작품)가 담고 있는 내용이 아니라 그를 통해 다루려고 하는 교육과정의 내용을 가리킨다. 교육과정의 '내용'은 교과서에서는 대체로 '목표'로 구체화된다.

2. 문학 교과서의 이념태

1) '문학의 교육'에 대한 회의와 '문학을 통한 교육'의 복권

문학 교과서의 성격은 전적으로 '문학'이라는 교과의 성격에 따라 결정된다. 이는 곧 문학교육의 목적/목표를 무엇으로 보는지에 따라 교과서 개발 방향이 결정된다는 뜻이다. 문학교육은 학습자에게 무엇을 기대하는가? '작은 작가' 혹은 '작은 비평가'인가? 아니면, 교양 있는 독자나 열렬한 문학 애호가인가? 또는, 문학교육은 단지 전인교육으로 가기 위한 사다리에 불과할 수도 있다.

구체적으로, 고등학교 <문학> 과목은 어떤 교과일까? '국어과'라는 중심 교과의 하위 과목인가?(이 경우, 국어과의 체계 안에서 공통 <국어>와의 시간적 계열성과 '화법 · 독서 · 작문 · 문법' 등 인접 과목[3]과의 연계가 중요시된다.) 아니면 공통교육과정 10년 동안 배워 온 <국어> 과목의 연장 · 심화인가?(이 경우, <국어> 과목 내 '문학' 영역과의 계열성이 기본 고려 사항이 된다.) 그도 아니면, 문학이라는 고유 현상을 다루는 독자적인 교과일 수도 있고,(이 경우에는 <문학> 과목 자체의 논리성과 체계성을 강조한다.) '고등학교 교육'이라는 거대 기획의 일부일 수도 있다. (이 경우, 보통 · 교양 교육으로서의 총체적인 고등학교 교육 목표와의 관련성이 주요 판단점이 된다.) 지금까지 교과서를 개발한 저자들은 이에 대해 별다른 고민 없이 자연스럽게 셋째 관점을 취한 것으로 보인다.

---

[3] 2007년 교육과정에서 선택교육과정의 과목을 <화법 · 독서 · 작문 · 문학 · 문법 · 매체언어>로 설정했다가 2009년에 '화법과 작문 Ⅰ · Ⅱ', '독서와 문법 Ⅰ · Ⅱ, 문학 Ⅰ · Ⅱ'로 재편했는데, 이는 교과 논리에 따른 개편이 아니라 전적으로 학교 교육과정의 운영 체제를 개선하기 위한 방법적 개편이었다. 실제로 2009 교육과정의 내용은 2007년 교육과정의 내용을 과목 체제에 따라 재배치한 데 불과하다.

<문학> 과목은 다른 어떤 것이 아니라 오로지 <문학> 과목이라는 것이다. 고등학교 전체 교육과정이나, 적어도 국어과 교육과정을 일관되게 해석하여 적용한 교과서가 드문 이유가 여기에 있다.

물론, 문학 교과서는 문학의 논리를 제일 먼저 고려해야 한다. 그러나 수능시험과 한국어능력시험, 공직적성검사, 의・치의학교육입문검사 등의 각종 시험에서 문학이 차지하는 위상에 대한 논란이나[4] '문학을 통한 교육'의 발상[5]을 떠올려 보면, 문학교육을 오로지 문학의 논리로만 바라봐야 한다는 주장에 대해 의심이 들기도 한다. 문학은 언어・사고・문화 등 교육의 핵심 요소와 두루 잇닿아 있기 때문이다. 학생들에게 반드시 문학을 가르쳐야 한다면, 그 표면적인 이유는 문학이 가치 있는 현상이기 때문이겠지만, 그때의 '가치'는 학생들의 전인적 성장과 관련해서 나오는 것이다.

이와 관련하여 '문학에 대한 교육', '문학을 통한 교육', 그리고 '문학의 교육'을 둘러싼 오래전의 논쟁이 떠오른다. 이 논쟁에서 '문학에 대한 교육'이 지식 중심의 문학교육을 비판하기 위해 만든 개념이라면, '문학을 통한 교육'은 문학을 교육 수단으로 전락시킬 가능성을 막기 위해 고안해낸 개념이다. 그들에 대한 비판과 함께 대안으로 제시한 '문학의 교육'은 근원적인 문학 능력, 혹은 경험과 활동 중심의 문학교육을 강조한다. 이 논쟁은 신비평 이론으로 무장하고 학문 중심을 표방한 4차 교육과정의 부정적인 유산을 극복하는 데 크게 기여했지만, 6차와 7차 교육과정을

4 이들 시험은 보편적인 사고력과 이해・표현 능력을 측정하고자 하는데, 거기서 문학을 다루어야 하는 이유와 그 적정 비중에 대한 논란이 쉽게 수그러들지 않고 있다. 어떤 경우에는 문학의 영역 이기주의를 의심받기도 하지만, 문학 텍스트를 빼고 언어 능력 평가를 이야기하기 어렵다는 점은 부정하기 어려운 것 같다.

5 박인기 외(2005)는 사고력, 정서, 인성 등의 기본 교육 영역과 각 교과 영역, 그리고 상담 등의 특수 영역에서까지 문학 텍스트와 문학적 활동의 교육적 효용을 극대화한다. 이는 문학교육의 외연을 확장하는 일일 뿐 아니라, '교육에서 왜 문학이 중요한가'에 관한 근본적인 질문을 던지는 작업이다.

거치면서 그 시대적 소명을 다한 것으로 보인다. 오히려 문학의 내적 논리에 치중한 나머지 교육에서의 거시적인 위치 감각을 잃어버리지 않도록 주의해야 하는 것이 오늘의 문학교육 현황이다.

만일 그 용어들을 그대로 사용해야 한다면, 그 개념을 조금 협소하게 재정의하면서 그들 간의 관계를 재정립할 필요가 있다. 우선 '문학에 대한 교육'을 '문학 지식의 교육'으로 확정하고 '문학의 교육'은 '문학 경험의 교육'으로 초점을 분명히 해 보자.[6] 문학 수업이란 사실상 학생들에게 ① (예를 들어 가며, 혹은 연습을 통해)개념을 제시하고 ② (설명과 안내를 덧붙여 가며, 혼자서 혹은 여럿이)작품을 읽거나 창작하도록 경험을 조직하는 일이기 때문이다. 일단 문학에 관해 많이 알고 풍부한 수용과 창작 경험을 가진 학생을 우리는 문학교육을 '잘 받았다'고 말한다. 그 지식과 경험은 문학적인 사고력과 문학적인 텍스트 소통 능력을 길러 주고, 문학에 대한 태도도 형성한다.[7]

이렇게 보면, '문학을 통한 교육'은 '문학에 대한 교육'이나 '문학의 교육'과 대립쌍을 이루는 것이 아니라 '문학을 위한 교육'과 짝을 이루는 개념이 된다. 문학교육의 장에서는 문학을 지고의 목적으로 보는가 아니면 다른 지고선(至高善)에 이르기 위한 도구로 보는가의 차이가 먼저 있고, 그 다음에 문학 능력이란 무엇인가(지식인가 경험인가) 하는 문제가 나오기 때문이다. 지식과 경험은 '문학을 위한 교육'의 두 축이자, '문학을

6 이 시도는 '문학의 교육'의 의미역을 지나치게 축소했다는 비판을 받을 수 있다. 하지만 기왕의 논의에서 '문학의 교육'의 개념폭이 너무 넓고 모호하다는 불만도 해소되지 않은 채 남아 있다.

7 이 말은 태도나 사고력, 소통 능력 등은 교육 내용으로 정제하여 직접 교수-학습하기가 어렵다는 생각을 이면에 담고 있다. 그것들은 지식을 가르치고 활동 경험을 제공하는 가운데 잠재적, 내면적으로 형성되는 것이라는 입장이다. 예를 들어 '창의적 사고력'이라면, 창의적 사고력 자체를 가르치는 것이 아니라 창의적 사고의 요령을 보여주고 창의적 사고 활동을 해 보게 함으로써 자연스럽게 창의적 사고력이 길러진다고 하는 논리다.

통한 교육'에서 문학을 총체적인 교육 목적으로 연결하는 가교다.[8] 이들 사이의 길항 관계 속에서 문학교육의 성격이 정해지는데, 현재는 과도하게 문학주의, 곧 '문학을 위한 교육' 쪽으로 경도되어 있다는 것이 필자의 판단이다. 이 관계는 아래와 같이 도시할 수 있으며, 문학 교과서는 이에 대한 인식 위에서 다루어야 한다.[9]

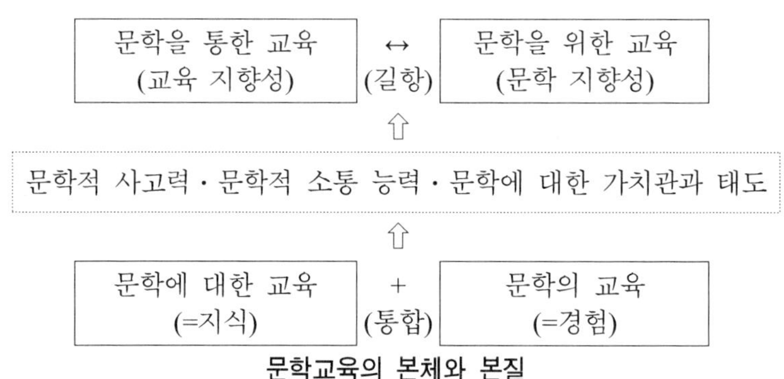

문학교육의 본체와 본질

2) 문학 교과서의 지향

우리의 교육 전통으로 볼 때 학습자들에게 미치는 교과서의 위력은 거의 절대적이다. 교과서를 통하여 배운 작품은 다른 작품을 이해하는 데 준거 역할을 하며, 지적 · 정서적 감수성이 예민한 때에 접한 작품들이기 때문에 오랜 잠복기를 거친다 하더라도 감동이 약해지지 않는다. 교과서는 문학교육의 압축이자 전형인 것이다.(구인환 외, 2004:255)

그 때문에라도 문학 교과서의 철학과 관련된 성찰이 절실히 필요하게

[8] 지식과 경험은 사실 교육과정 이론의 양 극단이기도 한데, 이는 그대로 문학 능력에 관한 논의로 이어진다. 문학 능력의 개념에 대해서는 이 책의 제1부 2장을 참조할 것.

[9] 이 그림은 45쪽에서 제시한 '문학 능력의 계층적 구조'의 발전상이다.

된다. 고등학교 문학교육의 성격은 무엇이며 어디까지 가야 하는가에 관한 물음도 그 하나로서, 인문적 성격이 강한 교과서를 추구할 것인가 '음악'이나 '미술'과 비슷한 예술 교과서를 만들 것인가 하는 문제나, 문학교육을 교양 교육으로 몰고 갈 것인가 초급 수준의 학문으로 몰고 갈 것인가 하는 문제가 이와 관련된다. 현재는 인문성을 바탕으로 학문성을 강하게 드러내서 마치 대학 국문과의 '문학개론'과 '국문학사', 그리고 '현대/고전 문학 강독' 교재를 압축해 놓은 듯한 모습을 보이지만, 필자의 관점에서는 그것이 그리 바람직한 모습이라고 보지 않는다.

문학 교과서의 존재 양식에 대해서도 논의가 있어야 한다. '교과서'에는 서책뿐 아니라 음반, 영상 및 전자 저작물이 모두 포함된다. 하지만 현실적으로는 문학 '책'이라는 관념이 너무 강한 나머지 고작해야 그래픽을 강화하는 정도로 보완하고 넘어가려고 하는데, 이에 관해서는 영어과와 음악과, 미술과의 교과서를 참조할 수 있다. 특히 7차 교육과정기부터 교과서에 적극적으로 편입되기 시작한 영화, TV 드라마, 다큐멘터리, 대중 가요 등을 제대로 다루기 위한 방안을 마련해야 한다.

문학 교과서의 기능 양식은 어떠한가? 지금까지의 『문학』 교과서는 좋은 작품을 골라 주고, 그에 관한 안내와 활동 과제를 충실하게 제시하는 데 모든 노력을 기울여 왔다. 필요하다면 거기에 부가해서 이론을 제공하기도 한다. 곧, 주텍스트를 중심으로 기본이 되는 지식(문학 이론과 문학사)과 사전/중간/사후 활동을 위한 안내를 덧붙인 것이 교과서인 것이다. 이는 교과서를 일종의 자료집으로 보고, 문학 수업 역시 텍스트 읽기 중심으로 이루어진다는 전제에 바탕을 둔 것이다. 이에 대한 대안으로 활동 중심 교과서를 제시하기도 하지만, 그 의의와 한계에 대해서도 꼼꼼히 따져 봐야 한다.[10]

또한, 교과서는 수업에서의 활용으로 이어지지 않으면 의미가 반감

된다. 곧, 교실에서 어떻게 활용할 수 있는가, 혹은 활용하여야 하는가에 관한 아이디어가 없다면 교과서든 교과서 평가든 아무 의미 없는 일이 되는 것이다. 교과서마다 지향점이 다르고 특징이 다를 때, 교과서 평가는 교과의 특성과 수업의 특성을 고려한 총체적인 작업이 되어야 한다. 문학 교과서의 경우에는 단순한 수업용에 그치지 않고 중핵(거점) 텍스트 역할을 할 필요가 있다. 교과서를 중심으로 다양한 부텍스트들이 유의미한 망(網)을 이루고, 교과서에서 출발한 문학 교재가 계속 확장해 갈 때 교과서의 존재 의의가 살아날 수 있다.(김창원, 2001) 시간과 공간 양면에서 교실의 문학 수업이 교실 밖의 독서 지도로 확장되지 못한다면 그 교육은 입시용에 국한되고 말 것이다.

3) 문학 교과서 평가의 초점

'문학을 위한 교육'과 '문학을 통한 교육' 사이에서 후자의 지위를 높여야 한다는 주장은 문학 교사와 문학교육학자들을 다소 불편하게 만들 수 있다. 필자 역시 문학교육에서 후자가 전자보다 더 중요하다고 보는 것은 아니다. 공교육의 최고 단계인 11 ~ 12학년 수준의 <문학>에 관해서는 더욱 그렇다. 하지만 오로지 전자로 일관하는 문학교육은 분명히 문제가 있다. 철학교육은 철학에, 역사교육은 역사에만 몰입하는 식이라면, 그들을 통합하고 조절하는 책임은 전적으로 학생에게 넘어가 버리기 때문이다. 쉽게 얘기하면 '사람 나고 문학 났지 문학 나고 사람 난 것이 아니다.'

[10] 7차 교육과정에서 사용된 18종의 『문학』 교과서 중 대단원명에 '문학 활동'이라는 용어를 드러낸 것은 김상태 외(태성출판사)와 김창원 외(민중서림) 2종뿐이다. 그나마 태성출판사의 교과서는 추가 검정으로 통과했기 때문에 채택률이 높지 않다. 이는 교과서 저자와 검정위원들이 '문학 활동'이라는 용어와 그 개념을 낯설어했다는 것을 보여준다. '문학 능력', '문학 문화', '문학 현상' 등의 용어도 이와 비슷한 상태에 머뭇거리고 있다. 문학교육과 관련된 용어와 개념을 정련하고 확산할 필요가 있다.

그렇다면 고등학교 『문학』 교과서의 성격은 무엇이며 내용을 얼마나 깊이 다루어야 하는지에 대해서도 비슷한 문제를 제기할 수 있다. 『문학』을 인문적 성격이 강한 교과서로 만들 것인지 『음악』이나 『미술』과 비슷한 앤솔로지로 만들 것인지 하는 문제나, 문학교육을 교양교육으로 끌고 갈 것인지 초급 수준의 학문(문학-학)으로 몰고 갈 것인지 하는 문제가 이와 관련된다. 현재는 인문성과 학문 지향성이 강해서 마치 대학 국문과의 '문학개론'과 '국문학사', 그리고 '현대 문학/고전문학 강독' 교재를 압축해 놓은 듯한 모습을 보이는데, 필자의 관점에서는 그것이 그리 바람직한 모습이라고 보지 않는다.

'좋은 문학 교과서'는 어떠해야 하는가? 물론, 문학에 관한 최신 이론을 바탕으로 하여 좋은 작품을 가려 싣고, 적절한 해석과 흥미로운 활동을 제공하는 교과서가 좋다는 데에는 이론의 여지가 없다. 책으로서 품위 있고 편집, 디자인 등이 참신하면 금상첨화겠다. 하지만 이런 이야기는 너무 일반적이어서 사실상 아무 정보가 없는 진술이다. 또, 서로 다른 접근들의 우열을 판단할 기준도 되지 못한다.

예를 들어 보자. 필자가 대학을 다니던 시절에 『Norton Anthology』는 영문학도들이 경전처럼 끼고 다니던 교재였다. 이름 그대로 앤솔로지이지만, 영미문학의 중요한 작품들을 그만큼 정선해서 싣고, 또 그만큼 요령 있게 안내한 책도 드물었다. 한편으로 『Understanding Poetry』, 『Understanding Novel』, 『Understanding Drama』의 삼총사도 사랑을 받았는데, 이 책들은 『Theory of Literature』와 함께 Brooks, Wellek, Warren 류의 신비평 이론을 학습하고 실제 적용 훈련을 하는 데 최고의 교재였다. 문학사적 안목에 따라 작품을 배열하고 간단한 코멘트를 붙인 전자와, 장르별 이론을 설명하면서 그 예로 작품을 끌어온 후자 사이에 우열을 가리기란 힘들다. 학생들은 한편으로 <문학 이론 → 텍스트>의 방법으로 공부하면서 다른 한편으로 <문학사 → 텍스트>의 방법을 보충하고, 또 다른 한편으로는 <텍스트 → 비평>의 방법도 원용했던 것이다.

이러한 사례는 한국의 문학교육에서도 찾아볼 수 있다. 『국어』 교과서의 단원 설정 기준이 <주제(3차) → 문종(4차) → 활동(5차 이후)>으로 바뀌어 온 것이나 『문학』 교과서에서 일단 기본 장르를 한번 섭렵하고 문학사로 다시 한 번 훑는(어떤 경우에는 주제별 접근을 추가하기도 한다.) 데서 알 수 있듯이, 어떤 접근이 다른 접근보다 더 낫다고 금방 판단하기는 어렵다. 그때그때의 상황에 따라 교과서 편찬 방법이 달라지거나 한 권의 책에 여러 방법을 가로세로로 우겨넣는 이유가 나름대로 있는 것이다.

따라서 문학 교과서를 어떤 식으로 편찬했는가 하는 점은 교과서 평가의 핵심 과제가 아니다. 그것은 전적으로 저자들의 관점에 따라 결정되는 문제이고, 우열을 가리기 어려운 선택의 문제다. 필자는 그것보다 더 중요한 문제가 각각의 교과서가 상정한 문학 주체(=학습자)의 모습과 그들에게 기대하는 활동이라고 본다. 달리 말해서, 교과서에 '문학' 말고도 '학습자'를 넣었는가, 만약 넣었다면 그 학습자상은 어떤 것인가, 설명이나 활동 과제는 문학교육의 목표와 학습자 요구에 알맞은가 등의 문제가 교과서 평가의 핵인 것이다. 그 뿌리는 문학의 가치와 학교 교육의 목적에 함께 잇닿아 있다.

3. 문학 교과서의 현실태

1) 문학 교과서의 특성

'교과용 도서에 관한 규정(대통령령 제21978호호, 2010.1.6)'에 따르면, '교과서'란 "학교에서 학생들의 교육을 위하여 사용되는 학생용의 서책 ·

음반·영상 및 전자 저작물 등"을 가리킨다.(2조 2항) 이는 '지도서'와 함께 '교과용 도서'에 속하며, 지도서가 교사용인 것과 구별된다.

이상적인 교과서는 어떤 교과서인가? 이 물음에 답하려면 지극히 원론적인 이야기를 반복하거나, 아니면 엄청나게 많은 이야기를 해야 할 것이다. 문학관과 교육관이 서로 다른 담론들 사이에서 보편적인 교과서상을 그리기도 어렵다. 이때 원용할 수 있는 것이 교과서 평가의 기준을 살펴보는 일이다. 각각의 평가 기준에는 교과서의 이상형에 대한 요구가 담겨 있기 때문이다.

그 기준은 크게 목표 구현성과 학습의 효용성, 학습의 절차성, 교육적 적합성, 그리고 지면의 조화성을 바탕으로 체계화되며, 구체적으로는 형식상의 평가 요소와 내용상의 평가 요소로 나누어 살펴볼 수 있다.(이삼형 외, 2000:330-332) 각 교과의 특성은 그중 내용상의 평가 요소에서 잘 드러나며,[11] 그 기준들은 교육 공동체의 일반적 관점과 문학 교사의 전문적 관점에 따라 다양하게 적용된다.

한편으로, 문학교육의 목표를 무엇으로 보는지에 따라 문학 교과서의 성격이 달라질 수 있다. 문학교육의 목표를 한 마디로 기술하기 어려운 점을 고려하면, 목표를 층위별로 기술하는 것이 효과적인 방법으로 보인다. 예를 들어 문학 지식을 전수하고 체계적인 문학 경험을 제공함으로써 문학 능력을 기르는 것이 1차 목표라면, 그를 바탕으로 사고력과 문화 능력을 기르고 학습 능력을 함양하는 것이 2차 목표, 그리고 자아를 실현하고 공동체 발전에 참여하는 것이 최종 목표가 될 것이다.[12] 이 점에 대한 고려가 없다면 문학 교과서로서의 특성은 사라지고 만다.

---

11 이삼형(2000)에서는 교과서 평가의 기준 중 '내용상 평가 요소'로 교육과정 반영도, 단원 설정의 합리성, 단원 간 관계의 체계성, 단원 실라버스의 정합성, 제재 적합성, 학습 활동의 효율성, 참고 및 보조 자료의 정확성, 학습을 위한 보조 장치 여부, 평가의 타당도를 들고 있다.

12 우한용 외(1997)에 실린 김상욱과 김창원의 글 참조.

그렇다면, 1차 → 2차 → 3차 목표의 달성을 위한 교과서 구성 전략이 다를까? 이들 목표가 별개의 것이 아닌 만큼 교과서 구성의 전략도 기본적으로는 같지만, 어떤 측면에 초점을 두느냐에 따라 약간의 차이가 생길 수 있다. 각 층위의 목표가 완벽하게 중첩되지 않기 때문이다. 문학 정전과 교육 정전이 다른 이유도 여기에서 유추해 낼 수 있다.

관점을 달리해 보면, 문학 교과서의 특성은 실제 문학교육(=수업)이 무엇으로 채워지는가에 따라 결정되기도 한다. 문학 수업을 관찰하면 그 시간은 대부분 텍스트 읽기, 교사의 설명, 교사와 학습자 사이의 질의·응답, 발표나 조별 활동과 같은 학습자의 자율 활동으로 채워진다. 그렇다면 교과서 역시 이러한 활동을 안내하고 보조하는 역할을 해야 한다. 문학 학습이 가장 효과적으로 이루어질 수 있도록 하려면 교과서에 문학 학습의 과정과 변인을 효과적으로 담아야 하는 것이다. 단순히 문학적 기준만으로 교과서를 판단할 수 없는 이유도 여기에 있다.

문학 교과서는 주로 설명과 연습 자료 중심으로 되어 있는 다른 교과의 교과서에 비해 텍스트 자체의 비중이 매우 높다. 곧, '집필'보다는 '선정'의 의미가 강한 것이다. 또한, 단일 원리보다 다양성을 중시하며, 체계적 발달성이나 보편 규칙보다는 개별성과 취향, 도야(陶冶)의 원리를 강조하는 특성도 지닌다. 교과서가 가지는 '표준'의 성격이 약한 것이다. 그에 따라 교과서와 관련한 학습자의 반응역이 넓으며, 의도하지 않았던 방향으로의 활용 가능성도 높다. 문학 교과서가 읽기 자료집(anthology), 학습 내용 해설서, 학습 활동 안내서, 워크북 등의 성격을 공유할 수밖에 없는 소이가 여기에 있다.

2) 문학 교과서 개발에서의 참조항

학교에서 사용할 『문학』 교과서는 공교육의 공식 교과서이기 때문에 개발 과정에서 집필자 개인의 관점이나 견해보다는 교육 전체를 관류하는 담론들 간의 경쟁과 균형을 고려하게 된다. 그때 필요한 단계별 활동과 산출물은 아래와 같다.(배두본, 1999:154 수정)

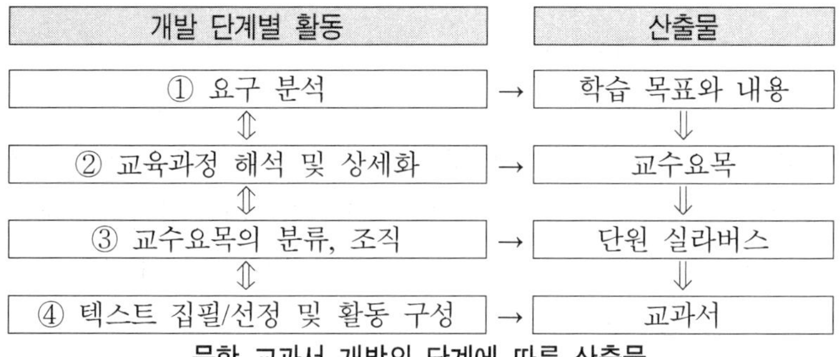

문학 교과서 개발의 단계에 따른 산출물

이때 각 단계의 산출물을 이끌어내기 위해 교과서 개발진[13]은 어떤 담론을 참조하는가? 이에 대해서는 아래와 같이 간단하게 살펴볼 수 있다.[14]

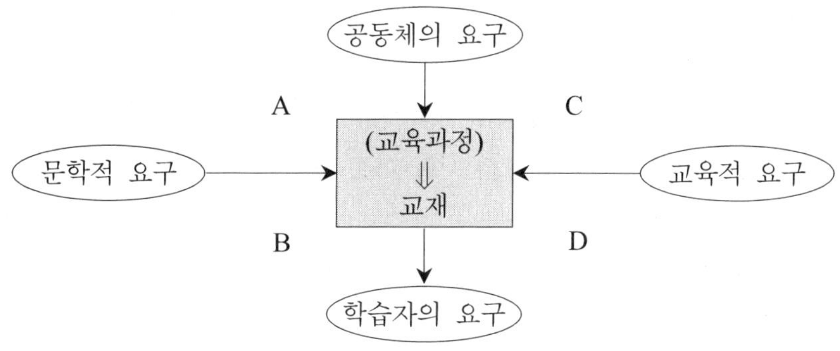

문학 교과서 개발에서의 참조항

여기서의 네 담론은 앞에서 본 '① 요구 분석'에서 '④ 텍스트 집필/선정

13 교과서의 개발진은 집필진, 편집진, 심의진, 검정 · 편수 관리진을 모두 포함하는 의미로 사용한다.

14 이 표는 123쪽에서 제시한 '교육 현상의 구조'에서 배경 변인을 문학교육으로 특화한 것이다.

및 활동 구성'에 이르는 각 단계에서 모두 고려하여야 할 조건이다. 가로축과 세로축을 기준으로 하여 A영역은 문학에 관한 공공 담론을 강조하는 관점, B영역은 학생 개개인의 문학적 반응을 강조하는 관점, C영역은 문학을 제도 교육의 틀 안에서 바라보려는 관점, 그리고 D영역은 문학을 학생 발달의 측면에서 바라보려는 관점으로 범주화할 수 있다.

이러한 기본 틀을 받아들인다고 할 때, 지금까지의 『문학』 교과서는 A → B → C → D의 순서로 편중돼 왔음을 알 수 있다. 특히 개발 단계의 ①과 ④ 단계에서 학습자 요구를 밀도 있게 참조해야 함에도 불구하고, 그에 대한 고려는 그다지 이루어지지 않았다. 학습자의 언어 발달, 인지·정의적인 측면에서의 사고 발달, 사전 문학 경험, 문학과 문화에 관한 취향 등을 고려하지 않은 교과서는 문학 담론/공동체 담론의 일방적인 전수에 기여할 뿐이다. 이 점은 교육과정에서 강조한 문학 '활동'의 요소가 교과서에서는 미약하게 나타나는 현상과도 관계된다.

사실, 이러한 여러 참조항이 집약되어 있는 것이 교육과정인데, 실제 교과서를 살펴보면 교육과정의 해석에서 적잖은 차이가 있음을 알 수 있다. 예를 들어 7차 교육과정기의 교과서들은 '문학 활동'뿐 아니라 '문학 문화', '문학의 가치' 등에 대해 서로 다른 해석을 하고 있으며, 그 결과 문학 능력을 바탕으로 한 자아 실현(교육과정 목표의 '다' 항목)과 문학 문화 발전('라' 항목)이라는 취지가 잘 드러나지 않고 있다. 이는 교육과정 자체의 모호함과 교과서 집필진의 자의적 해석이 중첩된 결과로 보인다.

3) 문학 교과서 개발에서의 변인

『문학』 교과서는 전국 단위의 공식 교과서이기 때문에 개발 과정에서 고려해야 할 변인들도 많다. 그중에는 불필요한 것들도 있는데, 그러한 비본질적인 변인을 줄여 나가는 것도 장기적인 과제다. 다음 그림을 살펴보자.

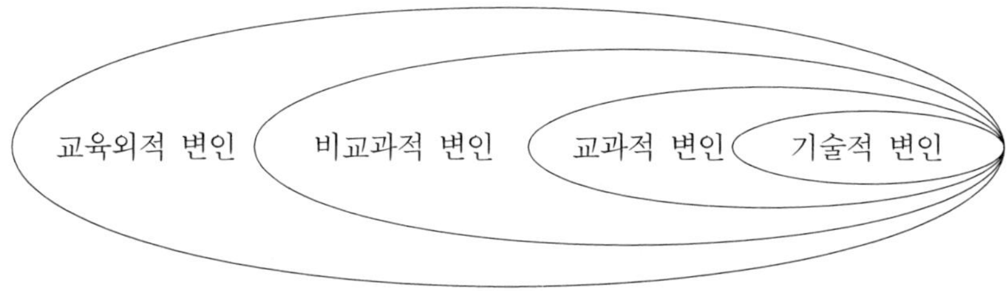

문학 교과서 개발에서의 변인 분포

여기서 교육외적 변인은 가장 비본질적인 변인이라고 할 수 있다. 교육 이념이나 '사회의 공공 질서' 등과 관련된 국가의 요구, 여성 단체나 장애인 단체, 문중(門中), 업종별 노조 등 이해 집단의 요구, 경비 및 상품성과 관련되는 출판사의 요구 등이 이에 해당한다. 이러한 변인들은 문학교육 자체를 위해서는 큰 고려 대상이 아니지만, 현실적으로 제일 강한 압박이기도 하다. 그나마 검인정 교과서는 국정 교과서에 비해 압박이 덜하다는 점으로 자위해야 할 것인가.

교육 일반과 관련되지만 문학교육의 본질과는 거리가 있는 교과외적 변인으로는 배당 학년, 단위 수와 주당 시간, 담당 교사의 전문성, 타 교과와의 관련성, 선행 과목—특히 <국어> 과목과의 연계성 등을 고려할 수 있다. 대학 입시 또한 중요한 변인으로서, 수능시험에서 '교과서에 안 나온' 작품을 다뤘다고 해서 문제가 된 사례를 고려하면 '시험에 나올 만한' 작품들을 주로 싣는 것이 유리하다는 생각을 떨치기 어렵다.

문학교육의 본질과 관련되는 교과적 변인으로는 문학-학(文學-學)의 연구 결과 수용 문제,(예컨대 가사(歌辭)의 장르에 대해서는 아직도 모든 교과서가 흔들리고 있다.) 문학 및 문학교육관의 문제,(이른바 실체론과 속성론 사이의 혼란이 대표적이다.) 장르·시대·작가·소재·표현 등의 제한 문제(예컨대 친일 작가나 북한 작가, 과도기 장르로서의 악장과 개화기 문학, 소설에서의 성애 묘사나 욕설 따위) 등을 거론할 수 있다. 특히 중요한 것은 작품 해석의 정통성 문제로서, 심의 과정에서 자주 지적되는 내용이기도 하다.

마지막으로 기술적(技術的) 변인이 있는데, 이는 문학교육과 교과서의 현실성을 고려한 것이다. 전체 쪽수와 쪽당 원고량, 제재의 분량과 시간 안배, 번역(외국 문학)과 현대어 표기(고전 문학)의 타당성, 저작권 확인, 시대・지역・장르・경향・성별・연배 등의 안배, 레이아웃, 일러스트 등이 그 예들이다. 이들 변인은 사소한 듯이 보이지만, 어느 하나가 걸리면 그대로 텍스트 자체가 빠져 버리는 경우가 많다는 점에서 진지하게 고려해야 할 변인이다.

그렇다면, 실제 교과서 개발 작업에서는 이러한 변인들이 어떤 식으로 작용했는가?

가장 심각한 것은 역설적이게도 집필자의 자기 검열이다. 집필자는 겉으로 검정 통과와 현장에서의 수용 가능성을 내세우지만, 그 내면에서는 무의식적인 자기 검열 기제가 작동한다. 그 기제는 대부분 집필자 자신이 받아 온 문학교육의 과정에서 형성된 것으로, 결정적인 순간에 텍스트나 활동을 넣고 빼는 기준이 된다.

모든 교과서가 공저 형태를 띠면서 집필자 간의 갈등과 타협 역시 중요하게 작용한다. 특히 교수와 교사 사이에 파워게임이 자주 일어나며, 그 결과는 대개 차선책으로 귀착된다. 이러한 갈등과 타협은 집필자와 편집자, 집필자와 검토 교사 사이에서도 일어난다. 문학 교과서는 거대 담론 사이의 타협의 산물이자, 개발에 참여한 개인들 사이의 타협물이기도 한 것이다.

선수(先修) 과목과의 관계도 문제가 된다. 어떤 작품이 공통교육과정의 『국어』 교과서 어딘가에 실렸다는 것을 아는 이상 그 작품을 『문학』 교과서에 넣을 엄두는 내지 못한다. 그러나 현실은 여러 출판사에서 여러 개발진이 교과서를 동시 개발하기 때문에, 수많은 『국어』 교과서에 어떤 작품이 실리는지 모르는 상태에서 텍스트를 선정해야 한다. 그 때문에 심한 경우 같은 작품이 초-중-고에 몽땅 실리는 사건도 일어나는 것이다. 이것을 수용의 개방성과 다양성으로 밀어붙인다면 그것은 손으로 하늘을 가리는 격이 아닐 수 없다.

수업 및 평가 가능성도 중요한 변인으로 작용한다. 이는 구체적으로 '지도서를 쓸 수 있는가' 하는 문제로 나타나는데, '취지는 좋은데 답이 안 나오기 때문에' 빠진 활동들 중에 오히려 더 좋은 활동들이 많다. 이는 지도서에 꼭 예시 답안을 줘야 한다는 강박 관념 때문에 생긴 현상이다. 문학교육의 본질을 고려하면 '답이 안 나오는' 활동이야말로 본질에 가장 가까이 간 것이 아닐까?

마지막으로, 가장 중요한 변인으로 검정 제도 자체를 들 수 있다. 곧, 검정을 통과하고 그보다 더 치열한 채택 경쟁에서 이길 수 있는가의 문제를 외면할 수 있는 집필자는 드물다. 지금까지 본 다양한 층위의 변인들과 함께, '가장 좋은' 교과서가 아니라 '가장 무난한' 교과서가 나오게 되는 핵심 이유가 여기에 있다. 집필자가 '검정'이라는 과정을 의식하는 순간 실제 검정이 이루어지기 전에 이미 자율적인 검정이 이루어지는 것이다. 그 결과가 대동소이한/무난한 교과서, 혹은 일반적인 트렌드를 따라가는 교과서로 나타난다면 이는 문학교육의 불행이다.

4) 문학 교과서 개발에 관한 의사 결정

문학 교과서의 개발 과정은 끊임없는 판단과 결정의 연속이다. 기본적으로 실라버스를 어떻게 짤 것인지, 단원은 어떻게 구성할 것인지, 어떤 텍스트를 선정하고 어떤 활동을 요구할 것인지의 과정이 모두 그러하다. 그 과정에서 의사 결정을 누가 내리는가 하는 문제는 교과서의 방향을 결정하는 중요한 요인이다.

교과서 개발에 관한 의사 결정은 멀리 올라가면 문학 공동체와 교육 공동체를 거론해야 하겠지만, 구체적으로 직접 간여하는 집단을 살펴보면 크게 집필에 관여하는 집단과 심의에 관여하는 집단으로 나눌 수 있다. 다음 그림을 보자.[15]

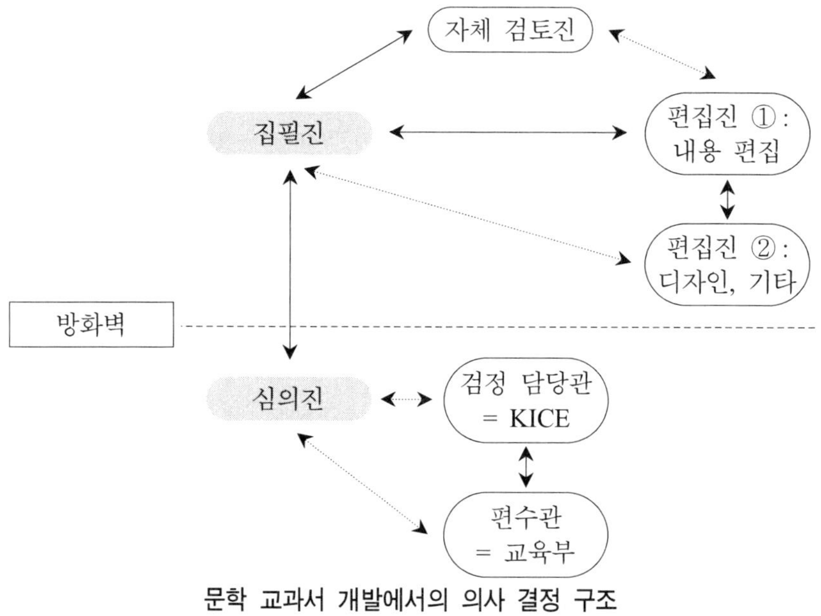

문학 교과서 개발에서의 의사 결정 구조

여기서 가장 강력한 결정권자는 물론 집필진이다. 그러나 이미 말했듯이

---

[15] 여기서 집필진은 대표 저자와 공동 저자로 구성되고, 편집진 ①은 편집 데스크 및 편집 기자로, 편집진 ②는 편집 디자이너와 일러스트레이터로 구성된다. 검토진은 대부분 현장 교사로 채워진다. 그들 간의 관계에서 실선은 직접적인 소통 관계를, 점선은 간접적인 영향 관계를 나타낸다.

'검정'의 구조 속에서 집필진의 권한은 대폭 축소된다. 실험 수업도 거치지 않고 단지 문서 검토만 한 검토진의 의견을 꼬박꼬박 반영해야 하는 것이 집필진이다. 나아가, 심의진의 의견은 거의 일방적으로 수용해야 하는 위치에 선다.

문제는 이들 모두가 각기 어떤 관점에서 의사 결정을 하는가에 대한 검토가 없었다는 점이다. 그들은 어떤 기준으로 판정하는가? 얼른 떠올릴 수 있는 문학적 기준이나, 교육적 기준, 행정·관리 차원에서의 기준은 어떤 식으로 세분할 수 있는가에 관한 논의가 필요한 시점이다.

또 하나의 문제는 이러한 의사 결정 과정에서 끊임없이 미봉이 계속된다는 점이다. 공무원으로서 편수 및 검정 담당관은 '문제적인' 교과서는 피해 가려는 속성이 있는데,[16] 이러한 의도를 집필진이나 심의진이 미리 헤아릴 때 교과 전문성의 여지는 줄어든다.

'일관성'과 '균형'을 추구하는 편집진의 편집 방침 역시 마찬가지다. 각 단원이나 텍스트의 특성을 고려하지 않고, 예를 들어 특정 쪽에 부속물이 너무 많다/적다와 같은 기준으로 편집이 시작되면 그 결과는 걷잡을 수 없게 된다.

집필 기간에 비해 너무 짧은 심의 기간과, 교실 심의가 아닌 지면 심의에 그치는 한계도 지적할 수 있으며, 지도서 없이 교과서만으로 심의하는 현실도 문제이다. 그에 따라 지도서 개발 기간이 형편없이 짧아지면서 지도서의 부실 현상을 초래하기 때문이다.

심의진의 개인 의견이 지나치게 강한 경우도 있다. 필자의 경우에는

---

16 보수 단체들이 문제 삼은 7차 교육과정기의 금성출판사 판 『한국 근·현대사』 논란이 대표적인 반면 교사 역할을 한다. 필자가 대표 저자로 참여한 『문학』 교과서도 비슷한 논란에 휘말릴 뻔했는데, 이유는 7차 교육과정기의 18종 『문학』 교과서 중 '좌파' 작가를 제일 많이 수록했다는 것이었다. 작품을 부분 인용하며 설명하는 방식이다 보니 수록 작가의 절대 수가 많은 것을 고려하지 않고 무조건 숫자만 세어서 나온 지적이었다. 출판사 이름이 '민중'서림인 것까지 싸잡아서 문제 삼았다가 유야무야되고 말았다.

심의 결과 <해(海)에게서 소년에게>를 삭제하라는 요구를 받았는데, 그 이유는 작품의 문학성이 낮고 신체시의 문학사적 가치가 없다는 것이었다.[17] 이는 심의진이 개인의 관점과 지식을 일방적으로 집필진에게 강요하는 것으로, 심의를 받는 입장에 있는 집필진으로서는 괴로운 일이다.

필자는 궁극적으로 문학교육의 전문가들이 집필진으로 다수 빠져나간 상태에서 그들과 직・간접으로 관련이 있는 사람들을 전부 배제하고 심의진을 위촉한다는 원칙부터가 문제라고 본다. 이는 결국 심의진의 약화를 초래하며, 집필・편집진이 심의 결과에 불복하는 현상을 낳게 된다. 특히 교육과정 개발자가 심의 과정에 어떤 식으로도 참여할 수 없게 되는 (더 나아가 교육과정 개발자가 개발한 교재가 검정에서 탈락하는[18]) 현상은 불합리 그 자체라고 말할 수밖에 없다.

그렇다면, 이러한 문제점을 어떻게 예방, 교정할 것인가? 교과서 개발에 관한 지속적 연구 축적, 교과서 개발 전문 인력 확충, 교과서 개발 센터의 상시 운영, 교육부에서 각급 학교에 이르는 다단계의 교과서 심의위원회 활성화 등의 원리는 지나치게 일반적이어서 당장 가능할 것 같지도 않고 그 효과도 의문시된다. 이른바 '단방약'에 해당할 대안이 필요할 터인데, 검정제를 유지하는 한에서는 심의진 강화가 최선책이자 현실적인 안이 된다. 곧, 인적 구성 개선, 심의 기간과 절차의 강화, 심의를 위한 평가 체크리스트 보완 등이 그것이다. 특히 심의 과정에서 집필진과의 협의 시스템이 필요하다고 본다. 그냥 P/F만을 통보하는 것이 아니라, 중간 단계에서 소명 기회를 주는 것이다.

---

17 이 작품을 수록한 다른 출판사의 교과서에 대해서는 지적이 없었다. 이는 심의진이 전체 교과서를 다 보지 못하고 몇 권씩 나누어서 심사하기 때문에 벌어진 현상이다. '어떤 심의진한테 걸리느냐'에 따라 결과가 달라지는 셈이다.

18 6차의 <작문> 과목, 7차의 <국어 생활> 과목에서 이런 일이 벌어졌고, 2009년 교육과정의 <문학> 과목도 교육과정 개발자가 그에 해당하는 교과서를 만들지 못했다.

그 대신 기간본(旣刊本) 검정을 강화해야 한다. 이는 교실에서의 활용 결과를 개발진에게 피드백 하는 과정이자, 개발진으로서는 스스로 개발한 교과서에 애프터서비스를 제공하는 과정이기도 하다. 또한 검정 교과서 수가 많다고 해서 질을 보장하는 것은 아니므로, 시장 규모를 고려해서 적절한 수만 통과시켜야 한다. 대신, 검정 과정에서 일정 점수 이상을 얻은 교과서는 비록 탈락했다 하더라도 개발 비용을 지원해 주는 것이 바람직하다. 그래야 많은 출판사에서 위험 부담 없이 교과서 개발에 뛰어들 것이기 때문이다.

4. 문학 교과서의 가능태

1) 문학 교재론의 내적 갈등

교육과정과 교과서의 개정 작업을 관찰해 보면, 우리나라의 교육이 근본적으로 관련 집단 간의 갈등에 기초하고 있음을 알 수 있다. 정부와 교사 사이에, 학교와 학부모와 전문 연구자 사이에, 그리고 문학교육과 관련해서는 문인 집단과 교육 집단 사이에 서로를 불신하거나 적어도 외면하는 경향이 상존하는 것이다. 이러한 갈등은 한편으로 관련 집단 간의 의사소통을 저해하기도 하지만, 다른 한편으로 다양한 담론 사이의 견제와 균형을 담보하기도 한다. 교과서는 그러한 견제와 균형을 바탕으로 한 타협의 산물이다.[19]

이와 관련하여 7차 교육과정기에 벌어진 가장 중요한 사건은, 국가가

---

19 대안 학교의 유행과 함께, 교사 집단 스스로 공식 교육과정과 교과서 대신 대안 교육과정, 대안 교과서를 만들어 내는 추세도 이러한 견제와 균형 관계의 한 표출이다.

만들거나 검정한 교과서를 비판하며 교사 집단이 직접 교과서를 펴냈다는 점이다. 이는 근대 교육사상 초유의 일이며, 긍정적인 방향으로의 변화임에 분명하다. 그러나 그 의의 못지않게 한계도 분명한데, 그 한계는 대체로 거시적 · 원론적 차원과 관련하여 드러난다. '학생들이 좋아하는 작품을 선정하여 재미있게 수업하기'로는 교사를 따라갈 집단이 없지만, '필요한 작품을 선정하여 의미 있게 수업하기'로 시선을 바꾸면 꼭 그렇지만은 않다는 뜻이다. 중학교 『우리말 우리글』에 비해 고등학교 『우리말 우리글』이 상대적으로 약하다는 느낌이 드는 것도 그와 관계된다. 단적으로 말하면, 『우리말 우리글』은 처음 나온 7학년용이 준 충격이 가장 강하다.

이를 교과서 개발이 아니라 활용 쪽에서 바라보면, 중요한 것은 개발된 교과서 자체보다 실제 수업에서의 활용이라고 말할 수 있다. 교실 현장에서 교과서를 어떻게 재구성하여 활용하는가 하는 문제가 교재론의 핵심으로 떠오르는 것이다. 교과서를 그대로 적용하든, 교과서 내용을 취사선택하든, 그것은 전적으로 교사의 선택이다. 또는 기본 교과서에 다른 내용을 덧붙일 수도 있고, 여러 교과서를 자신의 관점에서 편집하여 사용할 수도 있으며, 무교과서형의 수업도 가능하다. 결국, 교재론은 수업론과 연결되지 않으면 탁상공론으로 흘러가게 된다.

교재론과 수업론 사이의 이러한 길항 관계가 단적으로 드러난 것이 지도서의 부실화 현상이다. 물론, 2~3개월 안에 800여 쪽의 지도서를 써야 하는 제도 아래서 지도서의 부실화는 필연적인 현상이다. 그러나 설령 기간을 많이 준다 할지라도, 짜깁기해 넣은 참고 내용과 학습 활동의 예시 답안으로 가득 찬 지도서를 고수하는 한 부실을 면하기는 어렵다. 지도서의 이러한 한계는 교사들 스스로 자초한 감이 없지 않다. 6차 교육과정 초기 '지도서 없는 교과서'에 대한 불만이 대부분 '예시 답안을 달라.'는 것이었고, 교사들이 수업에 자주 참조하는 자습서와 참고서가 관련 내용을 빼곡히 집어넣은 백과전서류라는 점을 떠올리면, 지도서가 왜 그런 모양으로 나가는지 사정이 이해가 된다.

문학 교재론은 이러한 모순과 갈등, 길항 관계를 해소하는 방향으로 나아갈 필요가 있다. 교육과정과 수업, 교수-학습과 평가 사이에서 그들의 관계를 조절하고 구체화하는 것이 교재론이다. 한편으로 교과서를 기본으로 하되 다른 한편으로 교과서를 넘어서는 수업이 가능하도록 하는 교과서, 그에 관한 모색이 필요한 것이다. 그러기 위해서는 문학교육에서 교과서가 갖는 구심력과 원심력을 설명하고 통제할 수 있는 이론과 모형이 필요하다.

2) 문학 텍스트 및 교과서의 존재/소통 방식

'학습자 중심의 문학 교과서'란, 생각과 달리 만들고 유지하기가 어려운 과제이다. 특히 현재와 같은 교육/교과서 운영 시스템에서는 그 어려움이 배가된다. 한번 검정에 통과하면 5년 이상(7차의 경우에는 거의 10년) 큰 수정 없이 계속 출판되고, '문학사적으로 평가받은' 작품이 아니면 교과서에 싣는 데 부담을 느껴야 하며, 학생들은 시험 준비를 하면서 모든 교과서에 나오는 모든 작품들을 일단 한 번씩 섭렵하는 상황이 교과서를 죽은 교과서로 만든다. 이 문제는 문학교육의 기본 텍스트와 활동용 텍스트를 구별하는 데서 풀어 나가야 한다.

문학교육의 기본 텍스트란 '세대를 관통하는 정전'을 가리킨다. 적어도 한국에서 고등학교를 졸업했다면 기본적으로 갖추어야 할 문학 문화적 소양을 위한 텍스트이다. 가짓수는 최소화하되 엄밀한 검증을 거쳐야 하고, 일단 정착되면 암송 수준에 이를 정도로 깊이 읽어야 한다. 7차 교육과정을 예로 든다면 18종 교과서에 모두 실린 <가시리>, 17종에 실린 최인훈의 <광장>, 그 밖에 <단군신화>, <제망매가>, <이생규장전>, <속미인

곡>, <절정>, <토막> 등 10종 이상의 교과서에 실린 작품들이 그 후보가 될 수 있다. 혹은, 2차 교육과정기부터 『국어』 교과서에 꾸준히 실려 온 <춘향전>, <진달래꽃>, <광야>, <상록수> 등을 후보로 올릴 수도 있다. 필요하다면 고등학교 과정에서 반드시 읽어야 하는 작품들을 교육과정에 밝힐 수도 있다.

그에 비해, 활동용 텍스트는 지금·여기의 학생들의 문학 입문을 위해 동원하는 텍스트들로서, 문학의 개념과 문학적 가치 판단의 기준을 상당이 넓게 가지고 선택해야 한다. 여기에는 당대의 베스트셀러는 물론이고 음악·영화·드라마 등의 의사 문학 텍스트도 포함되고, 필요하다면 게임이나 유머, 학생 창작품도 폭넓게 활용할 수 있다. 그러려면 기존의 인쇄 교과서 대신 그때그때 즉시 갱신(update)할 수 있는 열려 있는(open-ended) 교과서가 필요한데, 그 부분은 문학의 존재 및 소통 방식의 변화와 연관 지어 설명할 수 있다.

문학교육의 어려움은, 다른 교과와 달리 문학 자체가 늘 변화하기 때문에 생긴다. 지식 교과들이 어느 정도 안정된 지식 체계를 갖추고 그에 기초해서 교육과정과 교과서를 개발하는 데 비해, 문학은－문학도 나름의 지식 체계를 갖추고는 있지만－학습자의 체험과 향유가 중요하고, 그 체험과 향유 방식이 끊임없이 변하기 때문에 나비채로 나비 잡듯이 걷어잡을 수가 없는 것이다. 특히 1990년대 이후 문학의 체험 양상이 크게 변했다.

이 변화의 저변에는 문학의 존재 및 소통 방식의 변화가 자리 잡고 있으며, 그 뿌리는 결국 매체의 발달로 이어진다. 온라인(이제는 on-line이 아니라 no-line이다!)의 양방향 소통, 스마트폰과 아이팟으로 무장한 개인 미디어플레이어, 개인 블로그와 유투브, 트위터 등으로 요약되는 디지털 매체가 문학 텍스트의 존재와 소통을 규정하는 것이다. 온라인 음악을 둘러싼 논란이 그 특징을 고스란히 보여주거니와, 이제 그 세력은 동영상·영화까지 뻗쳐 있고, 조만간 문학도 그 영향에서 벗어나기 힘들 것으로 보인다.

다른 한편으로 미디어의 대중화 · 감각화 역시 문학과 밀접한 관련을 맺는다. 그리스 · 로마 신화 열풍이 그 예가 될 터인데, 어른들은 이윤기의 「그리스 · 로마 신화」를 통해, 어린이들은 만화 「그리스 · 로마 신화」를 통해 그리스 · 로마 신화에 빠져들어, 사회 전체로 보면 그리스 · 로마 신화에 대한 이해도가 그 어느 때보다 높은 경지에 이르렀다.[20] 그리고 그 여파는 중국 신화와 메소포타미아 신화, 북유럽 신화, 아프리카 신화에까지 미치고 있다. <해리 포터>, <반지의 제왕>, <다빈치 코드>처럼 책과 영화로 동시에 밀려오는 다양한 텍스트들은 학생들이 고리타분한 『문학』 교과서 안에 앉아 있는 것을 허락하지 않는다.

흥성해 가는 미디어 콘텐츠와 관련지어 문학교육/문학 교과서는 어떻게 변화해야 하는가? 기본 텍스트는 책으로 제공하고 활동용 텍스트는 교과서 홈페이지에 게시해 주면 되는가? 그렇게 해서 그 홈페이지에 활동 자료들이 쌓이면서 집필자와 사용자(교사-학습자)가 '함께 만들어 가는 교과서(User Created Texts)'를 구축하면 되는가? 해마다 홈페이지 자료를 갱신(up-to-date)해서 교과서가 시대에 뒤떨어지지(out-of-date) 않게 유지하면 되는가? 또는, 교과서 내용을 동영상/애니메이션/만화 등으로 만들어서 학생들이 흥미를 갖고 접할 수 있도록 도와주면 되는가?

현재로서는 그 정도가 최선의 대안들이다. 아니, 현실적으로는 그 정도도 하기가 힘들 것이다. 디지털 자료의 제작과 홈페이지 운영, 그리고 멀티미디어 교과서의 유지 · 보수에는 막대한 인력과 자본이 필요하기 때문이다. 실제로 7차 교과서를 개발하면서 많은 출판사에서 온라인 교과서지원센터를 계획했지만 모두 포기하고 말았다. 하다못해 교사용 지도서를

---

20 한편으로 이런 현상이 그리스 · 로마 신화를 단순화, 왜곡했다는 비판도 거세다. 텍스트를 다이제스트/리프레이즈하거나 장르, 매체 등을 바꾸는 작업이 계속되는 한 이러한 논란은 계속될 테지만, 그렇다고 해서 그런 작업이 줄어들 것 같지도 않다. 오히려 학생들은 그런 텍스트를 통해 더 많이 문학을 접하게 될 것이다.

보완하는 교사지원센터마저도 제대로 운영되는 곳이 없다.

하지만 이런 수준이라면 진정한 교과서의 개선이 될 수 없다. 대부분의 '온라인 강의'가 사실상 교실 수업을 촬영해서 올려놓는 수준에 머물거나, (유아 · 초등용을 제외한)'온라인 교재'가 인쇄 텍스트를 스캔해서 띄운 데 불과한 것과 마찬가지의 수준일 뿐이다. 진정한 교과서 개선이란, 지금 · 여기서 벌어지고 있는 문학 현상을 교과서로 끌어들이는 것이어야 한다. 문학/교재 출판사, 신문 · 방송, 문학 단체와 개인 홈페이지 등을 연결하여 하나의 '교과서망'을 만들고, 학생들이 그 안에서 직접 문학 활동을 하면서 문학 능력을 함양할 수 있도록 설계해야 하는 것이다. 과거의 교과서가 이미 완성된(ready-made) 문학의 내용을 바탕으로 편찬했다면, 앞으로의 교과서는 지금 만들어지고 있는(pre-made) 문학과 함께할 수 있어야 한다. 문학교육은 앞을 향해 온몸으로 밀고 나가는 것이기 때문이다.

3) 문학 교과서 관련 집단의 책무

5차 교육과정에서 처음 선보인 이래[21] 몇 차례의 교육과정 개정을 거치며 『문학』 교과서도 꾸준히 변해 왔다. 그동안 판형이 커지고 상 · 하권 체제로 바뀌었으며 문학교육을 보는 관점도 달라져서, 내용과 형식 면에서 많은 발전이 이루어졌다. 대표 저자만 하더라도 5차에서 7차를 관통하는 집필자는 구인환 · 김윤식 · 우한용 셋뿐이다. 그만큼 변화가 많다면 많고, 적다면 적은 것이 문학 교과서의 역사다.

말하자면, 문학 교과서 개발은 교육과정 개발에 비해 더 구체적이고 정치적인 행위이다. 그것은 수업 설계에 비해 공적이지만, 전국 단위의

[21] 그 이전인 3차 교육과정기에는 『고전』 교과서가 있었고, 4차 교육과정기에는 『현대 문학』과 『고전 문학』 교과서가 있었다. 체계적인 교육과정에 바탕을 둔 총체적인 『문학』 교과서가 5차에 처음 발간됐다는 뜻이다.

시험 출제에 비해서는 운신 폭이 넓다. 교과서는 실제 수업에 활용하도록 만든 것이지만, 이상적인 수업은 그 교과서를 뛰어넘어 버린다. 교과서에 수록되는 것이 '영광'이라고 생각하는 사람도 있겠지만, 교과서에 실림으로써 그 작품은 난도질당하게 된다. 사실상 교과서 개발 작업은 3D 업종에 속한다고 해도 될 만한 일이고, 잘 해 봐야 본전인 일이다. 그럼에도 불구하고 교과서 개발은 중요하다.

문학 교과서 개발과 관련된 첫째 책무는 교육 행정가에게 돌아간다. 교재 개발 및 검정 시스템에 관한 결정권을 그들이 쥐고 있기 때문이다. 바람직한 교과서를 만들기 위해서는 현재와 같은 '모 아니면 도'식의 진행이 아니라 안전 장치와 점검 장치가 있는 진행이어야 한다. 심의 결과의 중간 공개, 집필진과 심의진 사이의 소통 통로 개방, 일정 수준을 요구한다는 전제 아래 탈락한 교과서에도 개발 비용을 지급하는 방안, 지도서뿐 아니라 교과서에 대한 A/S 시스템까지 포함한 심의, 기간본 검정제 도입 등이 그것이다. 집필・편집진으로서는 괴로운 일이겠지만, 한 판에 모든 것을 끝내지 않고 장기적으로 개발, 검정하는 제도가 필요하다.

교재 개발자를 위해서는 문학교육의 최신 이론과 학습자 요구 분석에 관한 관심을 촉구한다. 현재의 문학교육과 고등학교『문학』교과서는 대학의 문학교육과 문학 교재의 축소판이라 해도 별로 할 말이 없게 되어 있다. 그나마 과거에는 국문과의 그것이었던 것이 최근에는 교양 과정의 그것으로 대치된 것이 발전이라고나 할까. 대학 교양 과정에서 국어와 문학이 끊임없이 위축되고 있는 현상도, 따지고 보면 교양 과정에서 배울 내용을 고등학교 때 미리 쏟아 부었기 때문이다. 초・중등 교육 단계에서 요구되는 문학 능력과 그를 함양하기 위한 교수-학습에 대한 이론의 바탕이 없다면, 문학 교과서와 문학교육의 위축 현상은 더 심화될 것이다.

문학 교사에게는 교과서의 능동적인 활용이 중요하다는 점을 강조할 필요가 있다. 문학교육에서 의미 있는 교과서란, 이미 만들어진(ready-made) 교과서가 아니라 교사와 학습자의 필요에 따라 변형하고 새롭게 구성하는 교과서다. 그럼으로써 진정한 의미의 문학 학습이 가능해지기 때문이다. 교사는 교과서에 관해 끊임없이 개발진에게 피드백 할 뿐 아니라, 스스로 수업 교재를 구성하고 활용할 수 있어야 한다. 교사와 교실 개선이 병행되지 않으면 교과서 개선 역시 실효성이 줄어든다.

마지막으로, 문학 교과서의 개선에 가장 깊이 관련되는 집단이 문학교육 연구자일 것이다. 이들은 문학 교과서의 공(功)과 과(過)에 대해 자부심과 책임을 동시에 느껴야 한다. 이론서와 워크북, 앤솔로지, 디지털미디어 형태를 조화시켜 문학 교과서의 정형(定型)을 개발하는 것도 이들의 역할이고, 교과서가 문학교육의 중핵 텍스트가 될 수 있도록 교과서 외의 지원 텍스트들을 정리하는 것도 이들의 역할이다. 무엇보다도, 단원 구성과 조직, 그리고 학습 활동 설계에 관한 이론의 심화가 있어야 할 것이다. 이를 위하여 대학원의 '문학 교재론' 강좌를 강화하고, 교과서 개발 및 평가에 관한 논의의 장을 마련할 필요가 있다.

5. 문학 교과서의 개선 방향

'평가하기는 쉬워도 직접 만들어 보라면 어려운' 것이 교과서다. 문학 혹은 교육 외적 제약이 많은 상황에서는 더욱 그렇다. 문중이나 이념·이익 단체의 항의를 무시하고 교과서를 만들기 어렵고, 검정위원들의 눈치를 보지 않기는 더더욱 어렵다. 그러나 그 결과가 학생들을 문학으로부터 멀어지게 하는 것이어서는 안 된다. 『문학』 교과서도 그동안 꾸준히 개선되어 왔으나, 개선할 여지는 아직 더 있다. 물론 서로 다른 문학(교육)관이 공존하는 상황에서 어느 하나의 방향을 정하기는 어렵다. 그래서도 안 되는 것이 문학교육이기도 하다. 하지만 일반적으로 고려해야 할 점들은 어느 정도 짚어 볼 수 있다.

첫째, 교과서 작업과 관련하여 먼저 교육의 거시 구조에 바탕을 두고 문학교육의 목표를 설정해야 한다. '문학을 열심히 가르치는 것'과 '전체 교육의 구도 속에서 문학을 가르치는 것'은 분명히 다를 터인데, 지금까지는 대부분의 교과서가 문학 논리, 혹은 미시적인 수업 논리에 함몰된 나머지 큰 그림을 그리는 데 소홀했다. 교과서를 만드는 사람은 문학 전문가이지만, 정작 그것으로 배우는 사람은 아직 발달 도중에 있고 인지・정서적으로 유연하며 수많은 교과의 내용을 익혀야 하는 학생들이다. 현실적인 문제로, 고등학교 교육에 제일 큰 영향을 끼치는 것은 대학 입시 평가이고, 독서 시장과 사교육, 매스컴 등도 중요한 역할을 한다. 현재의 교과서는 그런 점을 의도적으로 외면하고 마치 문학 교실이 교육 현실과 유리된 공간인 것처럼 가정하고 있다.

둘째, <문학> 과목을 '국어과'의 한 영역으로 지나치게 한정하여 다룰 필요가 없다. 국어 교과의 개념도 더 폭넓게 바뀌어야 하겠지만, 문학이 국어과 안에 포함된 것은 '한국어'라는 문학의 일부(제일 중요하기는 하다) 특성만을 고려한 것이다.[22] 문학에는 외국 문학도 포함되고, 미디어 문학도 포함된다. 그런데 교육과정에 따라 교과서에 외국의 문학 작품을 싣기는 해도, 집필진 누구도 그 작품의 선정과 번역, 해석에 책임을 질 수 없는 것이 현실이다. 문학의 인접 영역에 관해서도 마찬가지 문제가 상존한다.

---

22 '국어'라는 교과는 학교의 성립과 함께 생긴 근대적인 고안물로서, 꼭 지금과 같은 모양을 띨 필요는 없었다. 19세기 말~20세기 초의 사회・문화적 상황과 초기 전문가들의 신념이 국어과의 성격을 지금처럼 고정시켰을 뿐이다. 문학교육 역시 반드시 국어과의 한 범주로 고정되어야 하는 것은 아니다. 예술의 주요 장르 중 음악・미술은 독립 교과가 되고 문학은 국어과 안의 한 영역이 되며 연극・영화는 다시 그 문학 안의 소영역이 되는 과정은, 전적으로 문화적이자 정치적인 선택의 결과다. 김창원(2009) 참조.

궁극적으로는 그러한 경계를 아우를 수 있는 문학교육 전문가가 요구되지만, 그게 어렵다면 그쪽 분야 전문가와의 협력 작업이 필요할 것이다. 그들을 공동 저자로 영입하는 것이 어렵다면 당분간 자문위원 체제로 운영하는 것도 현실적인 대안이 될 수 있다.

셋째, 문학 교과서의 개념도 더 넓게 잡을 필요가 있다. 그동안의 문학 교과서는 좋은 문학 작품을 체계적으로 선별, 제공하는 것이라는 관점에 의존해 왔다. 그러나 문학교육은 이미 이루어진 문학적 성과를 수용하는 데서 나아가 학습자의 체험 및 매체 환경의 변화와 결부하여 새로운 문학 현상을 만들어 가는 과정이기도 하기 때문에, 지나치게 소극적인 교과서관으로는 그 목적을 달성하기 힘들다. 문학 교과서는 자료 제시의 성격과 활동 자극 및 안내, 그리고 문화 형성의 성격이 균형을 이루어야 하고, 그러려면 형식뿐 아니라 내용에서도 열려 있는 교과서를 만들어야 한다.

넷째, 문학교육의 내용에 대한 고민을 더 해야 한다. 문학교육의 내용은 문학 지식, 문학 경험, 문학 소통 능력 등 다양한 관점에서 구성할 수 있는데, 그에 대해 뚜렷한 관점을 지닌 교과서가 드물다. 그 결과 문학교육을 받은 사람과 그렇지 않은 사람 사이의 차이란, 고작해야 인명과 작품명을 얼마나 많이 아는가(지식), 작품을 얼마나 많이 읽었는가(경험)의 여부로만 판가름 나게 되어 있다. 과연 우리는 문학 시간에 무엇을(어떤 작품이 아니라) 가르치려고 하는가?

다섯째, 문학 능력, 문학 활동, 문학 문화 등에 대한 관점의 정립과 개념 검토가 필요하다. 교육과정에서 이들 용어에 대해 모호하게 서술한 나머지 각 교과서마다 그에 대해 다른 접근 방식을 취하고 있는데,[23] 이것은

[23] 7차 교육과정의 초안에서는 교육과정 말미에 주요 용어들을 해설해 놓았다. 하지만 그에 대해 이론(異論)과 비판이 제기되자 교육부/교육과정평가원 스스로 그것들을 철회하였다. 이와 관련하여 문학교육 연구자들 사이에 그 용어들의 개념을 확정하고 확산하는 노력이 요구된다.

'다양성'으로 설명하기에는 면구스러운 현상이다. 문학교육 목표로서의 문학 능력과 문학교육 실체로서의 문학 활동, 그리고 그 맥락으로서의 문학 문화에 대한 관점이 분명하게 설 때 교과서도 그에 맞추어 개발할 수 있다. 특히 문학 문화의 공시적·통시적 확산을 고려하지 않는다면 학교 교육과 학습자의 실생활 사이의 거리는 점점 멀어지게 된다.

여섯째, 문학 텍스트와 문학 활동에 관한 열린 시각이 필요하다. 이미 7차 교과서에서 영화·드라마·다큐멘터리 등은 물론이고 만화·대중가요·개그 등이 활동 자료로 도입되었다. 또한 노래하기·그림그리기·연극놀이하기 등의 다양한 활동 역시 수업 차원이 아니라 교과서 차원에서 도입되었다. 물론, 대중 가요를 교과서에 넣는다고 문제가 해결되는 것도 아니고,[24] 작품 바꾸어 쓰기(패러디) 활동은 '초등학교 때부터 10년 넘게 해 와서' 이제 지겹다는 것이 학생들의 반응이다. 현직 교사들이 만든 대안 교과서(『우리말 우리글』) 역시 처음 나올 때의 신선한 충격에 비하면 그 생명력이 길지 않았다. 이것들은 일종의 고명 역할을 할 뿐, 문학 수업의 주류는 여전히 강독 중심이다.(그러한 자료/활동들이 반드시 문학교육의 미래상이라고는 볼 수도 없다.) '작품을 많이 읽는 것이 중요하다'는 명제가 그만큼 강고하다는 뜻인데, 지금·이곳의 문학의 존재/소통 방식이나 학생들의 문학 취향/경험은 그와 약간 편차가 있다. 그 거리를 조정하는 일이 『문학』 교과서 개발진에게 던져진 문제일 것이다.

일곱째, 문학교육의 방법에 관한 고민을 교과서에 반영해야 한다. 교수 이론의 발달과 함께 문학교육에서도 많은 교수-학습 모형이 만들어졌다.

---

24 7차 『문학』 교과서에 제일 많이 실린 대중 가요가 G.O.D의 <어머님께>라는 점은 자못 흥미롭다. G.O.D가 당대의 최고 인기 가수라는 점, 노래이면서 서사가 담겨 있다는 점, 가사 내용이 현실을 반영하면서 가족애를 담고 있다는 점 등이 <어머님께>를 '교과서용 대중 가요'로 밀어올린 힘이다. 하지만 작품이 수록되는 시점이 대중 가요로서의 생명이 끝난 뒤인데다 노래 속 어머니의 이미지가 너무 고정적이어서 실제 텍스트의 효과는 의문이다.

그중에는 문학교육에 고유한 것도 있고 일반 모형을 문학교육에 적합하게 수정한 것도 있지만, 공통적으로 문학 수업 개선을 위해 활용할 수 있는 것들이다. 그러나 교과서에는 그러한 이론이 도입되지 않은 채, 단지 집필진의 아이디어 차원에서 방법을 제시할 뿐이다. 문학 이론의 변화를 교과서에 도입하는 속도에 비해, 교육 이론의 변화를 도입하는 속도는 현저하게 처진다.

여덟째, 교과서마다의 개성을 확보하도록 노력해야 한다. 교과서가 새로 나올 때마다 교사들의 반응은 대체로 '참신하고 노력의 흔적이 엿보이기는 하지만 다 엇비슷하다'는 데로 모인다. 학계의 원로·중견 교수들이 집필한 교과서와 젊은 교수들이 교과서, 그리고 교사들이 집필한 교과서 사이에 그다지 큰 차이가 나지 않는 것이다. 이것은 목차와 작품 선정, 작품의 해석과 학습 활동 설계 모두에 해당된다. 이는 교육과정과 검정 제도의 압력이 그만큼 크기 때문으로, 교육과정의 자율적 해석 폭을 넓힐 필요가 있다. 만일 도전적이고 문제적인 교과서가 검정 과정에서 모두 탈락했기 때문이라면, 검정 제도 자체를 검증할 필요도 있다.

아홉째, 앞의 문제들과 모두 관련되는 것인데, 집필진의 폭을 넓힐 필요가 있다. 이것은 뒤집어 말하면 대학의 국문과, 적어도 국어교육과의 문학 교수들이 초·중등 교육에 관심을 가져야 한다는 뜻이기도 하다. 제도에 참여하지 않으면서 재야에서 비판하기보다, 제도에 참여하여 권력을 분산시키는 것이 학교 교육을 개선하는 데 효과가 크다.

결국 중요한 것은 문학과 문학 교과서에 대한 메타의식이다. 고등학교 『문학』 교과서가 교실용이나 입시용으로, 혹은 청소년 단계에 거쳐야 할 성장통(成長痛) 정도로 위축되지 않으려면 끊임없이 학교 문학교육의 성격과 교과서를 연관 짓는 노력이 필요하다. 그 과정에서 문학 능력과 문학 활동, 그리고 문학 문화의 구조 및 작동 기제에 관한 연구가 요구됨은 물론이다.

■ 사례 분석

제7차 고등학교『문학』교과서

1) 교과서 점검을 위한 전제

교과서 점검의 거시 기준은 물론 문학교육의 본질이고 미시 기준은 교육과정이다. 이 진술은 문학교육의 항존적 목표와 현존적 목표에 비추어서 교과서를 평가한다고 바꾸어도 크게 다르지 않다. 특히 고등학교 <문학> 과목에 초점을 둔다면, 교과의 성격이 주요 고려 사항이 될 수 있다.

7차 교과서 점검의 미시적・현존적 기준은 7차 교육과정이다. 7차 교육과정 <문학> 과목의 해설(교육부, 2000)에서는 문학의 본질을 '국어 문화의 한 분야인 언어 예술'로 보고, 문학교육의 목표는 '학습자가 문학 현상에 능동적으로 참여하여 문학 문화를 형성하는 데 필요한 능력'인 문학 능력을 기르는 것이라고 하였다. 이때의 문학 능력은 문학 지식, 문학적 사고력, 문학 소통 능력, 문학에 대한 가치와 태도, 문학 경험 등의 총체로 해석된다. 이를 바탕으로 바람직한 문학 문화를 형성하고 발전시키는 것이 <문학> 과목의 궁극적인 목적이다. 즉, 문학교육의 하위 영역은 문학 능력과 문학 문화로 대별되는 것이다.

교육과정에 따르면, 문학 능력에 대한 접근은 문학의 수용과 창작 활동을 통해, 문학 문화에 대한 접근 한국 문학 및 세계 문학, 그리고 문학의 인접 영역에 대한 공시적・통시적 경험을 통해 이루어진다. 지식과 태도는 그러한 활동이 가능하도록 하는 바탕이자 결과이다. 곧, 문학 교과서는 학습자의 문학 능력을 기르고 그것을 문학 문화 발전으로 이끌 수 있는 절차와 방법, 전략의 구체화여야 하는 것이다.

이러한 전제 위에 점검해야 할 교과서의 요소 또한 다양하다.[25] 일차적으로는 누가(집필자), 무엇을(내용), 누구에게(학습자), 무엇으로(작가·작품), 어떻게(단원 구성/단원 학습) 가르치고자 하였는지를 점검하는 것이 우선이겠으나, 그중 '무엇을'과 '누구에게'에 관해서는 교육과정 분석으로 갈음할 수 있을 듯하다. 실제 교과서의 차이는 집필자와 목차, 수록 작가·작품, 그리고 단원 구성과 단원 학습 설계에서 선명하게 드러난다.

2) 집필진 구성 - 누가 교과서 권력을 행사하는가?

7차 교과서의 집필진을 살펴보면 몇 가지 특징적인 양상이 드러난다. 우선 과거에 비해 교수와 교사의 협력 집필이 늘었다는 점을 들 수 있는데, 이는 이전까지의 교과서가 대부분 교수 중심으로 집필된 것에 비하면 큰 변화이다.[26] 그러나 대표 저자는 1개 출판사(상문출판사)를 빼고는 모두 교수가 맡았다. 이는 집필진 구성과 전체 기획, 출판사와의 교섭 등은 원로·중견 교수가, 실제 집필은 젊은 교수·강사와 교사가 맡는 분업 체제가 확산되고 있다는 것을 뜻한다.

집필진들의 출신 대학/학과에서도 몇 가지 특징이 드러난다. 우선 서울대의 과점(寡占) 현상이 두드러지는 가운데, 전통적으로 국문과가 강세를 보이는 주요 대학이 보이지 않음(연세대처럼)을 알 수 있다. 그 이유가

---

25 이에 관해서는 이삼형 외(2000:330-332)에 항목화하여 제시되어 있다.

26 1차 검정을 통과한 11종 교과서 중 현직 교수가 주도한(집필진 중 교수가 반 이상인) 교과서는 5종에 불과하고, 집필진으로 교사가 참여하지 않은 교과서는 하나도 없다. 그에 비해 추가 검정 통과본(7종) 중에서는 권영민(지학사), 김대행 외(교학사), 최웅 외(청문각)의 3종이 전원 교수 집필진이고, 나머지 4종 역시 교수가 집필진의 과반수를 차지하고 있다. 겉으로 보면 검정 통과에 교사의 역할이 컸다고 말할 수 있는 상황이다.

주요 대학 국문과 교수들이 교육(특히 초·중등 교육)에 관심을 두지 않기 때문인지, 출판사측에서 서울대 출신들을 선호하기 때문인지, 아니면 검정 과정에서 비서울대 출신 집필자들이 모두 탈락했기 때문인지 명확히 가려내기는 어렵다. 그러나 대학마다 학풍이 다르고 조금씩 다른 이론체계를 가지고 있다는 점을 감안하면, 더 많은 대학이 학교 교육에 관심을 가져야 한다는 문제 제기가 나올 수 있다.

출신 학과와 전공을 함께 고려하면, 문학 전문가와 문학교육 전문가의 협업 체제가 강화된 것도 특징으로 들 수 있다. 특히 서울대 국어교육과는 대부분의 교과서에 필자로 참여하면서 7차『문학』교과서를 주도하는 모습을 보인다. 이는 문학 '연구'와 문학 '교육'의 상동성/차별성에 대한 인식이 점차 정착되는 과정으로 이해할 수 있다. 다만, 교원대를 제외한 다른 대학 국어교육과의 문학 교수들이 집필진 명단에 보이지 않는데, 이는 아직 사범대학 내에서 '문학 교수'와 '문학교육 교수' 사이에 일정한 벽이 있다는 것을 방증한다.(교원대도 사실상 문학 담당 교수는 교과서 개발에 참여하지 않았다.)

흥미로운 것은, 평소 강연이나 집필을 통해 문학교육 개혁을 주장하던 이들이 정작 교과서 집필진에서는 빠져 있다는 점이다. 이는 그들의 문학교육관이 제도 교육에서 용인 받지 못했거나, 아니면 스스로 제도교육 속에 편입되는 것을 거부했다는 뜻이다. 대안 교육과정·대안 교과서 개발 현상과 함께 이 현상도 그 심층을 따져 볼 필요가 있다. 이와 대조적으로, 그동안 교육 담론의 중심에서 벗어나 있던 지방의 교사 그룹이 집필진으로 등장한 현상(상문출판사)도 의미 있는 변화이다.

비록 문학 전문가와 문학교육 전문가가 교과서 집필을 위해 협력하고 있다 하더라도, 전공이나 역할에 대한 고려는 여전히 부족한 듯 보인다. 예컨대 블랙박스의 경우에는 참여 교수 전원이 현대시 전공자들이며,(이는 사제·선후배 관계로 뭉친 결과이다.) 다른 교과서들에서도 전공을 고려하여 집필진을 구성했다는 인상을 강하게 받기는 어렵다. 이것이 고등학교 수준의 내용 기술은 전공에 관계없이 국문과 교수라면 누구나 다 할 수 있는 것으로 여겼다는 뜻인지, 그 빈 공간을 교사로 채웠다는 뜻인지는 판단하기 어렵다. 그런 점에서 외국 문학 전공자를 집필진으로 영입한 시도(민중서림)는 매우 독특한데, 이는 교육과정에서 '세계 문학'을 강조한 것과도 상응한다.

집필진 구성에서 서울 중심, 남성 중심의 전통은 여전하나, 다만 연령의 벽은 상당 부분 허물어진 듯하다. 이는 교과서가 현장성과 활동을 강조하면서 실용적인 아이디어가 많이 필요하게 된 것과 무관하지 않다. 사실 '30대의 교과서 집필자'란 과거에는 상상하기 어려운 일이었다.(물론, 과거에도 사제 관계에 따라 교과서를 실제로 집필한 대학원생은 많았다.) 그에 비해, 실제 집필에는 참여하지 않는 학계 원로를 전면에 내세우는 시스템도 여전히 발견된다. 이는 학교에서의 채택을 염두에 둔 전략으로, 교과서를 그 자체로 평가하는 데에는 좋지 않은 영향을 끼친다. 대표 저자라면 적어도 전체 기획과 감수까지는 참여하도록 해야 할 것이다.

3) 목차 구성 - 문학 논리와 교육과정의 길항

교과서의 체제를 정하기 위해서는 두 가지를 결정해야 한다. 하나는 단위 단원(unit)을 어떤 방식으로 설계하는가이고(단원 구성 혹은 전개), 또 하나는 각각의 단원들에 어떤 순서와 비중을 부여하는가이다(단원 조직). 단원 구성이 소단위 수업과 관계된다면 단원 조직은 대단위 수업 계획과 관계된다. 이들은 교과서에서 '목차'로 구체화된다.

문학 교과서의 목차는 문학의 이론 범주(구조/수용/생산/반영 등), 장르(서정/서사/극/교술 등), 주제(개인/역사/사회 등), 역사적 전개(고전문학/현대문학), 활동 특성(수용 - 창조적 재구성 - 창작 등) 등에 따라 다양하게 구성할 수 있다. 『문학』 교과서가 두 권으로 편성된 6차 교육과정 이후 「상권」에서는 문학의 일반 이론과 갈래론을, 「하권」에서는 문학사와 문학에 대한 태도를 다루는 것이 대세로 정착했다. 그 결과 7차 교육과정에서 각 교과서의 특징을 보여주는 것은 교육과정이 제시한 문학의 수용과 창작, 문학 문화, 세계 문학 관련 내용들의 처리 방식 정도이다.

사실, 모든 저자는 교과서 편찬 과정에서 자신의 관점에 따라 목차를 구성하고 싶어 한다. 하지만 교육과정 내용을 구체화해야 한다는 당위론과 과거부터 내려온 관습, 그리고 검정을 통과해야 한다는 부담 때문에 전적으로 자신의 뜻을 관철하기는 어렵다. 저자의 문학교육관과 문학교육의 제도적 강제 사이 어디쯤에서 타협한 결과가 실제 『문학』 교과서 목차라 할 수 있다.

문제는 교육과정을 교과서로 구체화하는 과정에서 학교 교육, 교과서, 학습자 등의 성격에 대한 고민 없이 교육과정의 체계 그대로 목차를 짠다는 점이다. 그 결과 몇 가지 문제가 생긴다.

첫째, 교과서가 각기 개성을 지니지 못하고 목차상 거의 비슷해지는데, 이는 결과적으로 교사-학습자의 자율성과 교재 선택권을 제한하게 된다. 모든 교과서가 교육과정의 '내용 체계'에 따라 목차를 구성한다면, 그리고 그 하위 내용이 비슷하다면, 굳이 그 많은 종류의 교과서를 제공하는 의미가 없다.

둘째, 7차 『문학』 교과서는 거시적이든 미시적이든 문학 학습의 단계를 <개념과 원리 학습 → 작품을 통한 확인>으로 고정하여, 학생들의 흥미를 유발하기 어렵게 되어 있다. 이것 역시 교과서 저자가 교육과정(특히 '방법')에 억눌린 결과로서, 그 때문에 구체적인 단원 구성이나 학습 활동 설계에서 <알기 → 하기> 혹은 <설명 → 연습>의 모형만이 득세하게 되었다.

셋째, 하나의 교과서에 다양한 목차 구성 방식을 우겨넣어, 학생들 입장에서 일목요연하게 내용을 구조화하기가 어렵다. 대다수의 7차 교과서는 한 번은 장르 중심으로 설명하고 한 번은 문학사를 바탕으로 설명하여, 균형 잡힌 시각에서 문학을 바라보도록 하고 있다. 그러나 그 종횡의 축을 통합하는 원리가 불분명하고 갈래론에서 설명한 내용과 문학사에서 설명하는 내용이 어긋나는 경우가 많아, 원래의 의도를 달성하는 데에 한계가 있다. 거기에 수용과 창작 과정 중심의 활동이나 주제 중심의 활동까지 가세하면 학생들은 지나치게 복잡한 불규칙 다면체를 바라보는 느낌을 갖게 된다. 이런 현상은 각 교과서가 자기만의 색깔을 추구하지 못하고 문학에 대하여 '모든' 이야기를 다 하려는 강박 관념에 매여 있음을 보여준다. 교사의 의도나 학습자 요구에 맞춰 한두 측면으로 초점화한 교과서가 더 효과적일 수 있음을 인식할 필요가 있다.

4) 작품 선정 - 문학적 가치와 교육적 가치

지금까지 교육과정이 여러 번 개정됐지만, 교육과정의 변화에 상응하는 단원 조직의 변화는 미미했다. 이는 교과서가 '좋은 작품들을 일정한 분류 기준에 따라 체계화한 자료'라고 보는 관점이 지배적이고, 우리 문학교육이 명문 독해 중심의 한문 교육 전통에서 아직 벗어나지 못했다는 사실을 보여준다. '좋은 작품 읽기'는 문학교육의 핵으로 취급되고, 교과서는 교육 정전의 모음집으로 이해된다.

우리 문학교육은 한편으로 세대를 관통하는 교육 정전을 형성하면서 다른 한편으로 끊임없이 새로운 작품을 발굴하기 위한 노력을 계속해 왔다. <진달래꽃>이나 <소나기>와 같은 작품은 그렇게 해서 '전 국민의 작품'으로 자리 잡을 수 있었다. 이들 작품은 한편으로는 그 문학적 가치 때문에, 다른 한편으로는 교과서에 싣기에 그보다 더 적절한 작품을 찾기 어려웠기 때문에(특히 <소나기>가 그런데) 오랫동안 교과서에 실리면서 정전이 되었다. 동시에 다른 쪽에서는 끊임없이 이러한 정전 형성 과정을 비판하는데, 정재찬(2003)과 같은 거시적 비판에서 이남호(2001)와 같은 개별적 평가까지 그 진폭은 매우 넓고, 특히 새 교과서가 나온 뒤에는 수록된 작품의 적절성에 대한 비판이 절정을 이룬다. 하지만 그 판단 기준은 다소 자의적이고 모호해서, '만인의 결정에 만인이 이의를 제기하는' 상황이라고 할 만하다. 물론, 그처럼 열린 가능성이 문학교육의 본성이라면 그 역시 받아들여야 할 것 같다. 이론과 이론, 혹은 교과서와 교과서의 경쟁 가운데서 문학교육이 발전할 것이기 때문이다.

하지만 전적으로 문학적 가치와 열린 가능성을 기준으로 해서 작품을 선정하는 것은 바람직하지 않다. 그 이유는 첫째 문학교육이 문학 전문가나 성인을 대상으로 하지 않기 때문이고, 둘째 <문학> 과목이 국어과, 나아가 전체적인 학교 교육의 체제 안에서 움직이는 것이기 때문이며, 셋째 학생들의 문학 경험이 계속해서 살아 움직이기 때문이다. 다시 말해서 문학교육에서는 문학적 안목 못지않게 교육적 안목과 기준이 중요하고, 그것을 기준으로 해서 작품을 선정해야 한다는 뜻이다.

첫째 이유와 관련해서 생각해 보자. 이상의 <오감도>와 김동인의 <감자> 같은 작품들은 분명히 한국 현대 문학의 정전이라 할 만하다. 그러나 그것을 교육의 장으로 끌어들여야 하는가 하는 문제는 그리 간단하지 않다. 이상은 무서운/무서워하는 "13인의 아해"가 도로를 질주해도 좋고 질주하지 않아도 좋다는 그 시를 25살에 썼다. 1930년대 25세 청년의 경험이 오늘날 18세 청소년의 그것보다 더 복잡하다고 말하기는 어렵겠지만, 필자는 지금까지 이 시를 '제대로 된 시'로 받아들이는 학생을 보지 못했다. 이상이, 또는 <오감도>가 중요한 작가이고 중요한 작품이라니까 그렇게 알아 둘 뿐이다. 그것을 알아 둠으로써 얻는 이득과 그런 작품을 읽으면서 느끼는 당혹감의 대차대조표를 작성해 보라고 하면, 필자는 마이너스 쪽에 걸고 싶다. 석연치 않은 살인과 매음, 매수(買收) 등으로 점철된 <감자> 역시 마찬가지다. 이 작품들을 '고등학교 단계에서 꼭 읽어야 한다.'는 주장은 대부분 문학적 당위에서 나오고, '꼭 이런 걸 읽어야 하나?' 하는 회의는 교육적 반성에서 나온다.

둘째 이유는 어떤가? 수업 시간에 <용비어천가>를 읽으면서 중세 국어의 기초라도 짚어 봐야 할까? 만일 그래야 한다고 하면 '문학 수업을 국어사 수업으로 격하시켰다.'는 비판이 나올 것이고,(실제로 4차 교육과정기까지 고전문학 수업은 대부분 이런 식이었다.) 그러면 안 되고 텍스트를 현대 국어로 풀어서 읽어야 한다고 하면 '원전의 언어가 가지는 맛을 잃어버렸다.'고 아까워할 것이다. 가장 이상적인 것은 어디선가 중세 국어의 기초를 익히고 <문학> 시간에는 그 기초 위에서 <용비어천가>를 문학으로 수용하는 방식일 텐데,(<용비어천가>의 문학성에 대해서는 논외로 하자.) 이는 결국 <문학> 과목이 '문학' 자체로 독립하기 어렵다는 것을 보여준다. 도덕과, 사회과('국사' 과목)에 모두 나오는 <단군신화>나 미술과와 연관되는 이미지즘 · 모더니즘 운동, 더 나아가 문학과 역사 · 사회 · 문화의 관련을 이야기하려면 국어과 외의 다른 교과에 대한 고려도 필요하다. 학교 교육에 대한 전체적인 조망이 없이 문학을 가르친다는 것은 어불성설인데도, 그동안의 교과서는 그에 대한 고려가 적었다.

또 하나, 가장 중요한 문제를 짚어 보자. 학생들이 <문학> 과목을 싫어하는/어려워하는/재미없어하는 제일 큰 이유는 그 텍스트들이 자신들의 정서나 삶과 다르기 때문이다. (조용하고 왠지 고상한)'성북동'에 대한 관념이 전혀 없는 학생들에게 던져진 <성북동 비둘기>, <해리 포터> 시리즈나 각종 판타지물에 익숙한 눈에 결코 찰 리 없는 <홍길동전>과 <전우치전>, 학생들이 태어나기도 전에 개봉한 <서편제>와 같은 작품들에 감동을 느끼라고 요구하는 것은 무리다. 세상에는 재미가 없더라도 알아야/배워야 할 것들이 분명히 있지만, 재미가 없어도/삶과 다소 거리가 있어도[27] 배워 두면 좋다는 논리는 문학교육의 논리가 아니다. 그렇다고 해서 지금 · 여기의 학생들이 열광하는 작품들을 다루어야 한다는 뜻도 아니니, 문학교육은 이 부분에서도 역시 절묘한 균형 감각을 요구한다.

마지막으로 짚어 봐야 할 문제는, 『문학』 교과서가 지나치게 보수적이어서 새로운 작품을 발굴하는 데 인색하다는 점이다. 오히려 현장에서 '교과서가 바뀌어 봐야 실리는 작품은 거기서 거기'라는, 비판 아닌 푸념이 나오는 실정이다.(사실 새 작품이 들어가면 정작 고단한 사람은 그걸 연구해서 가르쳐야 할 교사인데도.) 교과서에는 '문학사적 평가'를 받은 작품들만 실어야 한다는 고정 관념 때문에 최근작들이 외면 받고, 저자들이 외국 문학에 대한 자신감이 없어서 외국의 중요한 작품들도 싣지 못하는 것이 현실이다.[28] 현대 중국 문학의 대가 빠진(巴金)은 한 편도 실리지 못했고, 제3세계 문학의 대표적 작가 마르께스조차 겨우 한 편(<꿈을 빌려 드립니다>)이 단 한 군데 실려 있을 뿐이다.

---

27 '삶과의 연관'을 강조하면서 학자 · 교사(=기성 세대)들은 그 '삶'을 자신들의 성장기에 투사해서 이해하는 잘못을 자주 저지른다. 1987년에 썼다고 하는 <엄마의 런닝구>를 '삶이 진솔하게 배어나는 참된 시'라고 추천하는 식인데, 대다수의 학생들은 이 시의 상황부터 이해하지 못한다. 그런 학생들을 추슬러서 감동에 이르게 하려면 많은 설명과 강요가 필요하다. 베스트셀러 목록에 오른 김정현의 <아버지>나 신경숙의 <엄마를 부탁해>도 마찬가지다.

28 7차 교과서에 여러 군데 들어간, 시애틀 추장이 썼다는 <우리는 모두 형제들이다> 같은 경우 원전을 철저하게 확인하지 않고 교과서에 수록하면서 문제가 생겼다. 사실상 이 글은 시애틀 추장이 쓴 글이 아니라,(그는 글도 몰랐고, 'Chief's of Seattle'이 그의 이름도 아니다.) 시나리오 작가이자 영화학 교수인 Ted Perry가 그의 풍문을 듣고 쓴 드라마 대본 중 일부이다. 새 글을 발굴해서 실을 경우 이런 문제가 늘 생긴다.(이 글은 초등학교 5학년 『국어』 교과서에도 '시애틀 추장의 글'로 실려 있다.) Ridley/신좌섭 역(2001:297) 참조.

5) 단원 구성 - 제재와 활동

문학 교과서를 분석할 때 가장 중요한 문제는 각 단원 학습을 어떻게 설계했는가 하는 문제이다. 여기에는 사전 활동, 중간 활동, 사후 활동이 모두 포함되는데, 대부분의 교과서에서 사전 활동은 간단한 학습 안내 정도로 처리하고, 중간 활동은 교과서의 날개를 이용해 활동 안내나 어구 풀이 등으로 해결하고 있다. 이는 거의 모든 학습 활동이 사후 활동으로 제시된다는 뜻이다.(다만 소설의 경우 텍스트 길이가 길기 때문에 읽는 중 활동을 제시한 경우가 꽤 있다.[29])

문학 교과서에서 학습 활동을 어떻게 짜는지의 문제는 문학교육을 통해 무엇을 달성하고자 하는가의 문제와 직접 연관된다. 같은 작품이라도 초점을 달리해서 활동 계획을 짤 수 있고, 그에 따라 최종 결과도 달라지기 때문이다.(물론, 모든 경우에 작품 자체의 타당한 읽기가 공통적으로 전제되어야 한다.)

교육에서 문학 텍스트를 다루는 관점은 좁은 의미의 언어교육을 위한 '하나의 언어 자료'로 보는 관점에서 국가관이나 세계관 교육을 위한 자료로 보는 관점까지 폭넓게 퍼져 있으며, 교과서 저자들은 그 다양한 스펙트럼 안에서 자신의 관점에 따라 텍스트를 선정, 요리하게 된다. 문학교육의 속성상 어느 관점/접근이 더 낫다고 판단할 수는 없지만, 그 이면에 숨어있는 저자의 문학교육관과 그러한 활동의 교육적 가치를 짚어보는 일은 가능하고 또 필요한 일이다. 가급적이면 문학적 기준과 교육적 기준

---

29 지문 중간을 끊어서 학습 활동을 주고, 다시 그 다음 지문을 제시하는 방식이다. 이런 경우 외에는 거의 모든 사전 · 중간 활동을 교사가 책임지고 구성해야 한다. 하지만 교사용 지도서에도 이 부분에 대해서는 나와 있지 않기 때문에 많은 교사들이 자습서를 활용하게 된다. 이런 현상은 좋게 보면 교사에게 자율성을 부여하는 것이지만, 나쁘게 보면 교과서가 역할을 다하지 못하는 것이라 할 수 있다. 이것 역시 양 극단 사이의 어디쯤에서 균형을 잡아야 한다.

을 불만 없이 조화시키는 것이 좋겠지만, 부득이하다면 어느 한쪽을 강조해야 할 경우도 생긴다.

소설 텍스트의 경우에는 특히 분량이 문제가 된다. 작품의 일부만을 발췌했을 때에는 전체 내용을 어떻게 처리할 것인가? – 이에 대해 스스로 전문을 찾아 읽고 학습 활동을 하도록 하는 교과서가 있는가 하면, 전체 줄거리를 주는 교과서도 있고, 교과서에 제시된 부분을 뺀 나머지만의 줄거리를 주는 교과서도 있다. 혹은 아예 작품 전체와 관련된 활동이 없는 교과서도 있다. 원칙상 첫째 방안이 이상적이라 할지라도, 우리 교육 현실에서 그것이 통할지는 의문이다. 이러한 부분에 대한 철학적, 방법적 고민이 현재의 교과서에는 크게 드러나지 않는다.

텍스트 중심의 문학 교과서를 수요자(학습자) 중심으로 바꿔야 하는가? 필자는 그렇다고 본다. (본격)문학의 위기, (학교)문학교육의 붕괴, 번역문학에 대한 창작 문학의 위축, 대학 문학 강좌의 축소 등 서로 맞물려 돌아가는 문학교육의 여건을 두고 볼 때, 문학교육의 목표는 우선 학생들을 문학으로 입문시키는 데 두어야 하는 것이다. 그 수준 향상이나 이론 및 사(史)에 대한 교육은 그 다음 문제일 뿐이다. 그래서 문학교육 전문가들은 '문학에 대한 교육'을 넘어서는 '문학의 교육'을 강조했지만, 교과서상으로는 그 이상의 문제의식을 보여주지 못했다. "삼각함수와 지수 · 로그를 왜 배웠는지 모르겠다."는 자조가 <춘향전>이나 <삼대>에 대해서도 나오지 말라는 법이 없다.[30]

30 필자가 가르치는 대학생들에게 자주 물어보는데, <춘향전>, <삼대>, <죄와 벌> 등의 이른바 고전작품을 전작(全作)으로 읽어 봤다는 학생은 한 강좌에 한둘을 꼽을 뿐이다. 대신 최근 화제가 되는 작품(주로 대중적인 번역물들)과 최신 영화는 빠뜨리지 않고 다 읽고/보고 있었다. 그들에게 교육은 그저 교육이고 생활은 생활인 것일까?

Ⅱ. 문학교육 평가의 특성과 방향

1. 문학교육 평가의 점검

1) 문학교육 평가의 혼란상

문학 영역은 문학 작품을 통한 미적 감수성의 세련과 인간 삶의 총체성을 문학의 방식으로 이해하고 내면화할 수 있는 능력을 평가하는 데 그 목적을 둔다. 따라서 문학 영역의 평가는 문학 작품 체험의 양적·질적 수준, 이들 문학 체험을 문학 내적인 이론에 의해 이해하고 정리할 수 있는 수준과 체험의 축적을 통해 문학 작품을 심미적으로 수용하고 향유하는 수준, 그리고 문학의 가치 요소를 사회·역사·문화 등의 확장된 공간에 전이시킴으로써 삶의 문제로 투사·대응할 수 있는 수준의 정도를 평가하는 데 일차적 목적을 두어야 한다. 또한 문학 영역의 평가에서는 문학 제재가 가지는 일정한 지식 구조로서의 일면, 정의적 요소가 강하게 개입되고 있는 면, 학습자 개개인의 생체험과 대응되는 국면에서 작품을 수용하고 해석하는 관점의 독창성 등의 특수성도 중요하게 고려해야 한다.(박영목 외, 1991:155-156) 하지만 현실은 그로부터 상당히 멀리 떨어져 있는 듯이 보인다. 이러한 문제를 드러내기 위해 다음 진술을 인용한다.

흔히 국어과 시험 문제 또는 국어과 고사 문제라고 부르는 '국어과 학력 평가 자료'는 일반적으로 국어과 교과서에 실린 문자 언어 자료 – 시나 소설과 같은 문학 작품과 설명문이나 논설문과 같은 비문학 작품 – 에 관한 질문을 만드는 것이라고 생각하고 있다. 이러한 질문에 맞는 답 하나와 틀린 답 서너 개를 덧붙이면 객관식 시험 문제가 되고, 질문에 답이 주어지지 않으면 주관식 시험 문제가 된다고 생각한다. 이러한 문제를 만드는 데는 수준 높은 전문적 지식이나 훈련이 필요하지 않다. 그리고 치밀한 제작 계획이나 어려운 제작 과정을 거칠 필요도 없다. (하지만 - 인용자 추가) 임의로 작품의 일부분을 지문으로 뽑아서 그럴듯한 문제를 만들면, 학력 평가 자료가 되는 것은 아니다. 이것은 학습을 강화하기 위한 연습 문제도 아니고 학력 평가 문항도 아니다. 학력이 무엇이며 교육 목표가 무엇인지, 학생이 교육 목표를 학습하였는지 학습하지 못하였는지를 어떻게 측정할 수 있는지를 배우지 않고 학력 평가 자료를 만들 수는 없다.(이대규, 1995:493-494)

이 인용문은 '국어과'에 관해 언급하고 있지만, '국어과'를 '문학교육'으로 바꾸어도 내용은 달라지지 않는다. 또한 연구사를 살펴봐도 이와 유사한 지적은 매우 쉽게 찾을 수 있다.[31] 이러한 지적의 핵심은 '국어과 평가에 관한 이론이 없다'는 것이다. 문학교육에서 '왜' 평가하고 '무엇을' 평가하며 '어떻게' 평가하는지에 관해서는 수십 년 이어져 내려온 관행만이 있을 뿐, 철학적 기반이나 문예학적, 교육공학적 근거를 찾기가

[31] 국어교육 평가에 관한 연구는 크게 평가의 기본 방향 설정에 관한 연구와 평가의 구체적인 전략 및 도구 개발에 관한 연구로 나누어 살펴볼 수 있다. 전자에 관한 연구로는 한국교육개발원과 한국교육과정평가원의 연구 보고서가 대표적이고, 후자에 관한 연구로는 여러 대학원의 석사 학위 논문과 교육청 및 교원 단체의 현장 연구 논문들이 있다. 흥미로운 것은 수십 년을 두고 이들 연구가 지적하는 평가의 문제점이 대동소이하다는 점이다. 그만큼 학교 현장의 잘못된 평가 관행이 강고하기 때문인지, 아니면 그럴 수밖에 없는 현실을 연구자 집단이 인식하지 못하는 것인지, 그도 아니면 평가론이 원론 수준에서 더 나아가지 못하는 것인지 따져 볼 필요가 있다.

어렵다. 이러한 지적이 타당성을 갖는 이유는 다음 진술에서 찾아볼 수 있다.(한철우 외, 1990:98-104)

① 국어교육 평가에 대한 학문적 탐구가 성숙되어 있지 못하다.
② 교육과정의 목표와 내용을 타당하게 평가하지 못하고 있다.
③ 학생의 학업 성취도 검사 위주로 평가하고 있다.
④ 평가 결과가 매우 제한적으로 활용되고 있다.
⑤ 학습 내용을 균형 있게 평가하지 못하고 있다.
⑥ 정의적 영역에 해한 평가가 효과적으로 이루어지지 않고 있다.
⑦ 지필 검사에 의한 간접 평가 방식이 관행으로 고착되어 있다.
⑧ 객관적 검사, 그것도 택일형 문항이 지배적이다.
⑨ 목표 중심의 평가가 아니라 지문(글) 중심으로 평가한다.

이것 역시 국어과교육에 관한 지적이지만, 문학교육으로 범위를 좁혀도 그대로 적용된다. 이러한 왜곡된 평가는 자연스럽게 교수-학습의 왜곡으로 이어지고, 나아가 문학교육 전반의 방향을 혼란스럽게 만들기에 이른다.

2) 문학교육의 평가관

'왜 문학교육 평가가 필요한가'에 대해서는 세 층위의 대답이 가능하다. 첫째, 문학교육 내적 층위에서는 문학 교수-학습의 현상을 진단하고 처방을 제시함으로써 그 질을 개선하기 위해 평가가 필요하다. 둘째, 문학교육을 포함하는 문학 공동체의 층위에서는 문학에 관한 당대의 합의를 이끌어내고 그것을 재투입하기 위해 평가가 필요하다. 셋째, 이 모든 현상의 기반이 되는 문학 주체의 층위에서는 문학 행위를 더욱 원활하게 하고 문학적으로 고양된 삶을 확보하기 위해 평가가 필요하다. 결국 평가자는 특정 개인을 평가하지만, 그를 통해서 문학이라는 거대 담론을 유지하고 확대 재생산하는 것이다.

문제는 평가관이다. 시험을 치르고 점수를 내고 서열을 매기는 평가가 아니라, 문학 주체와 문학 공동체의 양면에서 문학교육을 개선하는 데 기여하는 평가가 필요한 것이다. 이와 관련하여 일군의 연구자들은 다음과 같이 닫힌 평가관을 열린 평가관으로 바꿈으로써 문학교육 평가의 어려움을 극복해야 한다는 제안을 하고 있다.(구인환 외, 1988:302-303)

① 잠재 가능성으로서의 문학 감상 역량과 개발될 수 있는 문학적 감수성, 문학에 대한 태도, 사물과 세계에 대한 문학적 인식의 습관 등을 현실적 지식, 독서량 등의 요소보다 더욱 중시하는 평가관에 입각해야 한다.
② 문학교육의 평가에서 평가의 자료와 대상, 시간 등을 가급적 확대하여 보도록 한다.
③ 평가의 과정이 계속적이고 종합적인 것이 되어야 한다.

곧 문학교육 평가의 개선을 위해서는 우선 평가관이 바뀌어야 하고, 다음에 평가 내용이 분명하게 제시되어야 하며, 마지막으로 구체적인 평가 모형과 방법이 개발되어야 하는 것이다. 이러한 사고 없이 단순한 기술 개발로 문학교육 평가의 논의가 한정된다면 단지 평가를 위한 평가로 오도될 염려가 있다.

3) 문학교육 평가의 현실태와 이념태

실태를 좀 더 명료하게 점검하기 위해서는 문학교육 평가의 전체 구조를 살펴야 한다. 거기에는 평가 주체, 평가 도구, 평가 결과의 해석과 활용 등 숱한 변인들이 개재하지만, 여기서는 일단 ① 평가 목적과 원리 ②

평가 내용 ③ 평가 자료 ④ 평가 상황 ⑤ 평가 방법의 다섯 가지 항목만을 따져 보았다. 문학교육 평가의 특성을 간명하게 보여주는 데 이들이 효과적이기 때문이다. 이들 각각의 항목을 염두에 두고 문학교육 평가의 현실태와 이념태를 체계적으로 제시하면 아래와 같다. 좌에서 우로의 변화가 이루어져야 한다는 것이 필자의 입장인데, 이러한 변화는 문학교육뿐 아니라 교과교육 전반의 패러다임 변화와 맥을 같이 하는 것이다.

문학교육 평가의 현실태와 이념태

	현실태	이념태
평가 목적과 원리	서열화 · 관리 · 기록 문학 및 교육 제도의 유지 객관성 규준 지향 변별도 교육과정 · 교재 중심	교수-학습의 정보 수집과 개선 문학과 교육에 관한 철학의 구현 타당성 목표 지향 진단과 예측 능력 학습자 활동 중심
평가 내용	인지적 영역 세분된 하부 지식과 기능 학습 내용의 기억 · 재인 능력 문학 자체에 관한 내용 수업 성취도 텍스트 해석의 결과 문학 작품의 이해 능력	인지 · 정의적 영역 언어 · 사고 · 문화의 통합적 능력 창의적 의미 구성 능력 문학의 소통에 관한 내용 문학적 경험과 성향 텍스트 해석과 감상 과정 문학적 사고와 표현 · 이해 능력
평가 자료	교육적으로 확고한 정전 학습한 텍스트 초점화된 텍스트 텍스트 하부 단위	넓은 범위의 텍스트 평가 의도에 부합하는 텍스트 유연하고 열린 텍스트 텍스트 단위
평가 상황	명시적이고 예고된 평가 인위적 상황 구성 대단위 일제 평가 단기간의 집중적 평가 사후 평가	잠재적이고 일상적인 평가 문학 행위의 실제 상황 개별화된 수시 평가 장기간에 걸친 변화 평가 사전 · 중간 · 사후 평가

	교수-학습과 유리된 평가 제도적으로 부과되는 평가	교수-학습의 일부로서의 평가 교수-학습 주체의 요구에 따른 평가
평가 방법	지필 평가 분절적 양적 평가 속도 평가 형식적 평가 자기 완결적 평가	수행・관찰 평가 통합적 질적 평가 능력 평가 비형식적 평가 환원론적 평가

물론, 필자는 전반적인 평가의 지향이 이 표의 왼쪽에서 오른쪽으로 움직여야 한다는 점을 강조할 뿐, 왼쪽 항목이 전적으로 부당하며 오른쪽 항목만이 옳다고 주장하는 것은 아니다. 평가의 종류에 따라 그 무게 중심은 달라질 수 있다. 예를 들어 수능시험이라면 그 목표 자체가 서열화에 따른 선발에 있기 때문에 당연히 객관성과 변별도가 가장 중요한 조건이 된다. 그러나 교수-학습 개선을 위한 평가나 과정 이수의 자격 부여를 위한 평가에서 그런 조건을 우선 내세우는 것은 불합리하다.

2. 문학교육 평가의 방향

1) 문학교육 평가 방법론의 재고

문학교육 평가의 방법론은 두 가지 테마를 담고 있다. 첫째는 '무엇을 다루는가'이고 둘째는 '어떻게 하는가'이다. '방법'이라고 하면 후자만을 가리키는 경우가 많지만, 내용에 따라 방법이 달라진다는 점에서 이들을 분리하기는 어렵다. '방법'과 구별되는 '방법론'이 필요한 이유다.

'문학교육 평가에서 무엇을 다루어야 하는가?' 하는 문제는 '문학 학력이란 무엇인가' 하는 문제로 대치되고, 이는 결국 '문학 능력'의 문제로 귀결된다. 문학 능력이란 문학을 문학으로 인식할 수 있으며, 문학과 문학 아닌 것을 구별할 수 있고, 문학에 문학적으로 접근할 수 있으며, 그 과정에서 문학에 관한 지식과 전략을 동원할 수 있는 능력을 말한다.(김창원, 1995:49-52) 이것을 교육과정에서는 지식, 수행(작품의 수용과 생산), 태도, 맥락 등으로 나누어 접근하는데,[32] 읽기 능력을 <어휘력 - 사실적 읽기 - 추론적 읽기 - 비판적 읽기 - 창의적 읽기>로 세분하는 것과 같은 상세화가 필요하다.

'문학교육 평가는 어떻게 해야 하는가'의 문제는 사실 문학교육 평가론의 핵심이 되어야 마땅하다. 평가 목적과 내용은 다분히 문학교육 목적 및 내용과 순환적인 관계에 있는 데 비해, 방법은 그런 성격이 덜하기 때문이다. 그러나 문학교육 평가에 고유한 방법론의 개발은 부진을 면치 못하고 있다. 교육평가 일반의 이론을 바탕으로 자료만을 문학 텍스트로 치환한다거나, 읽기 평가의 방법을 원용하여 문학교육 평가를 하는 수준에서 크게 벗어나지 못하고 있는 것이다. 이는 문학 영역이 주로 정의적·심미적 영역에 관계되는데다 그 교수-학습이나 평가도 비형식적, 잠재적으로 이루어지기 때문이다. 또한 평가 내용이 되는 문학 능력의 개념 범주가 불명확하여 평가자들 사이에 무엇을 평가해야 하는지 의견이 일치하지 않고, 지식이나 기능 위주의 평가 관행으로 인해 문학교육의 본질을 구현할 평가 기술이 발달하지 못한 것도 원인으로 꼽을 수 있다.

2) 문학교육 평가의 원리

사실, 문학교육 평가와 관련하여 실태를 점검하고 문제점을 진단하며

---

[32] 7차 교육과정에서는 '태도'를, 2007/2009 교육과정에서는 '맥락'을 내용 체계의 요소로 제시하였다. 각각 논리적 근거가 있지만 동시에 문제점도 있어서, 더 논의해야 할 내용이다.

대안을 모색하는 작업은 그 실체가 매우 불분명한 작업이다. 닫힌 평가관으로는 아예 접근이 불가능한 듯 보이기까지 한다. '학습이 있는 곳에 반드시 평가가 있다.'는 진술에 토를 단 연구자도 있듯이(박인기, 1996b: 80-82), 기존의 평가 패러다임이 가장 적용되기 힘든 부문이 문학교육 평가이다. 여기서는 그 구체적인 방법론을 구안하는 데까지 나아가지 못했지만, 일반적인 몇 가지 원리를 제시함으로써 이론화의 토대를 마련하고자 한다.

첫째, 문학교육 평가는 문학교육의 내용을 타당하게 반영해야 한다. 문학교육 평가는 문학과 관련된 학습자의 과제 수행 능력을 타당하게 평가할 수 있어야 하나, 지금까지는 대부분 문학에 관한 개념적 · 절차적 지식에 한정하거나 읽기 평가로 문학교육 평가를 대신하는 방법이 주류를 이루어 왔다. 물론 지식이나 언어 사용기능이 문학 능력의 하위 범주가 된다는 점에서 이들 평가를 통해 문학 능력을 평가할 수 있는 길은 항상 열려 있다. 그렇지만 문학교육 평가의 본령은 역시 작품의 해석 · 감상 능력 및 가치관 평가이어야 하며, 다른 요소들은 문학교육 평가의 한 방편에 불과하다는 점을 인식할 필요가 있다.

둘째, 문학교육 평가는 다양한 방법으로 이루어져야 한다. 지필 평가와 면접 · 관찰 평가, 실기 평가가 조화를 이루어야 하며, 지필 평가도 선택형과 서답형을 적절히 활용하도록 한다. 태도 및 습관을 평가하기 위한 설문 형식의 평가 방법도 활용할 수 있다. 구연(oral presentation), 낭송(choral reading), 자유 회상(free recall), 탐문(prove), 요약하기, 완성하기, 모작 · 개작, 독서 목록 만들기, 감상문 · 평문 쓰기, 반응 이야기하기, 토의 · 토론 등을 다양하게 활용하여 학습자의 문학 능력을 세부적으로 진단하고 처치할 수 있도록 한다.

셋째, 문학교육 평가는 문학 현상의 고유하고 본질적인 특성을 다루어야 한다. 곧 문학 작품 자체의 텍스트적 특성과, 작품을 매개로 이루어지는 문학적 의사소통의 특성을 타당하게 평가할 수 있어야 한다. 문학 텍스트는 그 응축성과 구조의 긴밀성, 일탈성과 다가성(多價性), 이미지 생성력, 상호 텍스트성 등의 측면에서 자연 언어와 구별되는 특성을 지니며, 평가는 학습자가 그러한 텍스트 특성을 어떻게 현동화하는가를 드러낼 수 있어야 한다. 또한 문학적 의사소통은 소통의 복합성, 수용 주체의 자율성, 문화 및 상황 맥락 의존성, 소통 의도 등의 측면에서 일상적 의사소통과 구별되므로, 평가도 그러한 소통상의 특성을 진단하고 그 결과를 판단·활용할 수 있도록 해야 한다. 곧 문학교육 평가는 학습자의 작품 해석 결과가 아니라 문학 현상의 과정 및 그 변인들을 평가하는 데 주력해야 하는 것이다.

넷째, 문학교육 평가는 상호 텍스트성을 염두에 두고 이루어져야 한다. 문학 작품은 그 자체로 완결된 하나의 체계이면서 또 그보다 상위의 체계의 한 요소가 된다. 예를 들어 만해의 시는 '1920년대 한국시'라는 체계의 한 요소이며 동시에 20년대 한국시는 또 '일제 강점기 한국시'라는 체계의 요소가 된다. 다른 방향에서 보면 그의 시는 '여성 화자의 시', 혹은 '형이상학적 시', '산문율 시' 등의 체계와 연관 지을 수도 있다. <님의 침묵>이나 <알 수 없어요>가 '만해 시'라는 체계의 하위 요소가 됨은 물론이다. 곧 만해의 어떤 작품을 택하든 그 자체만으로 해석이나 수용이 이루어질 수는 없으며, 평가 역시 고립된 텍스트만을 대상으로 이루어질 수 없는 것이다. 따라서 문학교육 평가는 '바로 이 작품을'이 아니라 '이러한 특성을 지닌 작품을', 또는 '이 작품을 체계와 관련지어서' 감상하는 힘을 평가할 수 있는 모형 및 방법을 모색해야 한다.

다섯째, 문학교육 평가는 작품 해석과 감상의 총체성을 중심으로 이루어져야 한다. 평가 기술상 분절적인 평가가 총체적 평가보다 평가의 전체

과정을 통제하기에 유리한 것은 사실이다. 또 학습자가 문학 행위의 어느 국면에서 장애를 겪는지 명확하게 진단하고 처치하려면 문학 행위의 과정을 세분하여 그 각각에 대해 독립적인 평가를 하는 것이 효과적이다. 그러나 분절적 평가 방식의 그러한 장점은 진단 평가나 형성 평가에서만 가치를 인정받을 수 있다. 총괄 평가에서는 학습자의 작품 이해도를 총체적으로 평가하는 것이 바람직하며, 그럴 때만이 문학교육 평가의 본질에 가까이 갈 수 있기 때문이다. 총체적 평가를 위해 가장 좋은 방법은 작품에 관해 2차 텍스트를 생산하도록 하는 것이다. 감상문, 비평, 같은 장르나 다른 장르의 새로운 작품 등을 씀으로써 학습자는 주어진 작품과 관련된 일련의 문학 행위를 완결 짓게 된다. 혹은 말로 하거나(구두 작문), 그림으로 나타내거나, 음악, 몸짓 등으로 나타낼 수도 있다. 그러한 활동을 통해 교사는 학습자의 총체적인 작품 이해도를 평가할 수 있다.

여섯째, 문학교육 평가는 내면화 정도의 평가에 중점을 두어야 한다. 이는 어떠한 평가가 단발로 끝나서는 안 되며, 평가 결과의 지속성을 최대한 고려해야 한다는 뜻이다. 일반적으로 이루어지는 지식 평가나 기능 평가는 해당 작품, 혹은 그와 유사한 작품의 이해도를 평가하는 데 그칠 가능성이 크다. 그보다는 작품에의 투사, 다른 상황에의 적용, 작품과 관련한 태도 등 잠재적이되 전이성이 높은 요소를 평가하는 데 치중해야 한다. 아울러 평가 자체가 교수-학습 과정의 완성 단계라는 점을 감안하여, 교수-학습의 효과를 높이고 문학 능력의 파지력을 높일 수 있도록 구성되어야 한다.

일곱째, 문학교육 평가는 문학 수용 능력뿐 아니라 생산 능력도 다룰 수 있어야 한다. 언어 사용 기능이 이해 영역과 표현 영역의 균형 있는 발전을 의도하는 것처럼, 문학 영역도 이해와 표현이 통합될 때 비로소 그 목표를 달성했다고 할 수 있다. 이는 음악이나 미술 등 문학의 인접 교과에서도 다 같이 추구하는 바다. 따라서 문학교육 평가는 기성의 작품을 읽고 해석·감상·비평하는 능력뿐 아니라, 자신의 심리적 이미지를 문학적으로 표현하는 능력까지 다룰 수 있어야 한다. 이때 '문학적 표현'이란 정교한 예술로서의 작품이라기보다는 대상을 해석하는 시각과 그 표현 방식이 자연 언어의 상투성으로부터 벗어나는 것을 의미한다. 결국 어떤 표현 의도나 전달 의도를 달성하는 방식이 얼마나 문학적인가 하는 문제를 다루는 것이다. 글쓰기에서 화법, 비유, 어조, 구성, 문채 등을 다루는 능력을 평가하는 것이 이 범주에 든다고 할 수 있다.

여덟째, 문학교육 평가는 문학 경험 및 문학에 대한 태도도 다룰 수 있어야 한다. 어떤 의미에서 문학교육의 궁극적 목적은 문학적 문화를 고양하는 데 있다고도 할 수 있다. 그를 위해 학습자 개개인의 문학 능력을 신장시키고 문학적으로 사회화시키는 작업이 문학교육인 것이다. 그렇다면 문학교육 평가는 학습자가 문학적으로 얼마나 바람직하게 사회화되었는가를 평가할 수 있어야 한다. 그러기 위해서는 독서 경험이나 독서 취향, 스스로 작품을 찾아 읽는 태도, 문학에 대한 긍정적 가치관 등을 평가해야 한다. 이때 설문 조사나 자기 평가, 상호 평가, 흥미 목록, 독서 목록 같은 방식들을 활용할 수 있다.

아홉째, 문학교육 평가에서는 피평가자의 자율성을 강조해야 한다. 문학 작품의 해석 및 감상은 전적으로 학습자 개인의 몫이다. 물론 여기에는 어느 정도 제한이 있어서, '용인할 수 있는' 해석이 있는가 하면 '용인하기 어려운' 해석도 있다. 그 결정은 당대의 문학 공동체가 내리게 된다. 그러나 용인할 수 있는 해석의 범주 안에서라면 가능한 한 자유롭게 반응하도록 하는 것이 문학 수업의 특징이다. 그렇다면 평가 역시 문학 공동체가 용인할 수 있는 범주 안에서 이루어지는 모든 반응을 적극적으로 수용할 필요가 있다. 문학교육 평가에서 '정답'이란 있을 수 없으며, '모범 답안' 역시 그 범주가 매우 넓다는 관점이 요구되는 것이다. 평가 관리상 그러한 방식이 어렵더라도 적어도 그러한 방향성만큼은 지녀야 하며, 그런 점에서 선택형이나 단답형의 평가 방식은 최소한으로 사용해야 한다.

3. 문학교육 평가의 지향

문학교육 평가도 전체적인 평가의 일부다. 당연히 평가론 일반의 개념과 원리 – 교육과정 평가부터 교과서 평가, 학습자 평가, 수업 평가, 평가에 대한 평가까지 펼쳐지는 평가 영역이라든지 사전(진단) - 중간(형성) - 사후(총괄) 평가로 이어지는 평가의 단계, 준거 지향 평가와 규준 지향 평가의 구별 등 수많은 평가론의 논의가 문학교육 평가에도 똑같이 적용된다. 예비 문학 교사가 '교육 평가론'을 체계적으로 배우야 하는 이유다.

하지만 문학을 포함하는 예술교육에서의 평가는 공학적인 평가 이론으로 잡히지 않는 부분이 너무 많고, 바로 그 부분이 문학교육 평가의 특징을 보여준다는 점을 간과할 수 없다. 이른바 '평가론의 나머지'라고 할 내용으로서, 예를 들어 가르치지/배우지 않은 내용과 자료에 대해서도 평가할 수 있다든지, 평가 결과가 학습자의 문학 능력을 실질적으로 보여준다고 보장하기 어렵다든지, 닫힌 평가보다는 열린 평가가 더 적절하다든지 하는 것들이 문학교육 평가의 어려움을 배가한다. 문학 논리와 교육 논리는, 개인의 삶의 질을 고양한다든지 문화를 발전시킨다는 차원의 궁극적인 목적은 같더라도, 구체적인 사고 패턴과 텍스트를 다루는 방법은 출발부터 다르기 때문이다.[33] 양자 사이에서 적절한 균형점을 찾는 일이

33 현역 시인 · 작가가 '문학 시험 문제'에 대해 잘못됐다고 지적하는 경우가 문학교육 평가의 특성을 보여주는 전형적인 사례다. 예를 들어 시인 최승호는 2004년 서울시교육청이 주관한 수능모의고사에서 자신의 시 <아마존>에 대해 나온 문제

문학교육 담당자들의 몫이다.

문학교육 평가론은 평가의 보편성과 문학교육이라는 특수성 사이에서 한편으로 객관성과 신뢰성을, 다른 한편으로 타당성과 적절성을 추구하는 작업이라 할 수 있다. 보편성에 대해서는 교육 평가 전문가들이 있으니 문학교육 담당자들은 그 특수성을 천착하는 것이 합리적인 선택이다. 이 때문에 평가 전문가들과 문학교육 담당자 사이에 소통이 제대로 안 되는 경우도 생기지만, 벽을 사이에 두고 대화가 안 되면 벽을 넘어서(over the wall) 소통할 방도를 찾아야 한다. 경험 평가 같은 영역이 그 통로가 될 수 있다.

를 세 문제 모두 틀렸다. 매스컴은 이에 대해 "내 시가 출제됐는데, 나도 모두 틀렸다"는 선정적인 제목을 뽑았지만, 정작 최승호는 시교육이 제대로 이루어지지 않는다는 지적을 하면서도 "나는 감정과 예술의 자리에서 얘기하고, 수능은 이론과 논리의 자리에서 얘기하는 것일 뿐"이라고 양자의 토대가 다름을 인정한다.(<중앙일보> 2009.11.21) 이 기사에 대해 김중신 교수가 반박 칼럼을 썼지만(<중앙일보> 2009.11.27), 그 역시 "시 작품을 객관식 시험으로 출제하여 난해한 문제 풀이의 대상이 되게 만들었다는" 비판을 부정하지는 못한다. 이 모순은 기본적으로 우리나라 전체의 평가 문화가 바뀌어야 해소될 듯싶다.

Ⅲ. 문학 경험의 평가 방법

1. 문학 경험 평가의 필요성

'문학교육의 실체가 무엇인가?' 하는 물음에 대해서는 여러 가지로 답할 수 있는데, '학습자에게 잘 조직된 문학 경험을 제공하는 일'도 그중 하나가 된다. 그 근거는 문학을 '가치 있는 체험의 기록'으로 보는 최재서류의 견해나 교육을 경험의 재구조화로 보는 경험주의 교육 이론, 지식·수행(기능)·태도와 함께 경험을 문학교육의 기본 영역으로 설정한 김대행(2002)의 주장, 문학 능력은 체험 속에서 길러진다는 견해(우한용, 2009:30), 나아가 문학 행위 자체를 경험으로 보는 입장[34] 등에서 얼마든지 끌어올 수 있다. 하지만 굳이 그런 전거를 들이대지 않더라도, '문학교육을 통해 학습자는 다양한 문학 경험을 쌓는다.'는 주장은 상식선에서 충분히 수긍할 만한 주장이다. '문학을 배우려면 최소한의 관련 경험이 있어야 한다.'는 주장도 마찬가지다. 경험은, 감히 문학교육의 핵이거나 기본이라고 말하지는 않겠으나, 문학교육에서 반드시 짚고 넘어가야 할 화두다.[35]

---

34 "문학 텍스트는 단순히 무엇에 관한 지식이 아니라 인생을 살아 내는 경험을 제공하는 것이며, 학생들은 문학을 통해서 부가적인 정보가 아니라 삶의 경험을 얻는다."(Rosenblatt/김혜리 외 역, 2006:38)

문학교육에서 경험 요소에 주목해야 하는 이유는 20세기 후반의 문학교육을 지배한 지식중심주의와 (순수)문학주의, 의사소통기능적 접근이 지니는 한계를 경험 요소로 보완할 수 있기 때문이다. 지식과 경험의 전일성, 심미 체험을 통한 정서의 고양, 언어 활동과 문학의 통합 등이 바탕이 될 때 문학교육의 총체성을 확보할 수 있다. 교육을 개인의 능력이나 사회적 요구와 같은 기능적 관점이 아니라 생태적이고 상생적(相生的)인 관점에서 바라보고자 하는 시도(최현섭, 1994;박인기, 2003)도 문학 경험에 대한 관심을 촉구한다.

교육에서 경험이 중요하다면, 어떤 식으로든 경험을 평가해 내야 할 것이다. 사전(事前) 경험이든 학습 경험이든, 혹은 경험을 통한 학습이든 간에, 경험을 기술하고 평가하지 못하면 그것을 교육 상황으로 유의미하게 통합하기 어렵다.

사실 경험 평가는 교과교육보다 평생교육에서 주목해 온 개념이다. 비제도(非制度) 영역에서 경험을 통해 얻은 능력을 어떻게 측정, 평가하고 인증할 것인가 하는 문제가 학점 인정, 자격 부여, 선발 등의 문제와 긴밀히 연관되기 때문이다.(김영화, 1999) 평생교육 사회에서 '(정규의)교육받지 않은 전문가'가 늘어날수록 이 문제는 점점 중요해지는데, 문학교육에서도 비슷한 상황을 볼 수 있다. 학교 밖에서의 문학 경험이 학교 안에서의 경험 못지않게 풍부한 경우가 비일비재하기 때문이다. 비제도 영역의 문학교육까지 온전히 다루는 것은 아직 시기상조라 하더라도, 문학 능력을 총체적으로 평가할 때 경험 요소를 어떻게 처리해야 하는지에 관한 문제는 더 이상 외면할 수 없는 상황이 되었다.

---

35 "독자는 '인생을 살아내는 경험'에 몰입되는 또 하나의 경험을 하게 되는데, 문학교육 평가는 이 몰입 경험의 구체성과 총체성, 일시적 현존성, 그 경험으로부터 촉발되거나 실현될 수 있는 변화의 가능성 및 잠재적으로 실현되는 어떤 것 등을 모두 인지하고 점검하고 판단하는 것이어야 한다."(염은열, 2009:347)

문제는 문학 경험과 관련하여 구체적인 성취 기준을 정하거나, 평가 내용을 세목화하여 효율적으로 투입하거나, 평가 결과를 해석하고 활용할 체계적인 방법 틀을 마련하기 어렵다는 점이다. 사적(私的)인 경험의 우열을 평정해야 할 상황이 되면 어려움은 더욱 심각해진다. 그동안 문학교육에서 경험에 대해 깊이 있게 다루지 못한 이유도 여기에 있다.

이와 관련하여 여기서는 문학 경험 평가의 기본 방향을 탐색하고, 그 가능역(可能域)과 방법론적인 틀을 찾아보고자 한다. 그동안의 문학교육 연구에서 경험에 대한 논의가 부족하고, 특히 평가와 관련해서는 논리적인 접근이 적었다는 반성이 논의의 출발점이 된다. 이를 위하여 문학 경험의 위상을 거칠게 살펴보고, 그것을 평가하기 위한 내용과 방법의 범주화를 시도할 것이다. 그리고 기존의 평가론을 문학 경험 평가로 특화할 때의 초점에 대해서도 따져 본다. 당장 쓸 수 있는 평가 도구를 제시하지는 못하더라도, 문학 경험을 평가의 영역 안으로 끌어들인다는 데 논의의 의의가 있다.

2. 문학 경험의 위상과 경험 평가

1) 문학 경험의 개념과 문학 능력

문학 경험이 무엇인지에 대해서는 아직 뚜렷한 합의가 이루어졌다고 보기 어렵다. 김중신(1994), 최지현(1997), 황혜진(2006), 진선희(2006), 김남희(2007) 등이 문학 체험에 대하여 논의했지만 그것을 교육 내용이나 평가 요소로 깊이 있게 고려한 것 같지는 않다. 김대행(2002)의 주장과 그에 따른 고광수(2005), 류수열(2006), 염은열(2007), 최홍원(2007) 등의 논의가 있지만 이들은 대체로 고전 체험에 초점을 맞추어, 논의 결과를 일반화하려면 한 단계의 작업을 더 거쳐야 한다.

경험을 교육학적으로 재개념화한 듀이는 그것을 '유기체와 환경 간의 상호 작용에 의한 결과이자 표식이며 선물'이라고 하였다.(Dewey/이재언 역, 2003:48) 하지만 이 관점을 그대로 문학 경험에 적용하기는 어렵다. 철학이나 교육학에서 이야기하는 경험을 문학 경험으로 변환하려면 언어적이며 심미적인 특성을 끼워 넣어야 한다. 예컨대 상징 경험, 상상 경험, 장면과 의미 구성 경험 등을 고려할 때 비로소 문학 경험의 개념을 이야기할 수 있게 된다.[36]

그렇다면 도대체 문학 경험이란 무엇인가? 단순하게 작품을 '읽고 써 본 기억'인가? 아니면, 그로부터 얻은 앎과 느낌인가? 혹은, 그런 앎과 느낌을 낳는 과정 자체가 곧 경험일 수도 있다. 범박하게 말하면 문학 경험은 문학 텍스트와 관련하여 내적·외적 행위를 하는 과정과 결과 모두를 가리킨다. 사전에서도 '경험'을 "자신이 실제로 해 보거나 겪어 봄. 또는 거기서 얻은 지식이나 기능"이라고 설명했는데(표준국어대사전), 이 역시 과정과 결과를 모두 고려한 서술이다. 과정으로서의 경험과 결과로서의 경험을 구분한 최홍원(2007:315)의 정의나 '인간의 마음이 외부 세계에 작용하는 과정과 그 작용의 결과로 획득한 모든 것'을 경험이라고 말한 고광수(2005:84)의 견해도 비슷하다. 주체와 텍스트의 만남, 그 과정에서 일어나는 주체의 심리적 작용과 겉으로 드러나는 행동, 그리고 그로부터 빚어진 주체의 변화가 모두 문학 경험이 된다.[37]

문학 경험의 개념이 모호하기는 하지만, 그것이 문학 능력의 구인이자

---

36 문학 경험론에서 상식처럼 이야기되는 것이 '간접 경험'론이다. 고광수(2005:97)는 간접 경험과 상징 경험을 교차하여 '부담 면제'의 기능을 이끌어내는데, 그것이 지니는 교육적 의미에 대해서는 따로 이야기할 필요가 있다.

37 경험으로부터 얻은 능력을 개념지(概念知), 방법지(方法知)와 대비하여 경험지(經驗知)라고 부르기도 한다. 경험지는 인지와 정의 양면에 관계되면서 방법도 포함한다는 점에서 다른 '지(知)'들보다 원초적이다.

구현상(具現狀)이라는 점은 분명한 듯하다. 문학 능력에 경험이 포함되고, 문학 능력의 작용이 경험으로 쌓이는 것이다. 경험을 문학 능력의 구인으로 파악한 견해 중 대표적인 것이 7차 교육과정과 2007년 교육과정인데(김창원, 2008), 거기서는 문학 능력을 '문학 지식, 문학적 사고력, 문학 소통 능력, 문학에 대한 가치와 태도, 문학 경험 등의 총체'로 파악하였다. 이는 김대행(2002)의 견해와 상통하고, 문학 수업에서 실제로 하는 활동의 대부분이 지식 습득과 경험 확충이라는 점으로 지지된다.

문학교육 평가가 학습자의 문학 능력을 총체적으로 기술하고자 한다는 점에서 볼 때(우한용, 1999:6), 문학 경험 평가는 경험이 문학 능력의 구조상 어디에 있는지를 정사(精査)하는 데서 출발해야 한다.[38] 그리고 경험이 문학 능력의 다른 요소들과 어떤 관계를 맺는지, 문학 경험을 평가하는 일이 학습자의 문학 능력에 대해 어떤 정보를 줄 수 있는지도 살펴보아야 한다. 필자는 문학 능력의 구조 안에서 경험이 지식 및 기능과 환류하는 과정을 중시하고자 한다.

2) 문학 교육과정과 문학 경험

학교 교육이 경험 요소를 전적으로 외면하는 것은 아니다. 경험주의 이론에 입각했던 초기 교육과정뿐 아니라, 7차 교육과정과 2007년 교육과정도 경험 요소를 자주 거론하고 있다. 예를 들어 2007년 교육과정의

---

[38] 최지현(2009)은 문학 능력에 대한 논의를 'competence(암묵지, 또는 언어 능력)', 'proficience(숙달성)', 그리고 'ability(잠재 능력)' 론으로 분류한 뒤 그를 발전시켜 문학 능력에 대한 입장을 작품 이해와 감상 능력(proficiency), 암묵지(competence), 수행 가능역(potential domain of competency)으로 구조화하였다. 그에 따르면 이런 도해는 종적으로 심화, 혹은 구체화하는 문학 능력의 발달 경로와 횡적으로 확장, 혹은 수렴되는 문학 능력의 발달 경로를 모두 보여주기는 해도 문학 능력을 객관화할 기준이나 지표를 지니지 못한다는 한계를 지닌다.(최지현, 2009:47)

10학년 쓰기 영역에 '심미적 경험'이라는 용어가 나오는데,[39] 이는 필자가 말하는 문학 경험과 한 측면을 공유한다. 다만 이에 대한 해설서에서는 '쓰기'에 초점을 맞추는 바람에 심미적 경험이 무엇을 의미하는지에 대해 별 언급이 없다.

교육과정이 경험 요소를 어떻게 다루는지에 대해서는 세세한 성취 기준보다 오히려 최상 심급으로서의 목표를 살펴보는 것이 효과적이다. 2007/2009년 교육과정의 목표 진술을 보면, 경험을 문학 능력의 최심부 기저로 보고 있음을 알 수 있다. 겉으로 드러나는 능력은 텍스트의 수용과 생산 능력이지만 그 이면에서 지식과 경험이 작용한다는 것이다.[40] 그 구체상은 고등학교 <문학> 과목 교육과정에서 더 선명하게 드러난다.[41]

---

[39] 성취 기준 : 예술 작품에 대한 심미적 경험을 드러내는 비평문을 쓴다.(10-쓰-5)
내용 요소의 예 : ○ 예술 작품을 평가하는 글의 일반적 특성 이해하기
○ 예술 작품에 대한 심미적 경험 떠올리기
○ 예증의 방법을 통해 논지 전개하기
○ 비평문이 생산되고 소비되는 맥락 이해하기

[40] 교육과정 목표에서 경험을 어떻게 다루었는지는 다음 표를 통해 알 수 있다. 이 표에 따르면 국어과 교육과정은 문학의 수용과 생산 능력을 문학 능력의 중심에 두고, 지식과 경험을 기저 능력으로, 언어에 대한 통찰력과 창의적 사고력, 창의적 소통 능력을 일반화된 능력으로 상정하고 있다.(김창원, 2008)

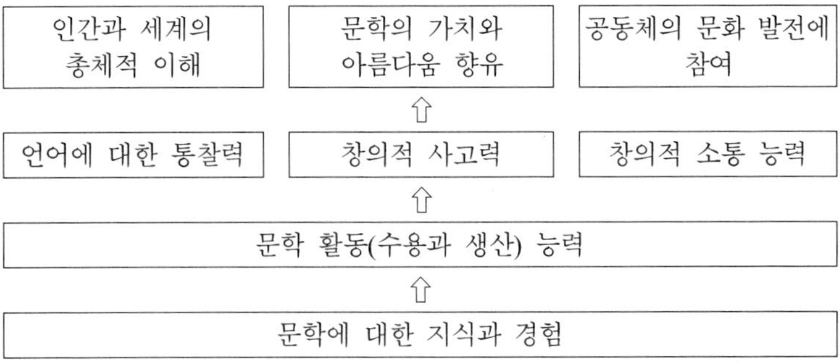

인간과 세계의 총체적 이해	문학의 가치와 아름다움 향유	공동체의 문화 발전에 참여
	⇧	
언어에 대한 통찰력	창의적 사고력	창의적 소통 능력
	⇧	
	문학 활동(수용과 생산) 능력	
	⇧	
	문학에 대한 지식과 경험	

2007년 교육과정의 목표 체계

[41] 이 책 전체에서 2007/2009년 교육과정을 자료로 다룰 때, <국어> 과목의 '문학' 영역은 2007년 교육과정, 선택교육과정의 <문학> 과목은 2009년 교육과정에 따른다.

이 과목은 문학에 대한 체계적인 지식을 바탕으로 수용·생산 능력을 발전시켜, 학습자가 바람직한 문학 주체로 성장하고 창의적인 국어 생활을 영위하는 데 도움을 주는 것을 목적으로 한다.(<문학 Ⅰ> 과목 '1. 성격')

이 과목에서는 다양한 문학 경험과 활동을 통해 수용·생산 능력을 심화하여, 학습자가 바람직한 문학 주체로 성장하고 인간다운 삶이 가능한 사회를 만드는 데 기여하도록 도움을 주는 것을 목적으로 한다.(<문학 Ⅱ> 과목 '1. 성격')

문학에 대한 체계적 이해와 폭넓은 경험을 바탕으로 문학 작품을 수용하고 생산하는 능력을 기른다.(<문학 Ⅰ> 과목 '2. 목표')

문학에 대한 체계적 이해와 폭넓은 경험을 바탕으로 자아를 실현하고 공동체의 발전에 기여하는 태도를 함양한다.(<문학 Ⅱ> 과목 '2. 목표')

여기서 '창의적인 국어 생활', '다양한 문학 경험', '폭넓은 경험' 등은 문학 학습의 토대 내지 방법론으로 쓰였다.[42] 이 말은 문학 경험에 대한 평가가 사전 진단 평가 및 교수-학습 과정에 대한 평가의 성격을 지닌다는 뜻이다. 전자는 학습자가 가지고 있는 결과로서의 경험과, 후자는 수업 과정에서 이루어지는 과정으로서의 경험과 직접 연관된다. 평가의 대부분을 차지하는, 학습자에 대한 사후 평가는 문학교육의 목표 및 내용과 주로 대응할 터인데, 교육과정은 그와 조금 다르게 접근하고 있다.

문학 경험을 목표/내용이라기보다 토대 및 방법론으로 보는 관점은 실제 내용 항목 기술을 통해서도 알 수 있다. <국어> 과목의 경우 성취 기준

42 교육과정 해설에서도 그러한 관점을 분명히 보여준다.
"문학 교육의 중핵은 다양하면서 심도 있는 문학 경험을 체계적으로 제공하는 데 있다. 학생들은 그 경험을 바탕으로 문학적 사고와 가치관을 포함한 풍부한 활동 경험을 발전시킬 수 있고 이것들은 문학 능력의 중요한 바탕이 된다.(<문학 Ⅱ> 과목 '3. 내용' 중 "② 대표적인 작품을 통해 한국 문학의 전통과 특질을 이해한다."에 대한 해설)

으로는 앞에서 본 '10-쓰-5' 항목에서만 경험을 거론하지만, '4. 교수-학습 방법'에서는 여기저기에 경험에 대한 언급이 나타난다.[43] <문학> 과목 역시 '3. 내용'에서는 경험을 직접 언급하지 않다가 '4. 교수-학습 방법'과 '5. 평가'에서 경험을 폭발적으로 강조하고 있다.[44] 이러한 현상의 이면에

---

[43] 예를 들어 "(2) 의사소통을 통한 대인 관계의 형성, 체계적이고 능동적인 읽기의 필요성, 쓰기를 통한 자기 표현의 중요성, 정확하고 효율적인 국어 생활, 문학 작품을 통한 심미적 · 총체적 경험의 확충 등과 관련하여, 창조적인 국어 능력이 삶의 질을 높이는 데에 기여할 수 있음을 강조한다.(<국어> 과목 '4. 교수-학습 계획' 중 1)-마) 항목)"는 식이다.

[44] 편의상 항목 번호 없이 나열하면 다음과 같다. <문학 Ⅰ>과 <문학 Ⅱ> 과목을 구분하지 않았다.

('4. 교수-학습 방법'에서)

(가) 학습자의 문학적 수준 및 경험, 취향 등을 고려하여 교육과정의 목표와 내용을 상세화한다.

(다) 학습자가 문학에 대하여 알고 문학을 즐기며 문학 경험을 타인과 공유하도록 하는 데 초점을 둔다.

(나) 문학에 대한 지식과 기능, 경험을 다양한 관점에서 균형 있게 제공할 수 있도록 내용을 선정한다.

(다) 학습자의 관심 및 생활 경험과 밀접하게 연관되는 작품을 선정한다.

(7) 인간과 사회에 대한 폭넓은 성찰을 담은 작품을 찾아 읽도록 격려하고, 그러한 작품에 대한 생각과 느낌을 여러 가지 매체나 방법으로 표현하는 기회를 제공하여, 학습자의 삶과 밀착된 문학 경험을 하도록 계획한다.

(8) 구체적인 문학 소통의 양상을 바탕으로 하여 폭넓은 생산 경험을 함으로써 문학 활동의 총체성을 구현하도록 계획한다.

('5. 평가'에서)

(5) 문학에 대한 지식, 문학 작품의 수용과 생산 능력, 문학에 대한 태도, 문학 활동 경험 등을 종합적으로 평가하도록 계획한다.

(7) 문학에 대한 태도와 문학 경험은 문학 활동의 실제와 관련지어 평가한다.

(5) 문학 작품의 생산 활동에 대한 평가는 학습자의 수준과 경험의 폭을 고려하여 시행한다.

(4) 평가 결과가 학습자의 문학 경험을 확충하고 문학을 생활화하는 데 기여하도록 활용한다.

(6) '문학과 삶'에 관한 평가는 문학 경험의 질 · 양과 문학에 대한 태도를 중심으로 평가하며, 관찰, 면담, 점검표(체크리스트), 자료철(포트폴리오), 자기 평가 등의 다양한 방법을 활용한다.

(4) 평가 결과가 학습자의 문학 경험을 확충하고 문학을 생활화하는 데 기여하도록 활용한다.

는 문학의 교수-학습에서는 경험이 매우 중요하지만, 실제로 그것을 분절하여 내용화하기는 어렵다는 인식이 숨어 있다.

경험 요소를 내용으로 제시하기 어렵다면, 그것을 어떻게 평가해야 할까? 교육과정 해설에서는 다음과 같이 그 가능성만을 간략하게 언급하는데, 이는 2007/2009년 교육과정이 문학 경험을 전면적으로 수용하는 데까지는 나아가지 않았음을 보여준다.

> 창작 배경이나 작가 등의 맥락에 관한 지식을 평가함으로써 경험 평가가 가능하기도 하고, 작품에 대한 친숙도를 평가해서 경험을 알아낼 수도 있다. 따라서 경험 평가 부분에서는 '문학 활동의 실제'를 즉각적인 수용과 생산 활동보다는 실제로 문학 활동을 얼마나 폭넓게 심도 있게 했는가 하는 정도로 개념을 넓히는 것이 좋다.('5. 평가'의 "(7) 문학에 대한 태도와 문학 경험은 문학 활동의 실제와 관련지어 평가한다."에 대한 해설)

이쯤에서 왜 그동안 문학 경험 평가가 외면받아 왔는지, 문학 경험을 타당하게 평가하려면 어떤 점에 착목해야 하는지를 알아낼 수 있다. 문학 경험과 경험 평가의 가장 취약한 부분을 직접 건드리지 않으면 문학 경험 평가는 계속 구두선(口頭禪)에 그치고 말 것이다. 그 돌입점은 문학 경험의 내용과 방법의 범주화다.

3. 문학 경험 평가의 내용과 방법

1) 문학 경험 평가의 내용 범주

문학 경험 평가의 실천은 문학 경험을 체계적으로 분류하고 그것들을 평가 요소로 범주화하는 데서 출발한다. 이는 달리 말하면 문학 경험의 유형론이고, 그것의 구조론이며, 문학 경험과 관련한 교육과정론이기도 하다. 문학 경험의 특성을 다양한 관점에서 분석함으로써 평가 내용을 범주화할 수 있다.

듀이에 따르면 경험은 1차적 경험(대체로 감각적 경험)과 2차적 경험(대체로 성찰적 경험)으로 나뉜다. 이를 문학교육에 적용하면, 1차적 경험은 텍스트와의 대면으로, 2차적 경험은 텍스트에 대한 반응으로 이해할 수 있다. 하지만 문학이 언어 활동과 사고, 문화적 소통의 특성을 두루 지닌다는 점을 고려하면, 경험의 층위를 이렇게 단순하게 구분하기는 어렵다. 그보다는 텍스트에 수렴되는 경험을 1차적 경험으로, 텍스트로부터 주체와 맥락으로 확산되는 경험을 2차적 경험으로 보는 것이 타당할 수도 있다. 하지만 또 다른 측면에서 보면 모든 경험은 주체의 것이므로, '주체'가 경험 체계화의 조건이 되는 것은 논리적으로 맞지 않다. 결국 문학 경험은 텍스트와 주체가 관계를 맺는 과정에서 나오되, 그에 개입하는 변인들 중 어느 것에 방점이 찍히는가에 따라 층위와 범주가 달라진다고 말해야 옳은 진술이 된다.

한편으로, 교육이라는 특수한 상황에서 문학 경험은 학교에서 제공하는 형식적·의도적·제도적 경험과 학교 밖에서 얻는 비형식적·비의도적·일상적 경험, 그리고 그들 사이에 존재하는(학교에서 제안하고 학교 밖에서 적용하는) 적용 경험으로 나뉜다. 형식적 경험이 위계화되고 조직된 데 비해 비형식적 경험은 산포적이고 단발적이지만, 경험 주체의 동기가 강하게 작용하기 때문에 문학 능력에서 차지하는 비중은 더 높을 수 있다. 따라서 경험 평가는 이들 모두를 평가해 내야 한다.

이처럼 문학 경험의 내용은 현상으로서의 문학 및 문학 학습의 특성 때문에 다양한 기준으로 범주화할 수 있다. 그 기준들은 문학적 언어 활동의 특성, 텍스트-주체-맥락의 관련, 학교 교육이기 때문에 개입하는 요소 등 여러 장(場)에서 도출된다. 문학 교수-학습의 특성과 과정을 바탕으로 문학 경험의 내용을 거칠게 범주화하면 다음과 같다.

① 1차적 경험과 2차적 경험 : 문학 작품의 내용・형식・표현에 대한 경험은 1차적 경험이고, 그와 관련된 인지적・정서적・윤리적 반응은 2차적 경험이다. 환언하면 텍스트에 대한 이해와 해석이 1차적 경험에 속하고 비평・감상・반응・향유는 2차적 경험에 속한다.

② 의도된 경험과 의도되지 않은 경험 : 교수-학습을 위해 조직된 경험이 의도된 경험이고, 그렇지 않은 경험이 의도되지 않은 경험이다. 학교 교육은 의도된 경험을 제공하지만 문학 능력의 발달에는 의도되지 않은 경험이 많이 개입한다. 학교 밖에도 부모 등이 계획한 경험이 있을 수 있다.

③ 수용 경험과 생산 경험 : 말 그대로이다. 비평문이나 패러디 같은 2차 텍스트의 생산 경험을 별도로 설정할 수도 있고, 넓은 의미의 수용이나 생산 경험에 포함할 수도 있다.

④ 텍스트 경험과 콘텍스트 경험 : 문학 작품과 직접 연관된 경험, 예를 들어 작품을 읽어 본 경험이나 작품을 읽고 반응을 보인 경험은 텍스트 경험이다. 그에 비해 작품을 둘러싼 맥락과 관련된 경험은 콘텍스트 경험이다. 작가와의 만남이라든지 작품의 배경 지역에 가 본 경험이 예가 될 수 있다.

⑤ 인지적 경험, 정서적 경험, 사회적 경험 : 인간의 보편적인 행동 특성과 관련하여 경험의 양상을 나눌 수 있다.

⑥ 개인의 경험과 공동체의 경험 : 개인만의 고유한 경험과 공동체가 공유하는 경험이다. 문학 소통은 개인의 경험과 공동체의 경험을 연결하는 통로가 된다.

⑦ 이 모든 경험의 외면과 내면 : 이 모든 경험은 외면과 내면 양면에서 살필 수 있다. 외면은 '얼마나 많이'와 관계되는 양(量), '주로 어느 쪽으로'와 관계되는 경향성, '언제 어디서 왜'와 관계되는 경험 맥락

으로 나타나고, 내면은 '어떤 식으로'와 관계되는 방법, '어느 정도나 세련되게'와 관계되는 질, '어느 정도나 직핍하게'와 관계되는 진정성으로 나타난다.

이러한 범주들을 종합하면, 결국 문학 경험은 단자(單子)로서가 아니라 하나의 경험망(web/net)으로 이해하는 것이 효과적임을 알 수 있다. 다만, 평가의 효율성을 위해서는 어느 정도 표준적인 경험 목록이 있어야 한다. '지금(비교적 가까운 과거와 미래를 포함하여)' '여기(물리적인 동시에 문화적인 공간)'의 보편적인 학습자가 지녀야 할, 또는 지녔으리라고 생각되는 경험들의 목록이 있다면 그것과 대조하며 개개인의 경험 특성을 기술할 수 있다. 현실 여건상 이 목록은 문학 경험의 여러 측면 중 '학교에서 제공할 수 있고 학교가 아니면 경험하기 어려운' 영역으로 한정된다.

이 목록을 어떻게 채울 것인가? 경험 목록이 단순히 작품 목록을 가리키는 것이 아님은 분명하지만, 작품 말고 명시적으로 목록화할 수 있는 요소를 추출하기란 쉬운 일이 아니다. 아마 원론적이고 추상적인 진술밖에 나열할 수 없을 것이다. 결국 문학교육 평가 일반과 마찬가지로, 문학 경험 평가도 이상과 현실 사이 어디쯤에서 타협할 수밖에 없다. 그 사이는 문학교육의 본질을 추구한다는 이상과, 학교라는 제도 및 우리나라의 교육 현실에서 활용 가능해야 한다는 현실 사이가 된다.

2) 문학 경험 평가의 방법 범주

문학 경험을 '작품의 수용 경험' 정도로 단순하게 이해할 수 없듯이, 경험 평가 또한 '어떤 작품들을 얼마나 읽었나' 정도로 한정할 수 없다. 문학 경험이란 양적, 질적 경험을 포괄하는 것이고, 일상 경험과는 성격이 다른 미적 체험이며, 경험과 경험들이 긴밀하게 결합하여 지식과 기능을 신장하고 태도를 함양하는 기저 능력이기 때문이다. 따라서 문학 경험 평가를 위해서는 체크리스트나 포트폴리오, 자기 보고 같은 일반적인 방법을 목표에 맞도록 최적화할 필요가 있다.

사실 문학 경험 평가의 방법이 따로 있는 것은 아니다. 기존의 평가 방법들을 문학 경험의 관점에서 재개념화할 뿐이다. 다만, 경험 평가의 특성상 어떤 평가 방법은 입지가 줄어들고 어떤 평가 방법은 넓어질 수 있다. 그동안 경험을 의식하지 않고 구사했던 평가 방법도 경험을 의식하면 지평이 달라질 수 있다. 예컨대 포트폴리오의 경우, 문학 경험 평가라는 의식이 없을 때에는 막연히 '문학 능력을 총체적으로 보여주는 결과물' 정도로 이해되었지만 경험 평가를 염두에 둔다면 '능동적 문학 경험의 적층'이라는 의미가 부여될 수 있다.

여기서는 평가 일반론과 문학교육의 특성을 고려하여 문학 경험 평가의 방법 범주를 다음과 같이 나누고자 한다. 여기서 제시한 '평가 초점'과 '평가 방법'을 교직하면 경험 평가의 구체적인 방법 틀을 짤 수 있다. 예컨대 텍스트 경험에 대한 정량 평가를 위하여 목록 조사 방법을 활용하는 식이다.

① 평가 초점에 따라

㉮ 정량 평가

- 어떤 작품들을 접했나? : 단순한 경험 조사로, 기초 조사 정도가 된다.
- 어떤 활동을 얼마나 해 봤나? : 수용, 생산, 변용, 소통 등의 경험 편수나 빈도 수, 할애 시간을 따진다.
- 주로 어떤 쪽으로 경험을 했나? : 장르, 시대, 사조/경향, 작가, 주제·소재, 길이, 작가·작품의 성향 등으로 분류하여 조사한다.
- 어떤 작가·작품을 좋아하나/싫어하나? : 경험과 취향을 함께 볼 수 있다.

㉯ 정성 평가

- 왜 경험하게 됐나? : 경험 평가를 통해 문학에 대한 동기와 가치를 알아볼 수 있다.
- 언제, 어디서 경험했나? : 문학 환경은 경험의 경향과 질을 결정하는 주요 변인이다.
- 그 경험은 어떤 양상으로 이루어졌나? : 개별 경험의 특징과 그 질을 평가한다. 정성 평가의 중심 범주다.
- 그 경험을 통해 어떤 변화가 생겼나? : 문학을 통한 성찰 경험을 알아보기 위한 것이다.
- 그 경험을 다른 사람과 어떻게 공유하나? : 문학적 소통을 통해 개인의 경험과 공동체의 경험을 조회하는 능력을 평가한다.

② 평가 방법에 따라

㉮ 대면 평가

- 자기 보고 : 서술하도록 할 수도 있다.
- 탐문(probe question) : 경험의 특정 부문에 집중할 수 있다.
- 면담 : 학습자뿐 아니라 학부모, 동료, 직전 단계의 교사와도 면담한다.

㉯ 문서 평가

- 질문지 : 다양한 목표와 내용을 다룰 수 있다.
- 체크리스트 : 표준화 평가를 시도할 수 있다.
- 목록 조사 : 집에 가지고 있거나 도서관에서 빌려 본 도서 목록을 조사한다.

㉰ 수행 평가

- 단기 과제 평가 : 단위 시간의 문학 활동 과정과 결과를 바탕으로 경험을 평가한다. 정성 평가를 할 수 있다.
- 프로젝트 평가 : 중 · 장기 과제를 통해 종합적인 경험을 평가한다. 역시 정성 평가를 할 수 있다.
- 포트폴리오 평가 : 정량 평가에 효과적이다.

이중에는 개념만 있고 별로 쓰이지 않는 방법도 있고, 학교 현장에서 자주 쓰는 방법도 있다. 경험 평가를 염두에 두고 실제로 쓰였던 사례를 두 개만 들어 보자. 첫째는 5단계 평정을 활용한 자기 보고이고, 둘째는 감상 기록장을 활용한 포트폴리오다. 둘 다 평가 목표를 달성했는지는 확실치 않지만, 나름대로 경험 평가의 현실태를 미루어 짐작하게 한다.

<예 1> 문학 경험에 관한 자기 평가를 위한 설문의 구조(김창원, 2004)

설문번호	설문 내용과 방법	설문 문항의 예
1~16	문학에 대한 일반적인 경험과 태도를 측정하기 위한 설문(5단계 평정)	1. 나는 문학을 좋아하는 편이다. 2. 나는 문학에 대하여 많이 아는 편이다.
17~20	개략적인 문학 독서량을 측정하기 위한 설문(직접 기입)	※ 한 달에 접하는 문학 작품의 수 17. 시 : ___ 편 정도
21~26	문학 표현 경험을 측정하기 위한 설문(5단계 평정)	21. 시(동시/시조)를 써 본 경험이 있다. 22. 소설(동화/콩트)을 써 본 경험이 있다.
27~31	문학 능력에 대한 상호 평가용 설문(직접 기입)	27. 우리 반에서 문학을 좋아하는 친구는 _________ 이다.
32~39	문학 경험의 효용성에 대한 메타인식을 측정하기 위한 설문(5단계 평정)	32. 문학 경험이 많은 학생은 독서와 글쓰기 능력이 뛰어나다.
40~41	대학의 문학교육에 대한 메타인식을 측정하기 위한 설문(5단계 평정)	40. 대학에서 문학 관련 교양 강의를 들은 적이 있다.
붙임 A	교과서 수록 작품에 대한 독서 경험을 측정하기 위한 설문(22작품. 5단계 평정)	1. 구지가 2. 정읍사

붙임 B	교과서 밖의 문학 작품에 대한 독서 경험을 측정하기 위한 설문 (40작품. 5단계 평정)	1. 토지(박경리) 2. 광장(최인훈)

<예 2> 문학 감상 기록장 포트폴리오 평가(최미숙, 2000)

<문항> 다음에 제시한 것은 문학 감상 기록장이다. 평소에 읽은 문학 작품에 대한 느낌이나 감상을 수시로 기록하여 한 학기 후에 제출하라. 단, 다음 사항에 유의하라.

· 유의 사항 : 10편 이상 읽을 것.(장편 소설의 경우에는 그 이하이어도 무방함.)
각 항목별로 성실하게 작성할 것.
스스로 생각한 결과를 적을 것.

문학 감상 기록장

학년/반 : 이름 : 읽은 기간 :

(1) 제목(혹은 책 이름)/작가	
(2) 작품에 대한 줄거리/ 인상적인 대목	
(3) 작품에 대한 전체적인 감상	

<예 1>은 설문 내용의 범위가 넓은데다 주로 5단계 평정법을 사용하여, 개인의 경험을 미시적으로 평가하기보다는 수업 집단의 공동체 경험을 개괄적으로 평가하는 데 적절하다. 그에 비해 <예 2>는 감상 기록장이라는 형식이 분명하고 한 학기에 걸친 누적 기록이라는 점에서 정량, 정성 평가를 하는 세밀하게 할 수 있다. 하지만 평가 기술상 효율성이 떨어지고 평가 결과를 활용하는 데 제약이 있을 수 있다. 각 방법의 장단점은 구체적인 평가 과정에서 보완해야 한다.

4. 문학 경험 평가의 과정 점검

1) 문학 경험 평가의 전제와 과정 원리

문학교육의 본질에 충실한 경험 평가를 위해서는 몇 가지 전제가 충족돼야 한다. 이 전제가 충족되지 못하면 경험 평가는 도로에 그칠 가능성이 크다. 첫째, 경험을 객관적으로 기술할 수 있어야 한다. 평가할 내용의 기술이 불가능하다면 평가 자체가 안 되기 때문이다. 둘째, 타당한 기준에 따라 경험의 특질을 분석할 수 있어야 한다. 이는 성취 기준 혹은 평가 목표에 따라 경험을 재조직할 수 있어야 한다는 뜻이다. 경험 내용의 단순 기술이 아니라 그것을 분석하고 재조직하며 요소별로 가치 부여를 할 수 있을 비로소 평가가 가능해진다. 셋째, 결과를 해석, 송환하여 메타적 경험을 구성할 수 있어야 한다. 물론 모든 평가가 마찬가지이지만, 경험 평가는 해석과 송환의 가능성이 다소 모호할 수 있기 때문에 이 전제에 대한 합의가 더 필요하다. 마지막으로, 모든 과정이 문학교육적으로 유의미해야 한다. 이는 문학 경험에 대한 정보 수집이 문학 교육과정 및 문학 교수-학습과 유기적으로 연계되어야 한다는 뜻이다. 매우 당연한 듯이 보이지만, 문학교육에서는 교육과정과 평가를 이원론(二元論)적으로 보는 관점도 있다는 점에서 차분히 따져 봐야 할 문제다. 이들 전제는 귀납적으로 증명하기 힘들지만, 이를 용인해야만 평가를 시작할 수 있다.

문학 경험 평가의 실제는 평가의 일반 원리와 문학교육 평가의 원리, 그리고 경험 평가의 원리를 모두 고려해야 한다. 이들 세 측면의 원리는 상합하기도 하고 상충하기도 하는데,[45] 그러한 이중적 관계를 인정하면서

---

[45] 예컨대 '교육과정 범위 밖의 내용은 평가하지 않는다.'는 평가 일반 원리에 대하여 문학교육 평가든 경험 평가든 완전히 동의하지는 않는다. 또, 작품을 평가의 중심에 두는 일반적인 문학교육 평가와 달리, 경험 평가는 작품 없이도 이루어질 수 있다.

균형점을 찾는 일이 쉽지 않다. 그 균형점은 평가 설계자가 경험으로 느끼는 것이고, 한번 찾았다가도 금방 다시 놓치는 일이 비일비재하다. 여기서는 평가를 설계하고, 시행하며, 해석하고 활용하는 과정(김창원, 2003)을 중심으로 원리를 찾아보고자 한다.

평가 설계와 관련하여 볼 때, 문학 경험 평가는 목표 중심 평가나 성취도 평가처럼 평가 목표가 하나로 초점화되지 않는 특징을 지닌다. 학습자의 경험을 근사(近似)하게 보여줄 뿐이다. 따라서 학습자의 능력을 대강 상정하고, 그로부터 평가 목표와 방법을 도출해 내는 방식을 취해야 한다. 예컨대 '서울 지역 9학년 남학생'이라는 추상적 대상을 상정하여 그가 지니고 있을 경험을 추측하고, 그것을 바탕으로 구체적인 대상의 경험을 평가하는 것이다. '서울 지역 9학년 남학생'이 대체로 소설을 각색한 영화를 본 뒤 다시 원작을 찾아 읽으며 소설과 영화를 비교 감상한 경험이 있다고 추측된다면, 그때 비로소 내가 평가하고자 하는 대상에 대하여 그런 경험을 지니고 있는지, 그 경험의 질은 어떠한지를 평가할 수 있다는 뜻이다. 이를 평가 설계에서의 **경험 기준 지향성**이라고 말할 수 있다.

한편, 문학 경험은 '경험을 했다'로 끝나지 않고 계속 부가되고, 다른 경험 요소들과 영향을 주고받으며, 문학 활동이 이루어지는 환경 및 맥락과 밀접하게 연관된다. 그 결과 특정 상황에서의 평가 도구가 다른 시·공간에서 다른 학습자를 만나면 의미가 달라질 수 있다. 지식이나 기능 평가라면 '안다', '할 수 있다'로 판정할 수 있지만 경험 평가는 해 봤더라도 또 할 수 있고, 두 경험이 다를 수 있는 것이다. 예를 들어 똑같이 <서시(序詩)>에 대한 감상 경험을 말하게 하더라도, '9학년 남학생'에게 과제를 줄 때에는 감상의 질 평가에 초점을 두고 '6학년 여학생'에게 과제를 줄 때에는 작품 섭렵의 폭 평가에 초점을 둘 수 있다. 이를 평가 설계에서의 **맥락 지향성**이라고 말할 수 있다.

평가 시행 단계에서는 무엇보다 문학 경험의 외면과 내면에 대한 평가,

곧 경험의 양과 경향성, 경험 맥락에 대한 평가 및 경험의 질과 진정성, 경험 방법에 대한 평가가 조화를 이루는 데 초점을 두어야 한다. 대체로 경험 평가라고 하면 떠올리는 것이 '얼마나 많이'라고 하는 양 평가이지만, 양이 질을 담보하지도 않고 편벽된 대량 경험이 균형 있는 소량 경험보다 의미 있다고 보기도 어렵다. 물론 외면에 대한 정량 평가는 비교적 객관적이고 신뢰롭게 시행할 수 있는 데 비해 내면에 대한 정성 평가는 그에 상응하는 평가 도구를 만들기 어렵다는 문제가 남아 있지만, 그렇다고 하여 한쪽으로 치우칠 수는 없는 일이다. 이를 평가 시행에서의 **정량 평가와 정성 평가의 길항**이라고 말할 수 있다.

평가 시행 단계에서 적용되는 또 다른 원리로는 문학 경험이 전적으로 학습자 개인의 몫이라는 점이다. 설령 공동체의 경험을 평가하더라도, 평가 대상으로서의 학습자는 개인이다. 이는 경험 평가의 많은 부분이 자기 기술, 자기 성찰 등의 자기 평가에 의존하게 된다는 뜻이다. 하지만 학습자 스스로 자신의 경험을 기술하고 성찰하는 데에 한계가 있기 때문에 자기 평가만으로 경험 평가를 다 할 수는 없다. 특히 정성 평가는 평가 내용과 방법을 제시하지 않으면 학습자 스스로 경험을 드러내기 어렵다. 결국 문학 경험을 평가하려면 학습자가 스스로 자신의 경험을 객관화하는 과정과, 평가자가 학습자의 경험을 객관의 영역으로 이끌어내는 과정이라는 두 겹의 객관화 과정이 필요해진다. 두 방법을 상호 조회함으로써 평가 신뢰도를 높일 수 있다. 이를 평가 시행에서의 **객관성의 이중 검증**이라고 말할 수 있다.[46]

평가 결과의 해석과 활용 단계는 어떤가? 경험 평가를 했을 경우, 그 결과를 학습자의 경험 확충을 위해 그대로 송환하기는 어렵다. 어떤 경험이 바람직한지를 판정할 근거가 모호하기 때문이다. 어떤 학습자의 소설

---

46 조사 분석론에서 조사의 타당성을 삼중으로 검증하는 triangulation과 비슷한 개념이다.

경험이 무협지에 치중되었다거나, 다른 학습자의 시 경험이 시의 내용을 파악하는 수준에 머문다고 해서 그것을 교정해야 한다고 말하기는 어렵다. 그러한 결과는 학습자의 문학 경험을 기술적(記述的)으로 보여줄 뿐이다. 지식이나 기능이라면 어느 부분이 부족하므로 보완해야 한다거나 어느 부분은 충분히 목표를 달성했다는 식으로 판정할 수 있겠지만, 경험 영역은 그렇지 않다. 한쪽으로 편중되더라도 계속 그 경험을 쌓아 가야 할 때도 있고, 어느 부분이 부족하더라도 다른 경험을 쌓는 데 지장이 없을 수도 있다. 따라서 경험 평가의 결과는 '송환(送還, feed-back)'이라기보다 '송진(送進, fore-feed)'해야 할 어떤 것이다. '교육과정 성취 기준과 진단 평가 결과의 차이가 교수-학습 목표로 송환된다'는 일반적인 개념이 아니라, 경험 평가로부터 교수-학습 목표 자체가 나온다는 개념이 더 유용한 것이다. 이를 평가 결과 활용에서 **목표에 선행하는 평가**라고 말할 수 있다.

평가 결과를 학습자에게 통보하고 성찰하도록 하는 것은 평가의 기본이다. 그런데 지식이나 기능 영역의 경우, 평가 결과를 학습자에게 통보하더라도 학습자가 그 대처 방법을 직접 찾기는 어렵다. 부족하다고 되어 있는 부분은 다시 '배워야' 하는 것이다. 그에 비해 경험 영역은 학습자 스스로 대처 방향을 정할 수 있다. 자신의 경험 특성을 명확하게 이해한다면 학습자 스스로 문학 활동의 방향을 정할 수 있는 것이다. 물론 교사가 안내를 해 주겠지만, 장기적이고 잠재적이며 자율적으로 발전하는 경험 요소의 특성상 교사보다 학습자가 평가 결과 활용에 더 결정적인 역할을 한다. 이를 평가 결과 활용에서의 **학습자 자기 결정성**이라고 말할 수 있다.

평가 설계와 평가 시행, 그리고 결과 해석 및 활용의 각 단계에서 고려해야 할 원리를 서술했지만, 경험 평가에 필요한 원리가 이것들만은 아닐 것이다. 전형적이고 현실적인 원리들만 나열했을 뿐이다. 이 원리들은 정교하고 체계적인 평가 이론과는 다소 배치되는데, 그 배치점이 문학 경험 평가의 특성과 유의점을 드러내는 지점이다.

2) 문학 경험 평가상의 유의점

언어와 문학을 포함하여 국어과 평가는 늘 교과 학습에 초점을 둔 학력(學力) 평가를 지향할지 학습자의 잠재적 수행 능력을 고려한 적성 평가를 지향할지의 문제에 직면한다. 대학수학능력시험도 사회・과학・직업탐구 및 제2외국어 영역은 학력 평가의 성격이 강한 데 비해 언어・수리・외국어 영역은 적성 평가의 성격이 강하다. 특히 언어 영역은 학교 교육과의 괴리가 문제가 될 정도로 적성 평가를 강하게 내세우고 있다.

문학 경험 평가 역시 이와 비슷한 문제에 직면한다. '문학 학습을 통해 습득한 경험'을 평가할지 '문학 학습을 지탱하는 사전 경험'을 평가할지에 따라 평가의 성격이 달라지는 것은 자명한데, 어느 한쪽을 선택하기가 어려운 것이다. 어떻게 보면 '습득한 경험'조차 전적으로 문학 학습의 결과로 보기 어려운 측면이 있다. 결국 문학 경험 평가는 학력 평가와 적성 평가의 중간에서 부유하게 된다.

한편, 문학 경험 평가는 지식이나 기능 평가에 비해 평가의 내용과 방법이 선명하지 않다는 문제도 지닌다. 순정하게 경험만을 측정하는 평가는 없으며, 대부분 문학 능력의 다른 요소들과 연계하여 평가하게 된다. 그 결과 평가 결과를 해석할 때 문학 능력의 어떤 결락이 경험 때문인지 다른 요인 때문인지 해석하기 어려운 경우가 많다. 이런 점으로 미루어 볼 때 문학 경험 평가는 다른 평가 영역보다 유의해야 할 점이 더 많다. 그것을 평가의 과정 중심으로 살펴보면 다음과 같다.

가. 평가 계획 단계의 유의점

첫째, 교육과정 내용에서 경험 요소와 관계된 평가 목표와 내용을 의식적으로 추출해야 한다. 공식 교육과정에는 '3. 내용'으로 경험을 제시하지 않았지만, 실제로는 거의 모든 성취 기준이 경험과 밀접하게 연관을 맺을 수 있다. 2007년 교육과정 <국어> 과목의 마지막 항목을 보자.

> 성취 기준 : (5) 수용과 전승 과정에 유의하여 한국 문학의 전통을 이해한다.(10-문-4)
>
> 내용 요소의 예 : ◦ 문학적 전통의 개념과 의미 파악하기
> ◦ 과거의 문학적 전통과 오늘날의 문학적 전통 비교하기
> ◦ 문학사적 전통을 계승하고 있는 다양한 작품 감상하기

이 성취 기준은 '한국 문학의 전통 이해하기'에 초점이 있지만, 그러려면 다양한 작품을 감상하는 가운데 한국 문학의 전통에 관한 경험을 쌓는 일이 필수적이다. 그렇다면 이 성취 기준에 대한 평가는 학습자가 한국 문학의 전통과 관련하여 어떤 경험을 쌓았는지를 평가하는 내용을 포함해야 한다.

둘째, 학습자의 발달 단계 및 문학적 성장 맥락을 특별히 더 고려하여야 한다. 문학 경험이 기본적으로 누적적임을 고려하면, 문학적 성장의 맥락이 없는 경험 평가는 공허해질 가능성이 크다.

셋째, 경험 평가의 상황에 적절한 도구를 선택해야 한다. 이처럼 당연한 말을 유의점으로 제시하는 이유는, 수업의 전-중-후 어디에서 경험을 평가할지, 수업 과정에 통합하여 평가할지 아니면 별도로 시간을 내어 평가할지 등에 따라 평가 도구가 달라지기 때문이다. 예를 들어 수업 중에 체크리스트 법을 활용할 수 없는 일이고, 수업 과정과 통합하여 탐문을 할 수도 없는 일이다. 이는 지식 평가가 평가 상황에 관계없이 여러 평가 도구를 쓸 수 있는 것과 비교된다.

나. 평가 시행 단계의 유의점

첫째, 경험 평가가 지식이나 기능으로 환원되지 않도록 해야 한다. 경험의 부족을 지식・기능으로 벌충하는 현상은 물론이고, 충분한 경험이 충분한 지식・기능으로 오인되지 않도록 해야 한다.

둘째, 학습자의 과거력(過去歷)과 현재의 활동이 서로 규정하도록 해야 한다. 학습자는 경험 평가를 받으면서 생애를 통해 축적한 경험 중 지금 평가 상황에 가장 적합한 경험을 호출한다. 이때 과거력만을 늘어놓거나 지금 주어진 과제와 관련하여 순간적으로 능력을 발휘한다면 제대로 된 경험 평가를 할 수 없다. 누적된 경험과 '지금 여기'의 경험이 상호 규정하도록 평가 과정을 조율해야 한다.

셋째, 평가 과정 자체가 경험의 확충 과정이 될 수 있도록 해야 한다. 이 역시 평가론에서 늘 강조하는 내용이지만, 경험 평가는 '평가 받는 경험'도 중요한 경험이라는 점에서 의의가 크다.

다. 평가 결과 해석 및 활용 단계의 유의점

첫째, 문학 경험의 다양성과 다층성을 인정해야 한다. 문학 경험의 양이 많고 질이 높으면 문학 능력이 뛰어나다고 할 수 있을지에 대해서는 아직 논의가 더 필요하다. 양이 질로 전환되거나 질이 양을 커버할 수도 있고, 무엇보다도 문학 경험 자체가 단일한 판단 기준을 거부하기 때문이다. 경험 평가 결과는 등급이나 점수가 아니라 기술(記述)로만 남아야 한다.

둘째, 표본 경험으로부터 원경험(原經驗)을 추정할 때의 오차를 인정해야 한다. 이는 대부분의 평가에서도 마찬가지로 유의해야 할 사항으로, 단기간의 평가가 학습자의 '모든' 문학 능력을 보여줄 수 없다는 점을 인정하라는 뜻이다. 앞서 본 <예 1>의 붙임 A에서 교과서 수록 순으로 22작품을 주고 경험을 물어본 것은, 그 작품들이 학습자의 문학 경험을 대표하리라고 예상했기 때문이다. 하지만 이 방법은 '문학 경험이 많은 학생'과 '문학 교과서를 열심히 공부한 학생'을 구별하지 못한다. 설문 결과가 보여주는 것은 표본 경험일 뿐이며, 원경험과는 차이가 있을 수 있다.

셋째, 경험에 영향을 주는 변인들을 분석하려면 보조 검사를 활용해야 한다. 문학 경험을 결정하는 요인들은 매우 많은데, 예컨대 읽기/쓰기 능력, 상상력과 창의적 사고력, 개인사, 독서 환경 중 어느 것이 이번 평가에 결정적으로 영향을 주었는지 알기는 힘들다. 그러므로 경험 평가의 결과를 해석하려면 변인들을 통제할 보조 검사가 필요하다. 학습자의 성장 배경을 질문지에 포함하는 경우처럼, 평가 도구에 보조 검사 내용을 삽입하는 방법도 가능하다. 어느 경우든, 경험 평가 결과의 해석은 매우 조심스러워야 한다.

5. 문학 경험 평가의 정교화를 위한 과제

문학 경험을 평가하는 이유는 학습자의 문학 능력을 총체적으로 알아보기 위해서이다. 문학 경험이 문학 능력의 결정인(決定因)이라는 점을 고려하면, '경험 평가가 곧 문학 능력 평가'라고도 말할 수 있다.[47]

문학교육 평가는 지식 평가(아는가)와 수용-생산 능력 평가(할 수 있는

[47] 우리가 낯선 교실에서 문학 강의를 맡았다고 가정하자. 이 경우 학생들이 어떤 수준인지 알아야 강의의 초점을 맞출 텐데, 우리는 어떤 점에 주목해서 그들의 '수준'을 가늠할까? 문학 이론과 문학사에 대한 지식을 물어볼까? 아니면, 한 작품을 주고 비평해 보라고 할까? 아마 제일 일반적인 방법은 그들이 왜 문학을 배우려고 하는지, 지금까지 문학에 대해 무엇을 배웠고, 어떤 작가와 작품들을 읽었는지 묻는 방법일 것이다. 한 마디로 문학 학습에 대한 동기/목표와 문학 경험의 양과 특성을 알아봄으로써 강의의 초점을 맞추는 것이다. 낯선 교실에서의 문학 수업은 언제나 학생들의 경험을 물어보면서 시작하고, 그것이 첫 번째 평가가 된다.

가/어떻게 하는가), 경험 평가(해 봤는가/어떻게 했는가), 그리고 태도 평가(하고자 하는가) 등이 유기적으로 조직되어야 그 총체성을 구현할 수 있다. 이는 경험 평가가 다른 영역의 평가와 유기적으로 관련을 맺어야 한다는 뜻이다. 또한 경험 평가의 방법이 정치하게 마련되면 평가 맥락에 따라 다른 영역과 통합해서 활용할 수 있다는 뜻도 된다. 그러려면 문학 경험 평가의 방법을 정교하게 마련해야 한다.[48]

지금까지 경험 평가가 제대로 이루어지지 않은 이유는 문학 경험은 내면적이고 개인에게 고유하며 그에 대해 가치 판단을 내리기 어렵다는 생각이 널리 퍼져 있기 때문이다. 문학 경험의 개념이 모호하고 평가할 방법이 막연하다는 점도 중요한 이유가 된다. 그러나 더 근본적인 이유는 경험이라는 것을 문학교육의 내용이자 평가 요소로 인식하지 않은 데 있다. 이는 태도 평가가 거의 이루어지지 않는 현상과 일맥상통한다. 지식이라는 분명한 평가 영역이 있고 실제 작품의 수용과 생산이라는 상대적으로 객관적인 평가 영역이 있는데, 굳이 경험이나 태도까지 평가할 생각을 하지 못한 것이다. 경험 평가의 방법을 개발함으로써 이런 현상을 극복할 수 있다.

지금까지의 논의를 종합하면 문학 경험 평가의 정교화를 위한 과제를 몇 가지로 정리할 수 있다. 우선, 평가가 가능하도록 문학 경험의 개념을 상세화할 필요가 있다. 앞에서 그 시안을 제시하였거니와, 발달 단계, 텍스트 특성, 문학 수용과 생산의 과정, 문학 경험이 학습자의 전인적 경험과 맺는 관계 등을 고려하여 실용적으로 다듬어야 한다. 그 과정에서 평가라는 제약 때문에 어쩔 수 없이 빠져나가는 부분이 있을 텐데, 그러한

48 김정우(2009)는 교실에서의 문학 능력 평가에 관한 교사의 반응을 통해 평가 목표가 불분명한 평가, 평가 기준이 모호한 평가, 학습의 과정과 유리된 평가를 문제점으로 들고, 학습을 위한 평가 강화, 상위 인지에 대한 평가 확대, 평가 기준의 구체화를 그 해결책으로 제시하였다.

누수를 최소화하려는 노력도 필요하다. 이를 위해서는 문학 경험의 프로토콜을 분석하는 연구가 이어져야 한다.

둘째, 문학 경험을 평가하기 위한 '완전히 새로운' 방법을 구안하기란 어려울 것이다. 그보다는 교사들에게 익숙한 평가 모형과 방법을 문학 경험 평가에 적합하게 재정의하는 것이 더 현실적이다. 예를 들어 선택형 평가라 할지라도 '경험 평가'를 의식한다면 문항을 새롭게 구상할 아이디어가 나올 터인데, 그때 참조할 수 있는 원리와 샘플이 있으면 더 쉽게 문항을 만들 수 있다.(김동환, 2004) 이를 위해서는 경험 평가에 대한 사례 연구가 있어야 한다.

셋째, 경험 평가의 결과를 활용할 매뉴얼을 만들어야 한다. 지식 평가라면 학습자가 어느 부분의 지식이 부족한지 알 수 있으므로 처치 방향도 분명하게 드러난다. 그러나 경험 평가라면 부족하거나 넘치는 부분, 혹은 어떤 경향성이 드러나는 부분에 대해 원론적이고 장기적인 대처 방안밖에 나오지 않을 가능성이 크다. 따라서 교육과정 목표와 관련하여 경험 평가의 초점을 분명히 하고, 평가 결과의 해석과 활용 원리를 명료화하는 작업이 필요하다. 이 작업은 평가 개선을 위한 연구들에 경험 요소를 끼워 넣는 데서 첫걸음을 뗄 수 있다.

Ⅳ

문학교육의 내포와 외연

Ⅰ. 문학교육과 상상력
Ⅱ. 문학교육과 창작
Ⅲ. 문학교육과 대안 문학
Ⅳ. 문학교육과 매체

Ⅰ. 문학교육과 상상력*

1. 문학교육과 상상력의 문제

교육은 한 개인이 세계를 해석하고 세계와 교통할 수 있는 방법을 알려준다. 선사 시대에는 개인이 매일매일 접하는 사상(事象)들이 곧 세계 자체였다. 그러나 그런 시대는 매우 짧은 기간 지속됐을 뿐이다. 어쩌면 인간에게 그런 시대란 애초부터 없었는지도 모른다. 지각하고 경험할 수 있는 것이 세계의 전부였던 시대란, 그 주체가 동물 수준의 인지 능력만 지녔다는 것을 의미하기 때문이다.

인간의 인지 폭이 넓어지면서 교육은 세계 대신 세계의 요약집을 다루게 되었다. 인간은 아득한 과거나 미래에 대해 이야기할 수 있고, 수억 광년이 떨어진 우주에 대해서 말할 수 있으며, 무릉도원이나 유토피아처럼 존재하지 않는 세계도 만들어 낼 수 있다. 그런 인간이 만들어 낸 무한한 세계를 교육이 무슨 수로 다 직접 다루겠는가? 단지 그것의 요약집, 혹은 상징물들만을 다룰 수 있을 뿐이다. 이때 필요한 것이 상상력이다. 세계 자체가 아닌, 하나의 상징 체계인 교육 내용은 상상력을 바탕으로

---

* 이 장은 한양대학교 정재찬, 서원대학교 최지현 교수와 공동으로 작업한 내용의 일부이다. 분리 게재를 허락해 준 두 분께 감사드린다.

해서만 다룰 수 있다. 말하자면 상상력은 교육을 가능하게 하는 조건이다.

그러나 교육과 상상력의 관계가 그렇게 간단하지만은 않다. 예를 들어, 교육은 본질적으로 문화 도식에 의존한다. 문화 도식이란 개인의 창발적인 사고보다는 관습화, 정형화된 사고를 유도하며, '잘 교육된' 사고는 대체로 '잘 다듬어진' 사고와 동의로 쓰인다. 이런 점에서 교육은 상상력 자체를 위해서는 위험한 활동이 된다. 그럼에도 불구하고 교육은 상상에 관한 성향과 경험, 원리에 관한 기본 틀을 제공한다는 점에서 상상과 배타적이지 않다. 교육과 상상은 상호 간섭과 불간섭의 원칙을 지킨다.

이런 점에서 교육과 상상력의 문제는 두 관점에서 살펴볼 수 있다. '상상적 교육'의 관점과 '교육적 상상'의 관점이다. 전자가 교육의 방법적 원리에 관한 문제라면 후자는 교육의 내용적 원리에 관한 문제이다. 상상이라는 접점에서 교육의 방법과 내용이 만날 수 있다면, 우리는 상상력을 교육 연구의 중심에 놓고 생각해야 할 필요가 있다.

한편, 상상력 교육에서 문학은 매우 중요한 위치를 차지한다. 그 이유는 첫째 상상적 본질의 측면에서 문학이 상상력의 구조를 매우 다양하게 보여주기 때문이고, 둘째 상상력 교육의 효율성 측면에서 문학이라는 흥미 있는 매체를 통해 학습자가 쉽게 상상 체험을 쌓을 수 있기 때문이다. 문학은 상상력 교육을 위한 주요 통로가 된다.

따라서 문학교육 연구에서도 상상력은 중요한 위치를 점한다. 상상력이 문학의 핵심 요소라는 점은 상상력 이론의 발달사를 통해 쉽게 확인할 수 있다. 그동안 문학에서 상상력에 대한 관심은 두 영역에 집중되었는데, 하나는 작품, 또는 문학과 관련하여 작품에 반영된 작가의 상상력 구조를 밝히는 작업이고, 다른 하나는 작품을 감상하는 동안 독자의 내면에 일어나는 상상 행위의 특징을 밝히는 작업이다. 곧 텍스트 생산과 수용 과정에서 상상력 또는 상상 행위가 어떻게 작용하는가 하는 문제가 문학 연구의 주요 테마가 되어 온 것이다. 이는 문학교육 연구에서 상상력에 대한 관심이 더 필요함을 암시한다.

문학교육과 상상력 교육의 관계성은 문학 텍스트와 문학 행위의 차원에서 살펴보아야 제대로 드러난다. 곧 문학 텍스트는 상상적 텍스트라는 점과, 문학 행위는 상상적 행위라는 점을 동시에 고려해야 하는 것이다. 그렇게 함으로써 상상력 교육과 문학교육이 구조 상동성을 지닌다는 점을 밝힐 때, 상상력 교육의 창으로 문학교육을 바라볼 수 있게 된다. 이때 구조 상동성이란 목표, 내용, 방법의 측면에서 접근할 수 있음은 물론이다.

여기에서 '문학적 상상력'의 개념이 필요/가능하게 된다. 일반적인 사고 양태로서의 상상력 범주에 포함되면서도 여타의 상상력과 구분되는, '문학'이라는 하나의 현상에 특징적으로 나타나는 상상력이 있을 것이다. 또한 문학적 상상력이라는 것이 가능하다면, 그리고 상상력 교육이 필요하다면, 문학적 상상력 교육을 위한 교수-학습의 이론도 필요/가능할 것이다. 여기서는 이 점에 착안하여, 문학과의 관련 아래 상상력의 본질을 밝히고, 문학교육 내용으로서 상상력의 구조를 점검하고자 한다. 아울러 상상력 신장을 위한 문학교육 교수-학습과 평가의 원리도 살펴볼 것이다.

2. 문학 상상력 교육을 위한 기초

1) 문학 상상력의 구성 요인

문학 상상력은 크게 보아 사고력의 한 범주이다. 여기서 '사고'란 대상과 인식, 혹은 인식과 인식 사이의 관계 맺기 방식으로서, 그를 통해 개념을 구성하고 문제를 해결하며 판단과 반응을 하게 된다. 다음의 몇 가지 사례를 보자.

① 갓 태어난 어린아이의 눈앞에 빛을 비추면 눈동자가 빛을 따라 움직인다.
② 낯을 가릴 때가 되면 어머니의 목소리와 냄새, 얼굴 모습 등에 반응을 보이며, 가족 이외의 사람을 거부한다.
③ 아이의 눈앞에서 물건을 손 안에 감추면 손을 펴서 물건을 확인하려 한다.
④ 1미터 정도 떨어진 두 탁자 사이에 유리판을 걸쳐 놓고 한쪽 탁자에 아이를 올려놓으면, 아이는 유리판 넘어 다른 쪽 탁자로 건너가려 하지 않는다.

①~④는 다같이 1세 미만의 어린아이에게서 볼 수 있는 반응이다. 여기서 ①은 단순 지각에, ②는 각인된 자극에 대한 반응에 해당하는 것으로서 우리가 논의하는 사고의 범주에 들어가기 어렵다. 그러나 ③은 대상의 항상성을 인식하는 행동으로서 존재와 부재를 구별하기 시작하는 단계에 해당한다. 또한 ④는 경험하지 않은 위험을 회피하는 행동으로서 결과를 예측, 상상할 수 있는 단계이다. 이 수준에서 우리는 사고의 문제를 이야기할 수 있게 된다.

⑤-a. 여기에 어떤 물건이 있다.
⑤-b. 이 물건은 책상이다.
⑤-c. 이 책상은 내 책상이다.
⑤-d. 이 책상은 우리 아빠의 책상보다 작다.

마찬가지로 ⑤-a는 단순 지각에 해당하는 진술로 우리의 논의 대상이 아니다. 그러나 ⑤-b는 대상의 외형과 기능에 따른 범주화와 명명이 이루어지는 단계이고, ⑤-c는 대상과 주체를 연관 짓는 단계이며, ⑤-d는 대상과 대상 사이의 관계를 파악하는 단계이다. 말하자면 사고란 단순 지각의 단계를 넘어서서, 대상의 의미를 해석하고 관계를 부여하며 새롭게 질서화하는 일체의 지적 활동이라 할 수 있다.

사고의 하위 범주는 논의의 출발과 목적에 따라 여러 가지로 분류할 수 있는데, 그중 널리 거론되는 것이 논리적 사고와 비판적 사고, 창의적 사고 등이다. 여기서 논리적 사고는 두 사고소(思考素) 사이의 관계가 필연적이고 충분한 자족적 사고이고, 비판적 사고는 내·외적 기준에 따른 대비적 사고이며, 창의적 사고는 사고소 사이의 관계가 필연적이지 않은 유추적 사고로 볼 수 있다.

⑥ 철수가 영호보다 크고 영호가 민주보다 크므로, 철수는 민주보다 크다.
⑦ 철수가 영호보다 크다고 해서 영호보다 힘이 더 센 것은 아니다.
⑧ 철수가 영호보다 크므로 철수는 영호보다 더 무거울 것이다.

⑥은 '철수는 영호보다 크다.' '영호는 민주보다 크다.' '철수는 민주보다 크다.' 사이에 필연적이고 자족적인 관계가 성립한다. 곧 논리적인 사고를 보여준다. 그에 비해 ⑦은 '철수는 영호보다 크다.'와 '철수는 영호보다 힘이 세다.' 사이에 대립적인 관계가 성립한다. 두 명제 사이에 필연적인 관계는 없으며, 오히려 상호 배척하고 있다. ⑧ 역시 '철수는 영호보다 크다.'와 '철수는 영호보다 무겁다.' 사이에 필연적인 관계가 없다. 하지만 이 두 명제는 상호 배척하지 않고, 느슨하게 연결되어 '키'에서 '몸무게'로 논의의 장이 옮겨 가고 있다. 곧, ⑦은 비판적인 사고를, ⑧은 창의적인 사고를 보여준다.

이렇게 볼 때 상상력은 창의적 사고가 이루어지게 하는 기본 동인임을 알 수 있다. 철수의 큰 키와 몸무게를 연관시키는 것은 선조적이고 계기적인 사고가 아니라 유추적이고 비약적인 사고이다. 단순한 상상에서 복잡한 상상에 이르기까지, 상상은 사고의 주요 특질이 된다.

창의적 사고로서 상상력을 구성하는 기본 요인은 상상을 가능하게 하는 원자료서의 상상 경험, 상상을 실제로 수행하는 상상 기능, 그리고 상상에 대한 정향성으로서의 상상적 성향으로 나누어 살펴볼 수 있다. 이때 상상 경험으로는 인식 경험과 언어 경험, 그리고 운동 경험 등을 들 수 있고, 상상적 성향으로는 호기심, 탈규범성, 창조성 등을 들 수 있다. 그리고 상상 기능으로 의미의 구성(발견을 넘어서는), 서로 무관한 대상의 연결, 존재하지 않는 것의 생성(세계이든, 표현이든), 기존의 것을 다른 형태로 가공하기, 자유로운 연상, 다른 맥락, 다른 상황으로 가져다 놓기 등을 떠올릴 수 있다.

이 부분에서 상상력과 문학이 만나는 접점을 찾을 수 있다. 보편적으로 문학에서 문제가 되는 것은 비유적 사고와 상상력의 문제이다. 예를 들어 "구름은/ 보랏빛 色紙 우에/ 마구 칠한 한 다발 薔薇.// 牧場의 깃발도 능금나무도/ 부을면 꺼질 듯이/ 외로운 들길.(김광균, <뎃상>)"이라는 표현에서 구름과 장미를 연결하는 것은 분명 비유적 사고로서 그 안에 생동감 있는 상상력이 발휘되고 있다.

이처럼 문학과 상상력을 연관 짓는다면, 우선 문학적 상상력의 개념을 설정할 필요가 있다. 문학적 상상력이란 문학 행위의 제 국면, 곧 언어적 의사소통의 측면, 심리적 심미성의 측면, 그리고 문학적 문화의 측면으로 나누어 살펴보아야 한다.

한편으로, 상상력의 언어적 기제는 이해-표현의 측면에서 살펴볼 수도 있다. 곧, 상상적 이해력/상상적 표현력의 개념으로 접근할 수 있는데, 인간은 상상력을 바탕으로 언어와 사고 사이의 교통을 수행한다. 또한 상상력의 심리적 기제는 인지-정의적 측면에서 살펴볼 수 있으며, 그런 점에서 인지적 상상력과 심미적 상상력, 윤리적 상상력이 문제가 된다. 나아가 상상력의 문화적 기제는 공시-통시적 측면에서 살펴볼 수 있고, 그 점에서 사회적 상상력과 역사적 상상력을 이끌어낼 수 있다.

상상의 과정은 '호기심 → 연관성 정립 → 재생'의 과정을 거치며, 문학적 상상에서는 그 구체적 내용 요소로 상황의 상상, 인물의 상상, 장면·이미지의 상상, 서사 과정의 상상, 느낌·정서의 상상 등을 들 수 있다. 이는 다시 상상적 인식, 상상적 이미지화, 상상적 서사, 그리고 상상적 구성으로 재범주화된다.

이러한 논의 범주를 간단하게 제시하면 아래와 같다.

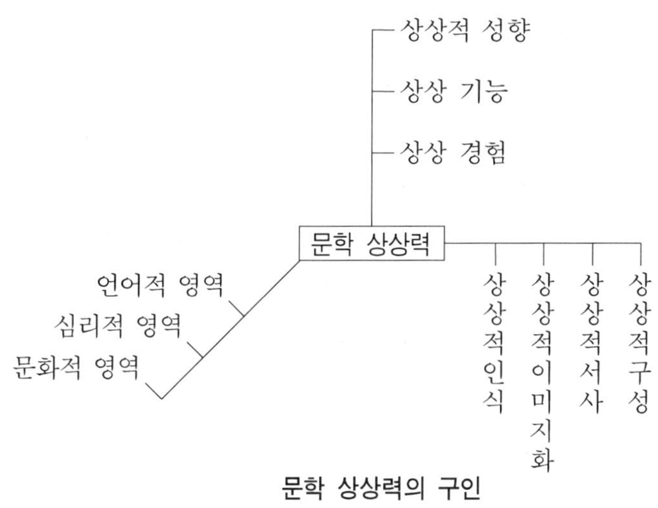

문학 상상력의 구인

2) 문학 상상력의 발달 구조

'상상력 교육'이라는 말은 그 자체로 상상력의 수준 차이와 발달성을 함의하고 있다. 저급한/미숙한 상상에서 고급한/능숙한 상상으로의 발달 가능성이 없다면 상상력 교육은 불가능하거나, 가능하더라도 의미를 지니지 못할 것이다.

그렇다면 저급한/미숙한 상상과 고급한/능숙한 상상을 어떻게 구분하는가? 예를 들어, 이상의 <날개>는 자전적 요소가 강한 작품이다. 그에 비해 조정래의 <태백산맥>은 작가의 연대기와 관련되는 역사적 사실에 근거한 작품이고, 홍명희의 <임꺽정>은 역사적 사실에 근거하기는 했으되 작가가 그 사실을 목도한 적이 없으며, 이영도의 <드래곤 라자>는 현실의 맥락에서 벗어나 있다. 이들 작품 사이에는 직접 경험과 간접 경험, 비경험에 작용하는 상상력의 스케일 차이가 존재한다. 그렇다고 해서 <날개>에 구사된 상상력이 <드래곤 라자>에 구사된 그것보다 저급하다고 말할 수 있을까? 흔히 공상과 상상을 구분하는데, 그들의 차이는 질적 차이인가 영역의 차이인가?

이와 관련하여 전통적인 상상력 이론은 상상(imagination)과 공상(fantasy)을 구분하고, 상상을 다시 1차적 상상과 2차적 상상으로 나누어 왔다. 1차적 상상은 재생적 · 형상적 상상으로 불리는 것으로, 주로 대상과 인식 사이에 개입하는 것으로 이해된다. 그에 비해 2차적 상상은 창조적 · 초월적 상상으로 불리는 것으로, 주로 인식과 인식 사이에 개입하는 것이다. 말하자면 1차적 상상은 기댈 곳(상상의 출발점, 의지점)이 있는 상상력으로서 연상 · 연결 · 발견 등으로 나타나고 2차적 상상은 기댈 곳이 없는 상상력으로서 창조로 나타난다. 그러나 이 구분은 지나치게 단순하고 1차적 상상과 2차적 상상의 관계를 명료하게 보여주지 못한다는 한계를 지니고 있다.

실상 상상력의 발달 논의는 상상력의 범주론과 병행한다. 상상력을 하위 범주로 분류하고 그들 사이의 질적, 양적 차이를 비교함으로써 상상력의 발달을 간접적으로 살펴보는 것이다. 대체로 정적 상상 → 동적 상상, 공간적 상상 → 시간적 상상, 맥락적 상상 → 비맥락적 상상, 유연적

(motivated) 상상 → 무연적(non-motivated) 상상, 존재에 관한 상상 → 관계에 관한 상상 → 가치에 관한 상상으로 상상의 역가가 높아지는 것으로 보이지만, 그 틀에서 벗어나는 상상 현상도 많다는 데 논의의 어려움이 있다.

여기서는 상상력 발달의 단계를 크게 세 단계로 나누고자 한다. 그 초급 단계는 재현적(대상 의존적) 상상력으로서 대상으로부터 다른 대상을 직접 연상하거나 대상의 이면에 숨어 있는 의미를 간취해 내는 능력을 말한다. 그 중급 단계는 조작적(대상 변형적) 상상력으로서 대상을 해체·재구성하거나 대상을 다른 맥락에서 파악하는 능력을 말한다. 그리고 고급 단계는 창조적(탈대상적) 상상력으로서 대상을 넘어서서 새로운 대상을 만들어 내거나 대상을 파악할 새로운 맥락을 구성하는 능력을 말한다.

예를 들어 <춘향전>을 읽고 장면을 상상하거나 인물의 심리를 상상하는 것은 재현적 상상이고, <춘향전>을 사랑의 관점뿐 아니라 권력의 관점이라든지 당대의 사회경제적 상황과 관련하여 새롭게 보는 것은 조작적 상상이며, <춘향전>을 바탕으로 새로운 작품을 쓰거나 자신의 경험으로 이환하는 것은 창조적 상상력이 된다. 물론 <춘향전>에서 촉발된 것이니만큼 창조적 상상력이라 하여 <춘향전>과 무관하게 이루어지는 것은 아니지만, 재현적 상상이나 조작적 상상이 <춘향전>이 가진 구심력에 매여 있다면 창조적 상상력은 <춘향전>에서 출발하여 다른 맥락으로 나아가고자 한다.

한편 상상력 교육이라면, 상상력이 무엇을 바탕으로 어떻게 발달하는지의 문제도 해결해야 한다. 기본적으로 상상력이 일정 단계에 따라 발달해 가되, 하나의 방향성을 지니고 일관되게 나아가는 선형적 발달을 취하는지, 아니면 뚜렷한 방향 개념 없이 양(상상 경험)의 축적으로 질이 높아지는 누적적 발달을 취하는지 검토가 이루어져야 한다. 선형적 발달에서도 회귀적 발달의 모습을 띤다면 또 다른 요소를 고려해야 한다. 잠정적으로 어느 단계까지는 선형적이다가 그 단계를 넘어서면 누적적이 되는 것으로 보이지만,(예를 들어 물활론적 사고 단계에서의 상상력은 그 단계를 넘어서면 사라진다.) 그것을 교육에서 조회할 수 있는 통로는 아직 마련되지 않았다.

그러나 그 통로를 다른 곳에서 찾을 수 있는데, 여기서는 그것을 '상상계'로 부른다. 그 시발점은 알 수 없지만 상상에 의한 개념과 관계들이 조금씩 쌓이면서 어느 순간엔가 상상계가 형성되면, 그 이후로는 상상계 안에서 상상계의 논리에 따라 얼마든지 상상을 해 나갈 수 있게 된다. 곧 일단 상상계를 구성하기만 하면 상상은 덧셈이나 뺄셈처럼 자연스럽고 쉬운 일이 된다.

실제로 상상력에 대해 아주 꼼꼼하게 따져 가다 보면, 자기가 보지 못하거나 경험하지 못한 것, 혹은 현실 세계에 부재하는 것은 상상할 수 없다는 주장이 나올 수 있다. 일각수나 불로초, 천상계에 대한 상상처럼 '완전히 새로운' 개념들도 사실은 어떤 것이든 유추의 출발이 되는 기존 개념이 있어서 만들어 낼 수 있었다는 것이다. 그것을 가능하게 하는 사전 상상의 틀(imaginative scheme)로서 상상계가 기능할 수 있다.

3. 문학 상상력의 교수-학습 원리

1) 문학 상상력 교수-학습의 과정과 변인

문학 상상력의 교수-학습 과정을 살펴보기 위해서는 우선 상상의 과정을 살펴볼 필요가 있다. 상상의 과정은 대체로 '상상적 주의 집중 → 상상적 해석 → 상상 맥락 설정 → 상상의 스크립트 구성 → 상상의 정교화 → 상상의 표현'의 단계를 거치게 된다. 각 단계에서의 활동은 다음과 같다.

① 상상적 주의 집중 : 대상을 지각하고, 대상에 대한 상상적 접근의 필요성과 가능성을 탐색한다.
② 상상적 해석 : 대상의 구성과 의미를 상상한다. 이때는 주로 대상 지향적인 상상이 이루어진다.
③ 상상 맥락 설정 : 상상을 활성화하기 위해 가장 효과적인 맥락을 찾거나 새로이 구성한다.
④ 상상의 스크립트 구성 : 하나의 맥락에서 상상계를 새로이 구성하고, 그에 따라 상상의 규칙과 전략, 구체적 장치를 생성한다.
⑤ 상상의 정교화 : 상상 스크립트의 세부 내용을 보충하고 상상계의 적응력을 기르며 합리화한다.
⑥ 상상의 표현 : 상상 과정과 결과를 상상적 표현으로 구체화한다.

이러한 상상의 과정을 교수-학습 모형으로 변환하기 위해서는 상상 과정과 교수-학습 과정을 중첩시키는 작업이 필요하다. 교수-학습의 과정은 상상 과정을 따라가겠지만, 효율성을 고려해서 사전 · 사후 활동을 구안해야 할 것이다. 여기서는 일반 모형론에 따라 교수-학습 과정을 3단계로 구분하기로 한다. 그리고 그 안에 상상의 과정을 세분화하여 위치시킨다.

① **과정 전 활동** : 상상적인 자극을 통해 학습자를 상상계로 유인한다.
단계 : 상상적 자극 → 상상적 성향 강화 → 상상 경험 활성화 → 상상 기능 학습 → 상상 과제 동기화
② **과정 중 활동** : 상상적 의사소통을 통해 상상 경험을 제공하고, 상상적 성향을 함양하며, 상상 기능을 정교화한다.
단계 : 상상적 주의 → 상상적 해석 → 상상 맥락 설정 → 상상의 스크립트 구성 → 상상의 정교화 → 상상의 표현

③ **과정 후 활동** : 상상의 표현 활동을 통해 다른 학습자와 상상 경험을 공유하고, 상상 도식을 재구조화하여 상상력을 심화, 확충한다.

단계 : 상상 경험의 공유 → 상상 활동에 대한 점검 → 상상 도식의 재구조화

구체적인 활동을 통해 교수-학습 과정을 살펴보자.

여승은 合掌하고 절을 했다
가지취의 냄새가 났다
쓸쓸한 낯이 녯날같이 늙었다
나는 佛經처럼 서러워졌다

平安道의 어늬 山 깊은 금덤판
나는 파리한 女人에게서 옥수수를 샀다
女人은 나 어린 딸아이를 따리며 가을밤같이 차게 울었다

섶벌같이 나아간 지아비 기다려 十年이 갔다
지아비는 돌아오지 않고
어린 딸은 도라지꽃이 좋아 돌무덤으로 갔다

산꿩도 설게 울은 슬픈 날이 있었다
山절의 마당귀에 女人의 머리오리가 눈물방울과 같이 떨어진 날이 있었다

- 백석, <女僧>

여기에서 학습자는 먼저 아무런 사전 조건 없이 나오는 "여승은 合掌하고 절을 했다"는 첫 구절에 주목할 수 있다. '여승'은 누구인가? 왜 절을 하는가? 하는 물음이 이 시를 학습하는 첫 단계이다. 이어지는 시구들을 읽어 가면서 그런 물음은 계속 확대되며, 이처럼 작품 전체의 통독을 통해

가지게 되는 의문이 상상적 자극이 된다. 일상적인 문법만으로는 이 의문을 해결하기 어려우며, 따라서 맥락을 온전히 새로 구상해야 한다는 생각이 들게 되면 상상적 성향이 발현되기 시작한다. 그 과정을 좀 더 원활하게 하기 위해 '여승'과 시적 화자를 둘러싼 여러 질문을 던질 수 있고, 관련 경험을 떠올리게 할 수도 있으며, 상호 텍스트성을 활용할 수도 있다. 요는 학습자를 상상적으로 동기화하는 것이다. 아울러 비유와 상징, 서사를 중심으로 상상 기능을 학습하는 일이 필요한데, 이는 학습자에게 익숙한 일상어를 자료로 하여 학습할 수 있다. 예컨대 다음과 같은 대중가요는 어떤가?

> 저 산 하늘 노을은 항상 나의 창에
> 붉은 입술을 부딪치며 검게 멍들고
>
> - 김진홍 사 · 곡 <너를 사랑하고도>

> 엄마의 가는 길에 하얀 찔레꽃
> 찔레꽃 하얀 잎은 맛도 좋지
> 배고픈 날 하나씩 따 먹었다오
> 엄마 엄마 부르며 따 먹었다오
>
> - 이연실 사 · 박태준 곡, <찔레꽃>

본격적인 활동으로 "녯날같이 늙었다" "佛經처럼 서러워졌다" "가을밤같이 차게 울었다"와 같은 표현에 주의를 기울이고, "平安道의 어늬 山 깊은 금덤판"과 "산꿩도 설게 울은 슬픈 날"을 시적 서술의 시점과 연결 지으며, "도라지꽃이 좋아 돌무덤으로 갔다" "머리오리가 눈물방울과 같이 떨어진 날이 있었다"에 담긴 사건 전개를 이해하는 활동이 필요하다. 그를 위해서는 시 전체를 하나의 압축된 서사로 보는 시각이 필요한데, 이 경우에는 한 가족의 슬픈 역사로 재구성하는 것이 가장 효과적이다.

그런 연후에 구체적인 장면과 정서, 시적 화자의 시선 등을 상상하고 그 결과를 여러 매체를 활용해 표현하는 것이다. 물론 표현은 일종의 상상적 재구성으로서, 작품과 관련하여 고유한 상상계를 형성하는 일이다.

과정 후 활동으로 상상 경험을 공유하고 조절하며 본인의 상상 도식을 재구조화함으로써 한 단계의 학습이 끝나게 되는데, 이러한 전체적인 과정에서 고려해야 할 교수-학습의 변인으로는 구조적 변인과 맥락적 변인, 효율성 변인으로 나누어 살펴볼 수 있다.

상상력 교수-학습의 구조적 변인으로는 무엇보다도 텍스트 자체와 상상 도식, 상상의 기본 기능 등을 들 수 있다. 텍스트는 문학 상상력을 운위하는 한에서 필수적인 변인이며, 상상 도식과 상상 기능은 상상력을 운위할 때 반드시 거론해야 할 요인들이다. 비유컨대 상상 도식이 건축에서의 설계도에 해당한다면 텍스트는 건자재에 해당하고 상상 기능은 건축 기술이 될 터이며, 이들이 유기적으로 결합할 때 효과적인 상상이 이루어질 수 있다.

상상력 교수-학습의 맥락적 변인으로는 인간 변인과 상황 변인을 들 수 있으며, 교수 전략은 효율성 변인이 된다. 학습자의 사전 상상 경험과 성향이 인간 변인의 핵을 이루고 교육적 의사소통에 개입하는 제반 외적 변인이 상황 변인이며, 교사 · 교재 · 학습 구성과 교실 환경을 포함한 교수-학습의 조건이 교수 전략을 구성한다. 이러한 제 변인들이 상상력 교수-학습에 미치는 영향을 알아보기 위해서는 별도의 논의를 필요로 한다.

2) 문학 상상력 교육의 교수와 평가 원리

당연한 말이지만, 상상력의 교수-학습은 상상력의 본질을 구현할 수 있어야 한다. 곧 상상력 교육은 그 내용으로서 상상력 자체를 다루는 한편,

교수와 평가 과정이 상상의 과정을 반영해야 하는 것이다. 이런 점에서 문학 상상력 교육의 교수와 평가 원리는 상상의 원리와 상동성을 지닌다.

그렇다면 상상의 원리에는 어떤 것들이 있을까? 게슈탈트 심리학에서는 사고의 성향을 원용하여 근접성의 원리, 유사성의 원리, 폐쇄성의 원리, 연속성의 원리를 들고 있다. 그러나 이 원리들은 형태심리학의 특성을 그대로 반영하여, 자기 완결성을 강조하는 수렴적 입장을 취한다. 그에 비해 특히 예술에서 강조하는 자유로운 상상력이란 생산성을 강조하는 확산적 입장을 취하며, 자연히 새로운 원리를 요구하게 된다. 이때 고려할 수 있는 원리가 인접성과 유사성의 원리, 연속성과 완결성의 원리, 과대화/과소화의 원리, 차원/장 이동의 원리, 동화/이화의 원리, 중첩/병치의 원리, 유추의 원리 등이 된다.

인접성과 유사성은 상상의 기제로 가장 널리 알려진 것이다. '하늘'로부터 '구름'을 '구름'에서 다시 '바람'을 연상하는 것은 인접성에 따른 상상 행위이다. 그에 비해 앞서 본 '구름'과 '장미'를 연결하는 것은 속성의 유사성에 따른 상상 행위이다. 문학에서는 전자를 환유, 후자를 은유로 범주화하여 오래 전부터 논의해 왔는데, 환유와 은유를 일반적인 상상력 논의로 확장하면 비문학적 행위에까지 쉽게 적용할 수 있다.

연속성은 사고의 관성에 따른 상상 행위로, '도-레-미' 다음에 '파'를 연상하거나 起承轉結의 구조에서 起와 承이 유사한 발상으로 이어지는 양상에서 찾아볼 수 있다. 그에 비해 완결성은 사고의 자기 지향성에 따른 상상 행위로, 일부가 생략된 그림을 보고도 전체를 떠올리거나 부분적으로 내용이 이해되지 않는 글을 읽고도 전체의 줄거리를 이해하는 데 지장이 없는 경우에서 찾아볼 수 있다.

과대화/과소화와 차원/장 이동은 대상을 일반 맥락에서 끌어내서 완전히 새로운 맥락으로 재구조화하는 행위이다. 수사법에서 과장으로 연구되어 온 사고에는 대상 변형적 상상력이 잘 반영되어 있으며, 창의적 사고 교육을 위한 여러 전략에는 차원/장 이동의 원리가 자주 원용된다.[1]

동화/이화와 중첩/병치, 그리고 유추의 원리는 두 대상을 연결하는 능력과 관계된다. 다음의 예를 보자.

거울속에는소리가업소
저럿케까지조용한세상은참업슬것이오
◇
거울속에도 내게 귀가잇소
내말을못아라듯는딱한귀가두개나잇소
◇
거울속의나는왼손잡이요
내握手를바들줄몰으는-握手를몰으는왼손잡이오
◇
거울ㅅ대문에나는거울속의나를만저보지를못하는구료만은
거울아니엿든들내가엇지거울속의나를맛나보기만이라도햇겟소
◇
나는至今거울을안가젓소만은거울속에는늘거울속의내가잇소
잘은모르지만외로된事業에골몰할ㅅ게요
◇
거울속의나는참나와는反對요만은
또꽤닮앗소
나는거울속의나를근심하고診察할수업스니퍽섭섭하오

- 이상, <거울>

여기에는 '참나'와 '거울속의나' 두 주체가 존재하며, 그 관계는 "反對

[1] '숟가락으로 할 수 있는 열 가지 일 찾기' 놀이를 들어 보자. '밥 먹기'라는 일상의 장에서 '술자리'라는 다른 장으로 옮겨가기만 하면 '병마개를 딴다' '병에 꽂아서 마이크로 쓴다' '상을 두드리며 장단을 맞춘다' 등의 용법이 자동적으로 나온다.

요만은/쏘꽤닮앗소"라는 말로 함축적으로 표현된다. 이때 "反對요만은"에 초점을 두면 이화의 상상력이, "쏘꽤닮앗소"에 초점을 두면 동화의 상상력이 발현된다. 이화의 상상력은 확산을 지향하고 동화의 상상력은 수렴을 지향하는데, 이 시에서는 그것들이 상호 길항함으로써 시적 긴장감을 유발한다.

또한 이 시에서는 시 속에 등장하는 시적 인물로서의 '나'와 시를 서술하는 시적 화자로서의 '나', 그리고 이 모든 '나'를 조감하는 주체로서의 초월적 '나'를 찾아낼 수 있다. 만일 이들이 별개의 존재로서 각기 다른 차원에 존재한다고 보면 병치의 상상력이, 그렇지 않고 자아가 세 겹으로 겹치면서 같은 주체의 다면적 속성을 드러낸다고 보면 중첩의 상상력이 작용한다. 병치의 상상력은 카탈로그처럼 특성들의 평면적인 나열로 세계를 해석하고 중첩의 상상력은 복합적이고 입체적인 관점에서 세계를 해석한다. 나아가 이 시에 나타난 '참나 - 거울속의나' 관계를 다른 상황에 적용한다면 유추적 상상력이 작용하게 된다.

한편, 문학 상상력 교수-학습에서 모형에 대한 논의는 매우 조심스러운 일이다. 그 이유는 상상력이 지니는 원심력과 모형론이 지니는 구심력 사이에 균형을 취하기 어렵기 때문이다. 교수의 효율성을 위한 모형 논의가 자칫하면 교수의 방향을 제한할 가능성이 있다. 따라서 상상력의 효율적인 교수와 평가를 위해서는 일반 모형을 구안하는 것보다 목표별 전략을 세우는 것이 효과적이다. 창의성 계발 모형, 가치탐구 모형, 문제 해결 모형, 발견학습 모형과 같은 이론들이 상상력 신장의 목표별 모형으로 원용될 수 있을 것이며, 그것은 다시 질적 상상력 확충 모형과 양적 상상력 확충 모형으로 특화된다. 이러한 모형 논의에서의 조심성은 앞으로 상상력 교육론의 발전에 따라 극복할 수 있다. 여기서는 우선 목표 범주화의 방법으로 상상력의 구성 요인에 따라 살펴보기로 하자.

① 상상 경험을 확충하기 위한 전략: 상상적 인식, 상상적 의사소통, 상상계의 문화와 관련되는 경험을 계발하기 위해서는 발견학습 모형이나 사회적 상호 작용 모형, 독서・작문 프로그램 등을 활용할 수 있다. 학습자에게 상상적 자극을 주고 상상 활동으로 동기화하며 체계적인 상상 경험을 제공해 주는 것이 이 전약의 목표이다. 그를 위해서 프로젝트 학습이나 포트 폴리오법, 극화법처럼 구체적인 산출물을 요구하는 교수 방법을 쓰는 것이 효과적이다.

② 상상 기능을 계발하기 위한 전략: 상상력 교육의 실제적인 국면으로, 상상의 원리와 상상 도식을 바탕으로 의미 구성, 서로 무관한 대상의 연결, 존재하지 않는 것의 생성, 다른 형태로의 가공, 자유로운 연상, 다른 맥락・상황으로 가져다 놓기 등의 기능을 연마하기 위한 전략이다. 상상력이 하위 기능들로 분절되기 어려운 만큼, 상상을 요구하는 여러 활동을 통해 자연스럽게 신장되도록 하는 것이 중요하다. 읽기와 쓰기 활동, 장르 변환, 언어와 비언어 매체(음악, 그리기 등)의 변환 등의 활동 속에서 세부적인 상상 기능을 집중적으로 다루도록 한다.

③ 상상적 성향을 계발하기 위한 전략: 호기심, 탈규범성, 창조성 등의 상상적 성향을 계발하기 위해서는 창의성 계발 모형이나 가치탐구 모형 등을 원용할 수 있다. 그 과정에서 학습자간의 상호 작용을 강조하고, 학습자의 발달 수준에 적합한 상상적 자극을 주는 것이 필요하다. 연상 게임과 같은 각종 게임 활동, 음악・미술・무용・연극 등과의 통합교과 활동, 현실 생활 경험에서 상상 활동을 할 수 있도록 이끄는 전략 등이 있다.

상상력 교수-학습의 원리를 살펴보기 위해서는 목표별 접근뿐 아니라 상상 행위의 구체적인 영역에 따라 살펴보는 일도 필요하다. 예를 들면 ① 문학적 사고에서의 교수-학습과 평가 전략 ② 이해 행위에서의 교수-학습과 평가 전략 ③ 표현 행위에서의 교수-학습과 평가 전략 ④ 문학적 상호 작용에서의 교수-학습과 평가 전략으로 나누어 살펴본다든지, ① 상상적 인식 영역에서의 원리 ② 상상적 이미지화 영역에서의 원리 ③ 상상적 서사 영역에서의 원리 ④ 구성적 상상력 영역에서의 원리로 나누어 살펴볼 수 있다. 아니면 과정별로 ① 상상적 주의 단계에서의 원리 ② 상상적 해석 단계에서의 원리 ③ 상상 맥락 설정 단계에서의 원리 ④ 상상의 스크립트 구성 단계에서의 원리 ⑤ 상상의 정교화 단계에서의 원리 ⑥ 상상의 표현 단계에서의 원리로 나누어 살펴보는 것도 가능하다. 요는 현재로서는 교수-학습의 일반 원리로부터 구체화해 가는 연역적 과정보다 실제 교수-학습 상황의 점검과 아이디어 개발에서 일반 원리로 추상화해 가는 귀납적 과정이 더 현실적이라는 점이다.

4. 상상력 교육으로서의 문학교육

상상력은 창조성의 기반으로서 새로운 교육적 의의를 부여받을 수 있다. 특히 문학교육은 언어적 실천인 동시에 심미적·문화적 실천이라는 점에서 상상력의 특수한 국면을 다루게 된다. 이 장에서는 그러한 점을 중시하여 문학적 상상력의 본질 규명과 문학교육을 통한 상상력 신장 방법 구안을 위해 기초적인 작업을 수행하였다.

실제 문학교육의 설계와 실천에서 상상력은 두 가지 관점으로 접근할 수 있다. 첫째가 목표-내용으로서의 상상력으로서, 여기서 상상력은 문학교육의 주요 목표이자 중심 내용으로 기능한다. '문학 행위를 통해 상상력을 신장한다.'거나 '문학교육은 상상력 교육을 다룬다.'는 진술이 이 관점과 연결된다. 여기서 중요하게 여기는 것은 상상력의 개념 범주 및 상상에 관여하는 요소들의 문제이다.

둘째는 방법-조건으로서의 상상력으로서, 여기서 상상력은 문학적 의사소통으로서의 문학교육이 가능하게 하는 기본 조건이 된다. '상상 활동을 통해 문학 능력을 신장한다.'거나 '문학 경험을 다양한 상상 체험으로 확장한다.'는 진술에서 이 관점을 엿볼 수 있다. 여기서는 상상의 기제와 효과를 중시한다.

또한 상상력과 문학교육을 함께 놓고 생각할 때, 가장 중요하게 보아야 할 것이 문학교육에 대한 메타점검 요소로서의 상상력 개념이다. 말하자면 상상력의 관점에서 문학교육 설계 및 실천의 전 과정을 조절, 통제할 수 있다는 뜻이다. 이는 상상력이 문학의 본질이기 때문이기도 하거니와, 더 본질적으로는 상상의 힘이 교육의 가능역(可能域)을 결정하기 때문이다. 교육과정 개발 작업도 상상력에 의존하고, 교재 개발과 교실 현장에서의 실천 역시 상상력에 의존한다. 그리고 무엇보다도 문학교육 자체가 하나의 상상계를 형성하고 있다. 이러한 점에서 상상력과 문학교육을 통합할 수 있는 본격적인 논의가 이어져야 한다.

Ⅱ. 문학교육과 창작

- '述而不作'에 관한 질문 -

1. 창작교육 논의의 출발

1) 국어과교육과 문학 창작

창작교육에 접근하는 경로는 여러 가지가 있을 수 있다. 여기서는 교과로서의 '국어과'와 관련하여 검토하고자 한다. 그중에서도 공식적인 학교교육과정이 논의의 바탕이 된다. 논의를 시작하기 위해 먼저 2007년 교육과정 <국어> 과목의 '문학' 영역을 살펴보자.

2007년 <국어> 과목 교육과정 '문학' 영역의 내용 체계

작품의 수용과 생산의 실제 - 시(시가) - 소설(이야기) - 극(연극, 영화, 드라마) - 수필 · 비평	
지식 ◦ 문학의 본질과 속성 ◦ 문학의 양식과 갈래 ◦ 한국 문학의 역사	수용과 생산 ◦ 내용 이해 ◦ 감상과 비평 ◦ 작품의 창조적 재구성 ◦ 작품 창작
맥락 ◦ 수용 · 생산의 주체 ◦ 사회 · 문화적 맥락 ◦ 문학사적 맥락	

이 내용 체계에는 '수용과 생산' 영역에 '작품 창작'이 명시되어 있다. '작품의 수용과 생산의 실제' 영역도 이를 뒷받침한다. 국어과의 기본 과목 교육과정에 창작 관련 내용이 명시적으로 제시된 것은 7차 교육과정 때가 처음인데,[2] 2007년 교육과정에서는 '생산' 범주 아래에 '창작'이라는 용어를 명기하여 그 성격을 분명히 했다.

문학 창작이 국어과 교육과정에 재도입되기까지는 두 단계의 산을 넘어야 했다. 첫째가 국어과에서 문학 영역 범주를 인정하지 않으려는 견해이고, 둘째가 문학교육을 '이해와 감상' 교육으로 한정하려는 견해이다. 첫째 견해에 대해서는 박대호(1987)에서 김대행(1997) 등을 거치며 많은 논자가 비판한 바 있고, 둘째 견해에 대해서는 Tompkins(1982)의 논의를 끌어올 수 있다. 그는 아동이 이야기 쓰기(write stories)를 해야 하는 이유로 다음과 같은 일곱 가지를 제시하는데, 이를 문학 창작 일반으로 확대해도 무리가 없다.

① 즐거움을 위해(to entertain)
② 예술적 표현을 촉진하기 위해(to foster artistic expression)
③ 쓰기의 기능과 가치를 탐구하기 위해(to explore the functions and values of writing)

[2] 고등학교를 예로 들면, 1차 교육과정에는 "7. 의사 표시의 사회적 방편으로서의 언어 기술을 체득하고, 아울러 인생의 반영으로서의 문학 작품을 감상하고 창작하는 힘을 기른다."는 '목적', "6. 시, 수필, 소설 등 여러 가지 형식의 창작을 할 수 있다. - 창작에 흥미를 느끼게 하고 창작 의욕을 북돋아 주어, 그 소질을 충분히 발휘할 수 있도록 지도한다."는 '지도 내용', "14. 여러 가지 형식의 문학적인 창작을 함으로써 자기 표현의 즐거움을 경험한다."는 '구체적 목표'가 제시되어 있다. 2차 교육과정도 1차와 유사하며, 3차 교육과정에서는 <국어 Ⅱ>에 「작문」 과목을 설치하면서 「작문」에서 창작을 다루게 했다. 그에 비해 4차 교육과정에서는 '지도 및 평가상의 유의점'에서 "마. 소설이나 희곡의 창작은 문학 창작에 흥미와 재능을 가진 학생을 대상으로 하며, 정규 수업 시간에는 지도하지 않도록 한다."고 간단히 언급할 뿐이다. 5차 교육과정에는 창작 관련 내용이 아예 없고, 6차에 오면 「작문」 과목에 다시 '문학적 글쓰기'가 등장한다.(김창원, 1991) 그리고 7차 교육과정에서 '생산'이라는 용어로 창작교육이 본격적으로 다루어진다.

④ 상상력을 자극하기 위해(to stimulate imagination)
⑤ 사고의 명료화를 위해(to clarify thinking)
⑥ 자아 정체성 탐색을 위해(to search for identity)
⑦ 읽기와 쓰기 학습을 위해(to learn to read and write)

곧, 문학 창작은 언어 사용능력뿐 아니라 인지·정의적 사고 능력을 신장시키고 자아 정체성을 확립하는 데 효과적인 방안이 된다. 아울러 수용 활동과 창작 활동이 통합될 때 비로소 문학교육의 전체상도 구현하게 된다. 문학 창작은 총체적인 국어능력을 신장시키는 데 빠져서는 안 될 요소인 것이다.

2) 창작교육에 관한 전제들

그럼에도 불구하고 왜 그동안 창작교육이 국어과의 언저리에서 맴돌 수밖에 없었는가? 그 이유는 교육과정 논의에서 창작교육에 관한 몇 가지 전제가 은연중 작용했기 때문으로 보인다. 이미 노진한(1997)이 창작교육에 대한 편견으로 ① 창작교육 불가능론과 불필요론 ② 이상적인 작품과 작가를 기르는 과정으로서의 창작교육관 ③ 창작교육과 작문교육의 혼동을 들었는데, 그러한 편견의 이면에 숨어 있는 전제를 살펴볼 필요가 있다.

[전제 1] 창작은 내용과 형식 면에서 지금까지 없던 새로운 작품을 만드는 것이다.
[1'] '문학적 글쓰기'와 '문학 창작'은 다르다.

독창성(Originality)은 예술의 개념과 가치를 설명하는 중요한 개념이다. 뒤샹의 조각품(?) <샘>이 예술이 될 수 있었던 이유도 그 때문이고,

그 이후로는 아무 변기나 다 설치 미술이 될 수 없는 것도 그 때문이다. 독창성을 강조하는 관점은 다시 '문학적이기는 하지만 독창성이 떨어지는 글' 쓰기와 독창적인 '작품' 쓰기를 구분하는 관점으로 발전한다. 최미숙(1997)의 '문학적 글쓰기'나 유영희(1997)의 '창조적 글쓰기' 개념은 모두 '창작까지는 가지 않는' 의사 창작을 염두에 두고 있다.

하지만 정말로 내용과 형식 면에서 독창적인 작품을 발견하기란 얼마나 어려운가? 이러한 낭만주의적 창작관은 20세기 후반에 오면서 많이 약화되어, '모방을 통한 창조'라는 현대적 의미에서의 창조성 개념(유영희, 1997;427)이 확산되고, 패러디처럼 의도적으로 독창성을 뒤집는 기법도 정착되었다. 나아가, 일상에서의 문학 행위를 강조하는 입장에서는 작품의 독창성보다 작품을 둘러싼 인간 행위의 독창성에 더 가치를 부여한다. 중요한 것은 텍스트가 아니라 텍스트 행위이며,(김창원, 1997) '작품 쓰기'냐 '문학적 글쓰기'냐의 구분은 문학교육의 장에서는 무의미하다고 할 수 있다. 작품의 독창성이 다소 떨어진다 할지라도 학습자 입장에서 그 과정은 생애 최초의 경험이기 때문이다.

[전제 2] 학교는 전문적인 작가를 기르는 곳이 아니다.
[2'] 창작교육은 능력과 소질이 있는 아동에게만 필요/가능하다.

지금까지 창작교육을 학교 교육에서 제외해 온 논리의 중심에 이 전제가 숨어 있다. 곧 교양 교육의 관점에서 학교 교육을 파악하고, 창작교육은 전문 교육의 범주에 넣는 입장이다. 이에 대해서는 다음의 두 견해를 거론하는 것으로 충분할 것 같다.

> 모든 학생들을 작가로 만들기 위해 국어교육이 존재하는 것이 아니라는 주장이 있다. 그러나 이런 의문은 설득력을 얻기 어려울 듯하다. (…)

> 문학 작품의 감상 능력을 길러 주는 목적은 문학 비평가를 양산하는 데에 있지 않고, 보통 교육을 받은 개인이 소양 있는 문화적 인간으로서 살아 나는 데 필요한 기본적 자질을 구비하게 하는 데에 있다. 창작교육 역시 이와 같은 맥락에서 그 교육의 필요성과 의의를 생각할 수 있다.(노진한, 1997;81)

> 시창작교육 무효론은 시쓰기를 이미 고도의 숙련을 거친 시인의 행위로 한정한다는 데에 근본적 오류가 있다. 아무래도 시창작교육의 문제는 그 대상을 초보적인 운문 쓰기로부터 시를 습작하는 수준의 학생으로 잡고서 풀어 가는 게 정당할 것이다.(최두석, 1996;326)

자세히 보면 이 전제는 앞의 [전제 1]과 은연중 잇닿아 있음을 알 수 있다. 곧 창작의 개념을 지나치게 좁게/높게 잡음으로써 오히려 창작교육의 입지를 좁히는 것이다. 하지만 '창작' 개념 자체를 폭넓게 본다면 이 문제는 자연스럽게 넘어갈 수 있다.

[전제 3] 창작 능력은 천부적이어서 가르칠 수 없다.
[3'] 가르치지 않아도 창작 능력은 저절로 드러난다.

이 전제는 노진한(1997)이 지적한 창작교육 불가능론/불필요론의 변형이다. 예술의 교육 가능성에 대한 시비는 예술을 '소여된 천품의 발현'으로 보느냐 '연마된 기예'로 보느냐에 관한 오래 된 논쟁과 연관된다. 이것 역시 한편으로 [전제 1]과 관련되면서, 다른 한편으로 예술과 교육의 본질을 건드리는 문제이므로 쉽게 대답할 성질이 아니다. 옛날의 최서해나 요즈음의 장정일처럼 '전문 교육을 받지 않은' 시인/작가들이 있지만, 이런 사례들이 이 전제를 뒷받침한다고 보기는 어려울 것 같다. 일부의 예를 전수화하는 오류도 그러려니와, 명시적으로 드러나지 않은 잠재적 · 비의도적 교육의 효과를 전혀 고려하지 않았기 때문이다.

[전제 4] 창작 능력은 객관적으로 평가할 수 없다.

이것은 일단 '평가할 수 없는 것은 교육 내용이 될 수 없다.'는 교육학의 고전 명제와 관련되는 것으로 보이는데, 그러한 교육관/평가관은 이미 부정된 지 오래다. 교수-학습과 일 대 일로 대응하는 평가는 평가 자체의 입지를 좁힐 뿐이다. 평가의 임의성을 교육 불가능성으로 혼동한 데 불과하다.

나아가, '평가란 무엇인가?' 하는 질문도 던질 수 있다. '의도적이고 체계적이며 명시적인 행동 변화'라는 교육공학적 관점을 지나치게 강조하는 것으로 보이기 때문이다. 평가가 '교수-학습의 개선을 위한 일체의 정보 수집 행위'로 재개념화된다면 이 전제는 수월하게 넘어갈 수 있다.

[전제 5] 창작교육의 성공 여부는 아동이 창작한 작품의 질에 따라 결정된다.
[5'] 아동에게 본격적인 문학 작품을 요구할 수 없다.

문학과 의사 문학을 구분하는 관점[3]은 유영희(1997)도 받아들이고 있

[3] Scholes(김상욱 역, 1995;10)는 학과로서의 영문학의 구조를 아래처럼 도식화하면서 '본격 문학'과 '의사 문학'의 이분법을 택하고 있다.

생산(PRODUCTION)	텍스트(TEXTS)	소비(CONSUMPTION)
	문학(literature)	해석(interpretation)
창조적 글쓰기 (creative writing)	의사 문학 (pseudo-literature)	
	비문학(non-literature)	읽기(reading)
작문(composition)	의사 비문학 (pseudo-non-literature)	

고, 맥락은 다르지만 이오덕(1993), 이호철(1994) 등의 견해도 비슷하다. 작품성을 지나치게 강조하면 아동의 글쓰기 욕망을 왜곡한다는 것이다. 이는 바꾸어 보면 아동 수준에서 '본격적인 문학 작품'을 창작하는 것은 어렵다는 뜻이다. 아동에게 요구하는 것은 '작품'이 아니라 '글'일 뿐이다. '창작' 대신 '글쓰기'라는 용어를 쓰는 대다수의 학자, 교사들이 은연중에 이러한 전제를 용인하고 있다.

여기에는 두 가지의 난점이 있는데, 첫째는 '성인문학을 기준으로 아동의 창작을 바라보는 것은 아닌가?' 하는 점이고 둘째는 '글을 쓰는 과정보다는 쓴 결과를 중시하는 것은 아닌가?' 하는 점이다. 예컨대 주4)의 도식은 '텍스트'를 중심으로 양쪽에 '생산'과 '소비'를 배치하고 있는데, 빈칸으로 처리된 부분의 인간 행동에 대한 설명이 생략돼 있고, 나아가 텍스트들 사이의 관계도 모호하다. 아동이 구사하는 쓰기 전략과 전문 작가가 구사하는 전략의 상동성과 이질성에 관해서도 답을 주지 못한다. 이러한 문제를 해결하려면 아동의 창작 과정에 대한 자체 논리를 개발할 필요가 있다.

[전제 6] 교육은 필연적으로 지식으로 환원된다.

[6'] 창작교육은 아동의 천부적인 상상력과 창의력을 억압한다.

여기에는 교육의 내용/방법론에 대한 질문이 포함된다. 아울러 '교육이란 무엇인가'에 대한 철학적인 문제도 관련된다. 실제로 유아 단계에서 볼 수 있던 발랄한 상상력이 취학 이후 약해지는 현상을 자주 볼 수 있는데, 그 책임을 교조적인 학교 교육에게도 일부 물을 수 있을 것이다. 현역 작가의 다음과 같은 불만도 <교육=지식≠창작 능력>이라는 (부)등식을 받아들이는 데서 나온다.

> 지금까지 나와 있는 창작 지도의 교재는 서구 이론 중심이어서 창작의 실제 활용에는 별 도움이 안 된다고 생각됩니다. 즉 상상력을 부추기고 창작 욕구를 유발하는 그런 핵심화의 원리로 돼 있기보다는 주변적 지식의 이해에 역점을 두고 있다는 것이지요.(이승훈 외, 1991;269)

하지만 이와 같은 견해는 상상력/창의성을 지식이나 기능과 같은 인간의 다른 행동 영역과 분리해서 바라보는 것은 아닌가 하는 혐의를 지울 수 없다. 지식 교육과 상상력 사이의 상관 관계를 한 마디로 역상관이라고 말하기도 어렵다. 그보다는 발달 단계상 지식 교육이 이루어지는 시기와 학습자의 상상력이 유형화되는 시기가 겹치기 때문이라고 보는 것이 더 타당할 것이다.

이러한 전제들은 창작교육에 대한 끊임없는 회의를 낳는다. 그러한 회의에 빠져 있는 한, 교육 자체를 포기하거나, 실시하더라도 최소한의 수준에 머물고자 하는 태도에서 벗어나기 어렵다. 지금까지 교육과정 담당자들이 '창작의 신비성'에 위축된 나머지 창작교육에 대해 너무 몸을 사려왔던 것은 아닌지 재고할 필요가 있다.

2. '述'과 '作'의 창작관과 창작교육

1) '述而不作'의 해석

'述而不作'은 『論語』의 「述而」편에 나오는 말이다. 공자 스스로 자신의 학문과 글쓰기 태도를 밝힌 것으로, 이후 한자 문화권에서 글쓰기의 기본 원리로 널리 받아들여졌다. 특히 역사 서술과 학술 담론에서 述而不

作의 자세는 객관 타당한 태도의 모범으로 인정받았다.

> 子曰 述而不作 信而好古 竊比於我老彭(『論語』 第七 「述而」)
> 선생님께서 말씀하시기를, 述하되 作하지 않고 옛것을 믿고 따르니 이는 노팽에 비길 수 있으리라 하셨다.

여기서의 '述'과 '作'에 대해서는 다음과 같은 설명이 붙어 있다.

> 述傳舊而已 作則創始也 故作非聖人不能 而述則賢者可及 … 孔子 刪詩書 定禮樂 贊周易 修春秋 皆傳先生之舊 而未嘗有所作也(『論語集註大全』)
> 述은 옛것을 전할 따름이고 作은 새로이 지어내는 것이다. 그러므로 作은 성인이 아니면 해낼 수 없지만 述은 현자로서도 가능한 일이다 … 공자가 시서 · 예악 · 주역 · 춘추를 정리한 일이 모두 선현의 뜻을 전한 것이요 하나라도 새로 지어낸 바가 없다.

또, 다음과 같은 설명도 있다.

> 記曰 作者之謂聖 述者之謂明 … 但述脩先王之道 而不自制作(『論語集註大全』)
> 예기에 이르기를, 作하는 이를 聖이라 하고 述하는 이를 明이라 한다 … 述은 선현의 도를 전할 뿐, 스스로 지어내지는 않는다.

> 夫作者曰聖 述者曰哲 陶鑄性情 功在上哲(『文心雕龍』 第二 「徵聖」)
> 무릇 作하는 이를 聖이라 하고 述하는 이를 哲이라 한다. 우리가 성정을 갈고 닦을 수 있는 것은 모두 先哲의 공이다.

이러한 述而不作의 태도가 가장 전형적으로 드러난 것이 『春秋』로서, 공자가 『春秋』를 著述(≠著作)할 때의 기본 원칙은 空言에 의탁하지 않고

事實과 史實로부터 도를 보고자 함(因事見道 因史見道)이었다.(최병수, 1987;62) 作할 위치에 있지 않으면서 作을 칭하는 것은 이른바 '妄作'으로서 학자들의 가장 큰 비판거리가 되었다.

述而不作의 글쓰기 태도는 '信而好古'와 '好古敏而求之'(『論語』 「述而」편)에서 반복하여 강조되고, '溫古而知新'(「爲政」편)에서 확장된다. 곧 옛것을 道로 하여 器에 해당하는 새로움을 찾는 것으로, 述과 作의 원리가 <古-現>의 시간 개념과 결합된다. 연암의 '法古刱新'도 그 연장선에 서 있다.

2) '述'과 '作'의 창작관

공자의 '述'과 '作'을 글쓰기의 측면에 초점을 맞추어 재해석하면 문학 창작을 보는 두 관점을 이끌어낼 수 있다. 이를 각각 '述로서의 창작'과 '作으로서의 창작'으로 부른다면, '述로서의 창작'은 서술성에 의존하는 개념으로, '作으로서의 창작'은 창조성을 강조하는 개념으로 이해된다. 문학 창작에 대한 이성주의적 관점과 낭만주의적 관점의 대립(박소영 외, 1997;71)은 이 개념으로 설명할 수 있다.

문학 창작에 대한 이성주의와 낭만주의적 접근

	이성주의적 관점	낭만주의적 관점
창작의 출발	발견을 위한 노력	영감과 예지
창작 능력의 근원	교육을 통해 습득·계발한 능력	천부적인 재능
창작 과정	반복적 퇴고를 통한 정교화	순간적인 표현의 완성
창작상의 주안점	구조의 치밀성	분방한 상상력
창작 교육관	모방과 습작을 통해 창작 능력을 신장할 수 있다.	모방은 창조성을 파괴하며, 창작을 가르칠 수는 없다.

여기서 이성주의적 관점은 '述'로, 낭만주의적 관점은 '作'으로 연결할 수 있다. 문학 생산에 대한 관점을 생산론과 표현론으로 나누어 본 견해(구인환 외, 1987;123-130)를 바탕으로 그 특징을 비교한 표(박소영 외, 1997;70)도 마찬가지이다.

문학 창작에 대한 생산론과 표현론적 접근

	생산론적 관점	표현론적 관점
창작 주체	문학 공동체 혹은 담론	심미적 개인
창작관	제작(Production)	창조(Creation)
창작 과정의 본질	공동체의 미적 요구 형상화	심미 주체의 정서 표출
창작 과정에서의 변인	창작의 시·공간적 배경, 계급·문화적 맥락, 문학적 관습 등	창작 주체의 영감, 상상력, 개인적 경험, 작품 구성력 등
주요 교수-학습 내용	문학 전통과 관례 습득	작품 분석과 표현 기법 연습
교수-학습의 주안점	세계관과 공동체 의식 계발	상상력과 표현력 계발

여기에서도 생산론적 관점은 '述'과, 표현론적 관점은 '作'과 연결된다.[4] 나아가 문학 작품 읽기와 쓰기의 대응 관계를 인정한다면, 권오현(1997;204)이 대비해 놓은 <해석 : 수용>의 사고 특성도 <述 : 作>의 관계와 대응될 것이다.

---

[4] 여기서 언뜻 보면 생산론은 이성주의, 표현론은 낭만주의로 연결되는 것으로 보이나, 실제로 이 두 분류 체계는 차원을 달리한다. 문예사조를 살펴보면 고전주의 사조는 표현론-이성주의의 경향이 강하며, 낭만주의 사조는 표현론-낭만주의의 경향이 강하다. 또한 리얼리즘 문학이론은 생산론-이성주의의 경향이 강하고, 모더니즘 문학이론은 생산론-낭만주의의 경향이 강하다고 볼 수 있다. 곧 문학관에 따라 문학 창작의 본질과 과정에 대한 관점이 달라지는 것이다. '述'과 '作'은 그러한 이분법을 포괄할 수 있는 통합적 개념이 될 수 있다.

문학 텍스트 해석과 수용의 특성

해석	수렴 (Konvergenz)	발견 (Finden)	상호 주관성 (Intersubjektivität)	지침 (Vorgabe)
	정태적 (statisch)	사고 (Denken)	결과 범주 (Ergebniskategorie)	공적 텍스트 (Sozialtext)
수용	발산 (Divergenz)	창조 (Schaffen)	주관성 (Subjektivität)	자율 (Selbermachen)
	역동적 (dynamisch)	체험 (Erleben)	과정 범주 (Prozeβkategorie)	사적 텍스트 (Privattext)

이처럼 述/作의 사고는 여러 기준, 여러 범주에서 통용될 수 있다. 그것을 다시 몇 층위로 나눌 수 있는데, 그 첫째는 **사고 수준의** 述/作으로서 공자의 원의에 가장 가까운 것이 이 수준일 것이다. 둘째는 **표현 수준의** 述/作으로서 <이성주의 : 낭만주의>, <생산론 : 표현론>, <해석 : 수용>의 대비는 이 수준에 해당한다. 셋째는 **장르 수준의** 述/作으로서 영향-수용 관계나 패러디에 관한 논의가 전형적이다.

이러한 논의를 바탕으로 述/作의 문학적 변용으로서 '述로서의 창작'과 '作으로서의 창작'의 대비 가능성을 아래와 같이 살필 수 있다.

'述'과 '作'의 창작관

	述로서의 창작	作으로서의 창작
개념의 폭	광의	협의
사고 특성과 과정	발견(Find) 재현(Representation) 제작(Production)	발명(Invent) 표현(Presentation) 창조(Creation)
글쓰기 특성	상호주관적, 공적 글쓰기 창작의 관례 준수	주관적, 사적 글쓰기 탈관례적 창작
교육 주안점	구성과 표현의 기법 강조 모방과 연습, 공적 퇴고	발상과 상상력 강조 시각 · 감각 훈련, 사적 퇴고
가치 판단 준거	완결성, 전이성	독창성, 작품성

3) 교육과정에서의 '述'과 '作'

이러한 述/作 개념을 바탕으로 창작교육 현실을 점검해 보면, 여기에서도 '述而不作'의 원리가 철저하게 지켜지고 있다는 것을 알 수 있다. 곧 학교 교육에서는 '述' 영역의 창작교육만이 필요/가능할 뿐, '作' 영역은 불필요하거나 불가능하다는 태도를 취하는 것이다. 6차 고등학교 「작문」 교육과정에서 사용한 '문학적인 글쓰기'라는 용어의 이면에도 이러한 전제가 숨어있고, 2007년 교육과정 <국어> 과목의 '내용'도 이 점에서는 마찬가지다.

2007년 <국어> 과목 교육과정의 창작 관련 내용

학년	성취 기준	내용 요소의 예
2	(3) 이어질 내용을 상상하여 이야기를 꾸민다.	◦ 일상생활에서 상상하여 본 경험 말하기 ◦ 처음, 중간, 끝에서 중간이나 끝 부분을 꾸며 말하기 ◦ 작품 속 인물의 미래 예측하기
	(4) 재미있는 말이나 반복되는 말을 넣어 글을 쓴다.	◦ 재미있는 말이나 반복되는 말 찾기 ◦ 그림을 보고 재미있는 말을 떠올리기 ◦ 재미있는 말이나 반복되는 말의 효과 파악하기
3	(4) 문학 작품 속 인물의 특성을 살려 새로운 이야기를 꾸민다.	◦ 작품 속 인물의 특성 이해하기 ◦ 인물의 특성과 사건의 관계 파악하기 ◦ 인물의 특성을 살려 다른 이야기로 꾸미기
5	(4) 문학 작품에서 중요한 부분을 바꾸어 쓰고, 그 의도와 효과를 설명한다.	◦ 작품의 주제를 파악하기 ◦ 작품의 의미상 중요한 부분 찾고 의도 파악하기 ◦ 원래의 작품 일부를 바꾸어 쓰고 그 효과 말하기
6	(3) 문학 작품을 다른 문학 갈래로 바꾸어 쓴다.	◦ 문학 작품의 갈래별 특성 이해하기 ◦ 문학 갈래에 따라 표현 방식이 달라짐을 이해하기 ◦ 다른 문학 갈래로 문학 작품 바꾸어 쓰기

7	(4) 시어와 일상어의 관계에 대한 이해를 바탕으로 노랫말을 쓴다.	◦ 시어와 일상어의 특징 이해하기 ◦ 노래에서 음악적 효과가 나타나는 표현을 찾아 운율을 살려 낭송하기 ◦ 시적 표현과 운율의 효과를 살려 노랫말 쓰기
8	(5) 자신이 상상한 세계를 문학 작품으로 표현한다.	◦ 익숙한 대상을 주의 깊게 관찰하여 새로운 점 발견하기 ◦ 가상의 인물을 설정하여 인물의 삶 상상하기 ◦ 문학의 갈래를 선택하여 상상한 세계를 작품으로 표현하기
9	(5) 일상의 가치 있는 체험을 문학 작품으로 표현한다.	◦ 일상에서 가치 있는 체험을 발견하기 ◦ 문학적으로 가치 있는 체험에 공감하고 내면화하기 ◦ 공감하고 내면화한 내용을 문학 작품으로 형상화하기

여기에서 보듯이 2007년 교육과정은 작품을 읽고 그것을 바탕으로 재구성하거나 응용하여 창작하는 방식이 주류를 이루고 있다.[5] 이는 4차 교육과정에서 "문학 창작에 흥미와 재능을 가진 학생을 대상으로" 하되 "정규 수업 시간에는 지도하지 않도록 한다"고 한 것과 맥이 닿아 있으며, 5차와 6차 교육과정에서 창작교육을 배제한 논리와도 크게 다르지 않다. '述하되 作하지 않는' 관점을 기본으로 하고 있는 것이다. 이는 학습자에게 "개작, 모작, 생활 정서의 표현 등 작품의 심층적 감상을 돕는 학습 활동"을 거치도록 하거나(<국어> 과목 '4. 교수-학습 방법') "작품의 생산 활동은 학습자의 수준을 고려하여 발표, 토의・토론, 협동 학습, 모작, 재구성 등 다양한 방법을 활용하되, 학습자의 삶과 밀접하게 관련되도록 지도"한다(<문학> 과목 '4. 교수-학습 방법')는 진술에서 구체적으로 드러난다.

[5] 이는 7차 교육과정도 비슷하다.

3. 창작교육 교육과정을 위한 사고 틀

1) '述而不作'의 재해석

여기서 다시 한 번 '述'과 '作'의 관계를 살펴보자. 기본적인 문제의식은 과연 글쓰기에서 '述'과 '作'은 대립적인 개념인가, 이러한 이분법이 창작교육에 도움이 되는가 하는 점이다. 이 이분법을 용인한다면 '作으로서의 창작'에 관해서는 교육 불가능론이나 불필요론이 설득력을 얻게 된다. 그러나, 정말로 이러한 이분법이 효과적인가?

다시 한 번 공자의 '述而不作'을 살펴보자.

> 子曰 述而不作 信而好古 竊比於我老彭

이것만 보면 '述'과 '作'이 대립 개념인 것처럼 서술되어 있다. 그러나 '~而不~'로 대비되는 대다수의 개념들은 그보다 상위의 차원에서 하나로 통합된다는 데 유념할 필요가 있다. 여기에 대해서는 주자가 다시 설명해 놓았다.

> 夫子 蓋集群聖之大成 而折衷之 其事雖述 而功則倍於作矣(『論語集註大全』)
>
> 공자는 여러 성인의 가르침을 모아서 절충했으니, 그 일은 비록 述이라 하더라도 그 공은 作보다 더 크다.

곧 공자는 스스로 '述'이라 하여 겸양하고 있지만 기실 그것은 '作'에 해당한다는 것이다. 옛것을 절충하는 것 자체가 '述'인 동시에 '作'의 과정이다. '述'을 '循'으로 본 『設文解字』의 말풀이가 그럴듯한 것도 이 이유에서이다.

또한 '述'은 '學'과 '教'의 뜻도 동시에 지니고 있으니(최병수, 1987), 공자의 아래 말이 이로부터 나오게 된다.

> 子曰 德之不脩 學之不講 聞義不能徙 不善不能改 是吾憂也 … 子曰 我非生而知之者 好古敏而求之者也(『論語』 第七 「述而」)
>
> 선생님께서는 덕을 알고도 가다듬지 않거나 배움을 얻고 궁구하지 않거나 의를 듣고 옮기지 않거나 옳지 못한 일을 바로잡지 못하거나 할까 봐 항상 조심한다고 말씀하셨다. … 또한 '나는 날 때부터 아는 사람이 아니라 옛 성현의 말씀을 좋아하고 부지런히 익히는 사람이다.'라고도 말씀하셨다.

이는 자신의 학문에 대한 얘기일 뿐 아니라 제자들을 가르치기 위한 말이기도 하다. '述'의 관점에서 '教者'는 '學者'에게 모범을 보여야 할 위치에 있는 것이다.(최병수, 1987;64) 따라서 '述'은 배우고(學) 가르치며(教) 연구하는(述) 동시에 발전시키는(作) 모든 행위를 포괄한다. '作'과 대립되는 개념이 아니라 '作'과 상통해서 한 차원 상승한 개념이다. 창작교육에서 '모방을 통한 창조'를 강조하거나(유영희, 1997;427) 패러디를 창작교육 방법론으로 인정하는(유영희, 1995a) 견해도 '述'과 '作'의 구분을 극복하는 길을 보여준다. 이러한 개념을 '述而作'이라는 말로 표현할 수 있다.[6] '名理有常'과 '通變無方'의 통합도 述而作으로 연결되고, 추사 김정희가 '寫蘭 有法不可 無法亦不可'라고 한 뜻도 여기에 있다. '有法(=述)'과 '無法(=作)'의 구분을 딛고 서는 데서 창작의 묘가 생기는 법이다.

---

[6] '術'과 '作'의 통합은 제3의 새로운 개념을 찾기보다는 '術'의 개념을 넓히/높이는 것으로 해결될 듯하다. 협의의 '述'이 '記述'이라면 광의의 '述'은 '述作'이 된다. '著述'과 '著作'을 구별할 때는 '述'을 협의로 사용한 것이고, 구별하지 않을 때는 광의로 사용한 것이다.

2) 교실 창작의 특성

'述而作'으로서의 창작교육 개념은 창작교육이 무엇을 이상으로 삼아야 할 것인지를 보여준다. '述로서의 창작'과 '作으로서의 창작'을 구분하고 엄격하게 '述而不作'하고자 하는 창작교육이 아니라, '述'이 곧 '作'이 된다는 통합적인 관점에서 양자의 구분을 극복하는 창작교육이 필요한 것이다.

여기서 잠깐 물러나서 살펴보면, 또 한 가지의 논점을 끄집어낼 수 있다. '어떤 맥락에서 창작을 하는가?' 하는 물음이다. 학교에서 이루어지는 창작은 분명 교육적 의도에 따라 이루어진다. 이것을 **'교실 창작'**이라고 부를 수 있다면, 교실 창작은 다른 맥락에서 이루어지는 창작과 구분되는 특성을 지닐 것이다.

교실 창작의 의미는 그와 인접해 있는 다른 창작 맥락과 비교할 때 명료하게 드러난다. 일반적으로 '창작' 하면 가장 먼저 떠오르는 것이 전문적인 시인/작가의 창작이다. 이것을 **'전문 창작'**이라고 하자. 정식으로 문단에 등록은 하지 않았지만 문단을 염두에 두고 이루어지는 등단 준비로서의 창작도 여기에 포함시킬 수 있다. 등단을 염두에 두지 않으면서 창작에 관심과 흥미를 가지고 소그룹 내에서 이루어지는 창작도 있다. 또는 자기 성찰의 일부로 개인적인 차원에서 창작 활동을 하는 경우도 있다. 전자를 **'교양 창작'**, 후자를 **'생활 창작'**이라고 하자. 심리 치료를 위해 창작을 활용하는 경우에는 **'치료 창작'**이 된다. 이렇게 보면 창작의 맥락과 영역은 매우 넓다는 것을 알 수 있다. 그들과 비교해 보면 교실 창작은 창작 경험을 통해 학습자의 창작 능력을 신장시킴으로써 전인적인 인간을 형성하는 기획이라는 점에서 차별화된다. 그렇다면 그것은 구체적으로 어떤 특징을 지니는가?

① 교육 목적과 국어과 목표, 학교 교육 계획, 인접 교과 활동, 발달 단계, 지역과 절기 등의 외적 요인들에 따라 창작 과제가 투입된다.
② 창작 활동이 일정한 계획에 따라 통제되는 상황에서 이루어진다. 이때의 '통제'란 창작을 억압하는 통제가 아니라 자극하고 안내하기 위한 통제이다.
③ 창작 과정에서 교사-학습자, 또는 학습자-학습자 간의 상호 작용이 강하게 개입된다. 창작자는 교사와 동료를 가장 강한 잠재 독자로 설정한다.
④ 창작 결과에 대한 피드백이 즉각적이고 직접적이다.
⑤ 창작 과정이 곧 학습 과정이다.

이러한 특징은 교실 창작에 관해 독특한 접근 전략이 필요하다는 것을 말해 준다. 똑같이 창작교육의 범주에 들어가더라도 대학의 창작교육이나 문화센터, 평생교육원 등 일반인을 위한 창작교육 프로그램과 교실 창작이 달라야 하는 이유가 여기에 있다. 이러한 특징은 한편에서는 구심력을, 다른 한편에서는 원심력으로 작용한다. 교육과정의 요구가 구심력이라면 문단 창작의 까다로운 조건에서 자유로운 것이 원심력이 된다. 교육과정 해설 자체가 그러한 원심력을 인정하고 있기도 하다.[7]

여기서 중요한 것은 교실 창작이 문단 창작에 비해 단순하거나 저급한 활동이라고 말할 수 없다는 점이다. 완성된 작품 자체도 일괄해서 그렇게 말할 수 없을 뿐 아니라, 창작의 의도와 과정, 결과를 고려하면 모든 창작은 같은 가치를 가진다. 다만 영역과 맥락이 다를 뿐이다.

---

[7] "'문학의 창작'은 수준 높은 작품 창작만을 의미하는 것이 아니라 문학적인 표현을 사용하여 말하거나 글을 쓰는 것, 문학에 관해서 자기의 의견을 말하는 것 등을 포함한다."(이인제 외, 1997;154)

3) 창작교육의 필요성(必要性)과 가능역(可能域)

대부분의 아동은 스스로를 표현하는 쓰기에 대해 흥미를 가지고 있다.(Grave, 1983) 또한 아동은 쓰기 과정에서 즐거움을 느끼는 동시에 스스로 주제와 쓰기 방법을 선택하는 훈련을 하게 된다. 아동의 인지와 정의, 의사소통능력 발달 과정에서 창조적 쓰기의 중요성은 결코 과소평가될 수 없다.(Tompkins, 1982) 여기에서 창작교육의 정당성 논의가 출발해야 할 것이다. 그러한 욕구와 교육적 의도가 화해롭게 조화를 이룰 때 창작교육의 가치가 빛을 발하게 된다.

하지만 발달 단계를 중심으로 본 현재의 창작교육 실태는 이론과 실제 사이에 負의 상관이 있는 것처럼 보인다. 이론은 상급 학교에서 창작교육이 중점적으로 이루어져야 한다고 보는 데 비해,[8] 실제는 유치원과 초등학교 단계에서 활발하게 이루어지던 창작 활동이 상급 학교로 가면서 위축되는 모습을 보인다. 이러한 현상의 이면에 자리 잡고 있는 것이 '述而不作'의 창작교육관이다. 하지만 '述'과 '作'의 구분은 변통일 뿐이고, 이 둘을 통합하여 조감하는 것이 창작교육의 본질이 된다.

'述'과 '作'의 통합에서 오는 학습자의 포괄적인 창작 능력 신장, 그리고 그것이 궁극적으로 의도하는 전인적인 인간 형성과 문학 문화 발전이 창작교육의 필요역을 구성한다면, 교실 창작으로서 지니는 구체적인 특징들이 가능역을 형성한다. 교육과정은 이들 두 域의 철학적 · 이론적 · 정책적 · 기술적 타협으로 결정된다. 여기서 필요역이 확산을 지향하고 가능역이 수렴을 지향한다고 보는 것은 잘못이다. 창작교육과정 논의는 필요역과 가능역 모두를 심화/확장하는 가운데 두 역의 타협을 모색하는 과정이어야 한다. 지금까지는 정책적 · 기술적 관점에서의 타협이 우선적

---

[8] 6차 교육과정 이후 공통 <국어> 대신 고등학교 선택 과목인 <작문>과 <문학>에 창작 관련 내용을 배치한 것도 이와 유사한 발상에 따른 것이다.

으로 고려되었지만, 철학적 · 이론적 관점 또한 주요 변인으로 고려하는 것이 바람직하다. 7차 교육과정의 경우는 창작교육 도입의 정책에 비해 그 철학과 이론, 기술의 측면이 상대적으로 빈약한 모습을 보이고 있는데, 이러한 실패는 무엇보다도 창작교육을 보는 관점이 명료하고 타당하게 서 있지 않기 때문이다. 2007년 교육과정 역시 창작교육의 내적 체계가 불분명한데, 이는 창작교육을 작문교육의 특수 영역으로 보거나 수용 교육에 부수되는 것으로 보는 것, 또는 '전문적인' 창작에 비해 저급하고 단순한 활동으로 보기 때문이다. 하지만, 매월당이 자신의 온몸으로 창작했듯이 초등학교 1학년 아동 또한 온몸으로 창작한 것이며, 작품 자체와 별개로 창작 활동의 측면에서는 어느 누구도 그 가치를 폄하할 수 없다.

4. 창작교육 논의의 의의

창작교육은 국어과보다는 음악과와 미술과, 체육과(무용)에서 더 활발하게 논의돼 왔다. 국어과에서도 연극 분야가 다른 분야보다 상대적으로 활발하게 논의된다. 유독 문학 분야의 창작교육 논의가 부진한 이유는 너무 경직된 시각에서 문학 창작을 바라보기 때문이다. 다른 교과의 경우, 아무도 창작교육이 그 분야의 전문가를 기르기 위한 것이라고 말하지 않는다. 또, '수준 높은' 창작을 굳이 요구하거나 기피하지도 않는다. 창작 활동 자체가 학습 과정으로서 의미 있기 때문이다.

문학만 놓고 보더라도, 문학의 수용과 창작은 언제나 동전의 앞뒷면과 같은 관계가 된다. 행위지향 패러다임으로 직접적인 문학 텍스트 쓰기(권오현, 1997)를 강조할 때도, 그 이면에는 작품 읽기를 중심으로 하는 소극적인 문학교육이 <수용-창작>을 통합하는 적극적이고 통합적인 문학교육

으로 변화해야 한다는 뜻이 담겨 있다.[9]

7차 교육과정은 이러한 관점에서 최초로 정면에서 문학 창작의 교육과정을 공식화했다는 의의를 지닌다. 다만 창작의 신비성을 과장하여 창작교육의 입지를 스스로 축소한 한계를 지니는데, 이는 '作'을 포괄하는 '述' 개념을 도입하고 '작품'이 아닌 '활동'에 초점을 둠으로써 극복할 수 있다. 곧 언어를 매개로 하는 모든 표현 과정 자체를 창작으로 받아들이는 것이다. 그럼으로써 남쪽의 노래 부르기나 북쪽의 낭송시[10]처럼 문학 창작도 일상화 될 수 있다.

---

9 이와 관련하여 7차 교육과정에서 처음 설치된 예술계 고등학교 문예창작과 교육과정의 기본 구조를 보면 대강의 방향을 알아낼 수 있다. 이 틀은 2007년 교육과정에서도 비슷하게 계승된다.

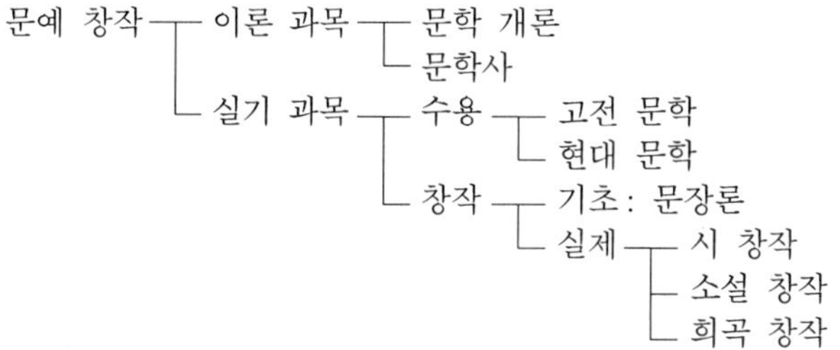

여기서는 크게 <지식, 수용, 창작>이라는 세 통로로 문학 창작에 접근해야 한다는 관점을 볼 수 있다. <국어> 과목 교육과정에서 <본질, 수용과 창작, 태도>로 나누어 접근한 것, 또는 『문학』 과목에서 <본질, 수용과 창작, 문화, 가치화와 태도>로 나누어 접근한 것도 유사하다. 실제로 쓰기는 읽기의 발전이자 확장(Cobine, 1995)이라는 점에서 창작교육과 수용교육의 통합 가능성을 읽을 수 있다.

10 낭송시는 남한에는 없는, 북한만의 시 향유 방식이다. "사실 북한에 와서 본 놀라운 풍습의 하나는 낭송시가 일상화 돼 있는 점이었다. 우리가 흥이 나면 유행가 부르듯 즉흥시 하나를 척 내놓는 것은 신기하기도 하고 사람을 주눅 들게 하기도 했다. 개중엔 못하는 사람도 있고 특히 잘하는 사람도 있었는데 그것은 노래 잘 부르고 못 부르는 사람 있음과 마찬가지였다."(유홍준, 1998)

Ⅲ. 문학교육과 대안 문학

1. <진달래꽃>과 <홀로서기>

시 읽기는 '지금 · 여기'를 축으로 이루어지는 독자와 텍스트의 만남이라 할 수 있다. 이때의 '만남'은 텍스트로부터 의미를 구성해 내고 그에 반응하는 순간적인 과정이다.[11] 그 과정은 핵심적인 세 변인의 영향을 받는데, 첫째는 심미 주체로서의 **독자**이고, 둘째는 심미적 자극으로서의 **텍스트**이며, 셋째는 읽기 과정을 지지하는 **맥락**이다. 곧 시 읽기는 독자의 의지 · 취향 · 능력과 텍스트의 언어 구조적 특성, 그리고 시 읽기가 이루어지는 목적 · 상황 · 문화 맥락 등이 복합적으로 간섭하는 가운데 이루어지는 심미적 과정인 것이다.

시 읽기 과정은 객관적인 정보 전달이나 문제 해결, 아이디어 생산 등과는 거리가 있다. 그것은 마음속에 이미지를 떠올리거나 언어 그 자체의

[11] '순간'과 '과정'이라는 말이 동시에 쓰일 수 있는지 의문이다. 그러나 언어의 선조성과 사고의 성층성을 받아들인다면 시 읽기는 분명히 하나의 '과정'이다. 그런데 시 읽기의 과정에서 독자는 텍스트 의미를 구성하고 '그 다음에' 거기에 반응하는 것이 아니라 의미 구성과 '동시에' 반응하며, 어떤 면에서는 의미 구성 자체가 하나의 반응이다. 따라서 여기서 의미 구성과 반응을 갈라서 얘기한 것은 '이해'와 '감상'이라는 전통적인 이분법을 염두에 두고 편의상 그렇게 쓴 것일 뿐, 이들이 서로 분리된 행동 특성이라고 전제한 것은 아니다.

울림을 느낌으로써 정서를 환기 · 이완하는 과정이다. 매 편의 시 읽기는 인과적으로 연결되는 것이 아니라 의식의 저층에 차곡차곡 쌓이며, 그러한 적층의 결과가 개인의 총체적 시 읽기 경험을 형성하게 된다. 나아가 개별 독자의 시 읽기 경험은 독자 공동체의 시 읽기 경험과 유기적으로 통합된다. 이러한 과정과 결과를 포괄적으로 살핌으로써 하나의 독자 공동체가 시와 시 읽기를 어떻게 받아들이는지 짐작할 수 있다.

읽기의 측면에서 본다면, 시 경험이란 개별 독자 혹은 독자 공동체가 시와 관련하여 수행하는 제반 읽기 행위들의 적층으로 이해된다. 개개의 시 읽기 행위뿐 아니라 그러한 행위가 시 · 공간을 통해 확산되는 양상까지도 가리키는 것이다. '경험'이란 말이 다분히 주체의 측면을 강조하고 있지만, 텍스트와 맥락이 없이 시 경험이 이루어지지는 않는다.

독자의 입장에서 시 경험은 텍스트 특성과 맥락에 따라 다양한 장*field*을 형성한다. 이들 장이 중심/주변, 선/후, 상호 보완 등의 조건에 따라 유기적으로 조직되는 경우가 있는가 하면, 각각의 장끼리 갈등하고 서로 자기 주장을 내세우는 경우가 있다. 전자가 유기적으로 통합된 시 경험이라면 후자는 분열되고 파편화된 시 경험으로 얘기할 수 있다.

시 경험의 분열은 한 독자 또는 독자 공동체가 서로 상이한 맥락과 텍스트 특성에 접하면서 일어난다. 이는 크게 두 관점에서 살펴볼 수 있는데, 독자 공동체 · 개별 독자의 분열이 그 첫째이고, 통시적 · 공시적 분열이 둘째이다. 독자 공동체의 분열은 성 · 연령 · 지역 · 계급 · 경제력 · 문화 배경 · 교육 수준 등에 따라 나타나며, 개별 독자의 분열은 자의 또는 타의로 접하는 여러 상이한 시 경험을 원활하게 처리하지 못할 때 나타난다. 또 통시적 분열은 시간의 흐름에 따라 언어 · 장르 · 제재와 주제 · 미의식 · 독자 역할 등이 달라지면서 나타나며, 공시적 분열은 독자가 이러한 다양한 자극에 동시에 노출되면서 적절하게 반응하지 못할 때 나타난다. 이들 지절이 상호 교차하면서 독자 공동체의 통시적 분열(예컨대

19세기 말의 독자 특성과 20세기 말의 독자 특성), 독자 공동체의 공시적 분열(예컨대 남성 독자 특성과 여성 독자 특성), 개별 독자의 통시적 분열(예컨대 아동기의 독서 특성과 청소년기의 독서 특성), 개별 독자의 공시적 분열(예컨대 학습을 위한 독서 특성과 오락을 위한 독서 특성)로 상세화된다.

이 글에서 문제 삼는 것은 개별 독자 수준에서의 분열로, 주로 공시적 분열에 관심을 둔다. 더 구체적으로는 제도 교육을 통해 이루어지는 시 경험과 그 바깥에서 이루어지는 경험 사이의 분열로, 전자를 '교실의 시 경험', 후자를 '일상의 시 경험'으로 부르고자 한다.[12] 교실의 시 경험은 교육과정과 교과서, 교사의 안내에 따라 이루어지는 실제 수업, 입시를 비롯한 각종 시험을 통해 접하는 시 경험 및 기타 학교에서 공식적으로 제공하는 시 경험을 포괄한다. 그에 비해 일상의 시 경험은 교사의 권고와 관계없이 사 보는 시집, 대중 매체와 광고, 대중 예술, 팬시 상품 등을 통해 접하는 시들, 사이버*Cyber*·온라인 문학, 자발적인 문예 활동 등을 통해 이루어지는 시 경험으로 이루어진다. 이들 두 범주의 시 경험 사이에 어느 정도의 거리가 있으며 그 거리는 왜 생겨나는지, 시교육 차원에서 그러한 분열 현상을 어떻게 받아들일 것인지의 문제가 이 글의 관심사이다.

논의의 출발점으로 각각의 장*field*에서 주로 읽히는 텍스트들의 목록을 살펴보자. 텍스트 특성은 시 읽기의 주체 및 맥락 특성과 긴밀하게 연관되어 있으면서, 가시적으로 점검할 수 있기 때문이다. 우선 '교실의 시 읽기'를 살펴볼 자료는 5·6차 교육과정기의 중·고등학교 교과서이다.[13] <붙임 1>을 살펴보면, 5·6차 중·고등학교 교과서에서 다룬 시인은 총 40

---

12 이 분열은 일단 공시적 분열로 이해되지만, 통시적으로도 나타나는 분열이다. '학교 다닐 때 읽은 시'와 '졸업하고 나서 읽은 시'를 비교해 보라.

13 국정 『국어』 교과서만을 자료로 삼았다. 고등학교 선택 과목으로 되어 있는 『문학』 교과서를 포함하면 폭이 훨씬 넓어진다.

명으로, 그중 5 · 6차에 모두 실린 시인은 고은, 김광섭, 김남조, 김소월, 김영랑, 김현승, 박두진, 박목월, 박성룡, 박용래, 변영로, 신경림, 신동엽, 신석정, 신석초, 유치환, 윤곤강, 윤동주, 이동주, 이육사, 이형기, 정지용, 정한모, 조병화, 조지훈, 한용운, 홍윤숙의 27명이다. 그중에는 중학교와 고등학교에 모두 실린 시인도 있어, 김남조와 이육사는 3회, 김소월과 한용운은 4회씩 실렸음을 볼 수 있다.

또 하나의 자료는 대학수학능력시험의 지문이다. 우리나라 학교 교육에 가장 크게 영향을 미치는 것이 대학입학고사일 텐데, 1994학년도부터 시행된 수학능력시험에서 다룬 시인들을 점검하는 것도 교실에서 다루는 시의 일반 경향을 살펴보는 데 도움이 될 것이다. <붙임 2>를 보면 초기 5차례 시행되는 동안 다루어진 시인은 김광섭, 김소월, 김수영, 박목월, 신동엽, 유치환, 윤동주, 이육사, 조지훈, 한용운, 황동규의 11명으로, 그중 김소월과 유치환은 2차례씩 다루어졌다. 이중 교과서에 작품이 실리지 않은 시인은 황동규뿐이며, 다른 10명 중 김수영을 제외하고는 모두 5 · 6차에 계속 작품이 실린 시인들이다.

'일상의 시 읽기'를 살펴볼 자료는 같은 기간에 팔린 베스트셀러 시집들이다.[14] 5 · 6차 교육과정 해당 기간 동안 시집 부문 5위 안에 든 시집은 연 35권으로, 시인은 강민숙, 고은별, 김기린, 김기만, 김미선(2), 김초혜, 류시화(3), 박렬(3), 박정호, 서정윤(4), 신진호(2), 예반(2), 용혜원(2), 원태연(2), 유혜목, 윤동주, 이정하, 이해인, 천상병, 최영미(2), 한만수, 황귀선의 22명이다. 여기서 서정윤, 류시화, 박렬 등이 이른바 '판매의 보증수표' 역할을 했음을 알 수 있다.

---

14 여기서 교보문고의 집계만 끌어온 것을 한계로 지적할 수 있다. 그러나 이 자료를 끌어 온 이유는 '잘 팔리는' 시집의 일반적인 경향을 알아보기 위한 것이지, 개개 시집의 구체적인 판매량이나 순위를 알기 위한 것이 아니다. 따라서 이것만으로도 전체 논지 전개에는 큰 지장이 없다고 생각한다.

여기서 교과서에서 중요하게 다루는 시인과 당대에 널리 읽히는 시인이 서로 다르다는 사실을 알 수 있다. 두 장*field*에서 공통되는 시인은 윤동주 한 명뿐이며, 그것도 예외적인 케이스일 뿐이다.[15] 이러한 현상이 우리에게 묻는 것은 간단하다. 곧, '학교에서 좋다고 가르친 시들을 학교 밖에서는 왜 읽지 않는가?' 또는 '왜 독자들은 좋지 않다고 배운 시들을 스스로 찾아 읽는가?' 하는 물음이다. 이 물음은 보다 근본적인 두 가지 문제를 제기하는데, 첫째는 '무엇이 가치 있는 시인가?' 하는 문제이고, 둘째는 '왜 시 읽기를 가르치는가?' 하는 문제이다. <진달래꽃>으로 대표되는 그룹과 <홀로서기>로 대표되는 그룹은 시와 시 읽기, 그리고 시교육에 관해 본질적인 질문을 던지는 것이다.

2. 우리 시교육이 외면한 것

교실의 시 읽기와 일상의 시 읽기는 여러 측면에서 대비된다. 맥락의 측면에서 본다면 교실의 시 읽기는 교육적인 목적을 달성하기 위하여(목표), 계획되고 통제된 상황에서(상황), 미리 선정된 텍스트를 자료로 하여(교재), 시의 여러 국면 중 어느 한 국면을 중심으로(내용), 교사의 안내와 설명에 따라 꼼꼼하게 이루어지는(활동) 시 읽기이다. 그에 비해 일상의 시 읽기는 이러한 특성이 제거된, 비교적 자유롭고 자율적인 시 읽기로 볼 수 있다. 그 차이를 몇 가지 기준에 따라 간단하게 살펴보면 다음과 같다.

---

15 윤동주는 김소월과 함께 가장 꾸준히 팔린 시인이지만, 90년대 초반까지 베스트셀러 목록에 오른 적은 없다. 1995년과 1996년에 베스트셀러에 끼인 것은 사망 50주기를 맞아 매스컴과 문예지에서 집중적으로 다룬 덕분이다. 1994년의 천상병도 그 해에 사망했기 때문에 예외적으로 목록에 오른 것으로 해석된다.

교실의 시 읽기와 일상의 시 읽기의 특성

	교실의 시 읽기	일상의 시 읽기
기본 성격	학습을 위한 과제 처리 과정	미적 욕구 충족을 통한 정서의 이완 과정
지향하는 가치	교육적, 학문적 가치 중시	개인적, 심미적 가치 중시
텍스트 선택 원리	목표 지향적이고 체계적인 자료 제공	의도와 상황에 따른 개별적 선택
작품 읽기 과정의 특성	학습 집단 공동 경험으로서의 읽기 보편적인 읽기 과정 재현 안내된 해석과 감상 해석의 타당성 중시	개인적 경험으로서의 읽기 능력과 성향에 따라 개별화된 읽기 과정 구현 자율적인 해석과 감상 해석의 구체성 중시
작품 읽기 결과의 활용	경험의 계열적, 위계적 조직에 따른 시 읽기 능력 신장	정서의 이완과 자기 점검 일상의 언어 생활에 편입

이 두 시 읽기는 맥락뿐 아니라 시 읽기의 전략도 이질적이다. 교실에서 요구하는 시 읽기 방식이란 기본적으로 구조기능론적 세계관에 입각한 꼼꼼히 읽기*close-reading* 방식이다. 거기서는 시 텍스트를 하나의 자족적인 체계로 보며, 한 텍스트는 그 부분들의 유기적인 결합이자 또 다른 전체의 부분이 되는 것으로 본다. 곧 '시의 구성 요소 → 시 텍스트 → 시의 거대 담론'으로 분명하게 위계화하는 것이다. 비유, 운율, 주제와 같은 구성 요소들은 텍스트 전체의 의미를 구성하기 위해 긴밀하게 결합하고, 한 텍스트의 의미는 다른 텍스트들과의 관련 하에 일정한 범주 안에 고정된다. 거기서 요구하는 것은 조화와 화해의 세계관이고, 인간의 이성과 도덕성에 대한 믿음이며, 진보와 성취의 이념이다. 심지어 저항적이거나

퇴영적으로 보이는 텍스트마저도 그러한 담론 체계 안에 흔적 없이 녹아 들어간다.(최지현, 1994;정재찬, 1996)

그에 비해 일상에서는 구조기능론적 세계관보다는 개인 중심의 세계관이, 꼼꼼히 읽기보다는 스쳐가며 단속적으로 읽기 방식이 채택된다. 시 텍스트의 작품 한 편이 중요한 것이 아니라 그 안의 '마음에 드는' 한 구절이 중요하고, 매 텍스트들은 개인 경험에 따라 무차별적으로 연관되거나 흩어진다. 시 자체나 시의 공적 맥락보다는 그 시를 읽는 개별 맥락이 중요하며, 의도에 따라 시의 의미를 자의적으로 해석한다. 또한 다양한 경향의 시에 균형 있게 접근하는 것이 아니라 독자의 취향에 맞는 특정 경향에 집중한다.

문제는 이들이 '이질적'이라는 데 있는 것이 아니라, '지나치게' 이질적이어서 상호 배타적이기까지 하다는 점이다. 교실의 시 경험과 일상의 시 경험 사이에 분열 현상이 심화되는 이유는 문화전달주의에 바탕을 둔 보수적 교육관, 순수・민족 문학 중심의 문학 이데올로기, 그에 대립되는 대중 문화의 확산과 대안 문화의 부재, 사회 이념에서 볼 수 있는 실용과 오락의 양분법(인문 정신은 그 어느 것에도 해당하지 않는다.), 세기를 넘어온 거대 담론의 실종 등 여러 측면에서 찾아볼 수 있다. 하지만 독서 문화와 관련하여 가장 현실적인 이유는 역시 교실의 시 읽기가 일상의 시 읽기에 비해 독자를 끌어들이는 힘이 약하기 때문이다.

여기서 왜 일상의 시 읽기는 독자를 효율적으로 끌어들이고 교실의 시 읽기는 그러지 못하는지, 그 이유를 찾아볼 필요가 있다. 그 첫째는 교실의 시 읽기의 경우 텍스트 수용 시점이 생산 시점으로부터 많이 떨어져 있다는 점을 들 수 있다. 독자는 '언젠가 어디선가*sometime & somewhere*'의 시보다는 '지금 여기*now & here*'의 시에 정서적 동질감을 느끼고 흥미를 더 갖게 된다. 소월이나 만해 류의 교과서 시[16]는 오늘의 독자에게 일종의 신화, 혹은 풍문으로 받아들여진다. 대신 통속시는 독자가 직접 겪고 느낄 수 있는 문학이다. 이러한 감성의 차이로 인해 독자는 교실의 시는 '배우는 시'로, 일상의 시는 '즐기는 시'로 차별화하여 받아들인다. 교과서에는 문학사의 평가를 거친 작품만 싣는다는 원칙이 교과서와 독자를 유리시키는 결과를 낳은 셈이다.

둘째, 교실의 시 읽기에서 다루는 경험은 독자가 일상적으로 접하는 경험과 판이하게 다르다. 이는 첫째 이유와 상통하는 것으로, 독자는 '바로 내 얘기'를 다루고 있다는 점에서 통속시를 좋아한다. 그에 비해 교과서 시는 탈일상화되어 있어서 가까이 하기에 너무 어려운 것으로 받아들인다. 실제로 교과서 시는 주로 민족 의식이나 치열한 자기 반성 등을 다루는데, 거기서 형상화하는 경험은 대부분 이념적이고 윤리적인 경험들이며 배경 또한 추상적이다. 그 결과 심미적 자극으로서 시가 지니는 의의는 사상되고, 추상적인 메시지가 주류를 이룬다. 통속시가 개인적인 문제에 관심을 두며 시를 통해서 자기를 위안하고자 하는 욕구가 강한 것과 비교된다. 교과서 시는 자기 위안이나 대리 만족에 머물지 않고 끊임없이 역사와 사회, 존재의 문제로 밀고나가려 하지만, 미숙한 독자는 공감

---

16 교실의 시 읽기에서 이상적인 텍스트로 상정한 시들을 '교과서 시'라고 부르고, 일상의 시 읽기에서 널리 읽히는 시들을 '통속시'라고 부르기로 한다. 최미숙(1995)은 이를 '키치시'라고 부른 바 있지만, '키치'라는 용어가 가지는 아방가르드적 성격 때문에 적절하지 않은 듯이 보인다. 대신 '대중 소설'과 구분되는 '통속소설'을 염두에 두고 '통속시'라고 부르기로 한다. 이는 박성봉(1995)이 통속성의 범주를 웃음의 해학성, 성의 관능성, 폭력의 선정성, 몽상의 환상성, 눈물의 감상성으로 정리한 것과도 상통한다. 거기에는 인사동 카페의 탁자나 낙서판에 끼적인 '시구'에서부터 양인자 류의 노래 가사나 심야 방송의 멘트, T.V 드라마, 인터넷에 올린 '자작시', 만화 같은 그림으로 장식된 저자가 불분명한 '시집'들에 이르기까지 문학이라는 제도의 주변에서 이루어지는 모든 것이 포함된다. 그것은 게릴라성, 단발성, 단편성, 저항성, 상업성, 익명성, 계층적 제한 등의 특징을 지닌다. 기존의 문학적 관점에서 볼 때에는 문학성도 약하고 치졸하기까지 한 작품들이지만, 이러한 '문학'이 주로 10대 독자를 중심으로 광범위하게 퍼져 있음을 간과할 수는 없다.

하기 어려운 경험을 하기 위해 그러한 무거움을 감당하려 하지 않는다.

내일을 향하는 젊은 날
우리 뛰어가 보자.
고통을 이겨 이상을 펼쳐 가며,
사랑이라 하여도 부끄럼 없는 젊은 날
우리 서로 사랑하자.

- 용혜원, <젊은 날>[17]

이 시는 '사랑'에 관한 단순한 진술만을 담고 있다. 미적 성취도는 물론 <진달래꽃>이나 <님의 침묵>에 비해 몇 길 떨어진다.(그 기준은 무엇인가?) 그러나 독자에게는 '영변에 약산/진달래꽃/아름따다 가실 길에 뿌리'거나 '걷잡을 수 없는 슬픔의 힘을 옮겨서 새 희망의 정수박이에 들어'붓는 것보다 '부끄럼 없는 젊은 날/우리 서로 사랑하자'고 말하는 것이 더 현실적이다. 통속시를 읽는 이유를 묻는 질문에 대해 대다수 독자들이 '바로 우리 얘기를 하는 것 같다'고 고백하는 이유가 여기에 있다.

셋째, 교과서 시는 독자의 요구에 비해 주제가 무겁다. 대체로 교실의 시 읽기는 '주제 찾기'를 최종 목표로 삼는데, 그 때의 주제는 대부분 철학적이고 추상적이어서 독자가 쉽게 다가가지 못한다. '동의는 하되 공감은 않는' 읽기인 것이다. 그에 비해 통속시는 독자가 관심을 가질 만한 가벼운 주제를 가볍게 풀어 감으로써 시선을 끈다.

나아가, 교과서 시의 주제는 심각할 뿐 아니라 텍스트 이면에 깊숙이 숨어 있다. 교과서 시를 읽는 과정은 일종의 미로찾기와도 유사한 과정을 거친다. 그러나 통속시의 경우 주제는 텍스트 표층에 그대로 나타난다. 읽는 순간 바로 주제가 드러나기 때문에 주제를 찾는 수고가 필요 없고,

---

[17] 용혜원(1996), 네가 내 가슴에 없는 날은, 베드로서원, p.33.

독자마다 다르게 해석하는 경우도 없다. 또 시의 제목이 그대로 주제로 연결되는 경우도 많은데, 이는 교과서 시의 제목이 대부분 '해', '성탄제', '승무', '광야' 등 하나의 명사로 이루어져 그것만으로는 주제를 유추하기 어려운 상황과 대비된다.

내가 여전히 나로 남아야 함은
아직도 널 사랑하기 때문이요,
내가 널 잊어버릴 수 있는 계절을
아직 만나지 못한 까닭이요,
그리고
뒤돌아설 수 있는 뒷모습을
아직 준비하지 못한 까닭이다.

- 김기만, <소망 1 - 내가 여전히 나로 남아야 함은>[18]

이 시의 메시지는 매우 쉽고도 분명하다. 제목에 이미 주제가 명시되어 있으며, 본문은 그 변주로 점철되어 있다. '그대가 곁에 있어도 나는 언제나 외롭다(류시화)', '넌 가끔가다 내 생각을 하지 난 가끔가다 딴 생각을 해(원태연)', '마지막이라는 말보다 더 슬픈 말을 나는 알지 못합니다(고은별)' 등에서도 마찬가지의 상황을 볼 수 있다.

넷째, 교과서 시는 독자의 흥미를 유지하기에는 미적 긴장도가 너무 높다. 일반적으로 미숙한 독자는 일정한 스토리가 없는 텍스트 수용에 어려움을 느낀다. 그렇기 때문에 몇 권씩 되는 대하소설은 단숨에 독파하면서도, 몇 줄 안 되는 시를 읽을 때는 곤혹스러워 하는 것이다. 언어 사용상 응축성과 상징성을 지닌 '시' 자체를 어려워하는데다, 그러한 특성이 극단적으로 강조된 교과서 시는 더욱 어려워하게 된다. 교과서 시와 통속

18 김기만(1995), 내가 여전히 나로 남아야 함은 아직도 널 사랑하기 때문이다, 도서출판 지원, p.15.

시의 행/연을 무시하고 줄글로 써 보면 그 차이가 확연히 드러난다.

사람들은 인연의 문제를 쉽게 풀려고 합니다.
그러나 쉽게 풀어서는 안 되는 것이 인연의 문제입니다.
사랑할 때가 오면 헤어짐 또한 오는 것이지만,
내게 있어 그대가 있어 주길 절실히 바랄 때
그대가 차마 떠나셔야 한다면 어쩔 수 없는 일이듯
다만 순리적으로 문제를 해결해야 하는 것입니다.
- 박렬, <파란 낙엽이 지는 창가에서 9 - 사랑할 때와 헤어질 때>[19]

이 시는 '인연'에 관련된 이미지나 정서를 환기하기보다는 그에 대한 시인의 판단을 직설적으로 내보이고 있다. 그 내용은 '사람들은 인연의 문제를 쉽게 풀려고 한다. → 인연의 문제는 쉽게 풀어서는 안 된다. → 순리적으로 문제를 해결해야 한다.'로 요약되는데, 시가 이처럼 간단하게 요약된다는 것은 그만큼 미적 긴장도가 낮다는 뜻이다. 교실의 시 읽기에서는 이 점 때문에 이 시의 가치를 낮게 평가하겠지만, 일상의 시 읽기에서는 바로 이 점이 매력적인 것으로 다가온다. 시 읽기에서 독자가 해야 할 귀찮고 복잡한 사고를 시인이 대신해 주었기 때문이다.다섯째, 교과서 시는 전통적인 시관에 지나치게 얽매여 있다. '시적이라는 것'에 대해 암묵적인 전제를 지니고 있는 것이다. 시어라든지 표현, 행과 연의 구성, 정조 등에서 그러한 전제를 충족시키지 못하면 한 단계 낮은 등급으로 평가된다. 그러나 통속시는 '시적인 것'에 대한 선입견이 없이, 시로 형상화할 수 있는 것이면 무엇이든 다룬다.

1

새벽 一時 十分. 서랍 속에 감추어 둔 포르노 테입으로부터 메세지가 전달되었다. '비디오 파워를 켜! 그리고 나의 껍질을 벗겨 줘 그 다음 너

[19] 박렬(1996), 만남에서 동반까지, 명선사, p.89.

의 옷을 내 앞에서 하나하나 벗어 던져…… 이젠 창(窓)을 닫아 이제부터 우린 커뮤니케이션을 하는 거야'

2

교감(交感)을 마친 소년, 쓰레기통에 배설을 한 뒤 영어 사전을 뒤진다. 「커뮤니케이션」!? 단순한 자위 행위가 아니었던 배우와의 교차적 행위. 소년의 폐 속은 전도된 水分으로 익사 직전. 새벽 二時 二十分. 소년은 새벽마다 커뮤니케이션을 바지 속에 집어넣는다

- 유리나비(ZPDEBU78), <포르노는 커뮤니케이션한다>[20]

이 시는 컴퓨터 문단에서 폭발적인 인기를 모으며 장기 연재되는 작품으로, 시에서 금기시되는 '포르노'를 과감하게 다루었다. 포르노를 다루었을 뿐 아니라 그 언술 방식도 파격적이어서, 마치 포르노 비디오의 대본을 옮겨 놓은 듯하다. 하지만 이 시 자체를 포르노물로 보기는 어렵다. 작품에서 성적 자극과 해소를 꾀한 것이 아니라 포르노 비디오라는 매개물을 통해 현대 문명이 직면한 소통 불가능성의 문제를 다루었기 때문이다. '소통 불가능성을 드러낸다'는 목적을 위해 '포르노'라는 소재와 '포르노성 언술'이라는 방법을 동원하는 것은, 통속시가 전통적인 시관으로부터 벗어나 목적을 위해 수단과 방법을 가리지 않는다는 사실을 보여준다.

여섯째, 교과서 시는 구성의 긴밀성을 강조한 나머지 독자의 언어 생활로 쉽게 연결되지 않는다. 통속시의 경우, 시의 메시지나 주제가 중요한 것 같지는 않다. 단지 부분 부분의 기발함・발랄함・참신함이 중요한 것이다. 그 결과 시의 '깊이'보다는 '빠름'이 우위에 놓이며, 그러한 부분들은 쉽게 일상 언어로 차용된다. 그에 비해 교과서 시는 소급적 독서를 요구하며, 언제나 전체 구성을 염두에 두어야 하므로 마치 숙제를 하는 기분으로 읽어야 한다. 이러한 특성은 독자의 가벼움을 무거움으로 끌어내리고, 독자는 그로부터 벗어나려고 한다.

---

20 천리안 컴퓨터 문단(Debut) '아마추어 문단' 수록 작품, 조회 수 3166(1997.1.20).

나아가, 미숙한 독자는 알기 쉽고 잠언적인 경구를 선호하는 경향이 있다. 한동안 라즈니쉬 류의 명상적인 글이 널리 읽힌 적이 있다. <배꼽>과 같은 책은 초월적 세계에 관한 이미지를 전달하지만, 그러한 세계에 이르기 위한 길고도 고된 길은 생략한 채 단순하게 결과만을 제시하는 특성을 보인다. 통속시에는 이처럼 심각한 사고 과정을 생략한 채 단순한 교훈만을 담고 있는 시가 많다. 이러한 잠언적 시는 시구의 일부를 따다가 일기나 편지 같은 곳에 인용하기 좋다는 특징을 지닌다. 구성의 긴밀성보다는 단편적 감상의 병치에 의존하기 때문이다. 그러한 시들은 행/연의 앞뒤 순서를 바꾸어도 의미상 큰 차이가 없다. 시 전체가 아니라 일부만을 필요로 하는 독자들에게 통속시의 이러한 특징은 매우 매력적이다.

(가) 막일꾼은 비 오면 쉬고
회사원은 일요일이면 쉬고
경비원은 격일제로 쉬고
택시기사는 이틀에 한 번 쉬고
선생님은 방학이면 쉬고
농부는 겨울이면 쉬고
수험생은 시험 끝나면 쉬고
배우는 연습이 끝나면 쉬고
애기 엄마는 애기 자면 쉬고
널 그리는 나는
언제 쉬냐?

- 원태연, <사랑하면 공휴일이 없을껄!>[21]

(나-1) 우리는
자기가 자신에게 베풀려고 하는 것보다

[21] 원태연(1992), 넌 가끔가다 내 생각을 하지 난 가끔가다 딴 생각을 해, 영운기획, p.40.

더 많은 것을
다른 이에게서 바랄 수는 없습니다

(나-2) 침묵 속에서도 서로가 편안할 수 있으려면
우리는 서로가 서로를 아주 잘 알아야 할 것입니다

- 예반[22]

(가)는 유사한 구절이 반복되는데, 반복으로 인한 미적 효과나 시상의 전개는 드러나지 않는다. 모든 이미지는 '널 그리는 나는/언제 쉬나?'라는 마지막 두 행에 집중되며, 앞부분을 몇 행 생략하거나 몇 행 덧붙여도 효과는 크게 달라지지 않는다. '나는 한시도 쉬지 않고 너를 그린다.'는 발상 하나만으로 시가 구성되었기 때문이다. 짧고, 가벼우며, 톡톡 튀는 것을 선호하는 의식이 저변에 숨어 있음을 알 수 있다. 또한 (나)는 시라기보다는 삶에 대한 잠언적인 경구로 볼 수 있는데, 시적 구성 자체가 없이 단편적인 아포리즘들의 나열로 되어 있다. 교과서 시가 하나의 미적 체계로서 텍스트 전체에 대한 고려 없이는 부분을 해석할 수 없는 데 비해, 이 시들은 어느 한 부분을 떼어내도 그대로 살아서 움직인다. 이러한 특성은 '예술로서의 시'의 언어와 일상 언어 사이의 경계를 매우 흐리게 만드는 것이기도 하다. 시에서 한 구절을 따다가 일상 언어 생활에서 자유롭게 사용할 수 있으며 끊임없이 변종을 만들어내기 때문이다.

일곱째, 교과서 시는 시 자체만을 중시한 나머지 시 읽기의 다른 변인들을 고려하지 않고 있다. 실제로 통속시가 독자들에게 어필하는 데에는

22 예반(1991), 남주 역, 누군가에게 무엇이 되어, 도서출판 대흥의 여기저기에서 인용. 이 아포리즘들은 각각 별도의 작품으로 제시되어 있지만, 제목은 없고, 책의 쪽수도 없다. 지은이와 옮긴이의 약력도 없는데, 다만 Javan이라는 사람이 항공회사의 평범한 사원으로 미국과 캐나다에서 사랑받고 있다는 소개만 실려 있을 뿐이다. 필자가 살펴본 바로는 이 책은 예반의 여러 작품들 중에서 몇 구절씩 뽑아 적절히 손질해서 편집한 것이다.

책 자체의 외적 매력도 한 몫을 한다. 출판사의 기획과 투자 능력이 신장되면서, 과거와는 비교가 안될 만큼 '맛깔난' 책들이 나오게 된 것이다. 금박으로 제목을 넣은 화려한 표지 장정, 질기고 매끄러우며 눈에 피로를 주지 않는 지질, 틀에 박힌 네모꼴에서 벗어나 요모조모 장식을 한 글꼴, 시의 분위기를 잘 살려주는 일러스트, 시커먼 먹물을 대신한 2도 인쇄, 작지만 틈틈이 튀어나와 책을 빛나게 하는 편집 아이디어 등은, 책을 단순히 '글자를 인쇄한 종이묶음'이 아니라 하나의 팬시 상품으로 받아들이게 한다. 이런 외적 매력이 시 자체의 내용과 결합할 때 시의 흡인력은 더욱 증가한다. 교과서 시는 책 자체가 투박한 데다 퉁명스러운 편집으로 시종일관해, 글자 그대로 '교과서'일뿐 '시'로서의 매력을 상실한 지 오래다.

심미적 자극으로서 교과서 시의 약점을 뒤집으면 그대로 통속시의 강점이 된다. 곧 통속시는 텍스트 생산과 수용이 거의 동시대에 이루어지며, 시가 다루는 경험이 독자의 경험과 유사하다. 아울러 독자의 취향에 맞추어 너무 심각하지 않은 주제를 가볍게 다루고, 쓸데없이 '무게를 잡지' 않는다. 통속시는 또한 시에 관한 전통적인 관념으로부터 벗어나 있으며, 표현이 평이하여 쉽게 읽을 수 있는 동시에 일상 언어로의 편입도 자유롭다. 무엇보다도 예술 텍스트로서 요구되는 미적 긴장도가 낮아서, '시인의 언어'라기보다는 '독자의 언어'에 더 가깝다. 독자의 입장에서는 시와 삶이 분리되지 않은 상태로 받아들일 수 있다.

교과서 시 스스로 이러한 약점이 있다는 것을 몰랐을까? 그렇지는 않을 것이다. 교과서 시도 독자들에게 더 가까이 가기 위해서는 이런 전략들이 필요하다는 것을 충분히 알았을 것이다. 다만 의도적으로 외면했을 뿐이다. 통속시의 그런 특징들은 아직 발달 단계에 있는 학습자를 바람직한 문학 주체로 이끄는 데 해가 될 뿐이며, 그 특징들을 수용하는 것은 대중의 천박한 기호에 영합하는 것이라 여겼기 때문이다. 학교에서는 교육적 필요에 따라 가치 있는 작품들을 읽힘으로써 미적 감수성을 기르고 한국 문학에 대한 바른 안목을 기르는 데에만 관심을 두었다. 그러나 한번 관점을 바꿔 보면, 그 '가치 있는 작품'이란 무엇인지, 학교에서 왜 시를 가르치는지에 관해서는 어떤 선입견에 빠져 있지 않았나 하는 의문을 품지 않을 수 없다. 우리가 가르쳐야 한다고 생각하는 '가치 있는 작품'이, 비록 문학사적 가치 평가를 견딘 것이라고는 해도, 결국 일반 독자들의 문화 생활과는 무관하게 교과서 속에 갇혀만 있다면 무슨 의미가 있는가(최인자, 1995:179) 하는 지적도 같은 맥락에서 나온 질문이다.

3. 시교육, 분열인가 통합인가

이제 시 경험의 분열 문제를 짚어볼 때가 되었다. 행위 주체와 관련하여 문학에서 일어난 최초의 분리는 작자와 향유자의 분리이다. 문학과 삶이 일치되었던 시대에는 모두가 작자였고 모두가 향유자였다. 그런데 문학 텍스트의 미적 긴장도가 점차 높아지면서 전문적인 작자가 등장하게 되고, 이제 작자와 향유자가 분리되게 된다. 설사 비전문가가 작품을 만든다 해도 그것은 '본격적인' 문학이라기보다는 하나의 여기나 습작으로 취급받게 된 것이다. 그 뒤를 잇는 것이 향유 계층의 분리이다. 전문적인 작자가 만든 작품을 향유할 수 있는 계층과 그렇지 못한 계층으로 분리되는 것이다. 전문적인 작자와 전문적인 향유층이 어울려 '본격 문학'이라는 엘리트 문학을 만들고, 거기에서 배제된 계층은 어쩔 수 없이 '대중문학'이나 '통속 문학'의 영역으로 떨어진다.

고전적인 독서 문화를 되살펴보자. 그 당시 읽기 능력은 매우 고급의 능력에 속했고, 매우 제한된 사람들만이 서적에 접할 수 있었다. 독서 문화는 곧 엘리트 문화였던 것이다. 이는 제도권의 공식적인 읽기와 일상의 비공식적인 읽기 사이에 거리가 별로 없었다는 뜻도 된다. 독자들은 일상의 읽기에서도 제도가 요구하는 것과 유사한 텍스트를 읽었으며, 설령 다른 텍스트를 읽으려 해도 그럴 만한 서적이 없었다. 실용적인 읽기를 제외한다면 그들의 읽기는 전통적인 經史子集류와 개인 문집들에 국한돼 있었다.이러한 엘리트적인 읽기 상황에 변혁이 일어난 것은 한글 독서층이 광범위하게 형성된 이후이다. 이야기책을 중심으로 비정통적인(엘리트 문화의 관점에서 볼 때) 서적들이 인쇄(혹은 필사)되어 유통되고, 독자들은 그것을 직접 읽거나 이야기꾼을 통해 간접적으로 읽을 수 있었다. 그러나 이것을 두고 읽기 경험의 분열이라고 말하기에는 아직 이른데, 그러한 책들을 읽는 독자들이란 대개 정통적인 교육을 받을 기회가 없었기 때문이다. 한문 독자에게 비제도권의 읽기가 존재하지 않았던 것처럼, 그들에게는 제도권의 읽기가 존재하지 않았다. 부녀자들이나 일부 사대부 그룹에서 제도권의 읽기와 일상의 읽기가 병존하기는 했지만, 그것은 읽기 경험의 분열 이전에 사용된 언어의 분열의 성격이 강했다. 한자로 이루어지는 정통 제도권의 읽기와 한글로 이루어지는 비제도권의 읽기 사이의 분열이라는 성격이 강했기 때문에, 전면적인 문화 현상으로서의 읽기 경험의 분열이라고 하기는 어렵다.

그렇다면 교실의 시 경험과 일상의 시 경험 사이의 분열이 문제가 된 것은 언제부터일까? 이 물음은 바꾸어 말하면 교육 담론과 별도로 일상의 시 경험이라는 것이 존재하게 된 것은 언제부터일까 하는 물음과 같은 것이 된다. 학교를 떠나서도 시가 광범위하게 읽히고 시집이 상품성을 갖추게 되는 시기.－그 시기는 1970년대 들어 문학과지성사의 <문학과지성 시인선>과 창작과비평사의 <창비 시인선>, 민음사의 <오늘의 시인선> 등이 나오기 시작한 때로 파악된다. 그 때부터 시집이 하나의 '독서상품'으로 인정받기 시작했기 때문이다.

그렇다 하더라도, 그러한 상황이 그대로 교실의 시 읽기와 일상의 시 읽기 사이의 상호 배타적 관계로 이어진 것은 아니다. 이해인, 조병화, 김지하, 도종환, 김초혜 등으로 이어지는 80년대 중반기의 베스트셀러 시인들을 살펴보면, 그 때까지만 해도 교실의 시 읽기와 일상의 시 읽기 사이에 심각한 분열은 나타나지 않은 것으로 보인다.[23] 분열이 심화되기 시작한 것은 대체로 1980년대 말로서, 그 시기는 87년 민주화투쟁의 열기와 실패가 교차한 시기이자 88올림픽이 열린 시기이며, 한편으로 이데올로기의 지위가 현저하게 약화되고 한편으로 한국 경제가 비대해지면서 후기 산업화 사회의 징후가 짙어지기 시작한 시기이다. 또한 자본의 문화 침투가 본격적으로 이루어지기 시작한 시기이기도 하다.

이 시기에 이르러 특히 청소년층이 충분한 구매력을 갖춘 사실을 주목할 필요가 있다. 80년대 이전까지만 해도 시집의 주요 구매층은 '대학생 및 20대 여성'이었다. 대다수의 청소년들은 교과서를 통해서만 시를 접했을 뿐, 따로 시를 읽거나 시집을 사 볼 기회가 매우 드물었다. 책, 그것도 '시집'을 사 볼 만한 문화적 취향과 경제적 능력을 동시에 갖춘 집단에 속하지 않았던 것이다. 그런데 80년대 들어 교복이 자율화되고 대학교 본고사가 폐지되면서, 고등학생과 대학생 및 고졸 직장인 사이의 경계는 매우 애매해지기 시작했다. 그러한 변화는 80년대 중반의 경제적 안정을 거치면서 서서히 구체화되는데, 90년대 초입에 회자된 이른바 'X세대'라는 신인류는 그 변화를 단적으로 보여준다. 그들은 70년대에 태어나고 80년대에 10대를 맞은 세대로서, 그 이전 세대와는 다른 감각과 취향을

---

23 1985~1987년까지의 베스트셀러 시집들은 오늘은 내가 반달로 떠도 · 내 혼에 불을 놓아 · 민들레의 영토(이해인), 바람의 둥지 · 남남(조병화), 타는 목마름으로(김지하), 접시꽃 당신(도종환), 홀로서기(서정윤), 산골 소녀 옥진이 시집(김옥진), 사랑굿(김초혜) 등이다. 이들 시집들과 90년대의 베스트셀러 시집들은 작자층과 경향 면에서 현격한 차이를 보이는데, 그 분수령은 대체로 1988~89년이다. 종합도서목록(교보문고, 1995) 참조.

가지고 있다. 그들은 유신 체제도, 광주 민주화 운동도 겪지 않았고, 어릴 때부터 컬러 T.V에 길들여졌으며, 88 올림픽에서 '세계 4위'에 오른 국력을 믿는 세대이다. 또한 그들은 도시 그 자체를 고향으로 기억하고, 북한을 '지금은 헤어져 있지만 언젠가는 다시 만날 이웃'이 아니라 '가난하고 억지만 쓰는 이웃' 정도로 인식하는 세대이다. 그들이 본격적으로 독서 시장에 뛰어들기 시작한 것이다.[24] 자연히 출판계가 이들을 주요 소비층으로 주목하게 되고, 그들의 기호에 맞는 시집들이 다량으로 쏟아져 나오게 된다.

시 행위를 둘러싸고 있는 문화적 환경의 변화도 이 시기에 이르러 분열이 심화되는 현상과 관련된다. 독자와 환경이 상호 작용하면서 경험을 분열시키는 것이다. 90년대에 들어서면서 인문학의 위기를, 문학의 위기를 자주 거론하며,(우한용, 1996:4-7) 실제로 상업주의와 물질주의의 압력에 문학은 한정 없이 밀려나는 듯도 하다. 하지만 우후죽순처럼 태어나고 스러지는 저 수많은 문예지와 구름같이 몰리는 신춘문예 응모자들과 신문 문화란을 장식하는 '단군 이래의 베스트셀러'를 보면, 문학이 꼭 위기인가 하는 반문도 가능하다. 위기인 것은 고급 문학이지 문학 전체는 아니지 않은가, 난해시를 넘어 시의 해체로 줄달음치는 고급 문학의 아래층에서 통속시들은 아우성치며 증식하고 있지 않은가 하는 물음이다. 시인은 도처에서 붕괴되고 있으나 시적인 문화는 도처에서 창궐하고 있다는 주장(김중신, 1996:163)도 여기에서 나오며, 그러한 현상은 그대로 경험의 분열로 이어진다.

이러한 시대적 특성은 결국 엘리트적 지배 담론을 해체하여 중심과

---

24 그들의 부모는 해방 후 출생해서 70년대 고도 성장의 주역으로 활동했지만, 정작 자신들은 그 혜택을 받지 못한 세대이다. 그 과실을 따먹는 세대가 X세대들이고, 이들이 문화적 욕구와 경제적 구매력을 양손에 쥠으로써 독서 시장의 주력 부대가 될 수 있었다.

주변의 상호 길항 관계가 무너지는 결과를 가져오는 것이 일반적이다. 문학의 측면에서 본다면 본격 문학 혹은 엘리트 문학과 통속 문학 혹은 대중 문학의 이분법이 무시되고, 지금까지 주변부에 머물러 있던 통속 문학이 문학 담론의 중심부로 진입해 들어오는 것이다. 곧 (A)와 같은 권력 관계가 (B)와 같은 권력 관계로 옮겨 가는 것이 일반적인 현상이다.

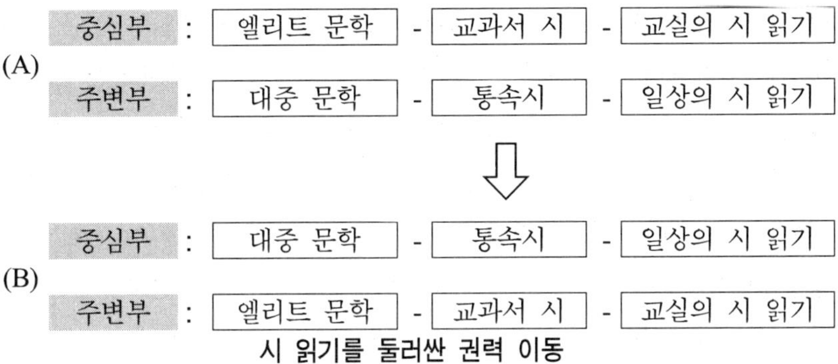

시 읽기를 둘러싼 권력 이동

그러나 실제로 나타난 것은 (A)→(B)로의 권력 관계 변화를 통한 경계 지우기가 아니라, 양자 간의 분리와 상호 배척 현상이다. 담론 중심(이는 교육을 통해 확대 재생산된다.)이 권력을 포기하지 않고 오히려 더 강력한 권력 행사를 추구하는 과정에서 대중 문학이 그로부터 거리를 두는 전략을 구사하기 때문이다. 대중 문학이 엘리트 문학과의 변별성을 강조하면서 스스로의 입지를 확보하고자 하는 것이다. 이는 (A)에서 (B)로 이행하는 과정에서의 과도기적 현상이라고 할 수 있다. 곧 현재 상태는 <단일성 → 분열 → 재통합>의 커다란 패러다임 변화 과정에서 둘째 단계에 해당하는 것으로 파악된다.

문제는 대중 문학의 그러한 전략이 통속시를 그야말로 '통속적으로' 이끌어간다는 점이다. 통속시는 앞서 본 교과서 시의 경직성을 상상력이나 감수성, 언어 사용의 창의성 등으로 돌파하는 것이 아니라, 기발함, 선정성, 평이성 등으로 우회하고자 한다. 무엇이 통속시를 이런 식으로 이끌어 갔는가. 근본적으로는 지배 담론의 강고함에 그 원인(遠因)이 있겠지만, 지배 담론에 대한 저항이 정공법이 아니라 변칙과 기습으로 시종하는 데에는 또 다른 이유가 있을 것이다.

우선, 일상의 시 읽기는 독서 문화를 지배하는 상업주의와 떼어서 생각할 수 없다. 대량 광고를 통해 인위적으로 수요를 증폭하는 일은 이제 상식이 되었으며, 출판사마다 몇 명씩의 '간판 스타'를 내세워서 인지도를 높이는 스타 시스템도 연예계 못지않은 효율성을 자랑한다. 그 과정에서 매스컴을 동원하기도 하는데, 어떤 경우에는 기사거리에 굶주린 매스컴이 스스로 출판 메커니즘과 손을 잡기도 한다.(이런 현상은 신문이나 방송보다는 잡지 쪽에서 주로 나타난다. 여성지의 작가 인터뷰를 보라.) 마치 증권가의 '작전'처럼 특정 책을 집중적으로 구입해서 베스트셀러 목록에 올린 뒤 그 과실을 따 먹는 전략이 가능한 것도, 조금만 '뜬다' 싶으면 금세 그것을 포착해서 확대 재생산하는 매스컴의 속성 덕분이다. 또 이름이 알려지지 않은 신인 작가를 '발굴'하기 위해서는 근래 부쩍 가짓수가 많아진 문학상 하나를 안겨주거나 전작 장편소설을 내고 독자들의 반응을 보는 전략을 사용한다.[25] 이는 일종의 '벤처 시스템'이라 할 수 있는 것으로, '고정 독자'라는 안전판 대신 '신선감과 적은 투자비'라는 투자 메리트를 선택한 것이다. 특히 문학상은 그 자체가 광고 효과를 가지기 때문에 더욱 선호되며, 신인의 입장에서는 폐쇄적인 문단 사회에 뚫고

---

25 이 전략은 주로 소설 쪽에서 애용되는데, 그 이유는 시보다 소설의 시장이 더 크고 그에 따라 투자비를 회수하는 기간이 짧기 때문이다. 그 결과 90년대 들어서면서 소설은 급격하게 세대 교체가 이루어져 30대 초·중반 작가들이 주도하게 된 데 비해, 시는 그 속도가 훨씬 느린 현상이 나타났다. '발 빠른' 장르라는 시가 소설보다 느려진 것이다. 같은 출판사에서 주관하는 <이상문학상>과 <소월문학상>의 수상자 및 수상 후보자 면면을 보면 이런 현상을 한눈에 알아볼 수 있다.

들어갈 수 있는 가장 확실한 길로 받아들여진다. 그 과정에서 어느 누구의 의지와 관계없이 시의 통속화가 진행되는 것이 상업주의의 해독이다.

시의 유통 경로가 다양해진 것도 한 이유로 들 수 있다. 전통적으로 시는 '제도권 문학'의 형태로 유통되어 왔다. 문예지를 중심으로 일간지나 동인지 등을 통해 시가 유통되고, 그 결과가 시집으로 묶여서 나오는 것이 보통이다. 시인으로 행세하려면 '등단'이라는 관문을 통과해야 했으며, 그 관을 쓴 사람은 매우 특별한 사람으로 인식되었다. 아무나 시를 쓸 수 없는 시대였던 것이다. 그런데 지금은, '아무나 시를 쓰는' 시대가 되었다. 특별한 등단 절차를 거치지 않았어도 '시만 좋다면' 시집을 낼 수 있으며, 그렇지 못하더라도 원하기만 하면 언제든 자비 출판이 가능하고, 탁상 출판 시스템 덕분에 스스로 시집을 편집하고 출력해서 책으로 제본해 낼 수도 있다. 아울러 인터넷의 문학 동호회에는 수많은 아마추어 시인들이 있는데, 그들은 서로의 시를 돌려 읽고 비평하며 나름대로 하나의 문학 공동체를 만들어 가고 있다. 좋은 시는 '입에서 입으로'가 아니라 '회선을 타고' 소문이 퍼지며, 물론 그 효과는 충분히 강력하다.[26]

이러한 유통 방식은 제도권의 유통과는 다른 특성을 시에 요구한다. 유통 자체가 특정 집단의 고유한 채널을 통해 이루어지는데다 대부분 무상(無償)으로 이루어지기 때문에, 보편적인 미의식보다는 특수한 경험이나 일회성의 정서를 다룰 가능성이 높아진다. 80년대 초반 시를 '문학의 게릴라'로 불렀던 적이 있는데, 이번에는 또 다른 의미에서의 게릴라가 나타난 것이다. 그 게릴라는 전파가 빠르고, 변종도 많이 생기며, 내부건

---

26 이우혁의 '퇴마록'은 통신 문학이 인쇄 문학을 점거한 최초의 사례로 꼽힌다. 요즈음에는 각 통신 서비스사마다 기성 작가의 연재란을 두고 있으며, 또 그보다 훨씬 많은 아마추어 작품들이 게시되는데, 그 대부분은 인쇄물로의 전이를 꿈꾸고 있다. 나아가 출판사나 작가는 새로운 작품을 시장에 내놓을 경우 일종의 '베타-버전'을 통신에 올려서 독자들의 반응을 살피고, 그에 따라 출판이나 집필 전략을 짜기도 한다.

외부건 검열을 의식하지 않는다. 또 그 게릴라는 적지만 매우 열성적인 동조자를 가지고 있고, 실패를 두려워하지 않으며, 기존의 관습과 제도를 의도적으로 무시한다. 그러한 게릴라들이 무상으로 출몰하는 비제도권에 속해 있는 것이 통속시이고, 자연히 그에 걸맞은 새로운 감성(다분히 통속적인)을 갖추게 된다.

무엇보다도 큰 이유는 '좋은' 대안 문학의 절대량이 부족하다는 점이다. 특히 청소년 문학이 그러한데, 문학 능력의 발달을 염두에 둔다면 유아 문학에서 성인 문학에 이르기까지 균질의 문학이 지속적으로 풍부하게 제공돼야 한다. 그러나 우리나라 문학은 지나치게 성인 문학 위주로 편성돼 있어서, 발달 단계에 따른 지속적인 문학 경험 제공이라는 측면에서 매우 취약한 면을 보인다. 그나마 유아 문학이나 아동 문학의 경우에는 국내・외 작품들이 비교적 충분하게 제공되고 있는 것으로 보이나, 청소년 문학은 매우 척박한 실정이다.[27] 독자는 아동 문학에서 어느 순간 성인 문학으로 도약할 것을 요구받고, 그 갭을 학교나 제도권의 통제 밖에 있는 문학들이 메우게 된다. 청소년 문학만을 놓고 보면, 공급이 부족하니 시장이 형성되지 않고, 시장이 좁으니 다시 공급이 줄어드는 악순환이 계속되고 있다. 이 악순환에는 물론 기성 작가들의 외면도 한몫을 하는데, 그 틈새를 통속시가 비집고 들어가면서 전통적인 의미의 '문학성'이나 '작품성'을 해체하게 된다.

일상의 시 읽기가 부정적인 방향으로 흐르게 된 이유는 비평의 부재에서도 찾을 수 있다. 강단 비평 위주로 성장해 온 우리 비평문학의 속성상,

---

[27] 이러한 현상의 근저에는 사회 전반의 교육을 보는 왜곡된 시각이 깔려 있다. 부모들은 유아・아동 문학의 경우에는 독서 교육과 창의력・정서 교육이라는 측면에서 적극적으로 문학에 접근하지만, 청소년 문학의 경우에는 학교 교육이나 입시에 직접 영향을 미치지 않는다는 점에서 소극적으로 접근하는 경향이 있다. 자녀가 중학교에만 진학하게 되면 부모는 더 이상 문학 작품을 권하지 않으며, 학생들은 스스로 마음에 드는 책을 골라 읽는다.

'바로 지금' 이루어지는 문학에 대한 비평은 신문의 문화란이나 문예지의 월평란 수준에서 벗어나지 못하는 경향이 있다. 더욱이 '본격 문학'이 아닌 대중 문학, 청소년·아동 문학, 번역 문학 등에 관심을 둔다는 것은 비평가로서의 안목과 품위에 관계되는 문제로 치부된다. 뿐만 아니라 비평 활동 자체가 소수 비평가와 작가 집단을 염두에 두고 전문적으로 이루어짐으로써, 일반 독자들이 지금 자기가 보고 있는 작품에 관해 알기 쉬운 비평을 접하기란 하늘의 별따기만큼이나 어려운 일이 되었다. 독자가 참조할 것이라고는 저마다 '이 시대의 고전'임을 주장하는 광고뿐인 것이다.

오늘날의 상황을 살펴보면, 긍정적인 현상과 부정적인 현상을 동시에 볼 수 있다. 문학의 존재 가치가 점점 위축되고 '문학의 위기'마저 거론되는 현실은 부정적인 현상이라 할 수 있다. 그렇게 된 이유는 문학이 현실적인 삶의 질 향상에 도움이 되지 않기 때문이다. 문학을 한다고(배운다고) 해서 부자가 되는 것도, 행복해지는 것도, 권력을 잡는 것도 아니다. 문학보다 더 재미있고 더 자극적인 것들이 얼마든지 있다. 과거에 '소설책'은 청소년들이 접할 수 있는 거의 유일한 오락이었지만, 지금 그것은 거의 맨 마지막에 선택하는 오락이다.

하지만 한편으로 긍정적인 현상도 있음을 외면할 수 없다. 지금은 과거 그 어느 때보다 광범위한 잠재적 독자층이 형성되어 있다. 장기간의 정규 교육을 통해 문학에 입문한데다 경제적 구매력과 문화적·지적 과시욕도 있는, 언제 어느 때든지 시집이나 소설책 한 권쯤은 살 용의가 있는 독자층이다. 그 결과가 100만부짜리 베스트셀러로 나타나는 것이고, '이상문학상' 수상 작품집의 고정 독자로 나타난다. 게다가 그 현상을 지원해 주는 매스컴(거의 모든 신문이 문학 담당 기자를 두고 매주 문학 관련 기사를 내보낸다.)과 출판 시스템, 아직 부족하지만 그래도 많이 확충된 도서관과 서점, 대중 가요나 연극·영화와의 연합 전선, 그리고 무엇보다도 아직 문학을 무언가 고상한 것으로 보는 인식들 - 문학은 한편으로 위기이면서 한편으로 비약의 계기를 맞은 것이다.

하지만 현재의 문학 및 문학교육계는 이러한 계기에 효율적으로 대처하지 못하는 것으로 보인다. 문학에 관한 기존 담론을 수정, 보완해 가는 속도가 해체해 가는 속도를 따라가지 못하는 것이다. 실제로 문학이 엘리트주의에 빠져 있는 동안 (고급)문학의 독자층은 점점 엷어져 간다는 지적을 여러 곳에서 볼 수 있다. 그러나 그 대안은 문학계나 문학교육계 어느 곳에서도 손쉽게 마련하지 못하고 있다. 그 와중에 교과서 시와 통속시 사이의 거리는 점점 더 멀어져 가고, 통속시의 '통속성'은 더욱 짙어진다.

여기서 한번 진지하게 물어볼 필요가 있다. 제도화된 문학교육이 제공하는 시와 독자가 요구하고 경험하는 시가 정말로 그렇게 다르다면, 문학교육은 어떻게 대응해야 할 것인가? 물론 표면적인 답은 네 가지로 나온다. 독자의 요구를 전적으로 수용하여 교과서 시 전체를 독자의 요구에 적합한 통속시의 텍스트들로 바꾸든지(교과서를 끌어내리든지), 보편적이고 항구적인 문학적 가치가 존재하고 또 그것을 가르칠 필요가 있다는 점에서 독자가 본격 · 고급 · 순수 문학에 익숙해지도록 교수-학습 방법을 개선하든지(독자를 끌어올리든지), 둘 사이에 적절히 평형을 유지하여 문학의 보편적 가치와 독자의 개별적 요구를 통합할 방법을 찾든지(적절히 섞든지), 아니면 현재의 분열상을 용인하고 그 추이를 살펴보는 것이 그것이다. 물론 셋째 방법을 취하면 어느 정도 균형 감각이 있는 것 같지만, 그렇게 단순하게 해결할 수 있는 문제는 아니다. 어쩌면 애초부터 이런 식으로 단순하게 접근하는 것 자체가 불가능한 문제일 것이다. 분열을 받아들일 것인가 아니면 통합을 추구할 것인가, 통합을 추구한다면 어떤 전략을 구사할 것인가의 문제는 시 읽기 및 시교육의 철학, 본질에 관계되는 문제이기 때문이다.

4. 새로운 대안 문학을 위하여

오늘날 청소년들은 문학 외에도 많은 자극에 노출되어 있다. 대중 가요, 영화, 만화, TV, 인터넷 등이 그것이다. '영화 공부하겠다'는 것은 과거에 '문학하겠다'고 하던 것만큼, 아니 그 이상 매력적인 것으로 받아들여진다. EPL이나 NBA나 메이저리그의 최근 전적이 리얼타임으로 제공되고, 헐리우드의 대형 영화가 뉴욕과 동시에 개봉되며, 인터넷에는 수많은 포르노사이트들이 떠다닌다. 이 때, 과연 문학이란 무엇이며 무엇을 할 수 있는지 반성해 볼 필요가 있다. 혹시 문학은 기껏해야 몇 천 명 내외의 '소수 엘리트 그룹'(사실은 모두가 한솥밥을 먹는 식구들이다.)끼리 돌려보는 팸플릿으로 전락하지는 않았는가. 그들 중에 어쩌다가 매스컴의 조명을 받는 것들이 그 그룹을 뛰쳐나가 대중들과 마주하게 되는 것은 아닌가. 그러면 그렇게 뛰쳐나간 작품을 '남아있는 저쪽'에서는 저급한 것으로 매도하는 것이 아닌가.

문학교육이 본격 · 고급 · 순수 문학에, 그것도 1980년대 이전의 작품들에 한정하여 엘리트주의와 복고주의에 빠져 있는 동안 독자는 통속 문학을 통해 제도 교육보다 훨씬 더 많은 문학적 경험을 쌓아 가고 있다. 나아가 문학이라는 제도 자체를 위협하기까지 한다. 이는 제도권 문학에 대한 일종의 독자들의 반란이라 할 수 있다. 문학교육이 이러한 꿈틀거림을 적극적으로 포섭하지 못한다면 결국에는 수업 시간과 입시에서밖에 그 존재 가치를 찾지 못하게 될지도 모른다. 문학은 교과에 갇힌 것이 아니라 생활과 문화 속에서 살아 있는 것이라는 점에서, 그러한 결과는 문학과 인간 모두에게 바람직한 일이 아니다.

이 시점에서 시 경험의 분열이 어떤 결과를 가져올지 예측하기란 쉽지가 않다. 어떤 의미에서 그러한 분열은 필연적이라 할 수 있다. 독자는 다양한 상황에서 다양한 의도로 시에 접하며, 시 경험의 다양성을 통제하려는 시도는 언제나 실패하기 때문이다. 교실에서의 시 읽기와 일상의 시 읽기는 경험의 다양성을 가장 간명하게 보여주는 예가 될 뿐이다.

그럼에도 불구하고 시 경험의 분열을 문제 삼는 이유는, 그것이 시 읽기의 본질과 시교육의 방향에 관해 근본적인 물음을 던져 주기 때문이다. 시의 가치는 어떤 기준으로 평가할 수 있는가. 왜 독자는 어떤 시를 좋아하고 어떤 시는 싫어하는가. 시적 능력(감식안을 포함하여)을 가르친다는 것이 가능한가. 가능하다면 그 범위는 어디까지인가. 시의 '예술성'과 '교육성', '대중성'은 언제나 대립하는가 등의 물음이 그것이다. 이러한 물음은 끝없이 이어진다. 왜 독자는 교육의 의도대로 발달하지 않는가. 만화나 무협지나 영화는 누가 가르치지 않아도 스스로 찾아 배우면서, 왜 문학은 스스로 배우질 않는가. 왜 통속시는 읽지 말하고 하는데도 열심히 읽고, 학교에서 읽으라고 하는 시는 안 읽는가. 교육은 본질적으로 그런 것인가? 그렇다면, 교육의 효과는 어떤 과정을 거쳐 무화되는가…….

필자는 위에서 시 경험의 분열을 초래한 직접적인 원인은 제도 교육이 문학 현상의 변화에 발 빠르게 대응하지 못한 데 있지만, 실상 그러한 분열이란 어느 정도 역사적 필연성을 띠는 현상이라고 말했다. 그러면서도 시의 통속화가 '자연스러운 변화'라고 받아들이기에는 부정적인 측면이 너무 많다는 말도 했다. 물론 이러한 지적은 처음이 아니며, 여러 사람이 유사한 문제를 제기했다.

> 하긴 몇 년 전에 시집 류가 베스트셀러로 된 적도 있었고, 시가 적힌 책받침이나 카드, 판넬 몇 개쯤은 중고생이라면 가지고 있긴 합니다. 그러나 베스트셀러로 팔린 시들이라는 것이 대체로 건강한 우리 시의 참모습을 보여주는 데에는 턱없이 부족하고, 아이들의 학용품 나부랭이에 적혀 있는 시들도 거의 외국 번역시나 얄팍한 상업주의 시 일색입니다. 교과서

에 수록된 시는 삶과 동떨어진 무미건조한 것이 많고, 시험을 전제한 시 감상법은 너무 분석적이고 답답하지요. 아이들은 시란 으레 그런 것이라 생각합니다. 어떤 것은 어렵고 딱딱하고, 또 어떤 것은 애매한 외로움과 슬픔, 체념이 어우러진 감상적인 것이라고요. 시를 통해서 우리의 삶을 깨달을 수 있고, 시를 통해서 삶을 발전적으로 변화시키려는 암시를 가질 수 있다는 것을 모릅니다.[28]

여기에서는 교과서 시와 통속시 모두를 비판하는 관점을 볼 수 있다. 교실의 문학과 일상의 문학 모두를 부정하고 제삼의 방향을 지향하는 것이다. 문제는 그러한 지양이 겉으로는 새로운 문학관을 제시하는 것처럼 보이지만, 실제로는 기존의 제도권 문학이라는 틀 안에서 자신들의 문학관에 적합하지 않은 것을 배제하는 선에서 타협한 데 불과하다는 점이다. 지향하는 세계관에서 차이가 날 뿐, 이들 역시 엘리트적인 문학관에서 벗어나지 못하고 있다.[29]

그만큼 기존 담론의 힘은 강하다. 통속시들까지도 저변에서는 정전화된 교과서 시를 완전히 부정하지 못하고 그 어법에 기대는 실정이다. 예를 들면 앞서 본 김기만의 다음과 같은 시는 윤동주의 완벽한 표절이다.

내가 여전히 나로 남아야 함은
아직도 널 사랑하기 때문이요,
내가 널 잊어버릴 수 있는 계절을
아직 만나지 못한 까닭이요,
그리고

[28] 국어교사모임 편(1993), 교과서에 나오지 않는 시, 가교, p.5.

[29] 1980년대 시 중 기존의 엘리트 문학과 가장 거리가 먼 시인을 꼽는다면 박노해와 백무산일텐데, 이들 역시 대형 신문사와 문예지를 통해 제도권 담론에 편입되었다는 점에서는 진정한 대안 문학이라 하기 어렵다. 이들이 유명한 첫 시집 이후 더 이상 나아가지 못한 이유도 평론가들의 경탄 속에 숨어 있는 함정을 피하지 못했기 때문이다.

뒤 돌아설 수 있는 뒷모습을
아직 준비하지 못한 까닭이다.

- 김기만, <소망 1>

가슴속에 하나 둘 새겨지는 별을
이제 다 못 헤는 것은
쉬이 아침이 오는 까닭이요
내일 밤이 남은 까닭이요
아직 나의 청춘이 다하지 않은 까닭입니다.

- 윤동주, <별 헤는 밤>

이것이 적극적인 패러디가 되지 못하고 표절에 그치는 이유는 전적으로 그 발상과 세계관, 미의식, 미적 자질이 원작의 그것에 미치지 못하기 때문이다. 하지만 이 표절은 통속시가 교과서 시로부터 갈라지기 시작하는 바로 그 지점을 보여준다. 그러한 갈라짐이 다시 하나로 만나는 지점에서 새로운 대안 문학의 가능성을 찾을 수 있다. 물론 그 통합 지점이 기존의 교과서 시나 통속시 중 어느 한 영역에 속하지는 않을 것이다. 분리를 겪은 뒤의 통합은 읽기, 문학, 시 경험 등에 관한 새로운 패러다임을 제공할 수 있을 때 가능하다.

따져보면, 모든 문학사는 기존의 엘리트 문학이 생명력을 잃고 매너리즘화되면서 퇴조하고 새로이 제도권으로 진입한 민중 문학이 대신 그 자리를 채우는 과정을 보여준다. 그렇다면 오늘의 통속시가 내일의 제도권 문학이 되리라고 예상할 수 있을까? 과거의 민중 문학은 내용은 혁신적이었고 형식은 파격적이었다. 그러면서도 내용과 형식 모두 '문학성'이라는 기본 속성은 지니고 있었는데, 발랄한 상상력이나 역동적인 표현, 참신한 형식 등이 그것이다. 하지만 오늘의 통속시는 그 점에서 부족하다. 상업주의와 황색 저널리즘, 비평의 부재, 문학교육의 실패 등이 그 이유이다.

만일 새로운 대안 문학이 서지 못한다면 경험의 분열은 점점 심화되고, 마침내 문학 자체의 공동화를 초래하게 될 것이다. 문학 중심이 실종된 가운데 상업화된 대량 통속 문학만 유통되는 현상이 나타나는 것이다. 따라서 기존의 통속 문학 대신 엘리트 문학에 대응할 만한 건강한 대안 문학을 찾는 일이 필요하게 된다. 엘리트 문학의 상승성과 통속 문학의 확산성을 통합하여, 진정으로 건강한 이 시대의 대안 문학을 모색해야 하는 것이다. 그 역할이 문학 및 문학교육 담당자들에게 맡겨진 셈이다.[30]

[30] 최미숙(1995:170-173)도 이와 유사한 주장을 한 적이 있다. 그는 '키치 문학'을 중심 개념으로 취하면서 학교 교육에서 ① 문학교육 내용에 관한 확충이 필요하다 ② 고급 문학과 키치 문학 각각의 문학 형태가 지니고 있는 객관적인 특성에 대한 지도를 해야 한다 ③ 키치 문학은 고급 문학에 도달할 수 있는 과정에서 기초적인 역할을 수행할 수 있다 ④ 학교 바깥의 문학 소통을 위한 별도의 하위 커리큘럼이 여러 가지 사회적 문화적 메커니즘을 통해 구비되어야 하며, 문학 교육과정을 개발하는 데 있어서도 문학의 사회적 문화적 소통 현상을 의미 있게 고려해야 한다는 점을 지적했다. 그러나 학교라는 제도만으로 대안 문학을 개발할 수 있으리라고는 보지 않는다. 문학교육은 학교뿐 아니라 매스컴, 문화 자본, 학술계, 문학계 모두를 교육 대상으로 삼아야 한다.

Ⅳ. 문학교육과 매체

- 문학 능력과의 조회 -

1. 다매체 시대의 문학 능력

1) 논의의 필요성과 방향

문학교육의 목적에 대해서는 여러 논의가 있을 수 있다. 예를 들어 개인의 삶의 질 향상, 공동체 형성과 유지, 문화 계승과 발전 등이 모두 문학교육의 목적으로 거론된다. 그러나 이들은 문학교육 고유의 논의라기보다 학교 교육 전반에 관한 논의라고 봐야 한다. 그에 따라 언어 생활의 질 향상, 심미적 사고와 상상력 신장, 문학적 문화의 고양 등을 거론하기도 하고, 바람직한 문학 주체 형성, 문학 소통 능력 신장, 문학 리터러시 함양 등의 구체적 목표로 논의 방향을 돌리기도 한다. 어느 경우든, 문학교육이 문학이라는 독특한 텍스트를 자료 혹은 매개로 하여 학습자의 문학적인 사고와 소통 능력을 기름으로써 문학과 관련된 문화를 발전시키는 기획이라는 점은 동일하다. 여기서 보듯이 대개의 교육 목적론은 'A를 길러서/함양하여 B를 추구한다.'의 형태를 띠는데, 문학교육에서 그 A는 '문학에 관한 모든 능력'이 된다.

단순하게 '문학 능력'이라고 말했지만, 그 개념의 폭은 상당이 넓다. 연구자마다 이 용어를 서로 다른 개념으로 사용하여, 어느 경우에는 '문학을 문학으로 인식하고 문학 활동을 할 수 있는 능력'의 뜻으로 사용하기도 하고, 어느 경우에는 '문학에 관한 지식과 경험의 총체'라는 의미로 사용하기도 한다. 구체적으로 '문학 텍스트를 감상 · 비평하고 창작하는 능력'으로 한정하는 경우도 있다. 문학 능력이 문학교육의 핵심 개념이라는 데에는 대체로 동의하지만, 그 실체가 무엇인지에 관해서는 뚜렷한 합의를 이끌어내기 어렵다.

문학교육의 제도적 정화라 할 교육과정도 사정은 마찬가지다. 제4차 교육과정에서 문학 교육과정이 별도로 구성된 이후[31] 2007년 교육과정에 이르기까지 다섯 차례의 국가교육과정이 공포되었는데[32], 그때마다 문학 능력을 바라보는 관점은 조금씩 달라졌다. 예컨대 4차 교육과정이 문학 텍스트에 관한 능력을 중시했다면 5차 교육과정은 문학적 활동 능력을 중시하고, 6차와 7차 교육과정은 문학 문화에 관한 내용을 추가하는 식이다. 문학 교육과정이 상정한 문학 능력의 개념을 살펴본다면 문학교육의 실질과 지향을 모두 알아낼 수 있다.

여기서는 이와 관련하여 4차 이후 문학 교육과정이 상정한 문학 능력의 개념을 살펴보고, 2007년 교육과정의 문학 능력관을 분석하여 그 지향을 탐색하고자 한다. 특히 2007년 교육과정에서 생겼다가 교과서도 나오기 전에 2009년 교육과정에서 사라진 <매체언어> 과목과 대조하며 매체 기반의 문학 능력은 어떻게 개념화할 수 있는지 살펴보는 데 초점을 둔다. 교육과정상 과목은 사라졌어도 <매체언어> 과목 교육과정은 국어과에서

---

31 여기서의 '문학 교육과정'은 <국어> 과목의 '문학' 영역과 고등학교 <문학(Ⅰ · Ⅱ)> 과목의 교육과정을 합쳐서 가리킨다.

32 2009년 교육과정이 있지만, 문학교육의 내용상으로는 2007년 교육과정의 부분 개정 성격을 띤다.

매체를 바라보는 관점을 통합적으로 보여주는 유일한 공식 자료이기 때문이다. 이를 통해 한쪽으로 문학교육 목표이자 내용으로서 문학 능력의 개념 논의를 심화하고, 다른 쪽으로 교과서 개발 및 교수론의 개선에 관해 실천적 문제 제기를 할 수 있을 것이다.

2) 문학 능력 논의의 전제

문학 능력에 관한 연구는 주로 문학교육의 목표 및 내용론의 일환으로 이루어졌다. 외국에서는 컬러의 논의가 대표적인데, 그는 구조주의 시학의 흐름에 속하면서도 독자 중심의 관점을 취하여 문학 능력(Literary Competence)을 '교양 있는 독자가 지닌 문학적 관습에 관한 지식'으로 규정하였다. 여기서의 'Competence'는 촘스키가 언어 능력(Linguistic Competence)을 언급할 때의 그것과는 조금 다른 개념으로, 촘스키의 언어 능력이 기저 능력에 해당한다면 컬러의 문학 능력은 추구 능력이라는 차이를 보인다. 리파테르도 비슷한 관점에서 문학 능력을 언급하고 있으며, 또 다른 구조주의 시학자 스콜즈도 맥락은 다르지만 문학 능력에 대한 관심을 표했다.

국내에서 문학 능력에 대한 논의는 김대행, 우한용, 김중신, 김상욱, 정재찬, 최지현 등의 논의에서 두드러진다. 이들 논의는 크게 보아 기호-소통론적 능력과 이데올로기-담론 능력을 강조하는 편차를 보이는데, 대체로 문학의 내적 특성에 주목하는 논자들은 전자에, 문학의 사회적 역할을 중시하는 논자들은 후자에 착목한다. 한편으로 문학 능력을 문화와 연관지어 설명하는 관점도 일정한 지분을 차지한다.

이러한 논의들이 놓친 부분은 문학 능력이 결국 교육적 용어/개념이라는 점이다. 용어/개념이 필요해진 이유부터 그것의 활용처까지, 문학 능력은 교육과 분리해서 생각할 수 없다. 능력에 관해 논의하는 순간 그것을 어떻게 다룰까 – 구체적으로는 어떻게 발전시킬까를 고민하게 되기 때문이다. 문학 능력은 문학교육의 목표이자 내용으로서[33] 교육과정이나 교과서와 같은 구체적 실천을 고려해야 그 의미가 분명해지는데, 그동안의 논의들은 문학 혹은 문학 활동의 측면에만 집중하여 이 점을 소홀히 했다.

교육적 안목에서 문학 능력을 재개념화한다는 것은, 첫째는 개인의 희망과 사회적 요구, 교육 가능성 등을 고려해서 문학 능력을 개념화해야 한다는 뜻이고, 둘째는 문학 능력의 가소성과 발달성, 추상적 능력과 구체적 실천의 상호 회귀성을 적극적으로 인정해야 한다는 뜻이다. 문학 능력은 그것이 지식이든 소통의 기술이든, 혹은 경험이나 취향이든 간에 교실에서 가르치거나 배울 수 있고, 초급 단계에서 고급 단계로 발전이 가능하며, 분절적이고 위계적으로 나누어서 다룰 수 있어야 한다. 그렇지 않다면 논의 자체가 원론에 그칠 공산이 크다.

2. 4~7차 교육과정 목표에 담긴 문학 능력관

1) 교육과정의 목표와 문학 능력의 구조

근대 교육의 성립 이후에 문학교육은 계속 이루어져 왔지만, 공식 문서로서 문학 교육과정을 이야기할 수 있게 된 것은 제4차 교육과정 때부터다. 그 전에는 교육과정 자체가 '말하기 · 듣기 · 읽기 · 쓰기(짓기)' 체제로 되어 있어, 문학 관련 내용을 체계적으로 제시하기에는 한계가 있었기

33 교육론에서 목표와 내용은 자주 중첩된다. 국어교육에서 널리 용인되는 개념을 예로 들면, 국어교육의 내용은 '국어사용능력'이고 목표는 그것을 신장하는 것(=국어사용능력 신장)이라는 식이다. 이는 목표론과 내용론의 층위를 혼동한 전형적인 사례로서, '평가 목표-평가 내용'의 기술에서도 똑같이 발견된다. 목표-내용의 층위에 대해 이 논문에서는 일단 일반적인 용법을 따르지만, 언젠가는 교육철학 수준의 논의가 있어야 한다.

때문이다. 1981년 4차 교육과정에서 처음으로 '문학' 영역을 설정하고 그 체제가 지금까지 이어지고 있으니, 제도로서의 문학 교육과정에 대한 논의도 그 범위 안에서 이루어질 수밖에 없다.

각 교육과정기의 문학 능력관은 '목표'와 '내용' 항목에 반영되어 있다. 교육과정 자체가 워낙 추상도가 높아서 명시적으로 기술하지는 않았으나, 세부 진술들을 따져 보면 당대의 교육과정이 상정한 문학 능력관을 읽어낼 수 있다. 여기서는 4~7차 교육과정 <국어>와 <문학> 과목의 교육과정 목표를 중심으로 살펴보기로 한다.

우선 4~6차부터 보자. 편의상 전문(前文)은 생략하였다.

4차~6차 문학 교육과정 목표

	국어	문학
4차 교육과정	6) 문학이 문화 유산임을 알고, 문학에 관한 체계적인 지식을 가지고 작품의 가치를 평가하며, 인간의 내면 세계를 이해하게 한다.	1) 문학 작품을 여러 각도에서 감상하고 예술적 가치를 평가하며, 인간의 보편적 갈등과 정서를 이해하게 한다. 3) 국문학에 대한 이해를 더욱 깊게 하고, 선인의 문학 세계를 바르게 파악하게 한다.
5차 교육과정	6) 문학에 관한 일반적인 지식을 바탕으로 작품을 바르게 이해, 감상하여, 인간의 삶을 총체적으로 이해하게 한다.	1) 문학 일반과 한국 문학에 관한 체계적인 지식을 습득하게 한다. 2) 문학 작품을 즐겨 읽고 상상을 통한 창조적 체험을 함으로써 미적 감수성을 기르게 한다. 3) 한국 문학에 나타난 민족의 정서와 삶을 총체적으로 이해하고, 민족 문학의 발전에 이바지하게 한다.
6차 교육과정	다. 문학에 관한 일반적인 지식을 바탕으로 작품을 바르게 이해, 감상하며, 인간의 삶을 총체적으로 이해하게 한다.	가. 문학 일반과 한국 문학에 관한 체계적인 지식을 습득하게 한다. 나. 문학 작품을 즐겨 읽고 감상하게 함으로써 미적 감수성과 문학적 상상력을 기르게 한다.

		다. 한국 문학에 나타난 민족의 삶과 정서를 이해하며, 이를 토대로 세계 문학 속에서의 한국 문학의 바른 위상과 방향을 추구하는 데 이바지하는 태도를 가지게 한다.

이 목표들에서 중심 개념을 뽑아내면 당대의 문학 교육과정이 상정한 문학 능력을 유추할 수 있다. 먼저 4차 교육과정의 경우, <국어> 과목은 세 개의 목표를 병렬 제시한 데 비해 <문학> 과목은 문학 일반에 관한 목표와 한국 문학에 관한 목표로 나누어 두 가지로 기술하였다. 그 내용은 다음과 같이 요약된다.[34]

4차 교육과정 목표의 내용 구조

국어 : 문화 유산으로서의 문학에 대한 인식 + (문학에 관한 체계적 지식 →작품의 가치 평가) + 인간의 내면 세계 이해
문학 : (문학 작품의 감상과 평가 + 인간의 보편적 갈등과 정서 이해) + (국문학에 대한 이해 + 선인의 문학 세계 파악)

여기서 '국문학에 대한 이해'는 '문학에 관한 체계적 지식'에 포함되고, '선인의 문학 세계 파악'은 '문화 유산으로서의 문학에 대한 인식'과 통합할 수 있다. '작품의 가치 평가'와 '문학 작품의 감상과 평가'가, '인간의 내면 세계 이해'와 '인간의 보편적 갈등과 정서 이해'가 내용상 같다고 보면, 4차 교육과정이 상정한 문학 능력은 다음과 같이 두 국면 세 영역으로 구조화된다.[35] 이것은 교육과정이 상정한 최초의 체계적인 문학 능력 개념이다.

---

34 여기서 '+' 기호는 병렬 관계를, '→' 기호는 수단-결과 관계를 의미한다. 한 항목이 복수의 내용을 포함할 경우에는 괄호로 묶었다.

35 여기서 '인간에 대한 이해'를 문학 능력의 범주에 포함할 수 있는지에 대해 이견이 있을 수 있다. 필자는 그것을 '문학적 관점에서 본', 혹은 '문학 활동을 통해 얻은'으로 해석하여 문학 능력에 포함하였다.

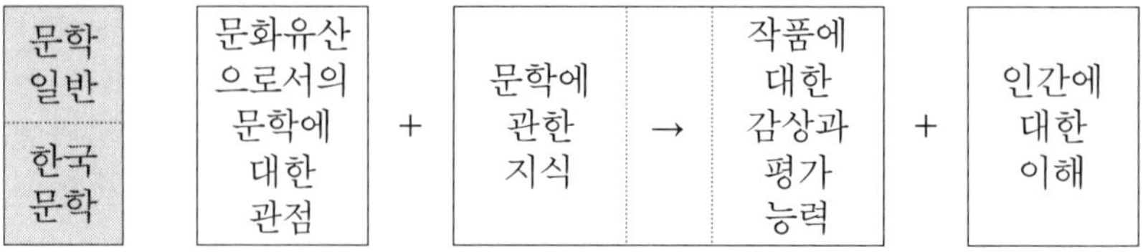

문학 일반 / 한국 문학	문화유산으로서의 문학에 대한 관점	+	문학에 관한 지식	→	작품에 대한 감상과 평가 능력	+	인간에 대한 이해

4차 교육과정의 문학 능력 구조

제5차 교육과정의 경우 <국어> 과목은 4차와 마찬가지로 세 개의 목표를 제시하되, 문화 유산에 대한 언급을 삭제하고 '체계적 지식'을 '일반적 지식'으로, 작품의 '평가'를 '이해와 감상'으로, 그리고 인간에 대한 단순한 이해를 '총체적 이해'로 일부 수정하였다. 물론 이런 수정은 사소한 것이고, 그보다 중요하게 봐야 할 것은 세부 요소들 사이의 관계다. 4차 교육과정은 세부 요소들을 '~고, ~며'로 연결하여 그들 사이의 계기적/계층적 관계를 명시하지 않았지만, 5차 교육과정은 그것들을 '~을 바탕으로, ~여'로 연결하여 수단-결과의 관계를 분명하게 표시하였다. 곧, 지식이 작품 감상 능력의 기반이 되고, 그를 통하여 인간을 총체적으로 이해할 수 있음을 천명한 것이다. 같은 맥락에서 <문학> 과목의 목표 1), 2), 3)도 계기적/계층적인 관계로 파악된다.

5차 교육과정 목표의 내용 구조

국어 : 문학에 대한 일반적 지식 → 작품의 이해 · 감상 → 인간의 삶에 대한 총체적 이해

문학 : 문학 일반과 한국 문학에 관한 체계적인 지식 → (문학 작품의 향유 → 미적 감수성 함양) → (한국 문학에 나타난 민족 정서와 삶 이해 + 민족 문학 발전에 이바지)

여기서 '문학 작품의 향유'를 '작품의 이해 · 감상'의 심화로 본다면, 이들 내용은 다음과 같이 구조화된다. 이를 통해 보면 5차 교육과정이 바라본 문학 능력은 4차와 기본 구조는 비슷하되, 더 역동적인 특성을

보임을 알 수 있다. 각 요소들이 수평적으로 나열되지 않고 상호 유기적인 관련을 맺으며 수직적으로 계층화되기 때문이다. 4차에 비해 삶, 민족 정서, 민족 문화 등의 이해가 강조된 점도 활동 지향성을 보여준다.

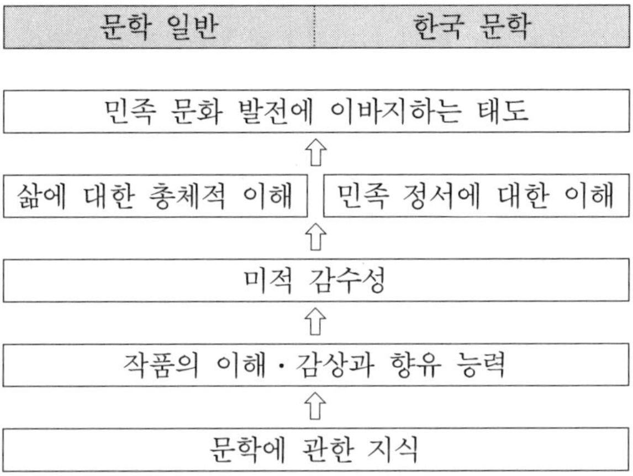

문학 일반	한국 문학

민족 문화 발전에 이바지하는 태도

⇧

삶에 대한 총체적 이해 | 민족 정서에 대한 이해

⇧

미적 감수성

⇧

작품의 이해·감상과 향유 능력

⇧

문학에 관한 지식

5차 교육과정의 문학 능력 구조

제6차 교육과정의 <국어> 과목을 보면 4·5차와 키워드 자체는 크게 차이가 나지 않는다. 다만 세부 항목들의 관계가 조금 달라져서, 작품을 바르게 '이해·감상하여' 삶을 총체적으로 이해하는 것이 아니라 '이해·감상하며' 삶을 이해하도록 되어 있다. 이는 작품 읽기 과정이 곧 삶의 이해 과정이라고 보는 관점을 보여준다. 그에 비해 <문학> 과목은 상상력과 세계 문학이라는 새로운 개념을 도입하였다. 특히 경직된 민족 문화 대신 세계 문학의 관점에서 한국 문학을 바라보게 한 점이 눈에 띈다.

6차 교육과정 목표의 내용 구조

국어 : 문학에 관한 일반적 지식 → (작품의 이해·감상 + 삶의 총체적 이해)

문학 : 문학 일반과 한국 문학에 관한 체계적인 지식 + (문학 작품의 향유 → 미적 감수성과 문학적 상상력 신장) + (한국 문학에 나타난 민족

의 삶과 정서 이해 → 세계 문학 속에서의 한국 문학의 위상 인식과 방향 추구)

이에 따라 6차 교육과정은 지식과 이해 · 감상 능력 위에 정서적 · 심미적 영역(=감수성과 상상력)과 인지적 · 이데올로기적 영역(=삶의 총체성 이해)을 수평 배치하는 문학 능력관을 완성하게 되었다. 또한, '인간의 이해'나 '민족 문화 발전'과 같은 보편 능력의 요소를 줄이고 최종 도달점을 다시 문학으로 되돌림으로써 문학교육 고유의 가치를 선명하게 드러내었다.

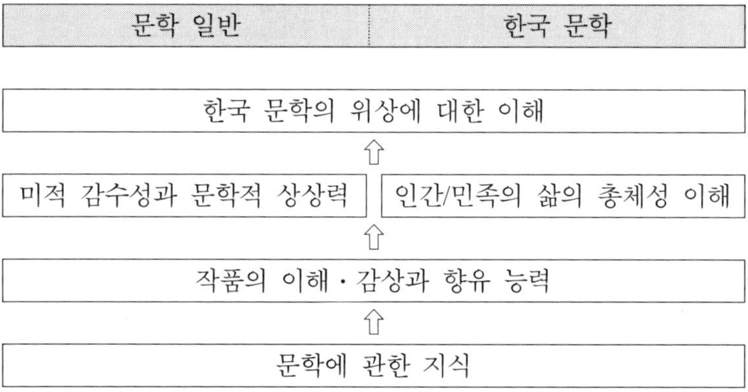

문학 일반	한국 문학
한국 문학의 위상에 대한 이해	
⇧	
미적 감수성과 문학적 상상력	인간/민족의 삶의 총체성 이해
⇧	
작품의 이해 · 감상과 향유 능력	
⇧	
문학에 관한 지식	

6차 교육과정의 문학 능력 구조

7차 교육과정은 어떤가. 우선 <국어> 과목과 <문학> 과목의 목표를 살펴보자.

7차 문학 교육과정 목표

국어	문학
가. 언어 활동과 언어와 문학에 대한 기본적인 지식을 익혀, 이를 다양한 국어 사용 상황에 활용하는	가. 문학 활동의 기본 원리와 문학에 대한 체계적인 지식을 이해한다. 나. 작품의 수용과 창작 활동을 함으

능력을 기른다. 나. 정확하고 효과적인 국어 사용의 원리와 작용 양상을 익혀, 다양한 유형의 국어 자료를 비판적으로 이해하고 사상과 정서를 창의적으로 표현하는 능력을 기른다. 다. 국어 세계에 흥미를 가지고 언어 현상을 계속적으로 탐구하여, 국어의 발전과 국어 문화 창조에 이바지하려는 태도를 기른다.	로써 문학적 감수성과 상상력을 기른다. 다. 문학을 통하여 자아를 실현하고 세계를 이해하며, 문학의 가치를 자신의 삶으로 통합하려는 태도를 지닌다. 라. 문학의 가치와 전통을 이해하고 문학 활동에 능동적으로 참여하여 문학 문화 발전에 기여하려는 태도를 지닌다.

第7차 교육과정은 그 이전의 교육과정에 비하여 조금 다른 양상을 보인다. 겉으로 보기에 가장 크게 드러난 차이는 <국어> 과목의 목표 기술 방식이다. 6차 교육과정까지는 <국어> 과목의 목표를 셋으로 나누어 ① 표현・이해(국어 활동) 영역, ② 언어(국어 지식) 영역 ③ 문학 영역에 각각 하나씩 안배하였다. 그러나 7차 교육과정에 오면 이런 방식을 버리고 언어(비문학)와 문학을 통합하여 ① 지식 ② 기술 ③ 태도로 체계화하였다. 이는 국어의 실체에 대한 관점이 달라졌기 때문으로,[36] 문학교육 역시 그 영향을 받지 않을 수 없다. 결국 교육과정상으로는 '문학' 영역의 목표에 대한 기술이 따로 없고, <국어> 과목 목표로부터 유추하여 이끌어 내야 한다. 그 결과는 문학 활동, 문학의 원리와 작용 양상, 문학에 대한 탐구 등 활동 요소의 강조로 나타난다.

<문학> 과목의 경우에는 네 개의 목표를 제시했는데, 앞의 두 개는 지식과 활동으로, 뒤의 두 개는 개인과 공동체의 가치 실현으로 체계화되어 있다. 이들의 관계는 <국어> 과목에서 '지식을 익혀 활동에 활용'하고 '탐구를 통해 문화 창조에 이바지'한다고 기술한 것에 비추어 볼 때 역시 계기적/계층적인 것으로 보인다. 또 하나 특기할 것은 이전 교육과정에서

36 국어 활동과 현상의 강조, 국어 문화의 강조, 문학과 비문학의 경계 허물기, 매체 개념 도입 등을 이야기할 수 있지만, 여기서는 그에 대해 언급하지 않기로 한다.

강조했던 국문학/한국 문학/민족 문학에 관한 기술이 빠진 점이다. 이는 문학을 민족 고유의 자산이라기보다는 보편 예술 혹은 인문학으로 보고자 하는 관점을 은연중 드러내고, 그에 따라 문학 능력도 문학 일반 대 한국 문학이라는 이원론을 벗어나게 된다.

7차 교육과정 목표의 내용 구조

국어 :	(문학에 대한 기본적 지식 → 다양한 문학 활동에 활용) + (문학의 원리와 작용 양상 습득 → 다양한 텍스트의 수용과 창작) + (문학에 대한 탐구 → 문학 문화 창조에 이바지)
문학 :	문학 활동의 원리와 문학에 대한 지식 + (작품 수용과 창작 → 문학적 감수성과 상상력 신장) + (자아 실현 + 세계 이해 + 문학과 삶의 통합) + (문학의 가치와 전통 이해 + 문학 활동에의 참여 → 문학 문화 발전에 기여)

여기서 '문학의 원리와 작용 양상'을 넓은 의미의 지식에 포함하고 문학 활동이 작품의 수용과 창작, 그리고 탐구로 이루어진다는 점을 인정한다면, 7차 교육과정의 문학 능력관은 다음과 같이 구조화된다. 이것은 겉으로 보이는 지식과 기술(또는 소통 능력), 그것의 바탕인 동시에 목표인 인지적 능력과 심미적 능력, 그리고 문학 문화에 관한 태도를 문학 능력의 핵심 요소로 보았다는 뜻이다.

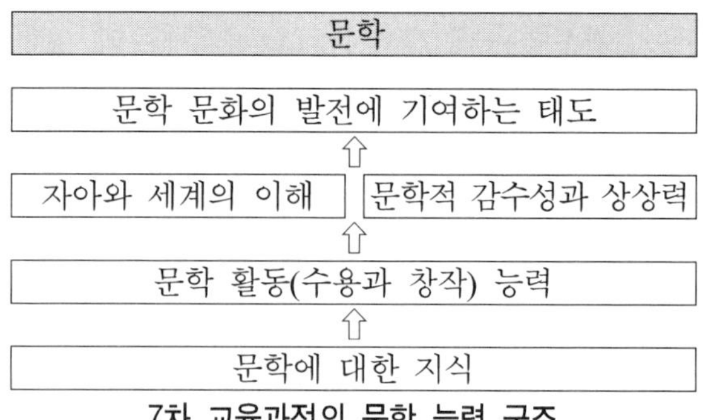

7차 교육과정의 문학 능력 구조

2) 교육과정에 따른 문학 능력의 개념과 위상 변화

4차~7차 교육과정이 상정한 문학 능력의 구조를 비교해 보면 몇 가지 지속과 변화의 양상을 엿볼 수 있다. 우선 지속상(持續相)으로는 문학에 대한 지식과 실제 텍스트의 수용・생산 능력, 그를 통한 인간 및 세계의 이해를 문학 능력의 핵심으로 보고 있다는 점과, 문학 능력이 문학 공동체(그것이 민족이든 그 이상/이하든)의 문화와 밀접하게 연관된다고 보는 점을 들 수 있다. 그에 비해 변화상(變化相)으로는 그 구조를 수평적 연합체로 보던 데서 계기적/계층적 구조로 파악하게 된 점과, 문학 능력을 정서적・심미적 능력 및 인지적・이데올로기적 능력의 통합체로 보게 된 점, 한국 문학에 한정되는 영역 능력이 아니라 문학에 관한 보편 능력으로(이것도 넓게 보면 영역 능력이지만) 넓게 보게 된 점이 두드러진다.

사실, 7차 교육과정은 문학 능력을 문학교육의 목표로 전면에 내세운 첫 교육과정이다. '1. 성격'에서는 그것을 "학습자가 문학 현상에 능동적으로 참여하여 문학 문화를 형성하는 데 필요한 능력"으로 설명하고, '2. 목표'의 전문에서 "문학의 수용과 창작 활동을 통하여 문학 능력을 길러, 자아를 실현하고 문학 문화 발전에 능동적으로 참여하는 바람직한 인간을 기른다."고 하여 문학 능력이 문학교육의 기본 목표임을 분명히 하였다. 그리고 교육과정 해설에서는 그것을 "문학 지식, 문학적 사고력, 문학 소통 능력, 문학에 대한 가치와 태도, 문학 경험 등의 총체"로 규정하고, 문학 능력과 문학 문화를 문학교육 목표 및 내용의 양축으로 설정하였다. 하지만 그 구체적인 구인이나 지도 방법에 대해서는 모호한 태도를 취하는데, 그에 대한 답은 교과서에서 찾을 수밖에 없다.

3. 문학 능력과 매체의 관점에서 본 2007/2009년 교육과정

1) 2007/2009년 교육과정의 문학 능력관

문학 능력에 대해서는 사람마다 조금씩 다르게 접근할 뿐 아니라, 그 개념도 시간이 흐름에 따라 변화한다. 교육철학의 변화, 문학 주체와 환경의 변화, 문학관의 변화 등이 그 주요 동인이거니와, 그 못지않게 중요한 것이 매체(media)의 변화다. 사실, 오늘날의 문학은 구술의 시대에서 읽기-쓰기의 시대를 거쳐 매체에 기반(基盤)하고 매체에 기반(羈絆)되는 시대에 접어든 양상이다.

매체의 문제를 짚어 보기 전에 먼저 2007/2009년 교육과정이 상정한 문학 능력관을 살펴보자.[37]

2007/2009년 문학 교육과정 목표

국어	문학
가. 국어 활동과 국어와 문학에 대한 기본적인 지식을 익혀, 이를 다양한 국어 사용 상황에 활용하면서 자신의 언어를 창조적으로 사용한다. 나. 담화와 글을 수용하고 생산하는 데 필요한 지식과 기능을 익혀, 다양한 유형의 담화와 글을 비판적이고 창의적으로 수용하고 생산한다.	가. 문학에 대한 지식과 경험을 바탕으로 하여 능동적으로 문학 활동을 한다. 나. 문학 작품의 수용과 생산 활동을 통하여 언어에 대한 통찰력을 기르고, 창의적으로 사고하고 소통하는 능력을 함양한다. 다. 문학을 통하여 인간과 세계를 총체적으로 이해하고, 문학의 가치와 아름다움을 향유하며, 공동체

[37] 이 표에서 '국어'는 공통교육과정 <국어> 과목 '문학' 영역 교육과정을, '문학'은 선택교육과정 <문학> 과목 교육과정을 가리킨다. 선택교육과정만 있는 2009년 교육과정은 <문학 Ⅰ>과 <문학 Ⅱ> 과목이 있지만, 교육과정 목표는 2007년 교육과정 <문학> 과목과 같다.

다. 국어 세계에 흥미를 가지고 언어 현상을 계속적으로 탐구하여, 국어의 발전과 미래 지향의 국어 문화를 창조한다.	의 문화 발전에 적극적으로 참여한다.

목표 기술의 틀은 7차 교육과정과 매우 비슷하다. 특히 <국어> 과목은 7차 교육과정의 문구 수정 정도로 만족한 듯한데, 이는 수시 개정이라는 교육과정 개정의 기본 방향에 따른 결과다. 그에 비해 <문학> 과목은 일부 변화를 주어, 경험 요소를 추가하면서 지식을 그 자체로서보다는 수행과 결합된 지식으로 강조하고, 감수성과 상상력이라는 부분을 언어에 대한 통찰력, 창의적 사고력, 소통 능력으로 대치하였다. 이는 '인지 · 이데올로기 : 정서 · 심미'의 틀을 '언어-사고-소통'의 틀로 대치했음을 의미한다. 7차와 마찬가지로 '국어'를 '문학'으로 유추 적용하면 문학 교육과정 목표는 다음과 같이 요약된다.

2007/2009년 교육과정 목표의 내용 구조

국어 : (문학과 문학 활동에 대한 기본적 지식 → 창조적 문학 활동) + (문학 활동에 필요한 지식과 기능 → 다양한 텍스트의 수용과 생산) + (문학에 대한 탐구 → 미래 지향의 문학 문화 창조)
문학 : (문학에 대한 지식과 경험 → 능동적인 문학 활동) + (작품 수용과 생산 → 언어에 대한 통찰력 + 창의적 사고와 소통 능력) + (인간과 세계의 이해 + 문학의 가치와 아름다움 향유 + 공동체의 문화 발전에 참여)

교육과정의 이러한 변화는 6 · 7차 교육과정의 문학 능력관과는 조금 다른 능력관을 보여준다. 곧, '지식 → 수행 → 인지 · 정서 발달 → 문화 발전'의 구조가 아닌, '지식 → 수행 → 언어 · 사고 · 소통 능력 발달'의 구조를 취하여 더 다면적인 능력을 강조하였다. 그리고 최상층에 비로소 문학과 관련한 '인지 · 정서 · 문화'를 배치하여 문학 능력의 총체성을 추구하였다. 훨씬 복잡해졌고, 훨씬 체계화되었다.

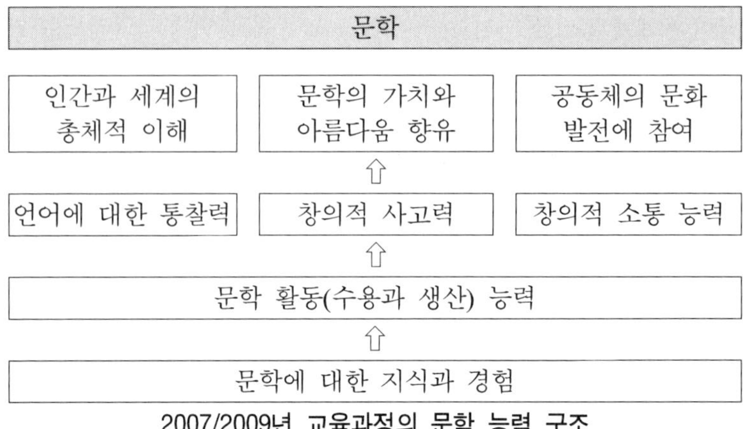

2007/2009년 교육과정의 문학 능력 구조

2) 매체의 확산과 매체 기반 문학 능력관

매체에 대한 관심은 7차 교육과정 때부터 깊어지기 시작하여, 2007년 교육과정에서 <매체언어> 과목을 신설하면서 제도화되었다. 하지만 교육과정보다 먼저 교과서에서, 교과서보다 먼저 수업에서 매체를 다룬 지는 오래되었다. 다만 매체 자체에 대한 이해와, 매체와 문학을 연결하여 접근하는 사고가 부족했을 뿐이다.

교육과정에서 문학 능력을 매체와 연결하는 방식은 다분히 선언적이고 원론적이다. 예를 들어 2007년 교육과정 <문학> 과목의 '1. 성격'은 다음과 같이 시작한다.

> 문학은 인간의 체험과 상상력으로 이루어진 언어 예술이자 소통 행위이며, 개인과 공동체의 생활 경험 및 미의식을 담아내는 문화의 한 양식이다. 문학은 음성과 문자를 중심으로 한 다양한 매체로 구현되고, 사회·문화의 다른 영역과의 관련 속에서 존재한다.

여기서 문학은 하나의 소통 행위이자 문화로 정의되지만, 그 핵심이라 할 매체는 "음성과 문자를 중심으로 한 다양한 매체" 정도로 가볍게 언급될 뿐이다. 물론 문학 교육과정에 이 정도로 언급된 일조차 처음이기는 하지만, 미디어 시대의 문학이라는 화두에 비하면 매우 조심스러운 자세다.

이러한 조심스러움의 뒤편에는 7차와 2007년 교육과정 개정 작업에서 매체를 둘러싸고 벌어졌던 논란이 자리 잡고 있다.[38] 이 조심스러움은 '3. 내용'에서 나온 한 줄로 어느 정도 풀어진다.

① 문학과 언어 활동 및 매체의 관계를 이해한다.[39]

문학과 매체의 관계를 이해한다는 이 항목은, 사실 한 줄로 기술하기에는 너무 많은 내용을 담고 있다. 거기에는 매체가 문학에 끼치는 영향, 매체에 상응하는 새로운 문학에 대한 요구, 매체 기반 문학의 본질과 양상 등에 관한 진술들이 줄줄이 매달려 있다. 교육과정 해설에서 그에 대한 언급이 있겠지만, 이 한 줄을 근거로 해서 새 <문학> 교과서는 매체를 다룰 근거를 얻게 된다. 더 구체적인 내용과 방법 항목들을 보자.

2007년 교육과정 매체 관련 내용

(나) 문학의 생산
① 내용과 형식, 맥락, <u>매체를 바꾸어 작품을 비판적 · 창조적으로 재구성</u>한다.
② 다양한 시각과 방법으로 작품을 창작한다.
(다) 문학의 소통
① 작가 · 작품 · 독자 및 생산 · 유통 · 수용의 역할과 틀을 이해한다.
② <u>다양한 매체를 통한 문학 작품의 수용과 생산</u>에 참여한다.
('3. 내용 - 나. 세부 내용 - (2) 문학 활동')
(5) 작품의 수용 활동은 발표, 토의 · 토론, 협동 학습, 현장 학습, 감상문과 비평문 쓰기, 문학 갈래와 <u>매체의 변환</u> 등 다양한 방식을 활용하여

---

[38] 7차부터 계속된, <국어> 과목 안에 '매체' 영역을 설정하는 문제가 그 보기다.
[39] 2007년 <국어> 교육과정 '3. 내용 - 나. 세부 내용 - (3) 문학의 위상 - (가) 문학과 문화'

지도한다.
(7) 문학 활동이 듣기, 말하기, 읽기, 쓰기를 포함한 언어 활동, 매체 활동 및 다양한 반언어적 · 비언어적 표현과 통합될 수 있도록 지도한다. ('4. 교수-학습 방법 - 나. 교수-학습의 운용')

이처럼 2007/2009년 교육과정은 내용과 방법 항목 틈틈이 매체라는 용어를 숨겨 두었다. 이를 통하여 문학적/교육적 소통에 매체를 끌어들일 근거를 제시하는 한편, 매체를 중심으로 여러 교과/과목을 통합한 여지를 마련해 둔 것이다. 그 기본 성격은 매체를 활용한 활동, 그리고 소통으로서의 문학이다.

문제는 <국어>와 <문학> 과목 교육과정이 매체를 일종의 소통 도구로만 인식하고 있다는 점이다. 매체와 문학이 만나는 지점이 과연 매체를 활용한 문학적 소통에 국한되는 것일까. 더 본질적인 접점은 없을까. 그에 대한 답은 <매체언어> 과목에서 찾을 수 있다.

<매체언어> 과목에서는 문학에 대하여 어떻게 기술하고 있는가. 2007년 교육과정의 '1. 성격'에서는 <매체언어> 과목의 성격을 "매체를 통해 형성되는 사회적 의사소통에 주체적으로 참여하고, 문학과 예술을 향유하며, 언어 문화를 반성적으로 성찰함으로써 창조적인 국어 생활을 하는 데 기여하도록" 하는 과목으로 설명하였다. 여기서 '문학과 예술을 향유' 한다는 부분이 문학교육과 직접 연관되는 부분일 터이며, 이를 통하여 매체언어를 기능적 관점이 아닌 문화적 관점으로 볼 근거를 얻게 된다. '3. 내용'에서도 '영상물, 대중 가요, 사이버 문학, 만화, 오락물 등'을 주요 자료 유형으로 제시하여 문학과 매체의 연결고리를 보여주고, 이 부분은 세부 내용에 가서 다음과 같이 구체화된다.

(나) 심미적 정서 표현
① 심미적 정서 표현을 위한 매체 자료의 특성을 안다.

② 심미적 정서 표현을 위한 매체 자료를 수용하고 생산한다.[40]

'심미적 정서 표현을 위한 매체 자료'란 앞에서 언급한 '영상물, 대중가요, 사이버 문학, 만화, 오락물 등'을 가리킬 것이다. 이들이 문학의 범주에 들어가는가 하는 질문은 이제 시대 착오로 느껴질 정도로 진부한 터이다. 초점은 이러한 매체 기반 문학들의 미학적 원리와 소통 특징을 분석하여 교육적으로 재구성하는 데 있다.

이 맥락에서 <매체언어> 과목의 목표와 문학 능력을 하나로 묶을 필요성과 가능성이 나온다. 한번 <문학>과 <매체언어> 과목의 목표를 나란히 배열해 보자.

2007년 매체/문학 교육과정 목표

문학	매체언어
가. 문학에 대한 지식과 경험을 바탕으로 하여 능동적으로 문학 활동을 한다.	가. 매체언어의 개념과 특성, 역할 그리고 매체 자료의 유형을 이해한다.
나. 문학 작품의 수용과 생산 활동을 통하여 언어에 대한 통찰력을 기르고, 창의적으로 사고하고 소통하는 능력을 함양한다.	나. 매체언어의 성격에 대한 이해를 바탕으로 하여 매체언어와 정보 사회, 대중 문화, 인간 관계를 파악한다.
다. 문학을 통하여 인간과 세계를 총체적으로 이해하고, 문학의 가치와 아름다움을 향유하며, 공동체의 문화 발전에 적극적으로 참여한다.	다. 매체 자료를 비판적으로 수용하고 창의적으로 생산하며, 사회적 소통과 문화 창조에 참여할 수 있는 능력을 기른다.

교육과정 개정 작업에서 과목 간 협의는 거의 이루어지지 않았다. 그러다 보니 두 과목의 목표 기술 방식이 매우 다른데, 특히 <문학> 과목이 문학에서 출발하여 공동체 문화로 확장해 가는 것과 달리 <매체언어> 과목은

[40] 2007년 <매체언어> 교육과정 '3. 내용 - 나. 세부 내용 - (4) 자료 유형'

상대적으로 매체 자체의 이해에 치중하는 점이 눈에 띈다. 이는 신설 과목으로서 과목의 위상이 불안정한 상태에서 과목의 정체성을 분명히 하고자 하는 내면 의식이 작용한 결과로 보인다.

그럼에도 불구하고 두 과목 사이의 통로는 넓게 열려 있다. <매체언어> 교육과정에서 언급한 '매체 자료의 유형'이 문학과 매체 사이의 1차 연결고리가 되고, '매체 자료의 비판적 수용과 창의적 생산'은 2차 연결고리가 된다. 그리고 '사회적 소통과 문화 창조'는 3차 연결고리로 상정할 수 있다. 바꿔 말하면, 2007년 교육과정은 매체 기반 문학에 대해 ① 매체로 구현된 문학의 측면에서(←매체 자료), ② 매체로 소통되는 문학의 측면에서(←매체 자료의 비판적 수용과 창의적 생산), 그리고 ③ 매체를 기반으로 한 문화의 측면에서(←사회적 소통과 문화 창조) 접근할 것을 요구한다. 이에 따라 문학 능력도 읽기-쓰기 중심의 좁은 개념에서 매체를 포함하는 넓은 개념으로 확장되며, 매체에 탑재된 문학이 아닌, 본격적인 매체 기반 문학이 문학교육의 중심부로 들어오게 된다. <국어>와 <문학>, <매체언어> 과목을 아우르는 문학 능력의 개념을 잠정적으로 아래와 같이 구조화할 수 있다.

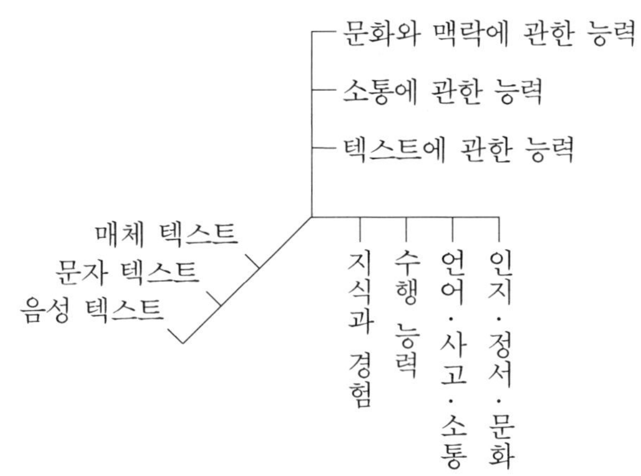

2007년 교육과정이 상정한 매체 기반 문학 능력의 구조

여기서 x 축은 앞에서 '국어'와 '문학'을 중심으로 본 문학 능력의 중심 개념들을 나타낸다. y 축은 '매체언어'와 '문학'을 연결하는 통로들이고, z 축은 문학을 포함한 언어 환경 전체의 변화와 확장을 표상한다. 이들이 만나는 부분에서 매체 기반 문학 능력의 구체상을 찾을 수 있을 것이다.

이 그림이 나타내는 바는 실상 그리 새로울 것도 없는 내용이다. 하지만 교육과정이 태생적으로 형식적 · 보수적 성격을 지닌다는 점을 감안하면, 그 '새롭지 않음'은 어쩌면 당연한 일이기도 하다. 문학 교육과정은 문학과 문학교육에 관한 문제 제기자인 동시에 논의의 최종 정리자이기 때문이다. 이러한 기시감을 생동감 있는 활동/현상으로 바꾸어 교실에 공급하는 일은 교사와 교과서의 몫이다.

4. 매체의 확산과 문학교육의 대응, 그리고 문학 능력의 재개념화

필자는 문학 능력이라는 관점에서 교육과정 목표를 분석함으로써 문학교육의 목표와 내용을 분명히 하려고 시도하였다. 그동안 문학 능력에 대해서는 문학 지식과 경험, 텍스트 소통 능력, 문학을 통한 인간/세계의 이해 및 문학 문화에 대한 태도 등의 측면에서 논의돼 왔다. 그 저변에는 문학 능력이 문학교육의 목표이자 내용이라는 점, 학습자의 개인 능력인 동시에 문학 공동체의 기대 능력이라는 점, 그리고 하위 요소들로 분석할 수 있으며 교육을 통해 의도적으로 신장할 수 있다는 점 등이 전제로 깔려 있다. 그러나 문학 능력 개념의 변화 양상이나 교과서 및 수업에서 문학 능력을 다루는 방법 등에 대한 논의는 많이 이루어지지 않았다.

문학 교육과정을 본격적으로 논의할 수 있는 제4차 이후의 교육과정을 살펴보면, 교육과정이 상정한 문학 능력관이 조금씩 복잡해져 왔음이 드러난다. 그것은 개념의 심화와 확장을 뜻하기도 하지만, 꼭 복잡하다고 해서 좋은 것만도 아니다. 그보다 중요한 것은 문학 능력을 구성하는 요소들이 어떻게 상호 작용하는지, 그러한 작용상을 뒷받침하는 문학 활동의 실체는 무엇인지, 그리고 개인의 문학 능력과 공동체의 문학 문화는 어떤 되먹임 작용을 하며 발전하는지에 대한 심층적 이해다. 2007년 교육과정은 매체의 문제를 전면에 내세움으로써 그러한 문제의식을 종합하여 보여주고 있다. 특히 매체 기반의 문학 능력은 앞으로 문학교육이 어디를 지향해야 하는지에 대해 간단치 않은 질문을 던져 준다.

문학교육은 매체의 확산에 어떻게 대응할 것인가? 7차 교과서는 만화, 영화, TV 드라마, 다큐멘터리 등의 다양한 매체 기반 문학을 선보이고 있다. 그 대부분이 서사(narrative)에 뿌리를 두고 있다는 점에서 일말의 편향이 엿보이기도 하지만,[41] 그 정도는 매체의 속성을 고려할 때 용인할 수 있을 것이다. 하지만 인쇄물이라는 교과서의 속성상, 매체 기반 문학을 교과서 안에 본격적으로 구현하기는 쉽지 않다. 기획 단계에서 DVD 타이틀 혹은 온라인 서비스를 계획한 출판사들은 비용 문제와 운영상의 어려움으로 중도에 포기하고, 학교 수업에서도 매체를 본격적으로 다루는 수업은 시범 정도에 그치는 것이 현실이다. 교과서는 이 한계를 어떻게든 뛰어넘어야 하는 과제를 안고 있다.

하지만 이런 과제는 문제의 기술적 측면만을 보여줄 뿐이다. 필자가 주목하는 것은 문학교육의 출발점이자 도달점인 문학 능력을 매체 기반 문학의 관점에서 재개념화하는 작업이다. 미디어 테크닉도 아니고 미디어 리터러시도 아닌, 매체 기반 문학의 본질에 충실한 문학 능력 개념을 정립할 필요가 있다.

41 인터넷으로 배달하는 시 낭송 프로그램이나 CD/DVD로 제작한 시집이 없는 것은 아니지만, 교과서에서 그런 사례를 찾기는 어렵다.

V

문학교육 연구의 방향

Ⅰ. 문학 연구와 문학교육 연구

1. 문학과 문학교육, 그리고 연구

개념이든 실제 현상이든, '문학교육'은 '문학'을 전제하지 않으면 성립할 수 없다. 문학에 관한 2차 담론으로 이론, 비평, 史를 거론한 이는 웰렉인데, 필자는 그들 모두에 대한 메타담론, 말하자면 3차 담론으로 교육을 든다. 문학교육은 문학 텍스트 자체, 문학 이론과 비평과 문학사, 그리고 문학 현상 전체에 대한 메타담론이다. 따라서 문학 연구(웰렉 식으로 하면 이론과 비평과 史)의 대상보다 문학교육 연구의 대상이 더 넓다는 것이 필자의 입장이다. 물론, 대상의 넓고 좁음이 연구의 깊고 얕음을 의미하지는 않는다. 또한 문학 연구와 문학교육 연구가 무관하다고 말하거나, 문학교육 연구가 문학 연구를 포함한다고 말하는 것도 아니다. 다만 문학교육 연구는 문학 연구와 다른 철학과 논리를 바탕으로 한다는 점을 말할 뿐이다.

이 장에서는 문학교육과 문학교육 연구가 무엇인지에 관한 문학 연구자와 문학교육 연구자 사이의 오해를 해소하고, 관련 집단이 서로의 역할을 정확하게 이해, 수행할 방향을 모색하고자 한다.[1] 이와 관련되는 집단은 문학 연구자, 문학교육 연구자, 그리고 문학교육 담당자(교사)다. 논의

과정과 결과에서 전제하거나 인정, 또는 비판할 주장들은 다음과 같다.

변하지 않는 전제

· 문학에 대해 잘 아는 사람이 문학을 잘 가르칠 수 있다.
· 문학교육의 내용은 문학 연구의 성과에 비추어 타당해야 한다.
· 문학 교사는 문학과 교육 양 영역에 모두 정통해야 한다.

분명히 해야 할 점

· '문학 연구'의 상대 개념은 '문학교육'이 아니라 '문학교육 연구'다.
· 초·중·고등학교의 문학교육은 보통·교양 교육이다.
· 문학 교사는 문학 전문가가 아니라 문학교육 전문가다.

짚어 봐야 할 오해

· 문학교육 연구에서는 문학 연구를 배제한다?
· 문학교육은 문학 연구의 성과를 교육에 '적용'하는 일이다?
· 문학 연구는 기초 학문이고 문학교육 연구는 응용 학문이다?

모두에게 필요한 이해

· 문학 연구자는 문학 현상을 다루고, 문학교육 연구자는 문학교육 현상을 다룬다.

---

[1] 이러한 오해는 문학교육이 학문적 체계를 갖추면서 순수한 문학 연구로부터 멀어졌다는 인식에서 생긴다. 다음과 같은 진술이 비근한 예인데, 필자는 국어교육학이 국어학, 국문학을 기반으로 한다는 지적에 전적으로 동의한다. 다만, 국어교육학자의 연구 대상과 방법이 국어학자나 국문학자와는 다르다는 점을 강조할 뿐이다.

"국어교육의 개념이 지식 중심에서 기능 중심으로 바뀌고, 국어학 연구나 국문학 연구와는 별도로 국어교육에 관심을 갖고 국어교육을 하나의 학문 영역으로 새롭게 개척하기 시작하였다는 것은 참으로 바람직한 일이라 아니할 수 없다. 그러나 국어교육이 독자적인 학문 영역을 개척하는 과정에서 국어학이나 국문학이 국어교육에서 점점 도외시된 것은 바람직한 현상은 아닌 것 같다. 왜냐하면 국어교육의 개념이나 영역이 어떻게 바뀌더라도 국어교육의 내용은 어디까지나 국어학이나 국문학의 연구를 기반으로 하기 때문이다."(박기석, 2002:3. 밑줄 인용자)

· 문학적 가치 판단과 교육적 가치 판단은 다를 수 있다.
· 문학을 잘 안다고 해서 반드시 잘 가르치는 것은 아니다.

문학 연구자와 문학교육 연구자가 함께 해결해야 할 과제
· 교육 원리에 따른 문학 이론과 지식의 재구성
· 문학교육의 내용적, 방법적 타당성에 대한 점검 기준 마련
· 생활 교육, 교양 교육, 전문 교육 등의 문학교육 프로그램 상세화 방안

논의 전개 과정에서 자료가 필요한 경우에는 김소월을 예로 들 것이다. 이유는 단지 필자가 한국 현대시로 공부를 시작했다는 것뿐이다. 자료의 폭만 넓힌다면 본문에 나오는 대부분의 '시, 시 연구, 시교육'은 '문학, 문학 연구, 문학교육'으로 바꾸어 쓸 수 있다. 좀 더 과감하다면 '국어, 국어국문학, 국어교육'으로 바꿔 쓸 수도 있겠지만, 그렇게까지 확장하려면 많은 변수를 고려해야 한다.

2. 문학 연구의 문학교육에 대한 비판과 응답

문학교육과 문학 연구를 병치할 때 제일 쉬운 방법은, 문학 전문가의 관점에서 문학교육의 문제점을 지적하는 것이다. 이 방법은 매우 오래된 방법이고, 연구자뿐 아니라 작가들도 자주 쓰는 방법이다. 그리고 그 내용은 대체로 대동소이하다. - 분석적 수업에 대한 비판, 과도한 지식 중시에 대한 우려, 작품 선정에 대한 이의, 작품 해석의 편협성과 오류 지적, 용어나 사실 또는 이론 바로잡기, 교수-학습과 평가 활동의 무의미성 지적 등이 그것이다.[2] 다음과 같은 자료에서 이런 비판을 초래한 문학교육의 전형적인 사례를 볼 수 있다.

※ 진달래꽃(김소월)

○ 갈래 : 자유시, 서정시, 전통시, 민요시, 낭만시
○ 율격 : ① 7·5조의 음수율, 3음보의 민요조
　　　　② '-우리다'의 각운
○ 성격 : 전통적, 민요적, 여성적, 애상적
○ 제재 : 진달래꽃의 정서와 이별
○ 주제 : 이별의 한(恨)과 그 승화(昇華)
○ 어조 : 전통적인 여인의 애절한 목소리
○ 특징 : ① 1연 4연에서 반복한 수미쌍관(수미상응, 수미상관)의 구조
　　　　② 반어적 표현을 통한 절제의 압축미와 시적 인상의 강화
　　　　　(…)
○ 출전 : <개벽> 25호. 1922. 7
○ 구성 : 1연 : 이별에 대한 체념적 순응(기)
　　　　2연 : 떠나는 임에 대한 사랑과 축복(승)
　　　　3연 : 원망을 초극한 희생적 사랑(전)
　　　　4연 : 인고의 의지로 이별의 슬픔을 극복(결)

이렇게 정리된 내용을 암기하는 것은 결단코 문학교육이 아니다. 그 점에서 앞서 본 것과 같은 비판은 누구도 이의를 제기할 수 없는 비판이다. 하지만 주목할 점은 그와 똑같은 비판이 교사 스스로부터도 나온다는 사실이다. 현장 교사들의 목소리를 담고 있는 저널(『함께 여는 국어교육』 등)이나 교육청 단위의 연구 보고, 수많은 교육대학원의 학위 논문들에서도 위와 같은 비판은 손쉽게 접할 수 있다. 교사들도 연구자와 똑같이

[2] "오늘날 대부분의 국어 교사들은 교과서와 참고서의 내용에 전적으로 의존한다. 그러나 그 내용의 많은 부분은 부정확하거나 틀린 해설이며 쓸모없는 지식이어서 학생들의 이해와 감상을 오히려 방해하기 일쑤다. 그것들은, 루소의 말을 빌면 '있는 것을 부정하고 없는 것을 설명한다.' (…) 심지어는 문학 교과서나 참고서를 편찬하는 문학 전문가들조차 문학 작품에 대한 이해가 부족한 경우나 잘못된 경우가 많은 것 같다."(이남호, 2002:6-7)

문학의 본질을 왜곡하고 학생의 자율성을 훼손하는 문학교육 현실을 비판하는 것이다 그럼에도 불구하고 그러한 관습에서 벗어나지 못하는 이유는 두 가지를 들 수 있다. - 첫째, 문학교육의 현실과 문제점을 알고는 있지만 그래도 그것이 현 상태에서 교육 효과가 제일 높다. 둘째, 문학교육의 현실을 개선할 만한 의지나 능력이 부족하다.

필자는 그 이유가 첫 번째라고 생각한다. 두 번째 이유에 대해서는, 교사 개개인을 보면 그럴 가능성이 높지만, 거대한 교사 커뮤니티를 볼 때는 그럴 리가 없다고 여겨지기 때문이다. 인터넷 발달과 교사 모임의 활성화, 교사의 전반적인 질 향상 덕분에 설사 '내가' 연구하지 않았더라도 '누군가가' 연구해 놓은 자료가 사방에 널려 있는 것이 오늘의 교사 환경이다.

첫 번째에 대해서는, '학교'라는 교육 제도를 고려해 볼 때 최선은 아니어도 차선의 선택이라고 말할 수 있다. 교육은 본질적으로 규범성과 창조성의 길항 관계 위에 존재하며, 일단 '기본'을 가르치고 그 다음에 그것을 확산시키고자 하는 속성을 가진다. 물론 '탐구 학습'이라든지 '자기 주도 학습'과 같은 개념들이 있어서 그 방향을 틀어 보려고 노력하지만, 그것은 어디까지나 대안에 불과하다. 문학교육 역시 '매우 많은 정형화된 수업과 매우 적은 창발적인 수업'으로 이루어지는 데에 변함이 없는 것이다. 이 작품의 지도에 관한 대안으로 제시된 내용을 살펴보자.

> "1연에서 화자는 떠나는 임을 고이 보내 드리겠다고 말한다. (…) 그것은 떠나는 임을 붙잡거나 귀찮게 하지 않겠다는 화자의 태도이다.
>
> 2연에서 화자는 임이 가시는 길에 진달래꽃을 뿌리겠다고 말한다. (…) 그러므로 2연은 떠나는 임에 대한 축복보다는 떠나는 임에 대한 변치 않는 사랑의 수줍은 표현이라는 의미가 강하다.
>
> 3연에서 화자는 떠나는 임에게 그 꽃을 즈려밟고 가시라고 말한다. (…) 여기서 짐작할 수 있는 것은, '떠나시더라도 나의 이 지극한 사랑만

은 알아주세요.'라는 화자의 마음일 것이다.

4연은 1연의 변화 반복이요, 점층적 반복이다. (…) 여기서 중요한 것은 눈물을 흘리지 않겠다고 말하는 화자의 마음을 이해하는 일이다."(이남호, 2001:38-41)

이것은 학생들을 '작은 비평가'로 만들려는 시도일 뿐 진정한 교육이라고 하기 어렵다. 도달 목표도 불분명하고 학습 내용도 모호하며, 평가 계획을 세우기도 어렵다. "그런 것이 바로 문학교육의 특징"이라고 말한다면, 근대 교육 제도로서의 '학교'를 모른다고 말할 수밖에 없다. 오늘날의 문학교육은 중세의 도제식 교육이 아니기 때문이다.

문학교육은 시간과 비용이 제한돼 있는 현실적인 기획으로, 해당 수업 시간에 문학에 대해 모든 것을 다 가르칠 수도 없고, 그럴 필요도 없다. 또한 학생 입장에서 문학교육은 배워야 할 수많은 교과 중 하나일 뿐이다. 당장은 양적으로 부족하거나 질적으로 단순하다 할지라도 발달 과정에서 앎이 확대되고 심화되는 것이 인간의 특성일진대, 차후의 발달을 왜곡하고 방해하지 않는 선에서 가능성을 열어 놓는 것이 문학교육의 현실적 지향태다.

3. 문학 연구와 문학교육의 관계

시에 대한 2차 담론으로 이론(theory), 비평(critics), 사(history), 그리고 교육을 들 수 있다. 이중 이론, 비평, 사를 '연구(study)'로 묶는다면, 연구와 교육 사이에는 일종의 권력 관계가 형성된다. 곧, 문학 연구의 성과를 받아서, 혹은 바탕으로 하여 가르치는 것이 교육이라는 것이다.

이러한 관점은 문학교육이 학생들에게 '문학을' 가르치는 것이라는 전제로부터 나온다. 그렇지만 문학교육의 관심은 '문학' 자체에 한정되지 않는다. 교육이 염두에 두는 개인과 공동체, 역사와 사회, 자아의 발달과 사회 통합 등의 문제까지 포괄하는 것이다. 또한 문학교육은 교사와 학습자, 목표와 내용, 자료, 교수-학습 방법 및 활동을 포괄하는 하나의 체제(system)이며, 이 체제에서 문학 연구는 부분적인 역할을 할 뿐이다. 그 역할은 ① 교수-학습 내용의 제공 ② 교수-학습 자료 선정 및 조직의 규준 제공 ③ 교수-학습 활동의 방향 안내 ④ 교수-학습 결과 검증의 기준 제공으로 압축된다. 문학교육에서 목표, 내용, 자료, 방법 선택 및 활동 조직의 궁극적인 기준은 문학 연구의 결과가 아니라 교육적 판단이다. 즉, 연구와 교육 사이에는 일정한 거리가 존재하는 것이다.

그렇다면, 문학 연구와 교육 사이의 바람직한 관계는 어떻게 설정되어야 하는가? 2차 담론으로서 문학교육이 설 자리는 연구 담론이 미치는 구심력과 교육 담론이 미치는 구심력의 이심원(二心圓) 위에 교사와 학습 독자의 자율성・창의성 추구로 생기는 원심력이 작용하는 복합 공간이 될 것이다. 실제 수업은 이러한 이중의 구심력에 대한 저항과 적응으로 구체화되는데, 문제는 여기서 연구 담론의 중심과 교육 담론의 중심이 서로 일치하지 않는다는 데에 있다. 대부분의 문학교육 비판은 이 두 중심의 불일치에서 출발한다.

이와 관련하여 문학교육에서의 평가를 살펴보자. 현재로서 가장 공식적이고 영향력이 큰 평가는 대학수학능력시험일 것이다. 수능시험은 처음 출발하면서 김소월을 아래와 같이 다뤘다.

(가) 산새도 오리나무
위에서 운다.
산새는 왜 우노, 시메산골
영(嶺) 넘어가려고 그래서 울지.

(… 중략 …)

산에는 오는 눈, 들에는 녹는 눈.
산새도 오리나무
위에서 운다.
삼수갑산 가는 길은 고개의 길.

18. (가)의 셋째 연에 보이는 정서와 가장 유사한 것은? (1994학년도 1차 수능)

① 살어리 살어리랏다 청산에 살어리랏다
머루랑 다래랑 먹고 청산에 살어리랏다.

② 나비야 청산 가자 범나비 너도 가자
가다가 저물거든 꽃에 들어 자고 가자
꽃에서 푸대접하거든 잎에서나 자고 가자.

③ 아리랑 아리랑 아라리요
아리랑 고개를 넘어간다
아리랑 고개는 탄식의 고개
한번 가면 다시는 못 오는 고개

④ 동방은 하늘도 다 끝나고
비 한 방울 내리잖는 그 땅에도
오히려 꽃은 빨갛게 피지 않는가
내 목숨을 꾸며 쉬임 없는 날이여.

⑤ 아카시아 어린 잎사귀가 피어나는 산모롱으로
나는 혼자서 거닐고 있었다
그러나 나는 혼자가 아니었다
그러나 나는 역시 혼자였었다.

수능시험에서 자주 나오는 문제 유형이다. 이것을 두고 "셋째 연만 잘라내서 물었다."거나 "시의 복합적인 정서를 어느 한 방향으로 몰아갔다."고 비판할 수 있다. 또, 이 문제의 답이 ③번인데, "③의 정서와 (가)의 셋째 연의 정서를 동일시할 수 없다."는 비판도 가능하다. 그렇지만 '시험'이라는 한 지점만을 놓고 문학교육 전체가 그러한 것처럼 재단하는 것은 성급한 판단이다. 실제로 거의 모든 비평문도 시를 연 단위로 읽어가며 해석하고, 작품에 담긴 복합적인 정서를 모두 드러내지 못한다. 또한 텍스트 상호성을 판단하는 기준도 단면적일 수밖에 없다. 그렇다고 해서 그 비평이 잘못됐다고 말하는 경우는 드물다.

이 문제에서 중요하게 봐야 할 것은 결과로서의 '문제' 하나가 아니라, 그런 문제를 풀기 위해 학생들이 거쳐 온 긴 '이력'이다. 학생들은 이런 문제를 풀기 위해 각 연의 의미를 꼼꼼히 해석하고, 정서를 함께 느끼며, 자신의 문학적 자산을 활용하는 경험을 쌓아 왔다. 과거의 학력고사와 같은 정답형 문항이 없기 때문에 그 준비 과정은 더욱 어렵다. 시를 제대로 읽어야만 풀 수 있는 문제를 내는 것이 교사와 문학교육 연구자들의 몫이라면, 그런 문제를 잘 풀기 위해 대비하는 것은 학생들의 몫이다.

물론, 교육 현장에서는 아직도 심심찮게 오류가 발견되고 있다. 이것은 매우 심각한 문제이고, 전문 연구자의 눈으로 볼 때에는 더욱 그러할 것이다. 그러나 명백한 사실의 오류가 아니라 작품 해석과 관련된 오류라면, 그러한 오류, 혹은 독단적인 해석이 나오게 된 이유가 있게 마련이다. 실제로 교육과정과 교재를 편찬하고 평가 문항을 출제해 보면, 연구 담론의 논의를 그대로 교육 현장에 투입하기에는 무리인 경우가 많다. 그 부분에 관한 배려 없이 일방적으로 문학 연구가 문학교육을 '훈도'하는 방식으로 접근한다면, 문학 연구와 문학교육은 영원히 서로를 경원시하는 잘못을 범하게 된다.

만일 "문학 수업 시간에 교사는 학생을 위해 무엇을 하는가?" 하고 물어본다면, 그 답은 두 가지로 나올 듯하다. 하나는 "문학을 다루는 원리(=시학)를 가르친다."는 것이고, 다른 하나는 "문학을 다루는 경험(=작품)을 제공한다."는 것이다.(여기서 문학을 '다룬다'는 것은 문학의 생산과 소통, 수용을 모두 아우르는 말이다.) 그런데 문학을 다루는 원리란 대부분 문학 이론에서 끌어오고, 문학을 다루는 경험은 문학사와 문학 비평을 통해 선별하게 된다.

문학교육을 위한 문학 연구의 지원도 이 부분에서 이루어진다. 문학 연구가 문학교육을 감수한다면 그 내용은 원전(原典), 이론, 시사에 관한 내용이 틀렸다는 지적이나 작품 선정과 작품 해석 활동이 적절치 않다는 지적으로 채워질 터인데, 앞의 지적은 '정확성의 규율'로, 뒤의 지적은 '적절성의 규율'로 이름 붙일 수 있다. 이론・사와 비평은 각각 이 두 규율을 제공하는 원천이 된다.

이 말은, 문학 연구에서 작품을 다루는 방식과 문학교육에서 작품을 다루는 방식이 많은 공통점을 지니고 있음에도 불구하고 상당히 다르다는 점을 암시한다. 문학 연구가 작품의 의미를 해석하고 가치를 발견하며 공시적・통시적 위치를 부여하기 위해 읽는다면, 문학교육은 작품의 의미와 그 가치를 바탕으로 학습 독자를 문학화하고 텍스트 읽기의 다양한 방식을 접하게 하기 위해 읽는다. 극단적으로, 문학 연구에서 이미 폐기된 읽기 방법조차 그러한 읽기가 '문학 능력 신장'이라는 교육 목표 달성에 기여할 수 있다면 문학교육에서는 유의미한 읽기가 될 수 있다.

4. 문학교육 연구에 대한 문학 연구의 오해와 그 맥락

문학 연구자가 문학교육 연구를 바라보는 심정은 매우 착잡하다. 거기에는 기대와 우려가 혼재하는데, 아직까지는 우려가 더 많은 것 같다. 다음과 같은 진술을 보자.

"문학 연구와 구별되는 문학교육의 독자성을 확보해야 한다는 강박 관념"(이승원, 2002:62)

"우리는 국어교육 연구자들에 의하여 논의된 소설교육에서 현대 서사-소설학에서 보편화된 담론학을 소홀히 하지나 않는가 하는 생각을 가진다. 그리고 소설 분석의 근간이 되는 시 비평, 나아가 기호학에 대한 부정적 의식까지 읽을 수 있어서 이들의 논의가 지나치게 교조적 입장을 띠고 있다는 생각을 함께 가진다."(명형대, 2002:86)

문학 연구자가 문학교육의 현실(교재나 수업, 평가 등)을 진단하면서 쓰는 글의 기조가 거의 이렇다. 교육적 효율성과 문학교육 연구의 독자성을 추구하다 보니 국어국문학의 관점에서 볼 때 논의의 초점과 수준에 문제가 생겼다는 것이다. '콘텐츠에 관한 내공 부족'이야말로 문학 연구자들이 교사와 문학교육 연구자들에 대해 갖는 가장 큰 불안이다.

이러한 불안감은 몇 가지 오해에서 오는 것인데, 첫 번째 오해는 문학 연구자들이 '문학교육'과 '문학교육 연구'를 혼동한 데서 출발한다. 앞에서도 언급했듯이 문학교육의 기초가 되는 이론과 지식은 문학 연구가 제공한다. 김소월의 고향을 '평북 정주'라고 해야 하는지 '평북 곽산'이라고 해야 하는지, 혹은 '평북 구성'이라고 해야 하는지를 결정하는 일은 문학사가들의 몫이다. 시 교사가 그것을 모르거나 잘못 알고 있다면 문학 연구자가 나서서 고쳐 줄 일이다.(물론 문학교육 연구자도 나설 수 있다.) 그렇다고 해서 문학 연구자가 교사를 타박한다면, 그 화살은 문학 연구자에게 다시 돌아갈 수밖에 없다. 문학 교사는 문학 연구와 문학교육 양쪽에 걸쳐 있기 때문이다.

문학과 문학교육에 관한 대부분의 논의들은 '문학가'와 '문학 연구자'는 구별하면서 '문학 교육가'와 '문학교육 연구자'는 구별하지 않고 있다. 문학가라면 아직까지 작가를 가리킬 것이고, 문학교육자는 교사를 가리킬 것이다. 문학교육자로서 교사는 당연히 문학가와 문학 연구자, 그리고 문학교육 연구자의 속성을 동시에 가진다. 그가 작가나 학자일 필요는 없고, 그럴 수도 없을 것이다. 그러나 그는 작가의 눈과 학자의 눈을 동시에 가져야 하고, 그때의 학자는 '문학(학)자'와 '문학교육학자', 그리고 '교육학자'를 포함한다.

그런 점에서 다음과 같은 진술은 일단 문학 연구와 문학교육의 관계를 엄밀하게 따진 뒤에 나온 진술로 보인다. 그렇지만 여기서도 문학교육 연구에 관한 언급은 없다. 이 진술을 정확하게 다시 써 보자.

> "문학 연구는 문학과 문학 작품을 학문적으로 연구하는 일을, 문학교육은 문학과 문학 작품을 가르치는 일을 뜻한다. 문학론은 문학 연구의 결과 얻어진 여러 가지 이론적 성과를 총칭하는 용어고, 문학교육론은 문학교육에 관계되는 여러 가지 이론들을 총칭하는 용어다."(이승원, 2002:57-58)
>
> → 문학은 문학 작품과 그 작품을 쓰고 읽는 행위를, 문학교육은 문학(문학 작품을 포함하는)을 가르치는 일을 뜻한다. 그러므로 문학 연구는 문학을 학문적으로 기술・설명하는 일이 되고, 문학교육 연구는 문학교육을 학문적으로 기술・설명・평가・예측하는 일이 된다. 문학론은 문학 연구의 결과 얻어진 여러 가지 이론적 성과를 총칭하고, 문학교육론은 문학교육 연구의 성과를 총칭한다.

또 하나의 오해는 문학과 문학교육을 보는 관점 차이에서 온다. 문학 연구자와 문학교육 연구자는 다같이 '문학'을 화두로 삼지만, 그들이 문학에 접근하는 방법은 조금 다르다. 이것은 '문학'의 개념 자체가 다르기보다는, 문학을 문제 삼는 이유가 다르기 때문에 생기는 현상이다. 문학 연구자는 작품 자체의 본질 및 작품 생산과 수용의 원리를 밝히고자 하는 데 비해, 문학교육 연구자는 문학을 통해 인간을 변화시키고자 한다. 곧, 문학 연구자에게 있어서 문학은 '달'이지만 문학교육 연구자에게 문학은

'손가락'이다.[3] 그런 점에서 다음과 같은 지적은 손가락을 보면서 '달을 망가뜨렸다'고 비판하는 셈이다.

> "(문학 개념의) '외연'의 확대가 '내포'의 감소를 가져온다는 일반론에 입각한 비판적인 시선"(서인석, 2002:48)

> "문학, 소설은 그 자체로서 충분히 교육적이다. 1990년 초반부터 국어교육의 정립을 위한 새로운 국어교육의 논의는 문학이 근원적으로 가지고 있었던 교육적 기능을 놓치게 하고 있다."(명형대, 2002:80)

다음의 진술도 이와 비슷한 혼란에 빠진 것으로 보이는데, 여기서 문제가 되는 것도 문학을 보는 관점이다.

> "수학 교과가 만화를 이용하는 것과 다르게 소설, 문학교육은 그 기본을 '언어'에서 두고 있어야 한다. 시나리오를 매개로 하지 않은 영상 언어는 소설 이해의 보조적 수단일 뿐 그것이 국어교육이 될 수 없다. 그것은 장르간의 주종(主從)으로서의 문제가 아니라, 수 세기 동안 소설이라는 문학, 문화 양식이 인간에게 주어온 모든 것을 잃게 할 것이기 때문이다."(명형대, 2002:83)

> "시를 가르치는 것은 시인이 시에 담아 놓은 생각과 표현 방식을 학생들이 순조롭게 이해할 수 있도록 유도해 가는 과정이다."(이숭원, 2000:112)

필자는 앞에서 이숭원(2002:57-58)의 진술을 재기술하면서 문학은 '문학

---

[3] 원래 '손가락과 달'의 비유는 문학 지식과 문학의 관계를 설명할 때 자주 사용되는 비유이다. 그렇지만 연구자는 그 비유가 그대로 문학과 교육의 관계를 설명할 때도 적용된다고 생각한다. 이 적용의 층위는 계속 낮아질 수도, 계속 높아질 수도 있다.

작품과 그 작품을 쓰고 읽는 행위'라고 하였다. 굳이 수용론이나 문학사회학의 이론을 들이밀지 않더라도, 문학을 '완성된 텍스트'로 보는 관점은 문학관의 광대한 스케일 중 극히 일부만을 차지하고 있을 뿐이다. 문학은 텍스트를 포함하는 '현상'으로 존재한다.(구인환 외, 2001)

그런데 앞의 두 인용은 문학을 '언어로 고정된 텍스트'로 한정하는 작품 중심의 문학관을 취하고 있다. 물론 작품이 문학의 핵이기는 하지만, 원자가 핵만으로 이루어지는 것은 아니다. 핵의 크기에 비하면 터무니없을 정도로 넓은 빈 공간이 원자를 구성하는 것이다. 문학교육에서 그 빈 공간은 학습자로서의 인간과 그 인간의 행위, 그 행위의 맥락 등으로 확산되며 채워진다. 작품과, 작품을 둘러싼 표현(생산)-이해(수용) 행위를 총체적으로 고려해야 한다는 주장이 '문학'의 개념을 해체하는 것이라면, 필자는 기꺼이 문학을 해체해야 한다고 본다.

5. 문학교육 연구의 지형도와 역할

국어과를 포함하여 모든 교과교육학은 학문으로서의 정체성에 대해 모종의 콤플렉스를 지니고 있는 듯하다. 국어교육학의 경우 그 콤플렉스는 한쪽으로는 '내용학'이라는 국어국문학에 대하여, 다른 한편으로는 '방법학'이라는 교육학에 대하여 생겨난다. 국어교육학의 독자성에 대하여 많은 논변이 있었음에도 불구하고, 국어교육학을 연구하는 학자나 새로이 배우는 학생들은 아직까지도 이러한 콤플렉스로부터 자유롭지 않다.

문학교육 연구에서 이러한 콤플렉스는 문학 연구가 작품 자체와 작품의 생산-수용 기제에 대해 관심을 가지는 데 비해, 문학교육 연구는 거기에 덧붙여 문학 활동을 매개로 한 인간 행동의 변화까지 다루고자 한다는 점을 상기함으로써 어느 정도 해소할 수 있다. 그에 따르면, 문학 연구와 문학교육 연구는 연구 대상도 연구 방법도 분명히 다르다.

물론, 문학 연구의 결과는 문학교육 연구의 중요한 참조항이 된다. 문학을 모르고 문학교육을 얘기할 수 없기 때문이다. 그렇지만 문학 연구의 중심 테마가 '문학'과 '시인/작가'라면, 문학교육 연구는 '문학교육'과 '학생'이 중심 테마가 된다. 문학 연구에서 '문학성(littérarité)'을 강조하는 만큼 문학교육 연구에서는 문학 능력(literary ability)을 중시하고, 문학 연구에서 '시' 혹은 '서사'와 같은 담론의 역사를 천착하는 만큼 문학교육 연구에서는 학생(들)의 학습사를 추적한다. 문학 연구가 인문학이라면 문학교육 연구는 거기에 사회과학적 성격이 가미된다.

누군가가 문학 교사가 되어 김소월을 가르쳐야 한다고 가정해 보자. 현실은 그렇지 못하지만, 원론적으로 다음과 같은 물음이 해결돼야 그는 가르칠 수 있다. 그런 연후에야 비로소 그 다음 질문인 '어떤 방법으로 가르쳐야 하는가?'로 나아갈 수 있는 것이다.

① 왜 가르쳐야 하는가?
② 어떤 작품을 가르쳐야 하는가?
③ 어떤 내용을 가르쳐야 하는가?

이 물음에 대해 필자는 다음과 같이 생각한다.

① 김소월의 문학사적 의의는 새삼 되풀이할 필요도 없다. 한국 현대시사의 최고봉이기 때문에, 우리 민족의 보편 정서를 정제된 형식으로 형상화했기 때문에…와 같은 이유를 한 마디로 줄이면 '작품이 좋으니까'라고 줄일 수 있다. 그러나 한편으로 다르게 생각할 수도 있다. '학생들의 인지·정서 발달에 도움이 되니까' 가르치는 것이다. 아무리 작품이 좋아도 교육적 가치가 적다면 가르칠 필요가 없다.

② 여기에 대한 생각도 마찬가지다. 작품 자체의 완성도보다는 교육 목표와 내용 체계, 학생의 발달 수준을 고려해서 작품을 선택해야 한다. 다행스럽게도 대부분의 완성도 높은 작품은 교육적 가치도 높다.

③ 어떤 작품에서 김소월에 대해서 가르치거나 작품의 (문학사적) 맥락에 대해 가르치는 것은 부차적인 활동이다. 그런 식으로 하면 현대의 모든 시인, 모든 작품을 가르쳐야 할 것이다. 정작 가르쳐야 할 내용은 텍스트를 수용하는 원리, 텍스트 수용에 필요한 배경 지식, 텍스트를 비판적으로 감식하는 눈 등이다. 그래야만 한 편의 시를 배우고 백 편의 시를 읽을 수 있게 된다.

또 다른 생각도 가능하다. 곧, 한국에서 고등학교까지 나왔다면, 적어도 김소월 정도의 시인에 대해서는 정통해야 한다. 그것은 필수 교양이기도 하고, 앞으로 수십 년 동안 살아가면서 시를 즐기는 데 필요한 기본 능력이기도 하다. 작품이나 문학사에 관한 지식도 마찬가지다. 한국 문학의 위대한 순간들을 알지 못하고 어찌 삶의 질을 거론할 수 있겠는가?

문학교육을 비판하는 문학 연구자들은 대개 대학 교수들이다. 그런데 교수들은 태생적으로 문학 연구자이지 문학교육자가 아니다. 그들은 교육(학)적인 지식이나 경험 없이 교단에 서며,[4] 학생보다는 이론을 중심축에 놓고 수업을 진행한다. 사실 그래도 되는 것이, 대학에서의 수업은 교사 설명과 학생 연습 중심으로 이루어지는 중·고교 수업과 달리 교수와 학생의 공동 사고, 공동 연구의 성격이 강하기 때문이다. 대학 수업과 중·고교 수업은 분명히 다르다.

바로 이 점 때문에 대학에 재직하는 문학 연구자들이 중·고교의 문학

---

[4] 대학 교수는 보통 학위만 있으면 되지 따로 자격증이 필요하지는 않다. 하지만 초·중·고의 교사는, 아무리 그가 여러 개의 학위를 가졌다 하더라도, 교사 자격증이 없으면 될 수 없다. 이것이 제도이고, 아직까지 한국의 교육은 이러한 제도 위에서 이루어진다.

교육을 평가할 때 무리가 생기게 된다. 학생의 발달 단계와 현실 수업 여건을 고려할 때 적절한 정도와 범위가 있다는 점을 인정하지 못하는 것이다. 경우에 따라서 도식화해야 할 때는 도식화해야 하고, 암기해야 할 때는 암기해야 하는 것이 학교 교육이다. 학력(學力)이 그렇게 구성되기 때문이다.

필자의 의도는 문학교육 연구의 학적 타당성을 주장하거나 문학 연구와 문학교육 연구의 차별성을 강조하는 데 있지 않다. 문학교육 연구 쪽에서 문학 연구 쪽에 가지는 불만이나 거꾸로 문학 연구 쪽에서 문학교육 연구 쪽에 가지는 불안의 근원을 이해하자고 주장하는 것이다. 그 불만이나 불안은 문학 연구와 문학교육 연구 사이의 거리를 제대로 조절하지 못한 데서 빚어진다. 정확한 역할 이해와 거리 조절, 협력과 견제야말로 문학교육을 얘기하면서 문학 연구자와 문학교육 연구자가 다 같이 염두에 두어야 할 덕목이다. "국어학 및 국문학과 국어교육이 상호 밀접한 관련을 유지하고 서로 소통하는 것은 국어교육의 올바른 성장을 위해서도 바람직한 일일뿐만 아니라 국어학 및 국문학의 활로를 개척하기 위해서도 절실하다 하겠다."(박기석, 2002:3)는 지적이 절실하게 다가오는 것도 그 때문이다.

Ⅱ. 문학교육 연구 방법론 검토

1. 연구 방법론에 대한 문제 제기

대부분의 논문들은 문학교육의 연구사를 살필 때 1986년 서울대에 국어교육과 박사 과정이 설치되면서 본격적으로 연구가 시작되었다고 진단한다. 이어서 1988년 한국교원대에도 박사 과정이 설치됐으며, 이후 양 대학을 포함하여 각 대학원에서 배출된 문학교육 관련 박사 학위 수여자는 2009년 현재 50여 명에 이른다. 여기에는 국어교육과와 국어국문학과뿐 아니라 외국문학이나 외국어교육 관련 학과의 논문들도 포함된다. 여기서 학위 논문의 숫자를 문제 삼는 이유는 한 편의 박사 학위 논문이 나오기 위해서는 그 몇 배의 연구 논문들이 축적되어야 하고, 박사 논문이 그 정도 나왔다는 것은 그만큼 문학교육 연구 성과가 질 · 양 면에서 축적되었다는 뜻이 되기 때문이다.

그러나 방법론의 측면에서 본다면 문학교육 연구의 방법론이 명료하게 정립됐다고 보기 어려운 것이 현실이다. 『문학연구방법론』이나 『교육연구방법론』과 같은 성격의 저서도 없으며, 대학원에도 관련 강좌가 없다.[5]

[5] 몇몇 대학에서 대학원에 '국어교육연구방법론' 강좌가 설치되어 있다. 그러나 그 강좌에서 문학교육 연구 방법론을 다루는지는 의문이며, 표준 실라버스도 마련되어 있지 않다.

곧 문학교육 연구자들은 연구 방법에 대한 수련 없이 연구 과제에 따라서 그때그때 적절한 방법을 구사해 온 것이다. 그 결과 연구자들 간의 의사소통이 어려워지고, 연구 성과도 체계적으로 축적되지 못했다. 극단적으로 말하면 모든 연구가 '새로 시작하는' 연구로 점철된 것이다. 이러한 현상은 성립 초기의 학문에서 흔히 볼 수 있는 것으로, 문학교육 연구의 학적 정당성을 확보하는 데 많은 어려움을 준다.

물론 문학교육 연구 방법론이 어느 하나로 고정되는 것은 아니다. 연구 과제의 성격에 따라 가장 적합한 방법론을 동원해야 하며, 그러한 과정을 통해 방법론 자체가 발전하는 것이기도 하다. 그러나 이제 '본격적인 연구'가 한 세대를 넘어가는 시점에 서서, 지금까지의 문학교육 연구가 어떤 방법으로 이루어졌고 그 성과와 한계는 무엇인지 비판적으로 점검해 볼 필요가 있다. 본 연구는 그러한 작업을 통해 문학교육 연구 방법론의 다양화와 정교화를 위한 논의의 한 실마리가 되고자 한다.

2. 방법론으로 본 문학교육 연구사

문학교육 연구사에 대한 검토는 연구사를 비판적으로 개괄하고 연구 패러다임을 점검함으로써 문학교육 연구에 새로운 추동력을 부여하자는 의도에서 이루어진다. 하지만 결과적으로 수많은 연구 성과들을 영역 중심으로 분류하는 데 주력한 나머지, '학*Science*'으로서의 문학교육이 성립하는 근거인 방법론 측면까지는 관심을 두지 못했다. 초기 문학교육 연구사에서 전체 연구의 일부분으로 연구사를 살펴본 논문과 문학교육 연구사만을 집중적으로 다룬 논문을 하나씩 예로 들어보자.

A. 류덕제(1995)의 정리
(1) 구체적 수업 방략과 기술적 처방에 관한 미시적 연구
(2) 교재와 작자 및 문학 텍스트 선정에 대해 비판한 연구
(3) 현행 문학교육 실천에 관한 비판과 대안에 관한 연구
(4) 국어과 내의 문학교육의 위상을 밝힌 연구
(5) 문학교육의 목표와 방향 설정 등 교육과정에 관한 연구
(6) 문학교육에 있어서 문학 이론이나 학습 이론의 적용에 관한 연구
(7) 문학교육의 학적 체계화를 위한 이론적 연구

B. 윤여탁(1996)의 정리
(1) 전사로서의 연구 성과
가. 문학교육의 기초를 모색한 연구
나. 기타 전사로서의 연구
(2) 학제적(學制的) 차원의 연구 성과
가. 문학 교육과정에 대한 연구
나. 소설교육에 대한 연구
다. 시교육에 대한 연구
라. 고전문학교육에 대한 연구

이 분류에서 보듯이, 이들 연구는 전적으로 연구 영역에 따라 문학교육 연구사를 살펴보고 있다. 물론 학문 발달의 어느 단계에서는 연구 영역의 체계화가 반드시 필요하다. 하지만 연구사 검토가 해당 학문의 영역을 나누고 각각의 영역에 관련되는 논문들을 배열하는 데에서 그친다면, 그 학문의 발달에 크게 기여했다고 보기 어렵다. 위의 논문들이 영역별 분류에 이어 각각의 논문들을 검토하는 단계에서는 구체적인 방법론을 문제 삼은 것도 그런 문제의식을 가졌기 때문일 것이다. 하지만 방법론을 심층적으로 비판하지 못하고 해당 논문의 연구 방법에만 초점을 맞춤으로써, 문학교육 연구 방법론의 전체상을 파악하지는 못하고 있다.

문학교육 연구 방법론을 문제 삼는 논문에서 자주 볼 수 있는 또 하나의 경향이 '문학 연구 방법론'의 관점에서 접근하는 경향이다. 예를 들어 리얼리즘론(박대호, 1990;김상욱, 1996), 소통이론(권오현, 1992), 독자반응이론(경규진, 1993), 기호학적 해석학(염창권, 1994; 김창원, 1995), 심미적 해석학(김중신, 1995), 수용이론(유덕제, 1995), 비판적 담화이론(송무, 1995;정재찬, 1996) 등의 방법론을 중시하여 연구사를 검토하는 방법이다. 그러나 이러한 접근 역시 결국은 문학교육 연구가 다시 문학 연구 이론끼리 벌이는 수월성 경쟁에 가담하는 결과를 낳음으로써(정재찬, 1996:2-3) 문학교육 연구의 입지를 좁히는 것이 아니냐는 우려를 낳게 한다.

이러한 논문들을 살펴보면서 떠오르는 것이 '문학교육 연구에 방법론은 있는가?' 하는 질문이다. 이는 그대로 '문학교육 연구가 학문이 될 수 있는가?' 하는 질문으로 연결된다는 점에서 문학교육학의 정당성과 정체성을 문제 삼는 질문이라고 할 수 있다. 국어교육 연구의 실태와 문제에 관한 다음과 같은 지적(박영목 외, 1996:21-24)도 이와 유사한 질문 과정에서 나온 것이다.

(1) 국어교육의 본질, 방향, 방법 등에 대한 이론적 논의가 크게 부족하였다.
(2) 기존의 연구에 대한 정리가 되어 있지 않으며, 연구 내용이 계승되지 않고 있다.
(3) 국어교육에 대한 연구가 학문적 이론으로서의 체계가 미흡하고 그 내용이 깊지 않으며, 연구 방법의 바탕이 엉성하다. 그러므로 기존의 연구들이 논문으로서 참고되기보다는 하나의 주관적 주장이나 경험의 정리 정도로 취급되는 경향이 없지 않다.
(4) 연구의 방법이 문헌 연구에 치우치고 있다.
(5) 그동안의 연구들이 총론적 수준에 머무르고 있다.
(6) 국어교육이 학문이냐 혹은 학문으로서 성립될 수 있느냐에 대한 회의가 만만치 않다.

(7) 국어교육의 연구 인력이 절대적으로 부족하다.
(8) 국어교육 연구의 분업화가 이루어져야 한다.

여기에서 '국어교육'을 '문학교육'으로 대치하면, 그대로 문학교육 연구사에도 적용되는 지적이라 할 수 있다. 방법론의 차원에서 문학교육 연구사를 돌이켜볼 때, 연구 결과 새로운 지식이 형성되고 그 지식이 축적되며 그에 따라 문학교육의 학적 체계가 정교해져 왔다고 보기 어렵기 때문이다. 대부분의 연구는 서로 연관되지 않은 채 독자적으로 이루어졌으며, 연구사 검토는 계승과 발전을 위하기보다는 부정과 극복을 위해 바쳐졌다. 결국 연구를 통해 문학교육에 관한 지식을 형성・축적함으로써 학문 체계를 발전시킨다는 목표도 달성하지 못하고, 당연히 문학교육 실천에 관한 실제적 지식을 제공한다는 목표도 달성하지 못한 셈이다.

문학교육 연구에서 방법론이 이처럼 허약한 이유는 무엇보다도 그 학문적 연륜이 짧다는 데서 찾아야 할 것이다. 하지만 '방법론이 불명료한 학문'이라는 비판에 대해 '아직 어린 학문'이라는 사실을 변명으로 내세우는 것은 합리적인 태도가 아닐 뿐더러 연구자의 자기 정체성을 부정하는 태도이기도 하다. 오히려 더 중요한 것은 방법론에 대한 자각이 희미했다는 데에 있다. 교과교육학의 학문적 성격에 관한 오해를 지적한 노명완의 다음 언급(최현섭 외, 1996:432-433)이 아프게 다가오는 이유도 여기에 있다.

(1) 많은 사람들이 교육학은 사회과학에 속하는 분야로 생각하면서, 국어교육학은 인문과학으로 그리고 과학교육학은 자연과학으로 잘못 생각하고 있다. (…) 국어교육학이나 과학교육학은 모두 교육학과 마찬가지로 사회과학에 속한다.[6] 따라서 국어교육의 연구에서는 교육적 문제가 중심이 되어야 하고, 연구 방법으로는 실제 교육의 장면에서

교사 또는 학생으로부터 자료를 수집하고 분석하는 방법이 주류를 이루어야 할 것이다.

(2) 국어교육에서 교육적 측면에 대한 관심의 소홀로 국어교육의 연구 내용이 주로 교육의 효과보다는 교육할 내용에 대한 개념적 연구로 치중되고 있다.

(3) 연구에도 순서가 있다는 잘못된 생각이다. (…) 인간의 지적 사고가 반드시 간단한 것에서 복잡한 것으로, 구체적인 자료에서 추상적인 이론으로 나아가는 상향식 과정을 밟는 것은 아니기 때문이다.

문학교육 연구에서 이 지적은 어떤 의미를 지니는가. 그것은 무엇보다도 문학교육 연구가 '문학 연구'와는 다른 철학과 방법론에 입각해야 한다는 점을 지적한 데서 찾을 수 있다. 곧 노명완의 이 지적은 그대로 '문학'과 '문학교육'도 학문 연구 대상으로서의 층위가 다르다는 사실, 그런 점에서 인문과학으로서의 문학 연구와 사회과학으로서의 문학교육 연구를 구별해야 한다는 사실, 그러므로 문학교육 연구 방법론도 문학 연구 방법론과는 다른 지점에서 찾아야 한다는 사실로 이어지는 것이다. '수용론적' 문학교육 이론이나 '해석학적' 문학교육 이론 등이 그 자체의 정합성과 별도로 문학교육 연구 방법론으로서 정당성을 의심 받는 이유가 여기에 있다. 그 이론들은 연구 방법론이라기보다 어떤 연구 방법론에 의해 도출된 이론의 성격이 강하다.

---

[6] 비교해 보면, 황정규(1994)는 하버마스의 도움을 받아 탐구 양식을 경험적 탐구(empirical inquiry), 해석적 탐구(interpretative inquiry), 비판적 탐구(critical inquiry)의 세 가지 개념적 형태로 분류하고, **인문학에 포함되는 교과교육학**은 해석적 탐구 양식이, **(자연)과학에 가까운 교과교육학**은 경험적 탐구 양식이, 그리고 **사회과학적 성격이 짙은 교과교육학**은 비판적 탐구 양식이 주로 이용될 가능성이 크다고 말한다.(강조-인용자) 이는 교과 내용으로서의 인문과학(또는 사회과학, 자연과학)과 교과교육학의 성격을 혼동한 것으로, 그런 논리라면 기술과 컴퓨터를 다루는 교과교육학은 공학적 성격을, 예술을 다루는 교과교육학은 예술학적 성격을 띠어야 할 것이다. 과연 그런가?

3. 문학교육 연구의 전제들

그렇다면 지금까지 문학교육 연구는 어떤 방법론에 의해 이루어져 왔는가. 이 문제를 따지려면 기존 논문들이 연구를 수행하면서 암묵적으로 인정한 방법론적 전제들을 먼저 살펴볼 필요가 있다. 그러한 전제 위에 구체적으로 문학교육의 지식을 형성해 내는 방법론을 문제 삼을 수 있다.

1) 문학교육 연구의 전반적인 체계에 관한 전제

첫째로 장르론의 전제를 들 수 있다. 이는 문학이 시 · 소설 · 희곡 등의 장르로 갈라지므로 문학교육도 시교육 · 소설교육 · 희곡교육 등으로 체계화할 수 있다는 논리이다. 지금까지의 연구사를 검토한 논문들도 대부분 이러한 전제 아래 연구 성과들을 분류하고 있다. 하지만 여기서 문학장르를 '시 · 소설 · 희곡 등'이라고 애매하게 말한 데서도 짐작할 수 있듯이, 문학(학) 자체에서 전통적인 장르 구분법이 무너지고 있는 상황에서 문학교육 연구가 꼭 장르론적으로 접근해야 하는지 질문할 수 있다. 더욱이 문학교육 연구의 대상이 문학교육 현상이고 그 중핵이 인간(학습자)의 문학 행위라 할 때, 그의 문학 행위 구조가 시와 소설, 희곡 등에서 본질적으로 다르다는 점이 증명돼야만 장르론의 전제가 타당하다고 말할 수 있게 된다. 그간의 연구사 검토에서도 방법론 중심으로 분류한 결과와 장르 중심으로 분류한 결과가 서로 겹치지 않는다는 사실을 알 수 있는데,[7] 이 역시 장르론의 전제가 필연적이지 않다는 사실을 말해 준다.

---

7 문학교육 연구에서 각각 한 시대를 지배했던 수용이론과 기호학만 놓고 보더라도 시와 소설에서 구분 없이 적용됨을 알 수 있다. 그렇다면 '수용론적 시교육 연구'는 '수용론적 소설교육 연구'와 함께 분류해야 하는가 '기호학적 시교육 연구'와 함께 분류해야 하는가?

둘째로 교육론의 전제가 있다. 교육의 과정*process*은 교육과정 · 교재 · 교수-학습 · 평가로 이루어지므로 문학교육 연구도 교육과정 연구 · 교재 연구 · 교수-학습 연구 · 평가 연구로 나누어 접근해야 한다는 논리이다. 이는 문학교육의 실천적 국면을 강조하는 연구들에서 두드러지게 나타나며, 교육학의 정교한 이론 틀을 그대로 가져다 쓸 수 있다는 장점이 있다. 그러나 한편으로는 문학교육을 '제도화된 시뮬레이션 상황(=교실)에서 이루어지는 목표 지향적 활동'으로만 규정하는 약점도 지닌다. 문학교육 실천을 위해서는 교육과정이 반드시 필요한가, 필요하다 하더라도 그것이 과연 수학교과나 과학교과의 교육과정과 유사한 형태를 띠어야 하는 등에 대해서는 재고의 여지가 있기 때문이다. 평가에 관해서도 유사한 문제를 제기할 수 있다. 예컨대 구인환 외(1988)가 문학교육의 수업모형으로 <계획-진단-지도-평가-내면화>의 5단계 모형을 제시했을 때, 글레이저의 일반 모형을 깨뜨리고 '평가' 단계 다음에 '내면화' 단계를 설정한 것도 문학교육에서의 평가가 구체적 · 조작적 · 명시적으로 이루어지기 어렵다는 상황을 고려했기 때문이다.

셋째, 이와 유사한 관점에서 응용론의 전제를 들 수 있다. '주자학과 실학'의 비유(김대행, 1995)가 가장 전형적인데, 문학교육의 실천적인 측면을 강조하면서 문학교육 연구가 순수 학문에 대비되는 응용과학의 성격을 띤다고 전제하는 것이다. 그 결과 문학교육 연구는 사실의 기술*description* · 설명*explanation*을 넘어서 정책이나 대안을 제시하고자 하는 강박 관념에 싸이게 되고, 자연히 연구의 결론은 '~해야 한다.'는 정책명제로 가득 차게 된다. 그러나 실제로 그 많은 '~해야 한다.' 중 몇 퍼센트나 실천 국면으로 전이되는지 따져 본다면, 그러한 정책 명제의 나열 자체가 환상에 빠진 것임을 알게 된다. 이는 학문의 정당성 확보를 위해 순수 학문, 특히 문학 연구와의 변별성을 찾는 데 주력하면서 나타난 결과이다. 설사 응용과학이라 해도 문학교육 연구가 지니는 응용성과 기술과학에서의 응용성이 다르다는 점을 인정하지 않는다면, 응용론의 전제는 언제나 문학교육 연구를 혼란스럽게 만들 것이다.

2) 학습 독자에 관한 전제

우선, 개인주의의 전제를 들 수 있다. 이는 문학교육을 전적으로 '개인의 문학 능력'을 기준으로 바라보는 관점을 말한다. 이미 구인환 외(1988)에서 '문학 현상'이나 '문학적 문화' 등의 개념이 정립됐을 뿐 아니라 문학 연구에서는 그보다 더 오래 전에 독서사회학이나 구조발생론과 같은 이론들이 널리 적용됐음에도 불구하고, 대부분의 문학교육 연구는 개인으로서의 학습 독자가 텍스트를 어떻게 읽는지, 그때의 변인은 무엇이며 관련 능력은 어떻게 발달하는지에만 시선을 고정시키고 있다. 특별히 '담론'이나 '정전'과 같은 개념들을 전면에 내세우지 않는 한 문학교육 연구는 언제나 개별 학습 독자의 문제로 귀착되는 것이다.

둘째로 '미분과 적분의 유추'를 들 수 있다. 인간의 행동 특성을 여러 층위, 여러 요소로 분석할 수 있으며, 인간 행동은 그러한 부분들의 상호관계로 나타난다고 가정하는 것이다. 블룸-크래톨이 정의적 행동 특성을 <감수-반응-가치화-조직화-내면화>의 단계로 조직한 것과 같은 방식으로, 특히 교육적 관점이 강한 논문들이 이러한 전제 위에 서 있는 경우가 많다. 이는 연구의 논리성을 추구하는 과정에서 어쩔 수 없이 나타나는 현상인데, 문제는 인간 행동의 경우 미분의 역이 곧 적분은 아니라는 점을 자주 간과한다는 데 있다. 예를 들어 구인환 외(1988)에서는 상상력을 인식적 상상력 · 조응적 상상력 · 초월적 상상력으로 구분하여 설명하고 있는데, 그것들의 개념을 설명하는 데는 성공했지만 그것들이 어떻게 인간의 총체적인 상상력을 구성하는지에 대해서는 설명하지 못하고 있다. 통계학의 상관 연구에서 연구 대상이 되는 독립 변수와 종속 변수 외의 요소들을 항상 잠정적으로 고정하는 이유를 생각할 필요가 있다. 문학교육에서는 바로 그 '동일하다고 가정하는 다른 조건들'이 연구 대상 요소 못지않게 중요하기 때문이다.

셋째는 '보여주기'와 '모방'의 전제이다. 이는 문학교육 연구의 기초 연구 대상인 '독자의 작품 해석/수용 구조' 연구에서, 대상을 직접 다루지 못하고 가상적인 독자의 해석/수용 과정을 분석하여 그 결과를 실제 독자의 해석/수용 과정에 유추·적용하는 방식을 말한다. 한 마디로 '학습자에게 숙련된 독자의 해석/수용 과정을 보여주면, 그는 다른 텍스트를 읽고 그와 유사한 해석/수용 행위를 할 것이며, 그 결과/과정에서 문학 능력이 신장될 것이다.'라고 가정하는 것이다. 해석학적 방법을 동원하는 연구들이 기본적으로 이러한 전제를 지니고 있으며, 가장 실제에 밀착해 있다는 현장 연구들도 이러한 '보여주기-모방하기'의 전제로부터 그리 멀리 떨어져 있지 않다.

넷째는 이와 관련되는 것으로, '이상 독자'의 전제이다. 문학교육 연구에서 염두에 두는 독자는 언제나 '가장 이상적인' 독자이며, 해석/수용 과정 역시 '가장 이상적인' 해석/수용 과정이다. 교육이 유아에서 성인에 이르는 과정의 어딘가 특정한 단계에 있는 학습자를 다룸에도 불구하고, 문학교육 연구 논문은 그러한 단계를 적시하지 않고 최고 수준의 학습 독자 - 대체로 고등학교 상급 학년에서 대학 교양 과정 수준이다 - 를 상정하여 논지를 전개하고 있다. 유아문학이나 초등 혹은 청소년 문학교육의 연구가 영성한 이유도 여기에 있다.

3) 연구 방법론에 관한 전제

먼저 들 수 있는 것이 문학교육 연구를 인문학의 하위 영역으로 분류하는 경향이다. 이는 문학교육의 출발점이 되는 '문학'이 文·史·哲의 전통에서 인문학으로 분류돼 온 관습에 따른 것이다. 하지만 인문과학과 사회과학의 경계가 매우 불분명할 뿐 아니라, '문학'이나 '문학 현상'이 아닌 '문학교육 현상'이라는 관점에 서면 문학교육 연구가 반드시 인문과학이어야 하는지에 대해 반론을 제기할 수 있다. 국어교육학을 사회과학으로 분류한 노명완(최현섭 외, 1996)의 지적이 아니더라도, '인간 행동의 바람직한 방향으로의 계획적인 변화'라는 교육적 명제를 고려하면 문학교육 연구에서 사회과학적 방법론의 입지는 그만큼 넓어지게 된다. 문학교육학이 문학학의 하위 범주인가 교육학의 하위 범주인가에 대해 논의하는 것은 소모적이고 불필요한 일이겠지만, 오로지 인문학의 전제 위에 문학교육 연구에 임하는 것은 스스로 가능성을 좁히는 결과가 된다.[8]

이와 밀접하게 연관된 것이 내성론(內省論)의 전제이다. 이는 인문과학 대부분에서 발견할 수 있는 것으로, 문학교육의 지식은 경험/사실과 어느 정도 유리되더라도 논리와 전문가의 합의를 통해 구성할 수 있다고 보는 것이다. 인간의 심미 행위 자체가 개별성과 다양성을 띠는 데다 그 과정과 결과를 객관적으로 측정하기 어렵기 때문에 이러한 전제가 널리 퍼지게 된다. 그 결과 <경험/사실 관찰 → 가설을 경유한 법칙 수립 → 이론 체계 형성>이라는 과학 성립의 일반 과정에서 실제적인 단계를 생략하거나, 혹은 이론 체계를 먼저 갖추어 놓고 그것을 구체적인 사례에 적용

[8] 한국연구재단의 학문 분류에서 '문학교육'은 '문학'에 속해 있다. 그에 비해 '국어교육(학)'은 '국어학'에 속하면서 동시에 '교과교육학'에도 속해 있다. 분류의 체계성이 다소 깨지더라도, '문학교육' 역시 '문학'과 '교과교육학'에 동시에 속하도록 하는 것이 맞다. 사실은 '문학'에서 뻗어 나온 선과 '교과교육학'에서 뻗어 나온 선이 '문학교육'에서 만나게 체계표를 그려야 할 것이다.

하는 방법을 취하게 된다.[9] 이는 다른 측면에서는 실험/숫자에 대한 알레르기적 반응으로 나타나는데, 결국 문학교육 현상에 관한 문제들이 실험/숫자의 체계로는 '모두*All* 해결이 안 된다.'는 진술과 '어떤*Some* 문제는 해결할 수 없다.'는 진술을 혼동한 결과라 할 수 있다.

이와 유사한 것으로 보편 이론의 전제를 들 수 있다. 이는 아직 성장 단계에 있는 학문이 어쩔 수 없이 지니는 문제이기도 한데, 어떤 이론 체계가 문학교육의 제반 현상을 '일관되게' 설명해야 한다고 요구하는 태도를 말한다. 물론 설명 범위와 설명력에 따라 이론의 가치를 결정하는 것은 학문 연구의 기본 합의라 할 수 있다. 하지만 교육학 일반 이론이 매우 특수한 상황에서의 인간 행동에도 큰 관심을 보이는 데 비하면, 문학교육 연구는 가능하면 범위를 넓게 잡고자 하는 유혹을 뿌리치지 못하는 것으로 보인다. 특수 문제 연구를 지나치게 미시적이거나 예외적인 연구로 치부하는 한 문학교육 연구의 구체화 · 실제화는 추구하기 어렵게 된다.

넷째로, 이론/실제의 구별에 관한 전제도 중요한 전제로 들 수 있다. 문학교육 연구는 크게 이론 연구와 실천 연구로 갈라지고, 이론 연구는 주로 대학에서, 실천 연구는 주로 현장에서 이루어진다고 전제하는 태도이다. 대개의 이론 연구는 겉으로는 이론과 실제의 상호 보완적 관계를 강조하면서도 속으로는 암묵적으로 '이론은 이론이고 실제는 실제'라는 이분법적 사고를 취하는 경우가 많다. 또, 실천 연구는 실천 연구대로 '이론의 공소성'을 비판하면서 자기 나름대로의 연구를 수행한다. 그런 경향에 대한 반성으로 '이론 없는 실천'이나 '실제와 유리된 이론'을 비판한다고 해서 문제가 해결되는 것도 아니고, 또 그런 통합적 연구가 반드시

---

[9] 그런 점에서 한동안 문학교육 연구자를 괴롭혔던 '4장 콤플렉스'는 <이론 설명 → 실제 적용>이라는 연구 모델을 취할 경우 필연적으로 맞닥뜨릴 수밖에 없는 문제가 아니었나 싶다. 애초부터 <가설-검증>의 방법론과는 무관하게 연구가 이루어졌으면서도 그러한 틀에 따라 검증 단계를 넣고자 할 때 무리가 생기는 것이다.

바람직한 것도 아니다. 실제로 대부분의 학문은 이론적 측면과 실천적 측면을 함께 지니고 있으며, 그들이 반드시 하나로 통합되지 않는 경우도 많다. '이론과 실제는 별개'라거나 '이론과 실제는 하나여야 한다'는 주장은 모두 한 방향으로 편향되어 있다는 점에서 결국 같은 성격으로 이해할 수 있다. 이 문제를 상호 주관성이나 변증적 지양 등의 개념으로 해결해 갈 수는 있겠지만, 결국 문학교육 연구 방법론이라는 경로를 우회할 수는 없으며, 그런 점에서 이론/실제의 이분법을 넘어설 수 있는 연구 방법론이 필요하게 된다.

마지막으로 특히 중요한 전제로서 문학론의 전제를 들 수 있다. 곧 '문학교육 연구는 문학 연구의 교육적 적용'이라는 관점에서 연구에 임하는 것이다. 문학교육 연구를 일종의 '응용 문예학'으로 보는 관점인데, 방법론의 측면에서 문학교육 연구자에게 가장 짙게 영향을 미친 전제이기도 하다. 어떤 연구자들은 이 전제 위에 특정 문학 이론(예컨대 기호학이나 수용미학, 비판 이론 등)을 득의의 방법론으로 구사했고, 어떤 연구자들은 그 틀을 벗어나기 어렵다는 점을 매우 곤혹스럽게 생각하기도 했다. 실제로 '방법론적 명확성'을 갖췄다고 평가되는 논문들은 대부분 이 전제를 그대로 받아들인 것들이다. 그러나 이 전제는 그 자체 내에 치명적인 오류를 포함하고 있다. '적용'이라는 용어가 이미 그 오류를 암시하고 있는데, 이 말은 문학 연구와 문학교육 연구의 연구 대상이 다르다는 점을 명확히 제시해 주고 있기 때문이다. 이 경우 적용이란 말은 결국 장*field*이 다르기 때문에 동원된 어휘이고, 장이 다른 대상을 다루는 학문이 각각 체계화한 방법론은 유사하기는 할망정 결코 같을 수는 없는 법이다. 문학 연구의 경우 텍스트 자체와 텍스트 대 인간/텍스트 지시의 관계가 그 대상이 된다면, 문학교육 연구의 경우에는 텍스트 대 인간의 관계와 그 관계의 변화가 대상이 될 것이다. 곧 전자가 텍스트*Text*와 텍스트 행위*Text-ing*를 주 연구 대상으로 삼는다면, 후자는 텍스트 행위에 관한 행위, 곧 상위 텍스트 행위*Meta-Texting*를 연구 대상으로 삼는 것이다.

4. 문학교육 연구의 성과와 방법적 한계

이러한 전제 위에 발달해 온 문학교육 연구는 그 나름대로의 성과를 얻는 한편, 어쩔 수 없는 한계를 노출하기도 하였다. 방법론의 측면에서 문학교육 연구의 성과와 한계를 살펴보는 것은 성과를 더욱 발전시키고 한계를 극복하기 위한 주요 경로가 연구 방법론이라는 관점을 취했기 때문이다. 연구 성과는 연구 대상 · 연구 방법론 · 연구 인력의 측면에서 살펴보고, 연구의 한계는 앞서 본 연구의 전제와 관련지어 연구 대상과 방법론 측면에서 살펴볼 수 있다.

1) 문학교육 연구의 학문적 정당성에 관한 성과

제일 먼저 거론할 수 있는 것은 하나의 학문으로서 문학교육학 개념을 정립하고, 연구 대상을 확정했다는 점이다. 이 부분에서의 공은 역시 구인환 외(1988)에 돌릴 수밖에 없는데, 그 첫째는 연구의 바탕이 취약한 상황에서 일거에 문학교육 연구를 '학*wissenschaft*'의 수준까지 끌어올리려 했다는 점이고,[10] 둘째는 문학교육 연구의 핵심을 '상상력' 차원에서 '문화'

---

[10] 국어과를 대상으로 놓고 보면, 개설적인 총론(정동화 외, 1984;노명완 외, 1987 등) → 각론의 정교화(세부 논문들) → 연구 성과를 바탕으로 한 학문적 개론(박영목 외, 1996;최현섭 외, 1996 등) → 학자별 선언적 저서(김대행, 1995 등)와 세부 논문들 → 제3단계의 개론(이삼형 외, 2009;최미숙 외, 2009 등)의 단계로 발달해 왔음을 알 수 있다. 그러나 구인환 외(1988)의 경우에는 초기 업적이면서도 개설 수준을 넘어서고 있어, 이후 모든 문학교육 연구에서 하나의 압력 기제로 작용하

차원까지 확장했다는 점이며,[11] 셋째는 문학교육 연구 영역을 문학론적 측면과 교육론적 측면에서 종횡으로 교직하여 체계화하려 했다는 점이다. 이 업적은 문학교육 연구가 이후 문학론적 연구(박대호, 1990 등)와 교육론적 연구(박인기, 1996 등)의 두 흐름으로 전개되면서 학적 체계화를 이루어 가는 과정의 초두에 서 있다.

둘째는 문학교육 연구의 기본 용어들을 발견하고 개념을 체계화해 왔다는 점이다. '문학 능력, 문학(적) 문화, 학습 독자, 심미적 독서, 해석 능력, 학술 담론과 교육 담론, 문학 교육과정과 문학 교재, 반응과 거래, 문화교육으로서의 문학교육' 등등의 용어들은 다른 어느 학문에서도 찾을 수 없는 문학교육 고유의 개념을 지니고 있다.[12] 개념과 명제로 구성되는 학문의 형식적 요건을 만족시킬 수 있는 토대가 마련된 셈이다. 이들 용어의 개념과 관련하여 공리로 인정받은 명제[13]가 그리 많지 않다는 점이 지적되지만, 이는 학문적 연륜에 비추어 보면 큰 문제가 아니라 할

고 있다. 이러한 의의는 국어과의 다른 영역들, 곧 작문교육 · 독서교육 · 문법교육 · 화법교육 등의 영역과 비교해 보면 그 가치가 더욱 선명하게 드러난다. 국어과 중 학적 체계화가 가장 어렵다는 문학교육 영역에서 가장 먼저 총론이 나왔다는 것은 오늘날 보기에도 매우 경이적인 일이다.

11 이때의 '문화' 개념이 최근의 문화 이론에서 거론하는 '문화' 개념과 일치하는 것은 아니다. 그러나 문학교육이 단순히 '문학 텍스트 읽기'를 가르치는 데 한정하지 않는다는 점을 지적함으로써 최지현(1994), 정현선(1995), 정재찬(1996) 등의 연구가 이루어지는 한 바탕이 되었다.

12 이와 관련되는 구체적인 사례로 『국어교육학사전』의 내용을 살펴보는 것도 유의미한 일이다. 『국어교육학사전』에서 '문학교육' 영역이 40%정도를 담당하는데, 그중 『문예(학)사전』 혹은 『교육학사전』 등과 겹치는 항목과 그렇지 않은 항목을 살펴보면 문학교육 연구의 고유한 개념 개발 성과를 알 수 있다. 물론 다른 학문 영역의 사전과 겹치는 항목이라 할지라도 문학교육의 영역에서 재개념화된 경우도 많다.

13 '문학교육은 학습 독자의 문학 능력을 신장시키기 위한 일체의 계획과 실천이다.'와 같은 선언적 명제, '문학교육의 담론은 정치 담론과 학술 담론의 이중 규정을 받는다.'와 같은 해석적 명제, '텍스트 특성의 의미화를 통하여 해석 능력을 신장시킬 수 있다.'와 같은 기술적 명제, '문학 교육과정은 인간 · 텍스트 · 배경 변인을 고려하여 설계하여야 한다.'와 같은 정책적 명제들을 예로 들 수 있다.

수 있다.

셋째 성과는 문학교육 연구 인력의 축적에서 찾을 수 있다. 이는 학문 자체의 발전이라기보다는 학문 발전을 위한 토대 구축이라고 봐야 하지만, 그러한 연구 인력의 양성 과정 자체가 학문의 발전 과정이라는 데에는 의문의 여지가 없다. 서울대와 한국교원대를 중심으로 한 연구 인력의 축적은 문학교육 연구의 필요성과 가능성을 객관적으로 증명하는 근거가 된다. 아울러 문학교육 전공자들이 교육대학과 사범대학, 연구소 등에 속속 포진하면서 인적 측면에서 연구와 실천의 토대가 포괄적으로 개선되고 있는데, 이 또한 문학교육 연구의 성과를 확인하게 하는 예이다.

2) 문학교육 연구의 방법적 한계

가. 연구 대상의 문제

우선 연구 대상이 제도 교육에 편향되어 있다는 점이 한계로 지적된다. 텍스트의 세밀한 해석을 다룬 연구(김창원, 1995)에서 문학교육의 담론을 포괄적으로 비판하는 연구(정재찬, 1996)를 거쳐, 대부분의 연구가 '학교에서의 문학교육'을 문제 삼고 있는 것이다. 학교에서 이루어지는 문학교육이 전체 구조의 설계와 운영 면에서 가장 체계적이고 정밀하다는 점에서 그것을 1차 연구 대상으로 삼은 것은 합리적인 접근이라 할 수 있다. 문학교육뿐 아니라 대개의 교과교육 연구가 학교를 염두에 두고 이루어지는 것도 같은 맥락이다. 하지만 언어 능력과 마찬가지로 문학 능력은 학교 안에서보다 학교 밖에서 훨씬 많은 활동을 하게 되고, 자연히 잘 설계되고 조직된 교실 수업보다는 비체계적이고 산만하며 자의적인 일상의 문학 경험을 통해 더 많이 발달하게 된다. 학교에서 부과하는 정전과 학교 밖의 독서 시장에서 형성되는 베스트셀러 목록이 왜 그렇게 차이가 나는지(김창원, 1997)의 문제도 여기에서 해결 실마리를 찾을 수 있다.

또한 구인환 외(1988)가 표나게 강조한 '내면화 단계'도, 학교를 벗어난 학습 독자의 행위를 전제하지 않으면 성립할 수 없게 된다. 최미숙(1995)과 최인자(1995) 등의 논문에서 연구 대상을 확장하려는 실질적인 노력을 볼 수 있는데, 그러한 노력들이 문학교육 연구의 한 조류로 세계 문학도록 노력할 필요가 있다. 그렇지 않으면 문학교육 연구는 '수업에 적용할 수 있는' 교수-학습 이론 개발의 차원에 머무르고 말 공산이 크다.

앞서 살펴본 '개인주의의 전제'와 관련하여 문학교육 연구가 개별 독자의 읽기 행위만 다룬다는 점도 연구 대상 차원의 한계로 지적할 수 있다. 이는 감상론 위주의 미학, 해석학적 문학 이론, 기능주의적 교육관 등이 습합하여 만들어 낸 한계로, 그 저변에는 교육을 '개인의 잠재적 가능성 계발'로 보는 자본주의적 · 개인주의적 교육 담론이 개재해 있다. 교육이 일차적으로 '인간(개인)의 행동 변화'를 문제 삼는다는 점에서 개별 독자의 읽기 행위는 가장 기초적이고 실질적인 연구 대상이라 할 수 있다. 그러나 텍스트와 학습 독자의 일 대 일 장면에만 시선을 고정시킨다면 학습 독자 간의 상호 작용(이는 특히 상호 작용 모형에서 강조된다.), 문학이라는 담론과 주체의 관계, 문학교육에 관한 문학공동체의 의도 등의 중요한 문제를 놓치게 된다.

학습 독자의 행위를 문제 삼으면서도 해석/수용 연구에 비해 표현 연구가 지나치게 위축된 것도 연구 대상의 한계를 보여준다. 이는 암암리에 '문학교육에서의 표현=창작'이라는 등식을 세워 놓고, 창작교육 연구의 어려움을 방패삼아 표현 연구를 피해간 결과로 보인다. '문학적 표현'과 '문학 창작'의 차이라든지 발달성에 따라 그것들을 어떻게 연구할지 등에 대해서는 별도의 논의가 필요할 것이다. 하지만 인간의 문학 행위가 규약과 관례를 바탕으로 이루어지는 <사고-표현-이해>의 순환 작용이라는 점을 부인하지 않는다면, 표현 연구의 필요성 역시 부인하기 어렵게 된다.

여기에 대해서는 언어 표현 연구나 음악·미술 등의 예술 표현 연구 결과도 적극적으로 활용할 수 있을 것이다.

문학교육에 개재하는 인적 변인의 과제 수행 과정에 대한 연구가 부족한 점도 한계로 지적된다. 문학교육의 장에는 <교사 - 학습자>의 명시적 주체, <작자 - 내포 작자 - 중개자 - 내포 독자>의 잠재적 주체, <서술자 - 해석자 - 인물>의 언급된 주체들이 다층적으로 개입하는데, 그간의 연구는 내포 작자와 내포 독자를 중심으로 한 잠재적 주체의 행동 특성을 주요 연구 대상으로 삼아 왔다. 이는 다분히 문학론의 전제가 작용한 결과로 보이며, 그 결과 교사의 수업 설계 행동과 학습자의 과제 해결 행동에 관해서는 연구가 거의 이루어지지 못했다. 예컨대 문학 교사는 어떠한 질문 전략을 구사하는가, 학습 독자는 텍스트와 학습 과제에 어떤 절차로 접근하는가 등에 대해서는 손을 대지 못한 채 내포 작자의 말하기 방식, 내포 독자의 해석 과정과 같은 잠재적 주체 행위에 초점을 맞춰 온 것이다. 그 결과 문학 연구와 문학교육 연구의 차별성이 애매해지고, 꼼꼼한 텍스트 읽기의 결과에 '문학교육적 함의'를 덧붙이는 형식의 논문을 양산하게 된 것이다.

문학교육 연구 자료를 한국 문학으로 한정한 점도 지적할 수 있다. 문학교육이 국어과 중심으로 이루어져 온 전통과 문학어로서의 민족어가 지니는 의의 때문에 지금까지의 문학교육 연구는 전적으로 한국 문학만을 자료로 삼았다. 그러나 학습자의 문학 능력은 한국 문학뿐 아니라 상당 부분 외국(번역)문학을 자료로 해서도 신장시킬 수 있으며, 특히 문학 능력의 주요 구성 요소인 '문학 경험'의 측면을 고려한다면 연구 자료를 한국 문학으로 한정해야 한다는 주장은 설득력이 떨어진다. 이미 6차 교육과정부터 고등학교 <문학> 과목에 세계 문학 관련 내용을 추가한 데서 이런 문제의식을 엿볼 수 있다. 또한 연구 인력 면에서도 (주로 평론 수준에서 대학의 문학교육을 문제 삼고 있지만) 외국 문학 전공자로서 문학교육에 관심을 두는 연구자도 점점 늘어나고 있다.(권오현, 1992;송무, 1995 등) 많은 유보 조건이 달리기는 하겠지만, 문학교육 연구 자료를 확장하는 방법적 모색이 필요하다.

나. 방법론의 문제

방법론 차원에서 가장 심각한 한계는 문학교육 연구가 대부분 문헌 연구에 안주하고 있다는 점이다. 인간 행동을 다루는 학문이면서 인간의 냄새가 나지 않는 것이다. 앞에서 본 대로 문학교육 연구가 사회과학적 성격을 강하게 띤다면, 조사 연구나 실험 연구, 문화 기술적 연구 등이 다양하게 이루어질 필요가 있다. 인과 연구나 상관 연구 같은 가파른 통계적 방법만이 '과학적' 방법이라고 주장하는 것은 아니지만, 그러한 과학성을 확보하지 못한다면 '상식과 예단에 입각한 연구' 수준에서 벗어나기 어렵게 된다. 이는 앞에서 본 '내성론의 전제'와도 연결되는 것으로, 근본적으로는 연구 인력 양성 과정에서 체계적인 연구 방법론을 익히도록 함으로써 극복할 수 있다.

비슷한 성격의 문제로, 양적 연구의 부재를 지적할 수 있다. 연구 문제를 설정하고 가설을 검증해 가는 과정에서 자료 수집 방법에 대한 고려가 전혀 없는 것이다. 같은 국어과라도 언어교육 분야에서는 양적 연구에 대해 그리 심한 거부감을 보이지 않는데, 문학교육 연구에서 조사와 실험을 통한 계량적 방법을 쓰면 거의 알레르기에 가까운 반응을 보이는 것이 문학교육 연구공동체의 정서이다. 그런 계량적 연구 방법으로 인간의 문학 행위를 다룰 수 없다는 것이 그 이유이며, 실제로 양적 연구가 매우 제한된 상황에서 매우 특수한 문제의 연구에만 적용되는 것도 사실이다. 그러나 어떤 연구가 단 한 편의 논문으로 '보편 이론'을 구성할 수 있는가? 문학교육 연구가 학문적 정당성을 확보하기 위해서는 문학교육 현상에 관한 구체적 명제가 필요하며, 그 명제들의 상당 부분은 양적 연구 결과에 따른다. 예를 들어 '해석 모형'이 문학교육의 기본 개념이 되고 '텍스트와 해석 모형의 상호 작용에 따른 해석 체계가 텍스트 의미의 해석 가능역을 결정한다.'는 명제(김창원, 1995)가 성립하려면 그 과정과 결과에 대한 실증적 증거가 필요하며, 그 증거는 계량적 방법으로 수집할 수밖에 없다. 그로부터 이끌어진 개별 명제들의 조직이 문학교육의 학적 체계를 이루는 것이다. 그러나 현재의 연구는 가설 수준의 명제를 제시하고 그들 사이의 논리적 정합성만을 따지는 데서 더 나아가지 못한다.

또 하나의 한계는 문학교육 연구가 단층 연구로 시종하고 있다는 점이다. 처음부터 이상적인 독자의 텍스트 읽기 과정을 연구 대상으로 삼다 보니, 교육의 가장 중요한 변인인 '시간성'을 고려하지 않고 해당 텍스트의 꼼꼼한 읽기에 머무는 것이다. 교육이 언제나 '출발점과 도달점 사이의 유의미한 변화'를 의도한다는 점을 고려하면, 학습 독자의 문학 능력 발달과 관계되는 종단 연구가 반드시 있어야 한다는 사실을 알 수 있다. 물론 종단 연구가 가능하려면 출발점과 도달점에서의 문학 능력을 평가하는 문제가 선결되어야 하고, 또 서로 특성이 다른 두 종류의 문학 능력 중에서 어느 것이 더 가치 있는가에 대한 판단도 있어야 한다는 문제가 잠복해 있다. 문학 능력의 평가가 불가능하다거나, 설사 가능하다 하더라도 둘 사이에 가치 판단을 내릴 수 없다는 전제를 용인한다면 이 문제는 결코 풀 수 없는 문제가 되고 만다. 그러나 문학의 개념 자체가 문학공동체의 합의에 의해 문화적으로 결정되는 상황에서 문학적 가치 판단 역시 유사한 구조로 이루어지리라는 것을 짐작하기는 어렵지 않다. 평가 역시 닫힌 평가관에서 열린 평가관으로의 전환을 통해 극복할 수 있는 여지가 있다.

5. 문학교육 연구 방법론에의 기대

이상에서 문학교육 연구사를 방법론의 측면에서 검토하고 그 연구들이 지닌 방법론적 전제를 비판적으로 분석해 보았다. 그리고 방법론을 중심으로 문학교육 연구의 성과와 한계를 유목화하여 살펴보았다. 그 결과 문학교육 연구가 '문학교육학'의 학적 정당성 확보를 위해 지속적으로 노력해 온 사실을 확인하는 한편, 방법적인 측면에서의 부조화와 편향성도 발견할 수 있었다.

문학교육 연구에서 방법론을 문제 삼는 이유는 그 내적 정당성뿐 아니라 외적 설득력도 아울러 확보하기 위해서이다. 개인적인 경험을 말한다면, 강사 시절 어느 대학에서 국문과 · 영문과 · 불문과의 교직과정 이수 학생들을 한 반으로 편성해서 '교과교육론'을 강의하는 것을 보았다. 강의 교재로는 모 출판사의 『교과교육론』을 쓰고 있었는데, 그 내용은 반 정도는 교육학개론의 내용을 담고 반 정도는 '윤리교육'에서 '실과교육'까지 모든 교과의 내용을 종합해 놓은 것이었다. 강사 역시 교육학과의 교육과정 전공자였으며, 강의 내용은 공통 부분(교육학)은 강사가 강의하고 각 교과 부분은 학생들이 자기 전공에 따라 개별 보고서를 쓰는 방식이었다. 졸업해서 국어 · 영어 · 불어를 가르쳐야 할 예비 교사들이 국어교육 · 영어교육 · 불어교육에 대해서는 전혀 배우지 못하는 셈이다. 학교 측은 강좌를 그렇게 편성한 이유를 여러 가지로 설명했지만, 그 핵심은 '교직 과목(=교육학)과 전공 과목(=국어국문학)을 이수했으니 국어 교사로서 충분하다.'는 것이었다. 오늘날 강좌를 그렇게 편성하는 경우는 드문데, 그 이유는 그동안 교과교육이 학으로서의 정당성과 함께 외적 설득력도 어느 정도 확보했기 때문이다.

그러나 실제로 문학교육 연구를 되돌아보면 방법론적 미숙성이 눈에 뜨이는 것도 부정할 수 없다. 이러한 현상에 대한 자성이 있을 때 문학교육 연구의 질이 더욱 높아질 수 있을 것이다. 이를 위하여 문학교육학의 기본 용어, 일반 명제, 연구 방법론 등에 대한 천착이 더 필요하다.

Ⅲ. 문학교육 연구 방법론의 내적 체계

1. 문학교육 연구에서의 방법론

문학교육 연구가 하나의 '學'이 될 수 있는가? 문예학이나 교육학이 문학교육 연구를 매우 불안한 심정으로 바라보는 경향이 있음을 우리는 안다.[14] '문학교육학'이라는 용어를 문예학이나 교육학을 의식하지 않고

[14] 이돈희(1994:16-19)에 따르면 하나의 체계적인 학문은 ① 그것이 탐구하는 대상 ② 그 대상을 탐구하는 도구로서의 독자적 언어 ③ 그 대상에 관해서 서술하거나 설명하는 명제들을 조직하는 논리적 형식 ④ 그 대상을 탐구하는 방법적 원리와 규칙을 가지고 있다고 한다. 그런데 교과교육과 관련해서 보면 ①에 관해서는 별 어려움이 없다고 보고, ②에 관해서는 하나의 학문 영역을 이룰 만큼 구조적으로 언어 체계가 이루어져 있지 않지만 **대부분의 기존 학문도 유사한 상황**이라는 점을 들어 용인하는 견해를 보인다. 또 ③에 관해서도 역시 겨우 명제들을 분류하고 결합시키고 변별하는 정도로 만족할 수밖에 없으나, **그것이 학문적 품위를 떨어뜨리지는 않는다**는 이유에서 성립 가능하다고 본다. 마지막으로 ④에 관해서는 교과교육학이 논리적 추리 · 사실의 관찰 · 가치의 판단 · 공학적 실천 중 어느 것도 일차적 특징으로 삼고 있지 않지만, **방법론적 종합성**을 특징으로 삼을 수 있다고 본다. (강조 인용자) 결국 그의 견해는 "교과교육학은 그것의 성립이 가능하다고 하더라도 수학이나 물리학이나 생물학과 같이 발달한 논리적 형식과 방법적 원리를 가진 학문으로서가 아니라, 단지 탐구의 대상을 개략적으로 구분 지을 수 있고 그 대상에 대한 서술적-규범적 명제(혹은 지식)들의 어떤 논리적 관련성 때문에 묶여진 이론적 체제를 지니는 학문일 수밖에 없는 것 같다. 그러나 이러한 방법론적 전문성에 다소 결함이 있다고 해서 학문적 연구의 가치가 격하된다고 생각되지는 않는다."는 말로 요약되는데, 여기에는 교과교육학을 바라보는 불안한 심리가 함축적으로 담겨 있다.

자유롭게 쓸 수 있는 상황에 이르지 못한 것도 사실이다. 그 이유는 일천한 연구사, 연구 대상의 혼란, 불명료한 방법론, 연구 인력 부족 등 여러 가지를 들 수 있을 것이다. 이런 요인들은 모두 문학교육 연구의 학문적 정체성과 정당성에 대한 회의를 낳고, 그러한 회의가 다시 문학교육 연구를 어렵게 만드는 악순환으로 나타난다. '국어교육학'에 관한 박영목(1996:17)의 다음과 같은 지적은 문학교육 연구에도 그대로 적용된다.

(1) 국어교육학이 무엇을 연구해야 하는지를 분명히 인식하지 못하였다.
(2) 교과 내용에 더하여 교육학을 연구해야 하는 학문적 부담으로 어느 한쪽에도 깊이 연구하지 못하는 현상이 전개되어 왔다.
(3) 내용을 깊이 알면 방법이야 적절히 하면 된다는 생각 때문에 교육 방법의 연구를 연구로서 인정하려 들지 않았고, 연구의 필요성을 느끼지 않았다.

여기서 과연 '學'이란 무엇인지 질문하는 것이 의미가 있을까. 대체로 學이란 현상을 체계적으로 기술(description)하고, 그 내적 원리를 바탕으로 규칙을 발견하며(discovery of regularity), 그로부터 이론과 법칙을 형성(formulation of theories and laws)하여, 현상을 설명·판단하고 예측·통제하는 일련의 정신적 과정을 가리킨다. 그렇다면 우선 연구 대상이 되는 현상이 분명해야 하고, 그로부터 일관된 법칙을 이끌어 낼 수 있어야 하며, 그 법칙이 다시 현상에 대해 설명력을 지녀야 한다는 것도 주지의 사실이다.

문제는 문학교육 현상이 그러한 학적 연구의 대상이 될 만큼 안정적 *stable*이고 인과적인 체계가 아니라는 데 있다. 실상 문학 연구에 대해서도 이와 같은 질문이 제기된 적이 있다. 조동일(1980:58)이 문학 연구에 관한 두 관점을 대비시킨 것을 보자.

문학 연구를 보는 두 관점

<주장 1> 문학은 연구할 수 없다.	<주장 2> 문학은 연구할 수 있다.
(1) 문학은 논리를 넘어선다. (2) 문학은 작품 자체이다. (3) 문학은 주관적인 것이다.	(1) 문학은 논리로 다룰 수 있다. (2) 문학은 시대적, 이념적인 것이다. (3) 문학은 객관적인 것이다.

두 주장에 관한 조동일의 견해가 어떠하건 간에, 이 표만 보면 '문학은 연구할 수 없다'는 주장과 '연구할 수 있다'는 주장 사이에 건너기 어려운 강이 존재하는 것으로 보인다. 두 주장이 논리적으로 그 타당성을 증명하기보다는 선험적으로 내세울 수밖에 없는 성질의 것이기 때문이다. 어쩌면 연구 가능성에 대한 논란 자체가 '연구할 수 없다'는 주장의 반증 같기도 하고, 또는 '그런 논란이 이미 연구의 시작'이라는 주장이 가능할 것 같기도 하다.

'문학교육 연구가 학으로 성립할 수 있는가?' 하는 질문도 이와 유사한 혼란을 불러일으킨다. 문학교육 현상 자체가 불안정하기 때문에 그 연구도 끊임없이 요동할 수밖에 없다는 '원죄론'부터 시작해서, 인문과학은 그 본질상 사회과학이나 자연과학과 같은 엄밀한 방법론 적용이 불가능하다는 '기질론',[15] 지나치게 학적 정교성을 추구하다 보면 오히려 역동적인 문학교육 현상의 본질을 오도할 수 있다는 '정도(正道)론', 아무리 해 봐야 응용문예학, 또는 교육학의 분과 학문으로서의 교과교육학에서 벗어나기 어려울 것이라는 '한계론'에 이르기까지, 문학교육 연구를 학으로 끌어올리기 위한 시도를 회의적으로 바라보는 시각은 도처에 산재해 있다.

이러한 시각에 대해 다른 한편에서는 문학교육 연구는 반드시 필요하며 그 학적 정당성도 얼마든지 확보할 수 있다는 주장을 펼친다. 문학교육

15 문학교육 연구가 인문과학인지 사회과학인지 따져보는 것은 일단 참기로 하자. 김창원(1997)에서는 노명완(최현섭 외, 1996)의 견해를 받아들여 사회과학의 관점에서 문학교육 연구를 바라볼 필요도 있다는 주장을 한 적이 있다.

현상 자체가 존재하는 한 그에 대한 메타-사고로서 문학교육학도 당연히 존재할 수 있다고 보는 '토대론'에서 시작해서, 학적 정교성이 문제일 뿐 문학교육학 자체의 가치는 의심의 여지없이 인정된다는 '수준론', 문학교육의 학적 정당성을 밖에서 찾을 것이 아니라 문학교육 연구자 스스로 그 정당성을 구성해 가야 한다는 '양성론', 문학교육 자체의 발전을 위해서는 문학교육학이 필수적으로 요구된다는 '당위론'에 이르기까지, 문학교육이 이미 혹은 가까운 장래에 어엿한 학으로 섰거나 서리라는 주장도 만만치 않다.

그런데 이러한 관점들은 각기 어떤 필연적인 근거에 입각한 것이라기보다는, 다분히 연구자의 학문적 배경이나 관점에 따라 형성되는 것으로 보인다. 문학교육 연구가 '학'이 될 수 있는지 없는지에 대해 나름의 입장을 먼저 정하고, 그 입장을 뒷받침하는 근거를 찾아서 제시하는 것이 아닌가 하는 혐의가 짙은 것이다. 결국 문학교육 연구자의 입장에서는 '학인가 아닌가' 하는 해결하기 어려운 논쟁보다는 학을 수립하기 위한 연구 행위에 시간과 노력을 투자하는 일이 더 중요한 일이 된다. 학이 된다면 어떤 근거에서 학이 될 수 있는지, 학이 되기 위한 조건을 어떻게 갖출 수 있는지를 찾아 가는 것이다. 그 중요한 통로가 학문으로서 갖추어야 할 방법론의 문제이고, 이 글은 그 방법론의 명료화를 위한 시도가 된다. 일정한 원리에 따라 문학교육 연구의 방법론을 체계화할 수 있다면, 그로부터 학적 정체성과 정당성을 추구할 수 있을 것이다.

2. 문학교육 연구 방법론의 지정학

문학교육학이 지금은 학으로서의 체계성을 갖추지 못했다고 하지만,

그것이 학이 되지 못한다는 확고한 판단이 내려지지 않은 이상 그 연구는 나름대로의 의의를 지닐 수 있게 된다. 그 직접적인 목표는 이론의 수립에 있을 것이다. 연구를 통해 이론으로 나아감으로써 학을 추구할 수 있기 때문이다. 이와 관련하여 최현섭 외(1995:77-79)에서 국어교육학 이론화의 의의를 설명한 바 있는데, 그것을 문학교육의 장으로 전환시켜 문학교육 연구의 의의를 살피면 다음과 같이 정리된다.

(1) 문학교육 연구의 학문적 정체성을 확보한다.
(2) 문학교육 연구의 방법 적합성을 확보한다.
(3) 바른 이론의 정립으로 문학교육 현장을 설득력 있게 견인하는 힘을 마련한다.
(4) 문학교육 현상을 스스로 검증하고 결정하는 상위 기제로서의 준거틀을 마련한다.
(5) 문학교육학과 여타 영역 학문과의 學際性을 강화해 나간다.

말하자면 현상에서 법칙을 찾아내어 이론을 수립하는 과정 자체가 문학교육 연구의 학문적 정체성과 정당성을 확보해 가는 과정이며, 현상에 관한 확고한 지식, 곧 개념과 명제들의 체계로서 이론이 존재할 때 비로소 문학교육 연구를 하나의 '學'이라 부를 수 있다는 것이다. 그렇게 수립된 이론은 다시 현상을 검증하고 설명하는 상위 기제가 됨으로써 이론과 현상이 상호 규정적으로 발전하게 된다. 이론과 현상을 매개하는 이 부분에 문학교육 연구의 방법론이 자리한다고 할 수 있다. 현상과 이론을 매개하는 방법론의 역할은 다음과 같은 모형에서 보다 역동적으로 드러난다.[16]

[16] 학문 체계에서 방법론이 어떤 위치를 차지하는지에 대해서 콰인의 과학 분류 체계를 원용하는 것도 도움이 된다.(김광웅, 1996:5)

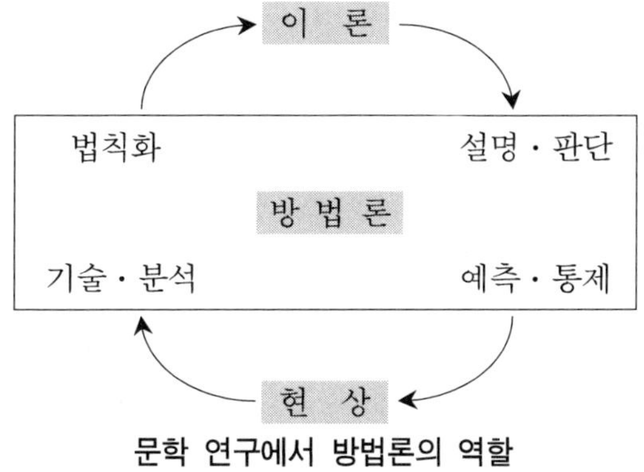

문학 연구에서 방법론의 역할

여기서 방법론의 중요성을 강조하는 것이 이론과 현상에 대한 방법론의 우위를 말하는 것은 아니다. 방법론은 언제나 현상 종속적일 수밖에 없으며, 이론에 대해서도 종속적이다. 또는 이론 생성 과정에 간여한다는 점에서 메타-이론적이라고 말할 수도 있다. 문학교육 현상과 문학교육 연구 이론과의 관계 위에 방법론을 모색할 수 있다는 뜻이다. 결국 문학교육

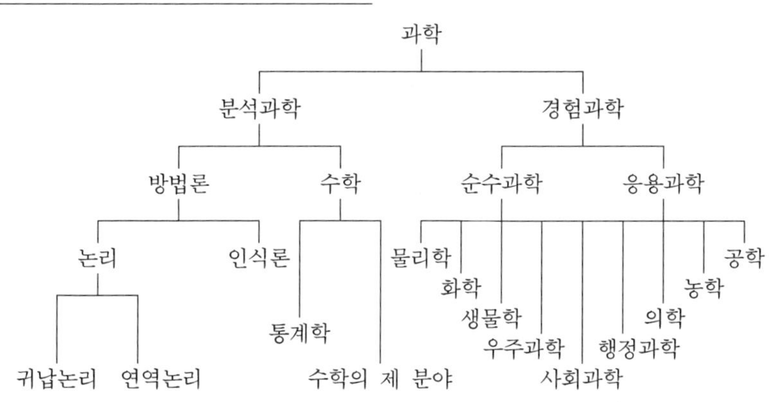

여기서는 과학을 분석과학과 경험과학으로 나누어 놓고 있지만, 이들은 별도의 장*field*으로 구분되는 것이 아니라 층위*level*로 구분된다. 곧 분석과학의 제분야와 경험과학의 제분야가 상호 결합하면서 해당 학문의 이론을 형성해 내는 것이다. 이는 문학교육 연구가 경험과학의 체계 안에 들어간다고 해서, 방법론과 무관할 수 없다는 것을 뜻한다.

연구 방법론의 모호함은 문학교육 연구 이론의 모호함의 증거인 동시에, 이론의 모호함을 낳는 이유가 된다. 이론의 모호함이 문학교육학의 학문적 성격을 모호하게 함으로써 학적 정체성과 정당성을 약화시키는 것이다. 실상 대부분의 교과교육 연구가 '학이 성립하는가'에 관한 유사한 고민에 빠져 있으며, 그 고민의 돌파구를 '종합 학문'에서 찾고 있는 것도 이러한 모호함에 기인한다. 그러나 교과교육학을 종합 학문으로 보는 것 자체가, 스스로의 학적 정체성을 약화시키는 것은 아닐까?

> 교과교육학은 하나의 독자적이고 자족적인 개별 학문이라기보다는 교과의 내용과 구성에 관한 이해, 그리고 그 내용의 탐구와 학습에 관련된 교육의 원리 등을 여러 학문들로부터 도출하고 종합한다는 점에서 종합 학문이다.

이돈희(1994:21)의 위와 같은 지적이 한편으로 교과교육학의 종합 학문으로서의 성격을 드러내는 동시에 다른 쪽에서는 연구 방법론 모색의 어려움을 암시하는 것도 같은 맥락에서 이해할 수 있다. 그러나 이 견해는 교과교육학을 종합 학문으로 바라보는 근거를 교과교육학이 '교과의 내용과 관련된 현상' 및 '교과 내용의 탐구와 학습에 관련된 현상'을 한꺼번에 다룬다는 데 두고 있다는 점에서 '교과 내용학'과 '교과 방법학'의 구분을 조장한다는 혐의를 받게 된다.

이처럼 교과 내용학과 교과 방법학을 갈라서 접근하는 것은 교과교육학 연구에서 자주 보게 되는 방법인데, 여기에는 두 가지 논리적 함정이 숨어 있다. 첫째는 '내용학'이라는 용어의 개념을 혼동하고 있다는 점으로, 문학교육 연구의 경우 '내용학'을 문학(현상)에 관한 지식을 생산하는 '문예학'과 동일시하는 것이 그 예이다. 그러나 '문학(현상)에 관한' 지식과 '문학교육 현상에 관한' 지식은 층위가 다른 문제로서, 문학교육 연구에서의 내용학과 문예학을 동일시할 수는 없다. 문예학은 문학교육 연구의 한 부분이 아니라 층위를 달리하는 배경 학문이라고 보는 것이 온당하다. 둘째는 교수-학습 내용과 방법이 상호 분리될 수 있는 듯이 전제하고 있다는 점으로, 이 부분에 대해서는 앞에서 살펴본 <현상 : 방법론>의 관계를 유추 적용할 있다. 곧 '내용에 관한 연구'와 '방법에 관한 연구'를 분리하는 것은 내용과 방법의 상호 규정성을 무시하거나, 편의상 갈라서 접근하는 태도에 불과한 것이다. 내용학과 방법학의 이분법적 구분에 대해서는 박영목 외(1996:14-16)도 방법의 공허함을 야기한다는 이유로 반대하며, 국어(교과/문학)교육학의 종합적 성격을 다음과 같이 다르게 해석하고 있다.

> 국어교육학은 내용과 방법으로 분리되는 것이 아니며, 내용과 방법이 합해져 제3의 어떤 이론을 정립한 결과만도 아니며, 내용과 방법이 혼재하는 학문이다. 순수 이론과 응용 이론으로 나누어지는 것이 아니라 국어교육학은 순수 이론도 방법 이론도 함께 있는 것이다.

학문의 성격에 관한 이러한 혼란을 극복하기 위해서는 필연적으로 연구 대상과 연구 방법론의 문제를 짚어 보지 않을 수 없고, <대상-방법론>의 상호 규정적 관계에 따라 방법적 범주를 재검토하는 일이 필요해진다. 그런 점에서 김대행(1995)이 국어 교과학의 목표를 ① 국어 활동의 원리 연구, ② 교육 방법의 원리 연구, ③ 국어 교과의 연구 방법론 연구로 대별하면서 교과교육학의 핵심 영역으로 '연구 방법론' 영역을 설정한 것은 매우 시사적이라 할 수 있다.

3. 문학교육 연구의 방법론적 범주

1) 연구 대상 범주

지금까지 교과교육학의 체계를 연구한 논문들은 대체로 해당 교과의 연구 영역을 분류하는 데 치중해 왔다. '국어교육학'에 관련하여 전형적인 견해를 몇 가지 들어 보면 그런 경향을 확실히 알 수 있다.

A. 노명완(1988; 최현섭 외, 1996:53)의 분류

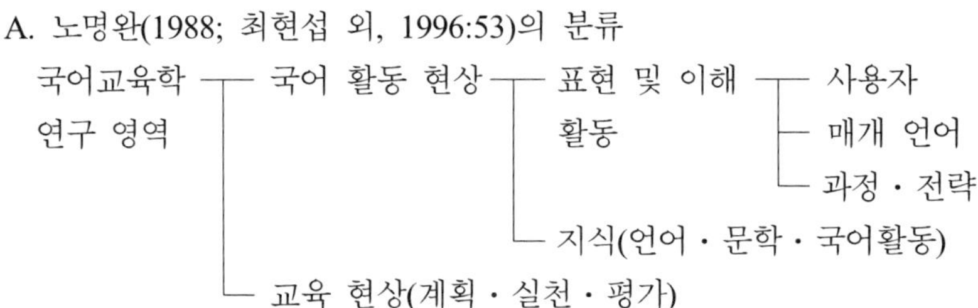

B. 이용주 외(1993)의 분류

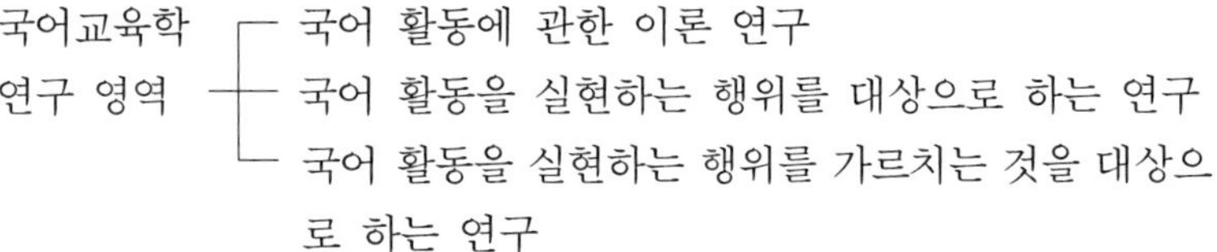

C. 김대행(1995)의 분류

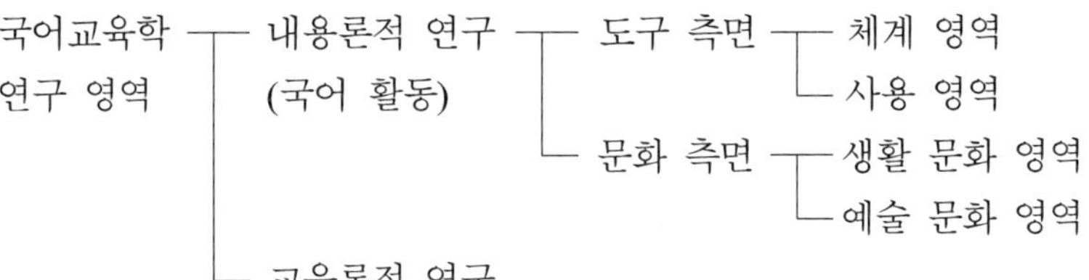

A~C를 살펴보면, 하부 영역에 가면 서로 견해를 달리하는 부분이 있지만 대체로 국어교육학의 연구 영역을 국어 활동과 관련된 내용론적 영역과 교과 운영과 관련된 교육론적 영역으로 대별하고 있는 것을 알 수 있다.[17] 최현섭 외(1995)의 분류 체계도 이와 유사하지만, 박영목(교육부, 1992)의 경우는 언어 사용 활동의 형태, 목적, 기저 지식 측면에서 접근한다는 점에서 다른 접근 방식을 볼 수 있다. 그러나 그의 분류는 국어교육'학'의 연구 영역이라기보다는 '국어교육'의 영역이라는 인상이 더 짙다. 또, A와 B는 자연 언어와 문학어를 구분하지 않는 데 비해, C는 '예술문화' 영역을 두어 둘을 구분하고 있다. 박영목과 최현섭도 문학 영역을 따로 두고 있다.

이 틀이 문학교육 연구의 대상 분류에도 그대로 적용될 수 있을까? 우선, 내용론과 교육론의 이분법적 접근은 불합리한 것으로 보인다. 문학교육 연구에서 내용론이라면 윤여탁(1996b)의 분류대로 장르론적으로 접근하거나 <해석/수용 교육 · 표현 교육 · 지식 교육>과 같이 행동 영역별로 분류하게 되고, 교육론이라면 유덕제(1995)의 분류와 유사하게 <교육과정 · 교재 · 교수-학습 · 평가>와 같이 분류하게 될 가능성이 큰데, 이들이 별도의 연구 영역을 구성하리라 보기 어렵기 때문이다. 오히려 박영목(1992)의 방식대로 두 기준이 종횡으로 교차하는 입체적 관점이 문학교육 현상의 본질에 더 가깝다고 할 수 있다.

여기서 문학교육 연구의 대상 범주와 관련하여 문학 교육과정에 관한 공동 연구(우한용 외, 1996)를 참조하는 것이 도움이 된다. 이 연구는 문학교육 현상에 관해 텍스트 · 학습자 · 사회 문화적 배경이라는 세 변인을 중심 축으로 하여 논의했는데, 그 전체상은 한철우(1996)의 토론문에 다음과 같이 잘 정리되어 있다.

---

[17] 물론 여기서의 '내용론'은 앞서 교과 내용학과 방법학을 갈라서 접근할 때의 '내용'과는 장을 달리하는 것이다.

문학교육관에 따른 문학 교육과정의 내용 체계

구분	텍스트 관점	학습자 관점	사회·문화적 관점
문학 교육의 목표	개별 텍스트에 내재된 보편적 규칙·구조의 발견과 해석	작품에 대한 다양하고 창의적인 해석	문학적 문화의 고양 상상력의 발달 삶의 총체적 체험 민족 정서의 이해 습득
텍스트관	자율적이고 자족적인 구조체	심미적 체험을 위한 도구 작가 개인의 세계관	공동체 이데올로기의 반영물(탈정전화를 강조)
독자관(학생관)	의미 수용자	적극적이고 목적 지향적인 해석자	독자공동체의 사회화된 구성원
이론적 배경·방법론	행동주의 심리학 미국의 신비평 러시아 형식주의 프랑스 구조주의	인지심리학 수용미학 독자반응이론	후기 구조주의
교육 내용 구성의 원리	훌륭한 작품이 가지고 있는 보편적 규칙 및 구조를 장르별, 문학적 장치의 요소별로 배열: 플롯·인물·배경, 운율·심상 등	학습자의 인지적, 정의적 발달 수준과 학습 내용(작품)의 수준을 고려하여 연계화, 위계화	주체적이고 비판적으로 작품을 감상하고 해석할 수 있는 학습 환경의 제공 (교육의 내용보다 환경을 중시)
교수-학습 방법	훌륭한 독자인 교사에 의한 지식과 감상 방법의 전수·전달	개별 독자에 의한 작품의 해석과 감상 그리고 의미의 도출	주체적인 작품 감상을 통한 탈정전화
분석 단위	텍스트 자체	작가와 독자의 의미 구성 행위	작품이 생산되고 수용되는 공동체

이 분류는 문학교육 현상의 구성 요인을 주체·텍스트·콘텍스트로 범주화하여 보여줌으로써 문학교육 연구의 대상이 무엇인지도 함께 보여

주는 힘을 갖는다. 문학을 인간과 유리된 자족적 구조물이 아니라 역사·사회·문화 등과 상호 작용하면서 이루어 내는 인간의 행동 영역에 위치시킴으로써 인간 행동을 다루는 교육의 특성과 연계하여 파악하도록 한 것이다. 다만 문학교육 연구 대상으로서 빠진 영역이 있다면 김대행(1995)이 언급했고 유덕제(1995)의 분류에도 들어 있는 '연구 방법론' 영역이다. 따라서 앞서 본 연구 전제에 대한 비판 및 기존 연구들의 성과와 관련하여 보면 다시 다음과 같은 연구 대상을 획정할 수 있다. 물론 각각의 대상 범주들은 다시 하위 범주를 갖는데, 그 범주들은 일렬로 배열되기보다 입체적으로 교직되는 관계를 이룬다.

문학교육 연구의 대상 범주

<table>
<tr><td rowspan="3">연구 대상 범주</td><td colspan="4">Meta-Texting</td></tr>
<tr><td colspan="3">Texting</td><td rowspan="2"></td></tr>
<tr><td>Text</td><td colspan="2"></td></tr>
<tr><td>주요 변인</td><td>텍스트</td><td>텍스트 주체</td><td>사회·문화적 맥락</td><td>방법</td></tr>
<tr><td>일반적인 분류</td><td>서정
서사
극</td><td>사고
표현
이해</td><td>이데올로기
문화·관습
교육 시스템
…</td><td></td></tr>
<tr><td rowspan="2">접근 경로</td><td colspan="3">경험 과학</td><td rowspan="2">분석과학</td></tr>
<tr><td>언어과학적</td><td>행동과학적</td><td>문화과학적</td></tr>
</table>

여기서 *Text* 영역은 문학 텍스트 자체의 내·외적인 구조를 연구 대상으로 삼는다. 텍스트의 꼼꼼한 읽기를 중시하는 전통적인 문예학이 주로 이 영역을 담당하게 된다. 그에 비해 *Texting* 영역은 텍스트 행위, 곧 문학 텍스트를 매개로 이루어지는 인간의 유목적적 행위를 연구 대상으로 삼

으며, 글쓰기와 텍스트 해석에 관한 주체 중심의 문예학이 주로 이 영역에 관심을 둔다. *Meta-Texting* 영역은 텍스트 행위에 관한 행위, 곧 문학 텍스트와 관련된 인간의 행위를 조절하고 통제하며 견인하는 행위를 연구 대상으로 삼는다. 학습자의 텍스트 행위를 바람직한 방향으로 조절하려는 교육이야말로 전형적인 *Meta-Texting* 행위이며, 문학교육 연구는 바로 이 부분을 담당하게 된다. 자연히 *Text* 영역과 *Texting*을 포괄하게 됨은 물론이다.

비교하건대, 문예학이 텍스트 자체와 텍스트-인간의 관계를 문제 삼고 교육학이 인간의 변화를 문제 삼는다면, 문학교육 연구는 텍스트-인간 관계의 변화를 문제 삼는다고 할 수 있다. 이러한 대상의 차이가 연구의 성격과 방법 등을 결정하고, 그 차이는 아래와 같이 간단하게 제시할 수 있다.[18]

대상 범주에 따른 문학교육 연구 방법론의 논의 층위

<table>
<tr><th rowspan="3">방법론적 논의 층위</th><th colspan="3">Meta-Texting 연구</th></tr>
<tr><th colspan="2">Texting 연구</th><th></th></tr>
<tr><th>Text 연구</th><th></th><th></th></tr>
<tr><td>연구의 성격</td><td>텍스트에 관한 메타언어</td><td>텍스트 행위에 관한 메타언어</td><td>텍스트 행위에 관한 메타언어</td></tr>
<tr><td>연구 대상</td><td>텍스트의 정적·동적 구조와 의미</td><td>텍스트-독자-맥락의 상호 작용</td><td>텍스트-독자-맥락의 상호 작용을 조절하는 원리</td></tr>
</table>

[18] 여기서 *Texting*은 텍스트를 매개로 한 심미적 소통 행위의 총체로서, 인간과 맥락 변인이 핵심 요소 개입한다. 따라서 *Texting* 연구는 인간의 인지 · 정의 · 사회적 행동에 관한 연구라 할 수 있다. 그에 비해 *Meta-Texting*은 텍스트를 매개로 이루어지는 행위들을 조절하는 행위로서, 역시 인간과 맥락이 중시되는 한편으로 목표와 시간 변인이 특히 강조된다. 인간의 행위 자체가 시간을 타고 이루어지는 목표 실현 과정이기 때문이다.

연구의 방법적 특징	언어과학적 방법 주로 분석적 연구 단층 연구	행동과학적 방법 주로 비분석적 연구 주로 단층 연구	문화과학적 방법 분석적 연구 가능 종단 연구
연구 경향	형식주의/구조주의 /심리주의 /리얼리즘	수용이론/소통이론	비판이론/인지-행동 이론/교육이론

2) 연구 수준 범주

최현섭 외(1996:40-41)에서는 국어교육학의 탐구 모형을 구안하면서 탐구 대상으로 <인간 · 언어 · 활동 · 교육> 변인을, 탐구 수준으로 <철학-이론 · 모형-구조 · 과정 · 전략-실제>를 든 적이 있다. 이는 문학교육 연구에도 일정한 수준의 구분이 가능하다는 것을 암시하며, 이때 각 수준의 연구가 독자적으로 문학교육 지식을 형성할 수 있을 때 문학교육 연구의 학적 체계가 서게 된다. 여러 수준의 지식이 유기적으로 통합되면서 문학교육에 관한 총체적 지식망을 형성하는 것이다. 이때 지식은 개념과 명제의 형태로 제공되며, 관찰된 사실을 바탕으로 개념과 명제가 논리적으로 결합하여 새로운 지식을 형성하는 과정이 곧 연구라 할 수 있다.

문학교육 연구 수준은 그 연구가 어떤 종류의 지식을 형성해 내느냐에 따라 결정된다. 그 최상층부에서는 문학교육 지식 형성에 관한 지식이 형성될 것이며, 최하층부에서는 문학교육 실천에 관한 실제적 지식이 산출될 것이다. 전자가 이론 지향적인 연구라면 후자는 실천 지향적인 연구가 된다. 하지만 이론적 연구와 실천적 연구의 지향점이 다른 만큼, 거기서 형성된 지식들을 매개하는 새로운 형식의 지식이 필요하게 된다. 추상적인 이론과 구체적인 실천을 매개하는 기능적 지식을 형성하는 연구를 문학교육 연구의 모형론이라고 말할 수 있다.

모형 연구는 문학교육의 실천을 직접 다루지 않는다는 점에서 실제 연구와 구분되며, 문학교육에 관한 보편적 명제를 의도하지 않는다는 점에서 이론 연구와 구분된다. 또한 모형 연구는 추상화와 형식화 정도 면에서 이론 연구와 실제 연구의 중간 부분에 있다. 모형 연구와 이론 연구를 구분하는 것은 모형 연구와 실제 연구를 구분하는 것보다 훨씬 어려운데, 김광웅(1996:271)이 이론 연구와 모형*Model* 연구를 비교한 것을 보면 비교적 쉽게 그 정체성이 드러난다.

이론과 모형의 대조

비교 차원	이론 연구	모형(Model) 연구
표현 형식	서술적	기호적
내용 구성	추상적(부적합한 요소 포함)	공리적(부적합한 요소 제외)
정립상의 성격	과학적 활동	인식적 전략
목적상의 성격	타당성 입증	발견 위주
구성 개념의 상태	조작화	부분적 조작화
체계의 성격	설명 체계	추론 체계

여기서 이론 연구가 학문에 설명 체계를 제공하는 데 비해 모형 연구는 추론 체계를 제공한다는 지적은, 마치 이론 연구로부터 모형 연구가 산출되는 것인 양 잘못 받아들여질 가능성이 있다. 그러나 모형 연구는 <이론 연구 → 실제 연구>의 투입 과정에만 기능하는 것이 아니라 <실제 연구 → 이론 연구>의 산출 과정에도 기능하며, 어떤 면에서는 이론 산출에 기여하는 것이 모형 연구의 본래적 기능이라고 할 수 있다. 김광웅(1996:270)이 이론과 모형을 대조하면서 다음과 같이 형식화 정도를 기준으로 <모형→이론>의 구조를 강조한 것도 유사한 문제의식 때문이다.

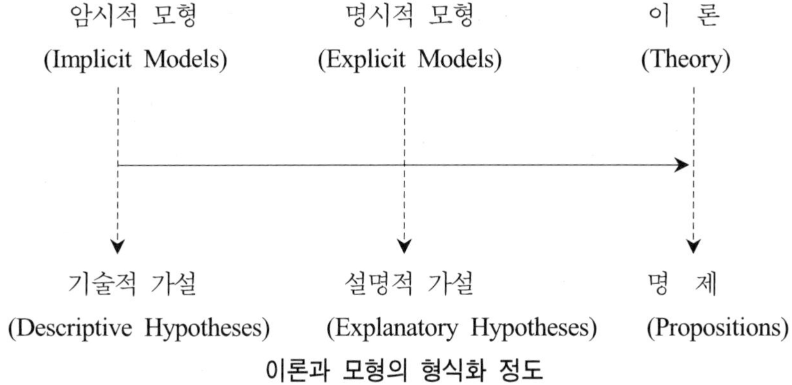

이론과 모형의 형식화 정도

이론과 모형과 실제로 연구 수준을 구분하는 것은 연구의 목표와 범위를 분명히 하고 연구 결과 형성된 지식을 문학교육 지식 전체의 체계 속에 효율적으로 위치시킬 수 있다는 장점이 있다.[19] 또한 연구 방법론 탐색을 용이하게 하고 연구 인력을 효율적으로 배치할 수 있다는 장점도 무시하지 못한다. 김병성(1996:74)은 이와 유사하게 교육 연구 유형을 <기초 연구-응용 연구-평가 연구>로 범주화하여 설명하는데, 그의 설명 방식을 원용해서 세 연구 수준의 특성을 구분하면 다음과 같다.

---

19 노명완(최현섭 외, 1996:43-45)은 앞서 본 대로 국어교육학 연구 수준을 <철학-이론 · 모형-구조 · 과정 · 전략-실제>로 범주화했고, 박인기(최현섭 외, 1995:75)는 문학교육의 연구 수준을 <이론-모형-전략-실제>로 범주화했다. 그러나 노명완의 '철학' 수준은 연구 수준 범주라기보다 연구의 전제에 가까운 개념이고, '구조 · 과정 · 전략' 수준은 박인기의 '모형' 수준과 유사하다. 또 박인기의 '전략' 수준은 그 자체로 개념화되기보다는 모형과 실제 사이에서 상대적 위치를 부여받는 듯이 보인다. 앞으로 연구 방법론의 정교화에 따라 연구 수준도 세분될 수 있겠지만, 현재로서는 <이론-모형(혹은 전략)-실제> 정도의 심급이 유의미할 듯하다.

문학교육 연구에서의 이론-모형-실제

	이론 연구	모형 연구	실제 연구
연구의 주제	문학교육의 일반 원리	특정 영역에서의 이론 적용	제한된 상황에서의 문학교육 실천
연구 목적	문학교육 현상과 관련하여 과학적인 법칙을 발견하고 체계화하는 것	특정 영역에서 문학교육 이론의 유용성을 검증하는 것	제한된 상황에서 관련 변인들의 인과 관계를 설명하는 것
연구자의 역할	과학자, 철학자	설계자, 평가자	조사・관찰자, 실험자
언어 수준	문학교육 체계 내에서의 추상적 언어	특정 영역에서의 조작적 언어	제한된 상황에서의 구체적 언어
설명 범위	문학교육 현상과 관련된 제반 변인	특정 영역에서의 텍스트 특성과 이상적 인간 행동	제한된 상황에서의 텍스트 특성, 인간 행동 및 맥락
연구의 기능	기본 법칙과 원리에 관한 일반 지식 형성 심층 탐구와 연구 방법론의 고양 모형 생성과 학제성(學制性) 확립	일반 법칙 수립을 위한 특정 영역에서의 지식 형성 특정 영역의 연구 방법론 고양 모형 변용을 통한 전이	제한된 상황에 관한 실제적 지식 형성 특정한 상황 연구의 방법론 고양 유사한 상황에서의 의사 결정
의도된 결과	문학교육 연구에서 지식의 뼈대를 이룸	관련된 분야에서 지식의 활용 가능성을 높임	현장의 실천 구조를 변화시킴

3) 연구 방법 범주

문학(또는 국어)교육 연구의 학적 체계화를 지향하는 연구들(김대행, 1995; 최현섭 외, 1995; 박영목 외, 1996; 최현섭 외, 1996)이 연구 대상을 획정하면서 방법론 영역을 소홀히 취급했다는 점은 앞에서도 지적한 일이다. 실제로 '문학교육 연구 방법론'이 문학교육 연구의 본령이라 말하기는 어려울 것이다. 그러나 문학교육 현상과 이론을 매개하는 것이 방법론이라 한다면, 방법론은 문학교육 연구의 학적 정체성과 정당성을 보장하는 거의 유일한 디딤돌이라 할 수 있다. 연구 공동체 구성원들은 내적으로 '문학교육 현상이 있으므로' 문학교육학이 가능하리라는 신념을 공유하고 있지만, 대상이나 신념이 학의 성립을 보장해 주지는 못한다. 대상과 함께 문학교육에 고유한 개념과 법칙과 연구 방법론이 필수적인 것이다.

대상과 무관하게 연구 방법론을 모색하려는 시도는 언제나 실패한다. 콰인이 분류한 '분석과학'의 경우가 순수한 방법론에 가까운 예가 되겠지만, 그것이 '경험과학'과 연계되지 않는 한 분석과학은 뿌리 없는 사변에 머물고 말 것이다. 여기서 연구 대상과 수준을 문제 삼은 이유도 여기에 있다. 따라서 '문학교육 연구 방법론'에서의 방법론과 '문학교육 연구의 방법적 범주'에서의 방법은 층위를 달리하는 개념이다. 전자가 대상・수준과 통합된 방법론이라면, 후자는 어느 정도 절차와 테크닉으로서의 연구 방법을 의미한다.

문학교육 연구의 주류를 이루는 방법은 대부분 문학 연구 방법에서 차용해 온 것들이다. 그러나 그러한 연구 방법은 다분히 문학론의 전제[20] 위에서 있는 것으로, <*Text* → *Texting* → *Meta-Texting*>의 관계를 충분히 담보하지 못하는 한계를 지닌다. 한편으로 문학교육 연구의 과학화라는 의도를 강조한다면 <가설-실험-논의>로 이루어지는 전형적인 실험 연구도 가능하지만, 문학교육을 포괄하는 문학교육 현상의 본질상 그러한 방법 역시 문학교육 연구에서는 효용성이 크게 떨어진다. 결국 문학교육 연구의 방법

[20] 문학교육 연구와 문학연구의 상동성을 지나치게 강조하는 입장. 이 입장에 서면 문학교육 연구는 시교육론, 소설교육론, 희곡교육론 등의 연합체가 된다.

과 관련하여 합의된 것은 '문학교육 현상을 논리적, 과학적으로 분석하고자 하는 시도는 언제나 실패한다.'는 명제뿐이라는 생각도 든다.

그럼에도 불구하고 '본격적인' 문학교육 연구가 20년 이상 이어지고 있으며, 문학교육 전공의 연구 인력도 풍부해졌고, 연구 성과도 많이 축적되었다. 그렇다면 그들은 어떤 방법을 사용했는가?

이와 관련해서 김중신(1996)은 문학교육 연구의 패러다임을 다음과 같이 분류한 적이 있다.

(1) 내용으로서의 문학 연구적 패러다임
가. 문학 작품의 인식과 해석에 대한 연구 : 작품 내적 질서의 이해를 통한 해석(김동환, 1994; 최인자, 1993; 이경숙, 1994; 이지호, 1994), 소통적 해석의 틀 속에서 해명(김창원, 1995; 최미숙, 1993)
나. 문학 현상의 분석 연구 : 교육 내용의 지배 담론 분석(최지현, 1994; 정재찬, 1996), 텍스트에 내재한 이데올로기 분석(김상욱, 1996)
다. 문화 지향성에 관한 연구 : 문화 수용 주의(김대행, 1995; 정현선), 문화주의에 대한 비판(이숭원, 1996; 윤여탁, 1996a)
(2) 방법으로서의 교육 실천적 패러다임
가. 언어와 문학의 상보성 강조(교육과정), 문학 텍스트의 독자적 영역 체계 규명(박인기, 1996)
나. 교과로서의 문학교육 연구 : 수업 방안 모색(강승남, 1991), 문학교육의 제도적 현상 모색
(3) 제도로서의 국어교육적 패러다임 : 수능시험 관련

'연구 패러다임'이라는 이름을 달고 있는 이 연구도 대상 범주와 방법 범주를 통합해서 다루고 있다. 여기서 세부 방법들을 방법적 동족성을 기준으로 다시 분류하면 다음과 같다.

A. 현상학적 방법 ┬ 독자 지향 : (1) - 가. ┐ 미시적
└ 문화 지향 : (1) - 다. ┼─┐ 거시적
B. 공학적 방법 ┬ 수업 지향 : (2) - 나. ┘ │
└ 제도 지향 : (3) ──────┘
C. 체제 접근적 방법 : (2) - 가.
D. 비판적 방법 : (1) - 나.

여기서 '현상학적'이라 함은 인간의 삶의 세계(또는 생활 세계*Lebenswelt*)를 일상적 상황의 전체적 해석을 통해 직접적으로 이해하고자 하는 방법을 말한다. 현상학적 방법을 사용하는 연구자들은 그러한 삶의 세계에 이미 자신의 일상적 체험을 함께 갖고 있으며, 자신의 학문적 작업을 위해 그와 같은 일상적 체험을 이용한다.(Helmut Seiffert/전영삼, 1994: 39) 그에 비해 '공학적'이라 함은 문학교육 현상에 개재하는 변인들의 특성 탐색을 통해 인간, 혹은 제도를 통제하고 조작할 가능성을 탐색하는 경향을 말한다. 연구 성과를 살펴볼 때 지금까지의 문학교육 연구에서는 현상학적 방법이 주류를 이루어 왔음을 알 수 있다.

그러나 A ~ D에 이르는 방법 범주들은 결과로서 나타난 것일 뿐, 그러한 범주화의 준거를 말해 주고 있지는 않다. A-B-C-D가 한 차원에서 논의할 수 있는 성질의 것인지도 애매하며, 그 이면에 한 가지의 방법적 준거가 작용했다고 보기도 어렵다. 따라서 연구 방법의 범주화를 위해서는 각각의 연구에 적용된 방법들을 방법의 최소 단위로 환원하여(A와 B를 '미시적/거시적'으로 환원한 것처럼) 그들 간의 선택적 결합 관계를 따지는 것이 가장 합리적인 절차로 보인다. 그러한 방법의 최소 단위는 공시적/통시적, 구조기능론적/갈등론적, 가치론적/탈가치론적, 법칙 정립적*nomothetisch*/개성 기술적*idiographisch*, 실험적/추론적, 보편적 전칭의/개별적 특칭의, 분석적/비분석적, 실증적/비판적, 인식적/심미적, 정적*stable*/

동적*dynamic*, 질적/양적, 철학적/공학적, 기술적/해석적/구성적, 형식주의적/과정주의적 등으로 다양하게 분류할 수 있을 것이다. 여기서 그들을 일일이 따져 볼 겨를은 없지만, 개개 방법들의 철학적 기저와 기술(技術)들에 대해서는 따로 자리를 마련하여 사례 중심으로 살펴볼 필요는 있다. 이들 기초 방법소(方法素)들이 대상과의 관련에서 선택적으로 결합하여 실질적인 연구 방법론을 구성하는 과정이 곧 '문학교육 연구 방법론'의 연구 대상이 될 것이다.

4. 문학교육 연구 방법론의 체계 모형

문학교육 연구에서 방법론을 문제 삼는 이유는 하나의 '學'으로서 내적 정당성과 함께 외적 설득력을 아울러 확보하기 위해서이다. 그러나 실제로 문학교육 연구를 되돌아보면 방법론적 미숙성이 눈에 뜨이는 것도 부정할 수 없다. 이러한 현상에 대한 자성이 있을 때 문학교육 연구의 질이 더욱 높아질 수 있으며, 이 글도 그러한 자성의 일부로 이루어진 것이다.

문학교육 연구 방법론은 문학교육 연구의 학적 구조를 체계화하고 그 안에서 방법론*Methodology*의 위치를 결정하는 데서 시작된다. 발전 도상에 있는 학문일수록 주기적으로 방법론에 대한 자기 점검이 필수적으로 요구된다. 연구사 또한 '어떠어떠한 문제에 관해 연구가 이루어졌다'든지 또는 '어떠한 개념과 명제가 지식으로 자리 잡았다'는 대상/내용 중심의 연구사뿐 아니라, 어떠어떠한 방법론이 사용됐으며 방법론이 어떻게 다양화·정교화되어 왔는지를 살피는 방향에서도 검토가 이루어져야 한다. 그를 바탕으로 해야만 문학교육 연구를 위한 매뉴얼도 제공할 수 있고 문학교육 연구 인력 양성을 위한 커리큘럼도 구안할 수 있는 것이다.

앞에서 살펴본 것은 문학교육 연구의 방법론적 체계화를 모색하기 위한 기초 조건이었다. 대상과 수준, 방법의 범주에서 문학교육 연구 고유의 개념과 명제들이 확립될 때 비로소 문학교육 연구가 학으로서 성립할 수 있을 터이다. 여기서는 그 모색을 위한 접근 모형을 다음과 같이 그려 본다.

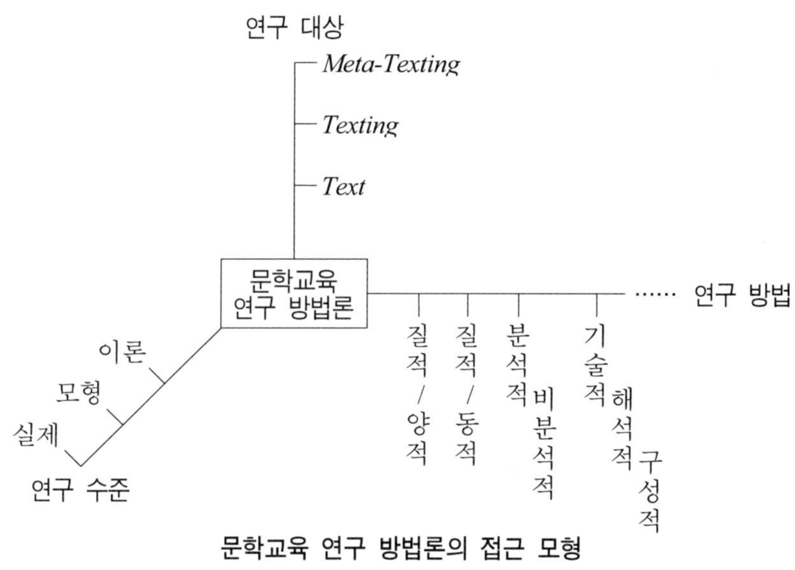

문학교육 연구 방법론의 접근 모형

여기서 문제가 되는 것은 '방법' 범주의 출처이다. 문학교육 현상을 인간과 인간의 관계에 기초한 사회적 현상으로 본 결과, 연구 방법 범주도 다분히 사회과학의 연구 방법에 가까운 모습을 보인다. 그런데 우리의 사회과학 연구 풍토가 서구의 학문을 받아들이면서 형성된 것이기 때문에, 그 방법도 자연히 도구적 합리성에 근거한 '과학적' 방법 위주로 발전해 왔다. 여기서 '과연 그것으로 충분한가' 하는 질문을 던질 필요가 있다. 이지호(1997), 염은열(1999), 류수열(2001) 등의 경우 전통적인 텍스트의 글쓰기 방식을 점검하여 그로부터 당대의 과제를 해결하는 절차를 밟고 있는데, 이는 혹시 用事와 新意의 상호 조회를 바탕으로 했던 동양적 사고에서 암시를 받은 것은 아닌가 하는 추리를 해볼 수 있다. 이것을 <법칙 정립 → 현상 설명 및 예측>이라는 기존의 방법 틀로 설명하려면 많은 부연이 필요하지만, 동양적 사고에서는 그러한 부연이 필요 없는, 너무나 일반적인 방법일 뿐이다. 따라서 문학교육 연구 방법론의 지평 확장 과정에서 가장 시급한 문제는 우리에게 적절하고 어쩌면 고유한 방법을 정교화하는 일이라고 할 수 있다.

■ 참고 문헌

강경숙(1997), 「고등학교 문학 교과서 내용의 문제점」, 창원대대학원(석사).

강명자(1984), 「국민학교 국어과 평가의 원리와 실제」, 개발연구 TR84-4, 한국교육개발원.

강승남(1991), 「소설의 가치 탐구 수업 방안 연구」, 서울대대학원(석사).

강태경(2003), 「문학 텍스트 또는 문화 텍스트? - 해석과 실천을 위한 강의 요목」, 『영미문학교육』 7/2, 한국영미문학교육학회.

경규진(1993), 「반응 중심 문학교육의 방법 연구」, 서울대대학원(박사).

고광수(2005), 「문학 감상의 경험 교육적 성격에 대한 예비적 고찰」, 『문학교육학』 16, 한국문학교육학회.

고은희(2000), 「고등학교 문학 교과서의 구성 체제 분석」, 수원대대학원(석사).

곽병선(1991), 『교육과정』, 배영사.

구인환 외(1998), 『문학 교수-학습 방법론』, 삼지원.

구인환 외(2004), 『문학교육론』, 4판, 삼지원.

국어교육미래열기(2009), 『국어교육학개론』, 삼지원.

국어국문학회(1993), 『대학의 국문학교육』, 지식산업사.

권오현(1992), 「문학소통이론 연구 - 문학 텍스트의 소통 구조와 교수법적 기능」, 서울대대학원(박사).

권오현(1997), 「독일 문학교육에서의 ‘행위 지향’ 패러다임」, 『문학교육학』 1, 한국문학교육학회.

김경한(2006), 「영문학 교육의 새 방향 - 문화교육」, 『영미문학교육』 10/1, 한국영미문학교육학회.

김광웅(1996), 『방법론 강의』, 박영사.

김광해(1994), 「국어교육 평가의 이상과 현실」, 『선청어문』 22, 서울대국어교육과.

김기석(1988), 『문화재생산이론』, 교육과학사.

김남희(2001), 「시교육에서 교사의 역할」, 김은전 외, 『현대시 교육의 쟁점과 전망』, 월인.

김남희(2007), 「현대시의 서정적 체험 연구」, 서울대대학원(박사).

김대행(1987) 「문학의 개념과 문학교육」, 『국어교육』 59 · 60, 한국국어교육연구회.
김대행(1995), 『국어 교과학의 지평』, 서울대출판부.
김대행(1997), 「영국의 문학교육 - 평가를 통한 언어와 문학의 투시」, 『국어교육연구』 4, 서울대국어교육연구소.
김대행(2002), 「내용론을 위하여」, 『국어교육연구』 10, 서울대국어교육연구소.
김대행 외(1997), 『21세기 국어과 교육의 지향과 수준별 교육과정』, 한국교육개발원.
김대행 외(2000), 『문학교육원론』, 서울대출판부.
김동환(1994), 「소설의 내적 형식과 문학교육의 한 가능성」, 『국어교육』 83 · 84, 한국국어교육연구회.
김동환(2002), 「문화교육으로서의 국어교육」, 『국어교육과 문화교육』, 제21회 학술발표회자료집, 국어교육학회.
김동환(2004), 「문학교육과 객관식 평가의 문제」, 『국어교육학연구』 18, 국어교육학회.
김동환(2005), 「심화 과목으로서의 문학교육의 미래」, 『문학교육학』 20, 한국문학교육학회.
김동환(2009), 「비평 능력 신장을 위한 문학 독서 교육」, 『독서연구』 20, 한국독서학회.
김병성(1996), 『교육연구방법』, 학지사.
김봉군(1996), 「문학 교육과정의 성격과 구성의 원리」, 『문학 교육과정의 연구와 실천 방향』, 제7회 국어교육연구발표대회, 한국국어교육연구회.
김상욱(1992), 「신비평과 소설교육 방법의 재검토」, 『국어교육』 79 · 80, 한국국어교육연구회.
김상욱(1994), 「문학교육의 목표 규정을 위한 시론」, 『국어교육연구』 1, 서울대국어교육연구소.
김상욱(1996), 『소설교육의 방법 연구』, 서울대출판부.
김상욱(2006), 「새로운 문학 교육과정의 구성 방향 연구 : 문학을 통한 국어교육의 재개념화」, 『문학교육학』 19, 한국문학교육학회.
김석회(2002), 「고전시가 연구와 국어교육」, 『국어교육』 107, 한국국어교육연구학회.
김수복 외 편(1987), 『광복 40년의 교과서 1 - 시』, 나랏말싸미.

김신일 외(1989), 『한국 교육의 현단계』, 교육과학사.
김영화(1999), 「경험 학습 결과의 평가 · 인정 : 동향과 쟁점」, 『평생교육학연구』 5/2, 한국평생교육학회.
김용일(1989), 「자본주의 사회의 국가와 교육」, 『한국교육문제연구』 2집, 푸른나무.
김욱동(1988), 『대화적 상상력』, 문학과지성사.
김은전(1979), 「국어교육과 문학교육」, 『사대논총』 19, 서울대사범대학.
김은전(1986), 「초 · 중 · 고교에서의 문학교육」, 『제5차 국어과 · 한문과 교육과정 개정을 위한 세미나』, 한국교육개발원.
김은전(1991), 「시교육의 성격과 목표」, 김은전 외, 『현대시 교육론』, 시와시학사.
김은전(1993), 「시와 평가」, 『국어교육과 평가』, 학술발표회자료집, 서울대 국어교육연구소.
김이상(1994), 『시교육론』, 육일문화사.
김재복 외(1996), 「현행 교육과정의 분석 · 평가 연구」, 교육과정개정연구위원회.
김재은(1990), 『아동의 인지 발달』, 창지사.
김정우(2009), 「문학 능력 평가의 방향」, 『문학교육학』 28, 한국문학교육학회.
김종철(2001), 「문학교육의 문화론적 관점」, 한국고전문학회, 『국문학과 문화』, 월인.
김종철 외(1998), 「문학 영역 평가의 이론과 실제」, 서울대국어교육연구소.
김중신(1991), 「문학교육의 내적 범주와 외적 가능성」, 『논문집』 43, 한국국어교육연구회.
김중신(1994), 「서사 텍스트의 심미적 체험의 구조와 유형에 관한 연구」, 서울대대학원(박사).
김중신(1995), 『소설 감상 방법론 연구』, 서울대출판부.
김중신(1996a), 「문학교육의 패러다임 점검과 전망」, 제1차 연구발표회 발표요지, 한국문학교육학회.
김중신(1996b), 「문학 위기의 응전력으로서의 문학 읽기 전략」, 『문학의 위기 독서의 위기』, 제2회 학술발표자료집, 한국독서학회.
김지자 · 정지웅(2001), 「경험 학습의 개념 및 이론과 발전 방향」, 『평생교육학연구』 7/1, 한국평생교육학회.

김창원(1991), 「문학교육 목표의 변천 연구(Ⅰ) - 광복 이후 고등학교 국어과 교육과정을 중심으로」, 『국어교육』 73 · 74, 한국국어교육연구회.
김창원(1992), 「시교육과 시관의 문제」, 『난대이응백박사 고희기념논문집』, 한샘.
김창원(1995), 「읽기 교재의 체계화와 그 적용 연구」, 『한국초등국어교육』 11, 한국초등국어교육학회.
김창원(1995), 『시교육과 텍스트 해석』, 서울대출판부.
김창원(1996), 「문학 교육과정의 구조화 탐색」, 『문학 교육과정의 연구와 실천 방향』, 제7회 국어교육연구발표대회 자료집, 한국국어교육연구회.
김창원(1997a), 「독자들의 반란 - 대안 문학이 왜 필요한가」, 『독서연구』 2, 한국독서학회.
김창원(1997b), 「문학교육 연구 방법론의 내적 체계」, 『국어교육연구』 4, 서울대국어교육연구소.
김창원(1997c), 「문학교육 연구 방법론의 비판적 검토」, 『문학교육학』 1, 한국문학교육학회.
김창원(2001), 「중핵텍스트에 대한 다중접근을 통한 시교육 방법」, 『국어교육학연구』 12, 국어교육학회.
김창원(2002), 「국어교육과 문화론」, 『한국초등국어교육』 20, 한국초등국어교육학회.
김창원(2003a), 「국어교육 평가의 구조와 원리」, 『어문학교육』 27, 한국어문교육학회.
김창원(2003b), 「문학 교과서 개발에 대한 비판적 점검 - 제7차 고등학교 『문학』 교과서를 예로 들어」, 『문학교육학』 11, 한국문학교육학회.
김창원(2003c), 「문학 마니아 가득한 세상 만들기 - 문학과 문학교육이 살아남기 위한 대책」, 『문화예술』 2003.3, 한국문화예술진흥원.
김창원(2004), 「시 연구와 시교육 연구 사이의 거리」, 『국어교육』 114, 한국어교육학회.
김창원(2007), 「한국어 학습자를 위한 문화 능력의 평가 방안」, 『한국어교육』 18/2, 국제한국어교육학회.
김창원(2008), 「문학 능력과 교육과정, 그리고 매체 - 교육과정 목표를 통해 본 문학 능력관과 매체의 수용」, 『문학교육학』 26, 한국문학교육학회.
김창원(2009), 「국어 교과의 정당성과 정체성에 대한 회의」, 『한국초등국어교육』 40, 한국초등국어교육학회.

김창원 외(2004), 「문학 영역 및 과목의 교육과정 개선 방안 연구」, 교과교육공동연구지원사업 연구보고서 KRF-2003-030-A00009.
김채수(1999), 「예술로서의 문학 연구와 문화로서의 문학 연구」, 『일어일문학』 11, 대한일어일문학회.
김철호(1999), 「고등학교 문학 교과서의 체재 및 내용 연구」, 상지대대학원(석사).
김태련 · 장휘숙(1987), 『발달심리학』, 박영사.
김해영(1997), 「제6차 고등학교 문학 교과서의 구성 체재 분석」, 이화여대대학원(석사).
김현주(2001), 「언어 문화로서의 국문학」, 『고전문학연구』 8, 한국고전문학회.
김호권 · 이돈희 · 이홍우(1992), 『현대교육과정론』, 교육출판사.
남민우(2007), 「문학교육 목표 변천에 대한 비판적 고찰 - 고등학교 문학 교육과정을 중심으로」, 『문학교육학』 22, 한국문학교육학회.
노명완(1990), 「국어과교육에서의 평가」, 『국어교육 개선 방안 연구』, 학술세미나자료집, 서울대국어교육과.
노명완 · 박영목 · 권경안(1987), 『국어과교육론』, 갑을출판사.
노진한(1992), 「문학 교육과정에 대한 재고」, 『선청어문』 20, 서울대국어교육과.
노진한(1997), 「창작교육을 위한 소론」, 『선청어문』 25, 서울대국어교육과.
노진한(2001), 「민족 문화의 계승 · 창조로서의 국문학교육」, 『고전문학연구』 8, 한국고전문학회.
돈암어문학회(2003), 『문화적 맥락에서 본 국문학』, 국학자료원.
류덕제(1995), 「소설텍스트의 문학교육 방법 연구」, 경북대대학원(박사).
류수열(2006), 「문학 교육과정의 경험 범주 내용 구성을 위한 시론」, 『문학교육학』 19, 한국문학교육학회.
명형대(2002), 「현대소설 연구와 국어교육」, 『국어교육』 107, 한국국어교육연구학회.
문선모(1997), 『교재 학습 연구』, 학지사.
문학과문학교육연구소 편(1996), 『문학교육의 탐구』, 국학자료원.
민족문학교육회 편(1991), 『문학교육의 방법』, 한길사.
박기석(2002), 「국문학 연구와 국어교육의 상관성」, 『국어교육』 107, 한국국어교육연구학회.
박대호(1987), 「문학교육의 자리매김」, 『국어교육』 61 · 62, 한국국어교육 연구회.
박대호(1990), 「소설의 세계관 이해와 그 문학교육적 적용 연구」, 서울대대학원(박사).
박삼서(1997), 「문학 교육과정 내용의 교재화」, 우한용 외(1997), 『문학교육과정론』, 삼지원.
박삼서(1998), 「문학 교수-학습과 문학 교재의 편수」, 구인환 외(1998), 『문학 교수-학습 방법론』, 삼지원.
박선아(2005), 「문학 문화론의 관점에서 본 7차 문학 교육과정과 문학교육의 방향」, 숙명여대대학원(석사).
박성봉(1995), 『대중 예술의 미학』, 동연.
박소영 외(1997), 「제7차 예술 고등학교 교육과정 개발 연구」, 연구보고 CR97-27, 한국교육개발원.
박영목(1993a), 「교육과정과 국어교육 평가」, 『국어교육과 평가』, 학술발표회자료집, 서울대국어교육연구소.
박영목(1993b), 「제6차 국어과 교육과정의 특성」, 『홍익어문』 12, 홍익어문연구회.
박영목·이인제·남미영(1991), 「교육의 본질 추구를 위한 국어교육 평가체제 연구(Ⅱ) - 국어과 평가 체제 모형 개발 및 도구 예시」, 연구보고 RR91-19-3, 한국교육개발원.
박영목·이인제·손영애·신난수(1992), 「제6차 교육과정 각론 개정 연구 고등학교 국어과」, 연구보고 RR 92-13-2, 한국교육개발원.
박영목·한철우·윤희원(1996), 『국어교육학 원론』, 교학사.
박윤우(2002), 「7차 교육과정에 나타난 '문학 문화'론의 몇 가지 문제」, 『현대문학의 연구』 19, 현대문학연구학회.
박인기(1989), 「문학 교과 교재론의 이론적 접근과 방향」, 『운당구인환선생화갑기념논문집』, 한샘.
박인기(1992), 「국어과 교재론 기술의 이론화 방향」, 『봉죽헌박붕배교수 정년기념논문집』, 교학사.
박인기(1994), 「문학 교육과정의 구조에 관한 연구」, 서울대대학원(박사).
박인기(1996a), 『문학 교육과정의 구조와 이론』, 서울대출판부.
박인기(1996b), 「시교육과 평가」, 김은전 외, 『현대시교육론』, 시와시학사.
박인기(2000), 「국어교육 평가의 패러다임 변화와 실천」, 『국어교육』 102, 한국국어교육연구회.

박인기(2002), 「문화적 문식성의 국어교육적 재개념화」, 『국어교육과 문화교육』, 21회 학술발표회자료집, 국어교육학회.
박인기(2003), 「생태학적 국어교육의 현실과 지향」, 학술대회발표자료집, 한국초등국어교육학회.
박인기 외(2005), 『문학을 통한 교육』, 삼지원.
박재승(1999), 「문학 교과서에 나타난 문학 정의의 비교 고찰」, 『교육·생활과학논총(교육연구)』 2, 충북대학교.
박호영(1999), 「현대시 해석 오류에 관한 문학교육적 고찰」, 『국어교육』 99, 한국국어교육연구학회.
배두본(1999), 『영어 교재론 개관』, 한국문화사.
변우열 외(2006), 「학교 도서관 중심의 독서교육 내용 체계에 관한 연구」, 『한국도서관·정보학회지』 37/4, 한국도서관·정보학회.
서울대국어교육연구소 편(1999), 『국어교육학사전』, 대교출판.
서인석(2002), 「고전산문 연구와 국어교육」, 『국어교육』 107, 한국국어교육연구학회.
손영애·이인제(1992), 「교육의 본질 추구를 위한 국어교육 평가 체제 연구(Ⅲ) - 예시 평가 도구 개발 및 현장 적용」, 연구자료 RM92-5-1, 한국교육개발원.
손영애·이인제·김창원·이성영(1995), 「고등학교 국어, 중학교 수학 교육과정 상세화 및 평가 기준 개발 연구」, 연구보고 RR95-23, 한국교육개발원.
송무(1995), 「영문학 교육의 정당성과 정전의 문제」, 고려대대학원(박사).
송승철(1997), 「문화 연구는 인문학의 대안인가 : 영미문학의 경우」, 『언론과사회』 18, 성곡언론문화재단.
송효섭(2006), 「문학 연구의 문화론적 지평」, 『현대 문학이론연구』 27, 현대 문학이론학회.
신동흔(2000), 「문화 전환기에 돌아보는 문학의 개념과 위상 - 사이버 세계, '일상의 문학'을 중심으로」, 『민족문학사연구』 17, 민족문학사학회.
신헌재(1989), 「제5차 초·중·고 국어과 교육과정의 영역별 지도 내용 체계 연구」, 『교원교육』 5-1, 한국교원대학교.
신헌재(1992), 「국어 교과서의 지향점 탐색 - 국어 교과서의 개념과 평가 기준 설정의 모색을 중심으로」, 『봉죽헌박붕배교수 정년기념논문집』, 교학사.

심경호(2001), 「예술 문화로서의 국문학」, 『고전문학연구』 8, 한국고전문학회.
양정실(2000), 「반응 일지 쓰기의 문학교육적 함의」, 『국어교육』 102, 한국국어교육연구회.
염은열(2007), 「고전문학 '무엇'을 경험하게 할 것인가」, 『고전문학의 교육적 발견』, 역락.
염은열(2009), 「학습자의 자기 이해를 위한 문학교육 평가 방안 탐색」, 『국어교육학연구』 34, 국어교육학회.
염창권(1994), 「한국 현대시의 공간 구조와 교육적 적용 방안 연구」, 교원대 대학원(박사).
우동식(1991), 「문학 교재 선정 기준의 설정과 적용에 관한 연구」, 『청람어문학』 6, 청람어문학회.
우한용(1992), 「문학교육과정론의 전제조건」, 『논문집』 44, 한국국어교육연구회.
우한용(1996), 「문학의 위기와 인문 정신의 미래」, 『문학의 위기 독서의 위기』, 제2회 학술발표자료집, 한국독서학회.
우한용(1997), 『문학교육과 문화론』, 서울대출판부.
우한용(1999), 「문학교육의 평가 : 메타비평의 글쓰기 평가를 중심으로」, 『국어교육』 100, 한국국어교육연구회.
우한용(2006), 「문학 교육과정 개정의 방향 탐색 - 심화선택과목 <문학>의 경우를 중심으로」, 『문학교육학』 20, 한국문학교육학회.
우한용(2009a), 「문학교육의 목표이자 내용으로서 문학 능력의 개념, 교육 방향」, 『문학교육학』 28, 한국문학교육학회.
우한용(2009b), 『한국근대문학교육사연구』, 서울대출판부.
우한용 외(1996), 「문학 영역 교육과정 내용의 체계화 연구」, 연구보고서 96-3, 서울대국어교육연구소.
우한용 외(1997), 『문학교육과정론』, 삼지원.
유성호(2002), 「시교육에서 비평의 위상과 역할」, 『국어교육』 108, 한국국어교육연구학회.
유영희(1995a), 「패러디를 통한 시쓰기와 창작교육」, 『국어교육연구』 2, 서울대국어교육연구소.
유영희(1995b), 「메타언어적 시쓰기와 창작교육의 가능성」, 『선청어문』 23, 서울대국어교육과.
유영희(1997), 「창조적 글쓰기와 문학교육 평가」, 『문학교육학』 1, 한국문학교육학회.
유영희(2003), 「교과서 문학 제재의 수용 양상 및 특성 - 제7차 국민공통기본교육과정 교과서를 중심으로」, 『문학교육학』 11, 한국문학교육학회.
유영희 · 최지현 · 김정우 · 남민우 · 김정희(2008), 「학습자의 문학 능력에 대한 평가적 진술의 표준화 방안 연구」, 2007년 교과교육공동연구보고서, 학술진흥재단.
유홍준(1998), 「북한문화유산답사기 - 13. 향산호텔」, <중앙일보> 1998.3.25.
윤구병 편(1988), 『교과서와 이데올로기』, 천지.
윤여탁(1996a), 『시교육론 - 시의 소통 구조와 감상』, 태학사.
윤여탁(1996b), 「문학교육 연구사의 비판적 검토와 전망」, 『제1차 연구발표회 발표요지』, 한국문학교육학회.
이경섭(1990), 『교육과정 유형별 연구』, 교육과학사.
이경숙(1994), 「놀이 구조를 통한 희곡 해석 방법 연구」, 서울대대학원(석사).
이경화(2005), 「도서관 활용 독서교육의 방향」, 『청람어문교육』 32, 청람어문교육학회.
이규환 · 강순원 편(1984), 『자본주의 사회의 교육』, 창작과비평.
이남호(2001), 『교과서에 실린 문학 작품을 어떻게 가르칠 것인가』, 현대 문학.
이대규(1988), 「교과로서의 문학의 구조」, 서울대대학원(박사).
이대규(1995), 『국어 교과의 논리와 교육』, 교육과학사.
이돈희(1986), 「새로운 교과서의 개념」, 『2000년대 한국 교과서의 미래상』, 한국2종교과서협회.
이돈희(1994), 「교과교육학의 성격과 과제」, 이돈희 외, 『교과교육학 탐구』, 교육과학사.
이병렬 외 편(1987), 『광복 40년의 교과서 2-소설』, 나랏말싸미.
이복규(2002), 「고등학교 국어 교과서 문학 단원의 체제와 제재에 대한 연구」, 고려대대학원(석사).
이삼형(1994), 「국어과 교육 내용 설정의 두 축 - 내용의 합목적성과 수준」, 『논문집』 52, 한국국어교육연구회.
이삼형 외(1998), 『국어교육학』, 소명출판사.
이삼형 외(2007), 『국어교육학과 사고』, 역락.
이성호(1986), 『교육과정과 평가』, 양서원.
이숭원(1996), 「시교육에 도입된 이론적 지식의 몇 가지 오류」, 『국어교육연구』 2, 서울대국어교육연구소.

이숭원(1997), 『서정시의 힘과 아름다움』, 새미.
이숭원(2000), 『초록의 시학을 위하여』, 청동거울.
이숭원(2002), 「시 연구와 시교육의 관계」, 『국어교육』 107, 한국국어교육연구학회.
이승훈 · 오규원 · 박덕규(1991), 「문예창작교육의 현장 점검」, 『현대문학』 37/5(437), 현대문학사.
이오덕(1993), 『우리 모두 시를 써요』, 지식산업사.
이용숙(1998), 「학습을 위한 독서 자료로서의 교과서 분석」, 『독서연구』 3, 한국독서학회.
이용주 외(1993), 「국어교육학 연구와 교육의 구조」, 『사대논총』 46, 서울대사범대학.
이인제(1997), 「제7차 국어과 교육과정의 구성 방향과 과제」, 『열린 교육과 수준별 교육과정 정책 세미나』, 덕성여대열린교육연구소.
이인제 외(1997), 「제7차 국어과 교육과정 개발 연구」, 연구보고 CR97-23, 한국교육개발원.
이인제 외(2005), 「국어과 교육과정 개선 방안 연구」, 연구보고 RRC2005-3, 한국교육과정평가원.
이재기 외(2006), 「국어과 교육과정 개정 시안 수정 · 보완 연구」, 연구보고 CRC2006-6, 한국교육과정평가원.
이정표(2003), 「경험학습 인증 체제의 구축 방향 탐색」, 『평생교육학연구』 9/2, 한국평생교육학회.
이지호(1994), 「고전 소설의 대화 유형 연구」, 서울대대학원(석사).
이지호(1997), 「연암 박지원의 글쓰기 방법론 연구」, 서울대대학원(박사).
이호철(1994), 『살아있는 글쓰기』, 보리.
임규혁 · 이차숙(1989), 『발달심리학』, 집문당.
임문혁(1987), 「고등학교 국어 교과서 시단원의 변천에 관한 연구」, 교원대대학원(석사).
임성규(2007), 「개정 국어과 교육과정 문학 영역에 대한 비판적 검토 - 문학 영역의 위상과 변화 그리고 실천」, 『국어교육』 124, 한국어교육학회.
전교조 · 민교협 · 전강협(1989), 『민주화를 위한 교육 백서』, 풀빛.
정동화 · 이현복 · 최현섭(1984), 『국어과교육론』, 선일문화사.
정재찬(1992), 「신비평과 시교육의 연관에 대한 비판적 검토」, 『선청어문』 20, 서울대국어교육과.

정재찬(1996), 「현대시교육의 지배적 담론에 관한 연구」, 서울대대학원(박사).
정재찬(2001), 「시교육에서 지식의 역할」, 김은전 외, 『현대시 교육의 쟁점과 전망』, 월인.
정재찬(2003), 『문학교육의 사회학을 위하여』, 역락.
정정순(2001), 「교육적으로 가치 있는 시」, 김은전 외, 『현대시 교육의 쟁점과 전망』, 월인.
정준섭(1994), 「국어과 교육과정의 역사적 전개에 관한 연구」, 경원대대학원(박사).
정지호(2001), 「교육과정과 문학 교재 선정에 관한 연구, 고려대대학원(석사).
정찬섭 외(1993), 『편집 체재와 글의 읽기 쉬움』, 대한교과서.
정찬영(2005), 「문화론적 시각에서 본 소설 읽기의 경향과 전망」, 『현대 문학이론연구』 25, 현대문학이론학회.
정현선(1995a), 「모더니즘시의 문화교육적 연구」, 서울대대학원(석사).
정현선(1995b), 「'문화교육'이라는 문제 설정」, 『선청어문』 23, 서울대국어교육과.
정혜승(2002), 『국어과 교육과정 실행 연구』, 박이정.
제3세계문화연구소(1988), 『한국 교육의 재인식』, 한신대출판부.
조동일(1980), 『문학연구방법』, 지식산업사.
조성식 외(1990), 『영어학 사전』 신아사.
조세형(2003), 「문학 문화 논의와 문학교육의 방향」, 『고전문학과교육』 5, 한국고전문학교육회.
진선희(2006), 『문학 체험 연구』, 박이정.
최경희(1995), 「문학 교재의 체계화와 그 적용 연구」, 『한국초등국어교육』 11, 한국초등국어교육학회.
최두석(1996), 「창작 지도를 어떻게 할 것인가」, 김은전 외, 『현대시교육론』, 시와시학사.
최미숙(1993), 「시 텍스트 해석 원리에 관한 연구」, 서울대대학원(석사).
최미숙(1995), 「키치와 문학교육」, 선청어문 23, 서울대국어교육과.
최미숙(1997), 「한국 모더니즘시의 글쓰기 방식에 관한 연구」, 서울대대학원(박사).
최미숙(1998), 「국어교육에서의 문학 영역 교재화 원리」, 『문학과교육』 5, 문학과교육연구회.
최미숙(2000), 「문학교육에서의 평가 연구」, 『국어교육학연구』 11, 국어교육학회.
최미숙 외(2009), 『국어교육의 이해』, 사회평론.
최병수(1987), 「章學誠 史學上의 '述而不作'에 관하여」, 『충북사학』 1, 충북대학교.
최병우(1996), 「컴퓨터 통신 문학」, 『문학과논리』 6, 태학사.
최영규(1998), 「문학 교과서 분석과 교재 개발에 관한 연구」, 강릉대대학원(석사).
최인자(1993), 「작중 인물의 의미화를 통한 소설교육 검토」, 서울대대학원(석사).
최인자(1995), 「문학교육과 대중영상매체」, 『선청어문』 23, 서울대국어교육과.
최인자(2001), 『국어교육의 문화론적 지평』, 소명출판.
최인자(2004), 「아동기와 청소년기, 문학 창작 경험의 발달 특성에 관한 시론」, 『문학교육학』 15, 한국문학교육학회.
최인자(2006), 「청소년 문학 경험의 질적 이해를 위한 독서 맥락의 탐구」, 『독서연구』 16, 한국독서학회.
최지현(1994), 「한국 현대시교육의 담론 분석」, 서울대대학원(석사).
최지현(1997), 「한국 근대시 정서 체험의 텍스트 조건 연구」, 서울대대학원(박사).
최지현(1998), 「문학 정서 체험 : 교육 내용으로서의 본질과 가치」, 구인환 외, 『문학 교수-학습 방법론』, 삼지원.
최지현(2005), 「국어과 교육과정과 문학 교육과정」, 『문학교육학』 20, 한국문학교육학회.
최지현(2009), 「문학 능력의 위계적 발달 · 평가 모형」, 『문학교육학』 28, 한국문학교육학회.
최지현 외(2009), 『국어과 교수-학습 방법』, 역락.
최현섭(1994), 「생태학적 국어교육관과 국어교육 평가」, 『한국초등국어교육』 10, 한국초등국어교육학회.
최현섭(1998), 「문학교육과 교과서 제도」, 『문학교육학』 2, 한국문학교육학회.
최현섭 · 최명환 · 노명완 · 신헌재 · 박인기(1995), 『국어교육학의 이론화 탐색』, 일지사.
최현섭 외(2002), 『국어교육학개론』, 제2판, 삼지원.

최홍원(2007),「문학교육에서 경험의 재개념화와 교육적 실천을 위한 연구」, 『국어교육학연구』 29, 국어교육학회.
최홍원(2008),「신흠의 시조와 경험 교육 연구」,『문학교육학』 25, 한국문학교육학회.
최홍호(1998),「문학 교과서에 나타난 문학사 시대 구분 고찰」, 충북대대학원(석사).
한국교육문제연구회(1989),『한국교육문제연구』 2, 푸른나무.
한철우(1996),「'문학 교육과정의 내용 체계'에 대한 토론문」, 우한용 외, 「문학 영역 교육과정 내용의 체계화 연구」, 연구 보고서 96-3, 서울대 국어교육연구소.
한철우 · 이인제(1990),「교육의 본질 추구를 위한 국어교육 평가 체제 연구(Ⅰ) - 국어과교육의 역할 및 평가 방향 탐색」, 연구보고 RR90-21-1, 한국교육개발원.
홍정선(1996),「고등학교 문학 교과서를 통해 본 우리 문학교육의 현주소」, 『문학과 사회』 36, 문학과지성사.
황정규(1994),「교과교육학의 내용과 탐구 방법」, 이돈희 외,『교과교육학 탐구』, 교육과학사.
황혜진(2006),「가치 경험을 위한 소설교육 내용 연구」, 서울대대학원(박사).
高橋たまき & 平井久/백운학 · 임종익 역(1991),『발달의 제이론』, 문음사.
Cobine, Gary R.(1995),「Writing as a Response to Reading」, ERIC Digest, ED386734.
Dewey, John/이재언 역(2003),『경험으로서의 예술』, 책세상.
Dewey, John/이홍우 역(1987),『민주주의와 교육』, 교육과학사.
Ellis, John M./이승훈 역(1982),『문학의 이론』, 대방출판사.
Eisner, Elliot W./이해명 역(1991),『교육적 상상력』, 단국대 출판부.
Essex, Christopher(1996),「Teaching Creative Writing in the Elementary School」, ERIC Digest, ED391182.
Gagné, Robert M.,「교수 방법과 교육과정」, 한준상 · 김종량 · 김명희 공역(1991),『교육과정논쟁』, 집문당.
Graves, Donald H.(1983),「Writing : Teachers and Children at Work」, ERIC Digest, ED234430.
Gribble, James/나병철 역(1987),『문학교육론』, 문예출판사.
Hills, P.J./장상호 역(1987),『교수, 학습, 그리고 의사소통』, 교육과학사.

Lewy, Arieh ed.(1991), *The International Encyclopedia of Curriculum*, N.Y.:Pergamon Press Inc.
Lotman, Jurij/유재천 역(1991), 『예술 텍스트의 구조』, 고려원.
Ornstein, Allan C. & Francis P, Hunkins/김인식 역(1990), 『교육과정 : 원리 · 과제 · 전망』, 교육과학사.
Ridley, Matt/신좌엽 역(2001), 『이타적 유전자』, 사이언스북스.
Riffaterre, Michael/유재천 역(1989), 『시의 기호학』, 민음사.
Rosenblatt, Louise M./김혜리 외 역(2006), 『탐구로서의 문학』, 한국문화사.
Salkind, Niel J./김남순 역(1992), 『인지 발달과 교육』, 창지사.
Scholes, R./김상욱 역(1995), 『문학 이론과 문학교육 - 텍스트의 위력』, 하우.
Schubert, William H./연세대학교 교육과정연구회 역(1992), 『교육과정 이론』, 양서원.
Seiffert, Helmut/전영삼 역(1994), 『學의 방법론 입문』 I · II, 교보문고.
Tompkins, Gail E.(1982), 「Seven Reasons Why Children Should Write Stories」, *Language Arts* 59(7), EJ 269736.
Walker, D.F., 「교육과정 연구의 문제」, 한준상 · 김종량 · 김명희 공역(1991), 『교육과정논쟁』, 집문당.

■ 1차 텍스트의 제목과 발표지

이 책의 내용은 아래의 글들을 기초로 수정, 보완한 것이다. 경험이 쌓이고 생각이 바뀌다 보니 처음 썼던 글에 많든 적든 손을 대게 되었다. 1차 텍스트와 달라진 내용이 있다면 이 책의 내용이 최종판이다. 오래전 글은 가급적 많이 손을 봤지만 미처 보완하지 못한 부분이 있고, 최근의 글들은 큰 수정 없이 실었다. 2부 2장은 우한용 외, 『문학교육과정론』(삼지원, 1997)에, 4부 2장은 문학과문학교육연구소, 『창작교육, 어떻게 할 것인가』(푸른사상, 2001)에 각각 수록된 바 있으며, 2부 4장은 김혜영·유영희 교수 등과, 4부 1장은 정재찬·최지현 교수와 공동 연구한 내용의 일부이다. 발췌 수록을 허락해 준 출판사 및 공동 연구자들에게 감사드린다. 또한 몇몇 연구를 진행하면서 여러 기관에서 연구비 지원을 받았는데, 일일이 밝히지 않는다. 해당 기관들에 감사드린다.

제1부 문학 교과의 본질

김창원(2009), 「읽기·독서교육과 문학교육의 교과론」, 『독서연구』 22, 한국독서학회, pp.79-114.

김창원(2000), 「문학 능력의 발달 구조와 문학교육의 통합성」, 문학과문학교육연구소 편, 『문학교육의 인식과 실천』, 국학자료원, pp.85-101.

김창원(2008), 「문학 문화의 개념과 문학교육」, 『문학교육학』 25, 한국문학교육학회, pp.517-548.

김창원(1991), 「문학교육과 국가 통제」, 민족문학교육회 편, 『문학교육의 방법』, 한길사, pp.13-38.

제2部 문학교육과 교육과정

김창원(1996), 「문학 교육과정의 구조화 탐색」, 『문학 교육과정의 연구와 실천 방향』, 제7회 국어교육연구발표대회자료집, 한국국어교육연구회, pp.61-77.

김창원(1996), 「문학 교육과정의 구성 원리」, 『문학 영역 교육과정 내용의 체계화 연구』, 국어교육연구소 학술발표회 자료집 2, 서울대국어교육연구소, pp.25-56.

김창원(2003), 「문학 교육과정 발전의 논리와 개선 방안」, 『문학교육학』 12, 한국문학교육학회, pp.223-244.

김창원 · 김혜영(2004), 「문학 교육과정 표준의 개념과 개발 방향」, 『문학교육학』 15, 한국문학교육학회, pp.183-203.

제3部 문학교육의 실천

김창원(2003), 「문학 교과서 개발에 대한 비판적 점검 - 제7차 고등학교 『문학』 교과서를 예로 들어」, 『문학교육학』 11, 한국문학교육학회, pp.43-81.

김창원(2006), 「문학교육의 성격과 문학 교과서의 지향 - 제7차 고등학교 『문학』 교과서의 점검과 논의」, 『국어교육학연구』 27, 국어교육학회, pp.187-220.

김창원(1997), 「국어과 평가의 방향 - 문학 영역을 중심으로」, 『초등교과교육학의 평가 방향 탐색』, 인천교대초등교육연구소, pp.29-40.

김창원(2009), 「문학 평가의 방법 연구 - 문학 경험 평가를 위한 시론(試論)」, 『국어교육』 130, 한국어교육학회, pp.205-234.

제4部 문학교육의 내포와 외연

김창원 · 정재찬 · 최지현(2000), 「문학교육과 상상력」, 『독서연구』 5, 한국독서학회, pp.131-193.

김창원(1998), 「述而不作에 관한 질문 - 창작 개념의 확장과 창작 교육의 방향」, 『문학교육학』 2, 한국문학교육학회, pp.253-273.
김창원(1997), 「독자들의 반란 - 대안 문학이 왜 필요한가」, 『독서연구』 2, 한국독서학회, pp.201-237.
김창원(2008), 「문학 능력과 교육과정, 그리고 매체 - 교육과정 목표를 통해 본 문학 능력관과 매체의 수용」, 『문학교육학』 26, 한국문학교육학회, pp.63-85.

제5부 문학교육 연구의 방향

김창원(2004), 「시 연구와 시교육 연구 사이의 거리」, 『국어교육』 114, 한국어교육학회, pp.359-378.
김창원(1997), 「문학교육 연구 방법론의 비판적 검토」, 『문학교육학』 1, 한국문학교육학회, pp.227-253.
김창원(1997), 「문학교육 연구 방법론의 내적 체계」, 『국어교육연구』 4, 서울대국어교육연구소, pp.79-99.

■ 찾아보기

(ㄴ)

(ㅇ)

(ㅋ)

(ㅌ)

(ㅍ)

(ㅎ)